Ernst Hallier

Schule der systematischen Botanik

Ernst Hallier

Schule der systematischen Botanik

ISBN/EAN: 9783743325333

Hergestellt in Europa, USA, Kanada, Australien, Japan

Cover: Foto ©ninafisch / pixelio.de

Manufactured and distributed by brebook publishing software
(www.brebook.com)

Ernst Hallier

Schule der systematischen Botanik

SCHULE

DER

SYSTEMATISCHEN

BOTANIK

VON

ERNST HALLIER.

MIT IN DEN TEXT GEDRUCKTEN ABBILDUNGEN.

BRESLAU.

VERLAG VON WILH. GOTTL. KORN.

1878.

Vorwort.

Vorliegende Schrift hilft einem dringenden Bedürfniss ab, wie mich sowohl der 19 Jahre fortgesetzte Unterricht an der Universität als auch die vielfachen Klagen meiner Freunde über den Mangel eines systematischen Handbuchs überzeugten. Ob ich den rechten Weg eingeschlagen, um diese Lücke auszufüllen, muss die Zukunft lehren; ist das Buch brauchbar, so wird es bald Freunde erwerben. Ermuthigt bin ich zu diesem Unternehmen durch den Erfolg meiner Lehrthätigkeit, bei welcher sich der hier eingeschlagene Weg nach und nach als der praktische herausgestellt und bewährt hat. Ich habe alle Künsteleien bei der Anordnung, alles Aufstellen von Klassen und Ordnungen zu vermeiden gesucht und so viel wie irgend möglich die Verwandtschafts-verhältnisse der natürlichen Familien selbst für sich reden lassen. Die Auswahl musste nothwendig eine beschränkte sein. Die natürlichen Familien sind zwar fast vollständig aufgezählt und beschrieben worden, doch war es bei Aufzählung und Charakteristik der Gattungen geboten, sich auf eine geringere Zahl zu beschränken. Dafür habe ich möglichst die Deutsche Flora berücksichtigt und bei den wichtigeren Familien die Gattungen vollständig aufgezählt und diagnostisch geschildert.

Wer über die Deutsche Flora eine vollständige Uebersicht der Familien, Gattungen und Arten wünscht, den verweise ich auf meine „Flora"*); besonders aber auf das binnen Kurzem in neuer Auflage

---

*) Ernst Hallier. Deutschlands Flora oder Beschreibung der wildwachsenden Pflanzen in der mitteleuropäischen Flora. Leipzig 1873. Der Text ist ohne die Abbildungen verkäuflich, welche nicht von mir herrühren, sondern älteren Datums sind.

erscheinende Taschenbuch der Deutschen und Schweizer Flora von
W. D. J. Koch; Anfänger, welche einen kürzeren Begleiter auf Excur-
sionen wünschen, werden solchen in meinem Excursionsbuch*) finden,
welches nach denselben Grundsätzen ausgearbeitet wurde.

Ausserdem ist es mein Bestreben gewesen, die Nutzpflanzen möglichst vollständig zu berücksichtigen. Der Mediziner und der Pharmazeut
werden die wichtigeren officinellen Pflanzen nicht vermissen, ebenso
aber wird der Land- und Forstwirth, der Kaufmann und der Techniker
die in ihre Berufszweige einschlagenden Gewächse angegeben finden.

Möge denn dieses Buch dazu beitragen, eine mehr wissenschaftliche, dem neueren Standpunkt der Morphologie Rechnung tragende
Beschäftigung mit der systematischen und floristischen Botanik auch
in weiteren Kreisen zu verbreiten.

Jena, im October 1877.

Der Verfasser.

---

*) E. Hallier. Excursionsbuch, enthaltend praktische Anleitung zum Bestimmen
der im Deutschen Reich heimischen Phanerogamen. Jena 1874.

Inhalts-Verzeichniss.

Einleitung.

Die systematische Botanik hat die Aufgabe der Untersuchung der verschiedenen Pflanzenformen, welche die Vegetationsdecke der Erde zusammensetzen, ihrer Entstehung und Veränderung, ihrer Verbreitung über die Erdoberfläche und deren Ursachen. In diesem Sinn des Worts ist die Systematik eigentlich das Endziel aller botanischen Forschung. Die Botanik zerfällt in: 1) Morphologie oder Gestaltenlehre, die Lehre von den Formen der Pflanzen und ihrer Theile, deren Entstehung und Veränderung; 2) Physiologie oder Naturlehre der Pflanzen, d. i. die Lehre von den in der Pflanze hervortretenden und auf die Pflanze einwirkenden Kräften und den dadurch hervorgerufenen Veränderungen; 3) Systematik oder die Lehre von den natürlichen Verwandtschaftsverhältnissen der Pflanzen; 4) Pflanzengeschichte oder die Lehre von der Entstehung der Pflanzenwelt auf der Erde und von ihrer Fortentwickelung bis zur Gegenwart; 5) Pflanzengeographie, die Lehre von der gegenwärtigen Vertheilung der Pflanzenformen über die Erdoberfläche und von den Gründen dieser Vertheilung.

Es leuchtet ein, dass die so eben angedeuteten Unterscheidungen künstliche sind, dass in der Natur selbst eine solche Trennung der Vorgänge nicht stattfindet, denn die Natur ist nur ein einiges grosses Getriebe, in welchem Alles in einander greift. Aber der Mensch bedarf der Trennung und Eintheilung zur Erleichterung der Uebersicht.

Die Systematik gründet sich in erster Linie auf morphologische Verhältnisse; die Morphologie bildet also die Grundlage für das Pflanzensystem. Wären die morphologischen Gesetze vollständig bekannt, so könnte man das System einfach aus ihnen entwickeln. Das ist nun leider nicht der Fall. Das Pflanzensystem ist, wie so viele Theile der Naturwissenschaft, nur ein vorläufiger, freilich unentbehrlicher, Nothbehelf.

Die meisten Anfänger denken sich das Pflanzensystem als eine fortlaufende Kette, in welcher das nächstfolgende Glied stets einen etwas höheren Rang einnimmt als das vorhergehende. Diese Vorstellung ist irrig. Das Pflanzenreich ist keiner Kette zu vergleichen, sondern einer Anzahl von Gruppen unter einander näher verwandter Formenreihen, die meist parallel oder divergirend neben einander hinlaufen.

Zwischen den Gruppen finden sich meist weite, unausfüllbare Klüfte. Das Pflanzenreich geht vielleicht von einem, wahrscheinlich von mehren Punkten, Stammvätern, aus, von wo aus man es sich in Gestalt eines Stammbaums, aber nicht in Gestalt einer Kette, entwickelt denken muss. Auch ist die Ansicht sehr gewagt, als ob die gegenwärtige Erdflora den höchsten Entwickelungsgrad des Gewächsreichs repräsentire. Ganze wichtige Pflanzengruppen sind theils ausgestorben, theils dem Aussterben nahe und es ist leicht möglich, dass zur Tertiärzeit die Erdflora reicher an Formen war als gegenwärtig.

Nach dem bisher Gesagten wird man sich selbst leicht die Grundsätze bilden können, nach denen man bei Aufstellung eines wirklich natürlichen Pflanzensystems zu verfahren hat. Die Pflanzen zeigen uns auf den ersten Blick schon gewisse Formähnlichkeiten, wonach sie als mehr oder weniger verwandt, als zu einer Art, Gattung oder Familie gehörig erscheinen. Die Familien sind unter einander wieder, bald mehr, bald weniger, ähnlich und verwandt. So kann man sich vorläufig eine ohngefähre Gruppirung der Pflanzen denken. Um dieser eine mehr gesicherte Grundlage zu geben, hat man nun Vergleiche anzustellen über die wichtigeren Vorkommnisse im morphologischen Bau. In erster Linie ist dafür die Embryologie von Bedeutung.

Es ist wohl durch geringes Nachdenken und die einfachste Beobachtung klar, dass die embryologischen und sexuellen Kennzeichen die wichtigsten sind. Der Geschlechtsapparat hat ja den unmittelbarsten Einfluss auf den Embryo, folglich auf die Nachkommenschaft; er wird daher auch, ebenso wie der Embryo, die constantesten und sichersten specifischen Merkmale darbieten. Der Vater vererbt die wesentlichsten Eigenschaften auf den Sohn; dadurch grade wird das möglich, was wir die Specification der Pflanze nennen. Die Thatsache, dass die constantesten und sichersten Merkmale den sexuellen Apparat betreffen, lässt sich durch das ganze Organismenreich constatiren. Man wird daher die Merkmale zur Auffindung der verwandtschaftlichen Verhältnisse der Pflanzen in erster Linie in der Samen- und Fruchtbildung und den dabei thätigen Apparaten zu suchen haben. Alle Systeme, welche diesen Gesichtspunkt vernachlässigen, sind von untergeordnetem Werth.

Will man nun Systematik treiben, so hat man sich in erster Linie zu fragen: Welche Methode habe ich dabei anzuwenden und welche Hülfsmittel bieten sich mir dar? Die Methode kann keine andere sein als die der naturwissenschaftlichen Forschung überhaupt. Da es sich um Organismen handelt, d. h. um solche Wesen, welche einen bestimmten Kreislauf durchmachen, der sich in regelmässiger Folge wiederholt, so besteht die Methode der morphologischen Forschung in der Aufsuchung dieses Kreislaufs; wie man es gewöhnlich ausdrückt: in der Erforschung der Entwickelungsgeschichte.

Wie die Morphologie der einzelnen Organismen, so hängt auch die Morphologie der gesammten Organismenwelt, die Entstehung der Formen auf der Erde, von der Entwickelungsgeschichte ab und die ganze Abstammungshypothese Darwin's ist nichts anderes als ein freilich noch sehr unvollständiger Versuch, den Ursprung der Organismen entwickelungsgeschichtlich zu erklären.*)

Der Systematiker als solcher muss aber die Thatsachen der Morphologie benutzen, wie sie bis jetzt aufgedeckt sind und auf diesem Grunde seine Gruppirung der Pflanzenwelt vornehmen. Wer Pflanzen bestimmen und dem Pflanzensystem einreihen will, hat natürlich nicht Zeit, vor jeder Bestimmung erst embryologische Untersuchungen vorzunehmen. Es ist das aber auch nicht nothwendig, ja es wäre verkehrt, mit der mikroskopischen Untersuchung zu beginnen. Für jede naturwissenschaftliche Forschung gilt die Regel: dass man die einfachsten Hülfsmittel zuerst anwendet und sich auf diese beschränkt, so weit man mit ihnen auskommt. Auf die morphologische Untersuchung angewendet, heisst diese Regel: man suche zunächst alle Erscheinungen festzustellen, die dem blossen Auge sich zeigen, darauf nehme man die Lupe zu Hülfe und erst, wo auch diese nicht mehr ausreicht, das Mikroskop. Je complicirter der zur Arbeit angewendete Apparat ist, desto grösser sind die Fehlerquellen, desto leichter kann man sich irren. Gradezu lächerlich aber ist es, wenn man das mikroskopische Bild eines Gegenstandes im Kopf hat, ohne zu wissen, wie derselbe dem blossen Auge erscheint. Für bloss systematische Untersuchungen ist nun die für das ganze Organismenreich feststehende Thatsache von grossem Werth, dass mit den Eigenthümlichkeiten des feineren mikroskopischen Baues immer auch Eigenthümlichkeiten der äusseren Form so innig und constant verknüpft sind, dass man von dieser Analogieschlüsse auf jenen machen kann. Dieser Analogieschluss ist ein ähn-

---

*) Das Nähere hierüber findet man in meiner kleinen Schrift: E. Hallier. Darwin's Lehre und die Specification. Hamburg 1865.

licher wie derjenige, mittelst dessen die Palaeontologen aus einem einzigen gefundenen Zahn oder Knochen das ganze Thier, welchem jener Rest angehörte, construiren.*) Die äussere Gestalt der Pflanze ist ja Produkt der Vorgänge im Innern, muss also auch mit diesen einen Zusammenhang haben.

Will man also eine Pflanze bezüglich ihrer systematischen Stellung untersuchen, so verschaffe man sich zuerst Einsicht in den Bau des Samens und der Frucht, man berücksichtige die Anheftungsweise der Samen, darauf das Verhältniss der Frucht zu den äusseren Blüthenwirteln, wenn solche vorhanden sind, endlich zuletzt die Verwachsungsverhältnisse der Staubblätter unter einander oder mit anderen Wirteln und diejenigen der äusseren Wirtel sowie andere Eigenthümlichkeiten der verschiedenen Blüthentheile. Auf diesem Wege wird man nicht leicht fehl gehen und wird sich sehr rasch eine klare und sichere Vorstellung von den wirklichen Verwandtschaftsverhältnissen der Gewächse verschaffen.

Selbstverständlich wird aber auch der Systematiker und Pflanzengeograph sich eine gründliche Kenntniss vom morphologischen Bau der Pflanzen verschaffen müssen, wenn er mit wahrem Erfolg auf seinem Specialgebiet arbeiten will.

An Hülfsmitteln zur Untersuchung braucht man vor allen Dingen eine gute Lupe. Ein Naturfreund sollte überall, auf jedem kleinen Spaziergang, eine Lupe bei sich führen. Am besten ist eine Lupe mit kleinem Tubus, entweder an der Augenseite offen (Wilson'sche Lupe), oder daselbst mit einem Augenglas versehen. Der Tubus schützt das Auge gegen das seitlich einfallende Licht, welches nicht nur die Beobachtung stört, sondern auch das Auge unnöthig anstrengt. Man hat aber alle Ursache, bei der ohnedies sehr angreifenden Arbeit mit der Lupe das Auge zu schonen.

Zur bequemeren Beobachtung ist besonders die Brücke'sche Lupe zu empfehlen, wie Herr Hofmechanikus Zeiss in Jena dieselbe anfertigen lässt. Auf meinen Wunsch hat Herr Zeiss dazu ein Objektstativ (s. nebenstehende Fig.) construirt, welches mir sowohl bei meinen Arbeiten als auch zur Demonstration in meinen Vorlesungen ganz wesentliche Dienste leistet. Die Einrichtung desselben wird am besten die hier folgende Figur erläutern.

*) Man vergleiche namentlich über das Verfahren Cuvier's in meiner Arbeit: Mechanik, Teleologie und Aesthetik. E. Hallier. Ausflüge in die Natur. Berlin, Theob. Grieben. 1876. S. 37—42.

Die Figur erläutert zuerst die Einrichtung der Lupe (*A*) selbst. *f* ist ein schwerer Messingfuss, in welchen eine solide Stahlsäule (*s*) eingeschroben ist. Das Knöpfchen *kn* am Ende derselben kann abge-

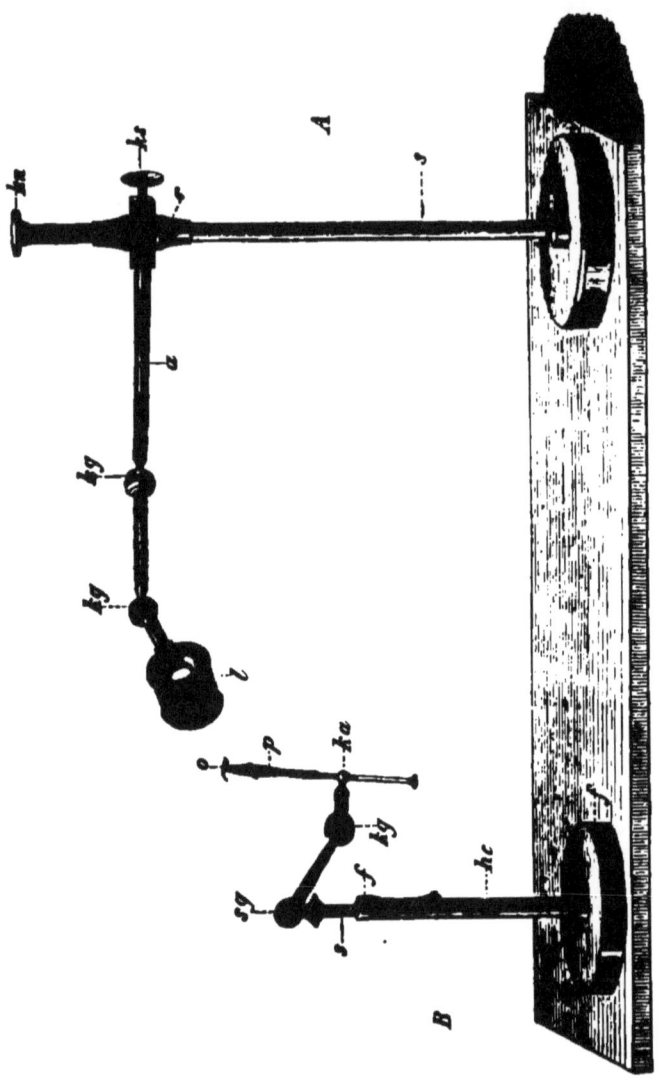

schroben werden, um das kurze Messingrohr *r* von oben darüber schieben zu können. Das Rohr *r*, welches den Messingarm *a* fasst, kann mittelst der Klemmschraube *ks* beliebig hoch oder niedrig gestellt werden. Der Arm ist durch zwei Kugelgelenke (*kg*) gegliedert, so dass der Lupe *l* durch Drehung nach allen Seiten jede beliebige Stellung gegeben werden kann. Die Lupe wird in einer Messinghülse am Ende des letzten Armgliedes befestigt, indem man das Ocular abschraubt und nach genauer Einpassung der Lupe in die Hülse dasselbe wieder aufschraubt.

Das Objektstativ *B* besteht aus einem Messingfuss *f*, in welchen ein Messingcylinder *hc* eingepasst ist. In diesem Cylinder verschiebt sich die Stahlsäule *s* mittelst der klammernden Feder *f*. Am Ende trägt die Säule einen Hebelarm, der durch ein Scharniergelenk *sg* und ein Kugelgelenk *kg* die Beweglichkeit nach allen Seiten erhält. Am Ende des Arms bewegt sich die das Objekt *o* aufnehmende Pincette in einer kugelförmigen Hülse *ka* auf und nieder.

Dieser Apparat hat zwei grosse Vortheile, nämlich erstens den grossen Fokalabstand der Brücke'schen Lupe und zweitens die ausserordentliche Beweglichkeit beider Stative, die es ermöglichen, den Gegenstand von allen Seiten zu beleuchten und zu betrachten.

Nächst der Lupe ist das erste Erforderniss zur Untersuchung der Pflanzen ein scharfes und spitzes Messer, um zarte Pflanzentheile, besonders Früchte und Samen, sowie andere Blüthentheile zu zerschneiden. Es genügt dazu jedes gute Federmesser, doch sind auch Skalpelle sehr brauchbar. Ausserdem leistet eine kleine Pincette zum Anfassen zarter Gegenstände und unter Umständen ein Paar feiner, in einem Heft befestigter Nadeln gute Dienste. Auch eine kleine Scheere ist zuweilen nützlich.

Das Mikroskop wird man bei Untersuchung der Phanerogamen seltener in Anwendung bringen, während es für die Bestimmung der Cryptogamen allerdings unentbehrlich ist. Für den Gebrauch des Mikroskops ist praktischer Unterricht unentbehrlich, ein Lehrbuch kann hier den Lehrer keineswegs ersetzen, doch werden die Lehrbücher der Mikroskopie von Frey und Harting dem Anfänger neben dem Unterricht eine vorzügliche Stütze sein.

Zur Untersuchung der Pflanzentheile von Phanerogamen wird es in den meisten Fällen ausreichen, wenn man dieselben zwischen eine Pincette fasst und mit dem Messer zergliedert. Sehr kleine Theile, so z. B. die Samen der Cruciferen, wird man besser auf ein Glastäfelchen legen und daselbst mit Nadeln oder mit der Messerspitze zerlegen.

Jede Pflanzenfamilie verlangt einen eigenthümlichen Gang der Untersuchung, den man bei der Abhandlung der einzelnen Familien angegeben findet.

Wünscht man für die nachträgliche Untersuchung brauchbare Präparate aufzuheben, so empfehle ich dazu ganz besonders die Aufbewahrung getrockneter Pflanzentheile zwischen zwei Glasplättchen in einem Lack, der nicht zu langsam trocknet, so z. B. in Spiritus gelöster Copallack. So kann man sich von Moosen und anderen Cryptogamen, von Blüthentheilen der Phanerogamen sehr hübsche Objekte zubereiten, ohne grosse Mühe und Kosten. Die meisten derselben werden sogar schwache mikroskopische Vergrösserung zulassen. Zartere Gebilde, wie z. B. Schnitte durch Fruchtknoten und Samenanlagen, müssen allerdings in Glycerin aufgehoben und mit einem sorgfältig aufgekitteten Deckgläschen versehen werden.

Als Vorbereitung für die systematische Botanik empfehlen wir besonders den folgenden Abschnitt, in welchem die unentbehrlichsten Thatsachen aus der Morphologie der Phanerogamen mitgetheilt werden sollen.

Morphologische Vorbegriffe.

Dieses Buch ist zunächst der Systematik der thalamischen oder Blüthenpflanzen gewidmet, gewöhnlich nach der Linnéischen Bezeichnung Phanerogamen (Phanerogamae) genannt. Die Gruppen der athalamischen Pflanzen, d. h. derjenigen ohne aus dem Stengel gebildeten Blüthenboden (thalamos) und ohne Keim, nach Linné Cryptogamen (Cryptogamae) genannt, sind nämlich so umfangreich, dass sie eine besondere Behandlung nöthig machen. Wir erwähnen sie daher hier nur, um ihren Platz gegenüber den thalamischen Pflanzen zu bezeichnen.

Zu den athalamischen Pflanzen gehören folgende Abtheilungen: 1) Algen, Algae. 2) Pilze, Fungi. 3) Flechten, Lichenes. 4) Armleuchterpflanzen, Characeae. 5) Moospflanzen, Muscineae. 6) Farne, Filices. 7) Schachtelhalme, Equisetaceae. 8) Natterzungengewächse, Ophioglosseae. 9) Bärlappgewächse, Lycopodiaceae. 10) Wurzelfrüchtler oder Wasserfarne, Rhizocarpeae.

Diese Gruppen sind Abstufungen des Gewächsreiches, welche keineswegs eine fortlaufende Reihe darstellen, so dass die Algen als die niedrigsten, die Rhizocarpeen als die höchsten athalamischen Pflanzen anzusehen wären.

Vielmehr geht jede dieser Gruppen von einfacheren Anfängen aus und entwickelt sich selbstständig und von den übrigen mehr oder weniger unabhängig weiter, so dass eine sehr nahe Verwandtschaft zwischen diesen Gruppen nicht angenommen werden kann, wenn auch hie und da die Abgrenzung noch unsicher sein mag. Natürlich sind die Abtheilungen des Pflanzenreichs aber bald durch grössere, bald durch kleinere Klüfte von einander getrennt, oder, was dasselbe sagen will, sie stehen einander bald näher, bald ferner, sind bald mehr bald weniger verwandt.

Diese verwandtschaftlichen Beziehungen lassen sich zunächst durch folgende Reihe andeuten:

$$\left\{\begin{array}{l}\text{Pilze} - \text{Flechten.} \\ \text{Algen.} \\ \text{Characeen.}\end{array}\right.$$

Muscineen.

$$\left\{\begin{array}{l}\text{Farne.} \\ \text{Schachtelhalme.} \\ \text{Natterzungen.} \\ \text{Bärlappe.} \\ \text{Wasserfarne.}\end{array}\right.$$

$$\left\{\begin{array}{l}\text{Nacktsamige Pflanzen.} \\ \text{Bedecktsamige Pflanzen.}\end{array}\right.$$

Die Reihe zeigt, dass zwischen den Pilzen und Flechten eine ganz nahe Verwandtschaft besteht, so zwar, dass die Flechten wohl mit Recht als Hauptabtheilungen der Ascomyceten anzusehen sind. Alle übrigen Gruppen sind durch mehr oder minder grosse Klüfte von einander getrennt. Namentlich stehen die Muscineen nach beiden Seiten hin ganz isolirt da. Die Klammern deuten auf die verwandtschaftlichen Beziehungen oder, vorsichtiger ausgedrückt, auf die morphologischen Aehnlichkeiten der verschiedenen Gruppen hin. Es zeigt sich dabei eine grössere Aehnlichkeit zwischen Pilzen und Algen, während die Characeen fast ebenso isolirt dastehen wie die Muscineen. Die beiden letzten grossen Abstufungen stehen ziemlich ebenbürtig neben einander. Die Entscheidung der Frage, wie diese Gruppen auf der Erde entstanden sind, sowie die Aufstellung eines Pflanzenstammbaums dürfte zur Zeit ganz unthunlich sein. Es zwingt überhaupt nichts zu der Annahme, dass alle Pflanzen eines Stammes sind. War auf der Erde an einem Punkt die Bedingung zur Entstehung von Organismen gegeben, so wird das auch an vielen anderen Punkten gleichzeitig der Fall gewesen sein, denn je weiter man in der Erdgeschichte zurückgreift, desto gleichmässiger hat man sich die auf der Oberfläche herrschenden Bedingungen vorzustellen. Es ist also weit wahrscheinlicher, dass an vielen Punkten zugleich Organismen einfachster Art entstanden sind und dass diese sich von vornherein nicht überall genau gleich entwickelt haben, denn geringe Unterschiede in der Umgebung und Ernährung werden sich schon früh geltend gemacht haben.

Nun wollen wir die obige Zusammenstellung der Pflanzengruppen etwas näher erläutern und zu begründen suchen. Die sicherste Begründung, darüber haben wir uns bereits verständigt, ist diejenige nach den Fortpflanzungs- oder Reproductionsorganen und zwar denjenigen, welche wir als geschlechtliche bezeichnen.

Fast durch das ganze Organismenreich mit Ausnahme weniger niedrig organisirter und noch sehr ungenügend bekannter Formen lassen sich geschlechtliche Vorgänge nachweisen, wenn diese auch sehr verschiedene Abstufungen zeigen.

Für den eigentlichen Geschlechtsakt verlangen wir die Vereinigung zweier ungleichartiger Plasmen, die wir als männliches und weibliches schon der Form nach unterscheiden können. Sind die beiden plasmatischen Gebilde dagegen nicht wesentlich verschieden, so bezeichnen wir den Akt ihrer Vereinigung als Copulation. Copulationen kommen nur bei den ersten der oben aufgeführten Gruppen, bei Algen und Pilzen vor. Die ersten vier Gruppen, nämlich: Algen, Pilze, Flechten und Characeen verhalten sich bezüglich der geschlechtlichen Vorgänge unter einander ähnlich, aber von allen folgenden Gruppen verschieden.

Bei diesen vier ersten Pflanzengruppen ist die Spore, d. h. die Fortpflanzungszelle, „entweder ein ganz unmittelbares Produkt der Befruchtung (Zygospore, Oospore), oder das Produkt eines Vegetationsaktes, der durch die Befruchtung hervorgerufen wird."*)

Anders bei den Moospflanzen oder Muscineen. Die Sporen liegen hier in kapselartigen Behältern, Mooskapsel oder Sporogonium genannt, indem ein Theil des inneren Gewebes des Sporogoniums die Mutterzellen für die Sporen bildet. Dieses Sporogonium entsteht als Endprodukt eines Geschlechtsaktes. Als weibliches Organ fungirt dabei ein nackter Plasmakörper, das Oogonium, welches an einer bestimmten Stelle der Moospflanze in einer Gewebehöhlung von verschiedener Gestalt und Beschaffenheit, dem sogenannten Pistill, zur Ausbildung kommt. Das durch die männlichen plasmatischen Gebilde (Spermatozoiden), die in anderen Gewebekörpern (Antheridien) zur Ausbildung kommen, befruchtete Oogonium wird durch den Befruchtungsakt zur Zelle, die sich bald durch wiederholte, sehr verschiedenartige Theilungsvorgänge zum Sporogonium ausbildet.

Nach dem Produkt des Geschlechtsaktes könnte man also die ersten vier Pflanzengruppen als Sporenpflanzen, die Moospflanzen als Kapselpflanzen oder Sporogoniumpflanzen bezeichnen. Die Muscineen zeichnen sich ausserdem aus durch meist deutliche Achsenbildung und Blattbildung, welche den Vertretern der vorhergehenden Gruppen meistens fehlen.

Bei den folgenden fünf Gruppen, von den Farnen bis zu den Rhizocarpeen, ist das Produkt des Geschlechtsaktes wesentlich verschieden von demjenigen der beiden vorhergehenden Vegetationsstufen. Während bei den Muscineen die keimende Spore des Sporogoniums, meist durch

---

*) J. Sachs, Lehrbuch der Botanik. Vierte Auflage. Leipzig 1874, S. 237. Man vergleiche daselbst auch die Kritik der Bezeichnung „Spore".

Vermittelung eines sogenannten protonematischen Vorkeims von bloss vegetativer Bedeutung, auf welchem dann ein Knöspchen entsteht, die Moospflanze erzeugt, die dann männliche und weibliche Apparate, Antheridien und Archegonien trägt, stehen diese bei den Farnen und Verwandten auf einem (geschlechtlichen) Vorkeim, Prothallium genannt, welcher aus der gekeimten, im Sporogonium entstandenen Spore hervorgeht. Das Prothallium hat entweder die Beschaffenheit eines sehr zarten Blättchens (Filices, Equisetaceae), oder es bleibt rudimentär und mehr oder weniger in der Spore eingeschlossen, wie z. B. bei den Rhizocarpeen. Auf dem Vorkeim entsteht aus dem befruchteten Oogonium die entwickelte belaubte Pflanze. Das befruchtete Oogonium wird zur Zelle, aus welcher durch zahlreiche Theilungen ein knospenartiger Körper und aus diesem durch Segmentbildung einer Terminalzelle die belaubte Pflanze hervorgeht. Die Fruchtkapseln (Sporogonium) entstehen entweder als Oberhautgebilde der blattigen Ausbreitungen der Zweige, gewöhnlich Frondes, Wedel genannt, so bei den echten Farnen, oder sie gehen aus ganzen Gewebestücken des Laubkörpers hervor, so bei den Ophioglosseen. Die Kapseln bilden Gruppen von meist sehr bestimmter Form, Fruchthaufen oder Sori genannt. Man kann nach ihnen diese fünf Gruppen als Soruspflanzen bezeichnen.

Die Soruspflanzen besitzen nicht nur meist sehr kräftig entwickelte gegliederte Stämme, sondern auch echte Wurzeln, d. h. Achsentheile, welche meist nicht dem Licht entgegenwachsen, keine Blätter, folglich auch keine Gliederung besitzen und an den Spitzen mit einem besonderen haubenartigen Gewebekörper, der sogenannten Wurzelhaube, versehen sind. Den Muscineen fehlt die echte Wurzel; sie ernähren sich durch haarartige Rhizoiden. Ebenso fehlen ihnen Gefässe im Stengel, während die Soruspflanzen solche besitzen. Man nennt diese daher auch wohl Gefässcryptogamen, Wurzelcryptogamen oder athalamische Wurzelpflanzen.

Mit Einschluss der thalamischen Pflanzen erhalten wir nach den bisher erörterten Gesichtspunkten folgende Uebersicht:

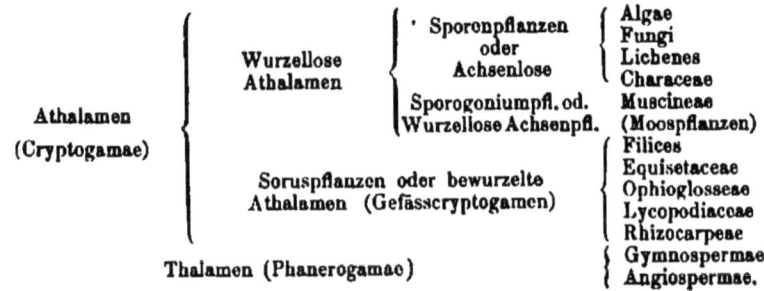

Zur Kenntniss der thalamischen Pflanzen ist vor allen Dingen eine Bekanntschaft mit den Grundzügen ihres morphologischen Baues unerlässlich. Dazu sollen die folgenden Seiten als Leitfaden dienen.

Die einzelnen Theile der Organismen pflegte man früher allgemein als Organe zu bezeichnen. Bei der Anwendung eines solchen Wortes kommt natürlich alles auf die Definition an, da der Sprachgebrauch des gewöhnlichen Lebens ziemlich unbestimmt zu sein pflegt. Organ im strengen Sinn des Wortes ist ein Theil eines Organismus, dem eine ganz bestimmte Funktion und meist nur oder doch vorzugsweise diese obliegt. So ist das menschliche Auge das Sehorgan. Die optischen Funktionen können durch kein anderes Organ, nicht etwa durch das Ohr ersetzt werden, denn das Organ hat einen sehr verwickelten, auf diese eine Funktion hinzielenden Bau. Solche Organe haben alle Thiere bis zur unbestimmbaren Grenze zwischen Pflanzen- und Thierreich herab, denn die echten Infusorien besitzen doch mindestens einen Ernährungsapparat. Die Pflanze besitzt keine Organe in diesem Sinne des Wortes, denn wenn auch z. B. die Wurzeln bei den meisten höheren Pflanzen durch Aufsaugung der wässerigen Lösungen zur Aufnahme der anorganischen Bestandtheile dienen, so können doch bei den wurzellosen Athalamen ganz andere Gebilde die nämliche Funktion erfüllen. Der Athmungsapparat ist kein bestimmtes Organ wie bei allen höheren Thieren, sondern jeder Gewebetheil ist unter günstigen Verhältnissen im Stande, Gase aufzunehmen und andere abzuscheiden. Die Zerlegung der Kohlensäure ist keineswegs auf die Blätter beschränkt, sondern jedem chlorophyllführenden Gewebe eigen u. s. w. u. s. w. Organe im eigentlichen d. h. physiologischen Sinn besitzt also die Pflanze nicht, es giebt daher auch keine Pflanzenanatomie.

Im morphologischen Sinne aber ist allerdings die Pflanze aus Gliedern zusammengesetzt, mit Ausnahme der allerniedrigsten Formen. Bei den Sporenpflanzen ist die Gliederung, wenn überhaupt vorhanden, meist noch sehr unvollkommen und besteht oft nur in der Abgliederung der Zellreihen nach den einzelnen Zellen, wie z. B. bei den Characeen, bei Polysiphonia und manchen anderen Florideen. Von den Muscineen aufwärts besitzen dagegen alle Pflanzen eine sehr bestimmte Gliederung, die sich in zwiefacher Weise geltend macht.

Das Hauptglied der Pflanze wächst vorzugsweise in einer bestimmten Längsrichtung fort. Die Muscineen und bewurzelten Athalamen haben eine Terminalzelle, welche das Spitzenwachsthum einleitet; wogegen die Thalamen einen ganzen Zellencomplex, einen sogenannten Vegetationskegel zur Spitzenfortbildung besitzen. Man nennt solche Hauptglieder Achsen oder Stengelgebilde. Die Achsen haben zwei sehr verschiedene Formen der Ausbildung. Entweder liegt der Vegetationskegel unmittelbar an der äussersten Achsenspitze. In diesem Fall bildet die Achse Seitenorgane oder Blätter, die zwar sehr klein und rudimentär bleiben können, aber niemals ganz fehlen. Solche Achsen nennt man Stengel oder Caulome im engeren Sinne des Wortes. Oder die Achse ist an der äussersten Spitze von einer Gewebehaube (Wurzelhaube) bedeckt, welche vom Meristem (Fortbildungsgewebe) des Vegetationskegels beständig ergänzt wird. Solche Achsen heissen Wurzeln. Die Wurzel trägt niemals Blätter. Blätter oder Phyllome, auch peripherische Glieder genannt, entstehen aus dem Meristem des Vegetationskegels der Stengel in acropetaler Folge stets exogen. Sie bilden sich anfangs wie der Stengel durch eine Scheitelzelle oder Scheitelregion fort; während aber beim Stengel diese Region meist so zu sagen in infinitum fortbildungsfähig bleibt, es sei denn, dass Blüthenbildung oder sonst ein äusserer Anlass die Fortbildung sistirt, verhält es sich beim Blatt meistens grade umgekehrt: das Blatt hört nach verhältnissmässig kurzem Spitzenwachsthum auf an der Scheitelregion fortzuwachsen und vergrössert sich jetzt nur noch intercalar. Dieser Unterschied zwischen Achse und Blatt ist kein ganz scharfer und für alle Fälle stichhaltiger, wohl aber reicht er für die meisten Vorkommnisse aus.

Die Gliederung der Pflanze vollzieht sich also durch zwei Formen von Gliedern: Achsengebilde und Blattgebilde, und die Achsen differenziren sich wiederum als beblätterte Achsen oder Stengel (Caulome) und blattlose Achsen oder Wurzeln. Göthe hat in seiner „Metamorphose der Pflanzen" zuerst darauf hingewiesen, dass sich alle Glieder der höheren Gewächse auf zwei Hauptglieder, Achse und Blatt, zurückführen lassen. Ganz besonders gilt das für die Blüthe der Thalamen und ihre Theile, und für die Systematik wird besonders dieser Umstand von durchgreifender Bedeutung.

Den Unterschied zwischen Stengel und Blatt kann man sich noch auf die folgende sehr einfache Weise versinnlichen. Verletzt man die Spitze eines noch lebhaft fortwachsenden Blattes, so wird dieselbe nicht wieder ergänzt, aber abgesehen von der fehlenden Spitze erhält das Blatt seine normale Gestalt und Grösse. Sehr leicht ist das z. B. an jungen Getreidehalmen zu beobachten, aber überhaupt an jedem nicht allzu kleinen Blatt angiospermer Gewächse.

Verletzt man dagegen die Spitze eines rasch fortwachsenden Stengels, so z. B. die Spitze des Terminaltriebs einer im Treiben befindlichen Conifere oder den Trieb irgend einer angiospermen Pflanze, so nimmt man wahr, dass das Längenwachsthum des betreffenden Gebildes nach ganz kurzer Zeit aufhört und dass der sonst gewissermassen in infinitum fortwachsende Terminaltrieb sich im folgenden Jahr nicht mehr verlängert.

Wir haben also im ganzen höheren Pflanzenreich nur drei morphologisch verschiedenwerthige Glieder zu unterscheiden: die Achse als Stengel und Wurzel und das Blatt. Alle übrigen Pflanzentheile, die etwa noch einer besonderen Funktion dienen können, sind Trichome, d. h. Oberhautgebilde, welche entweder die äussere Oberfläche von Achsen oder Blättern bedecken oder im Innern von Gewebemassen als Auskleidung von Höhlungen auftreten, wie die zuerst im Farnstamm von Schleiden aufgefundenen Drüsenhaare.

Betrachten wir nun die Pflanzenglieder in den verschiedenen Formen ihres Auftretens, so haben wir die rein vegetativen Gebilde zu trennen von denjenigen, welche direkt oder indirekt der geschlechtlichen Reproduktion dienen, also von den Blüthenbildungen.

I. Pflanzenglieder, welche der vegetativen Sphäre angehören.

I. Wurzelgebilde.

Wir haben die verschiedenen Pflanzenglieder zu betrachten: 1, nach ihrer Dauer, 2, nach ihrer Anordnung, 3, nach ihrer Gliederung und Gestalt. Die Wurzeln können, wie jedes andere Pflanzenglied, im Laufe einer Vegetationsperiode hervorwachsen und wieder zu Grunde gehen. Man bezeichnet sie in diesem Fall als einjährig, was durch das Sonnenzeichen ⊙ oder durch das Zeichen ① versinnlicht wird. Hat die betreffende Pflanze auch keinen dauernden Stengel, so ist sie ebenfalls einjährig, d. h. sie geht noch in demselben Sommer, in welchem sie aus dem Samen aufwuchs, nach der Fruchtreife, wieder zu Grunde.

Dauert die Wurzel bis in den zweiten Sommer, so heisst sie zweijährig und man bezeichnet sie mit ②. Bei manchen Pflanzen ist sie von längerer aber unbestimmter Dauer, so z. B. bei Agave americana, wo sie 10—12 Jahre, bei schlechter Kultur oder in kälteren Klimaten aber auch weit längere Dauer haben kann. Diese Fälle kann man zweckmässig durch das Zeichen ⊛ versinnlichen. Bei den drei bisher bezeichneten Fällen ist maassgebend, dass die Wurzel nur eine Vegetationsperiode durchlebt, nämlich den Zeitraum von der Keimung bis zur Samenreife. Dieser Zeitraum kann wenige Wochen betragen, er kann aber auch viele Jahre umfassen, wie bei der erwähnten Agave, welche nur einmal blüht und dann abstirbt.

Haben die Wurzeln eine Dauer über mehre Vegetationsperioden hinaus, so kann man zwei Fälle unterscheiden. Entweder ist die Pfahlwurzel der Pflanze ausdauernd, aber alle von ihr getriebenen Stengel sterben am Ende der Vegetationsperiode ab. In diesem Fall verdickt sich die Wurzel von Jahr zu Jahr und treibt alljährlich nach oben auf's Neue aus. Solche Pfahlwurzel nennt man Mittelstock (caudex); eine derartige Pflanze heisst eine Staude, wofür das Zeichen 4 zur Anwendung kommt. Oder die Wurzel sowohl wie die grünen Stengel verholzen; in diesem Fall dauern sie meist viele Vegetationsperioden hindurch und man nennt die Pflanze eine Holzpflanze, wofür das Zeichen ♄ gebraucht wird. Mittelstöcke können nur dicotyledonische Pflanzen besitzen und obenso kommen echte Holzpflanzen, bei denen der Gefässbündelkreis im Cambialcylinder liegt, nur bei Gymnospermen (Coniferen) und Dicotyledonen vor. Es fehlt also den Monocotylen der Caudex und die Wurzel mit echtem Holz.

Bei fast allen Thalamen besitzt der Keim schon eine Wurzelanlage (radicula), welche bei den meisten Dicotyledonen sich direkt zur Hauptwurzel entwickelt, indem sie bei der Keimung am Micropyleende des Samens hervorbricht.

Fig. 1 zeigt eine keimende Hirsefrucht. Das Würzelchen (r) hat die Fruchtschale (s) zersprengt und wächst abwärts. Nach oben erhebt sich der kleine Stengeltrieb p. Dieses Würzelchen ist eigentlich schon ein Adventivspross, welcher aus der eigentlichen radicula bei rr hervorbricht.

Fig. 1. Keimende Frucht von Panicum miliaceum L. s = Sameneiweiss, s = gesprengte Fruchtschale. p = der kleine oberirdische Trieb, r = Wurzel, welche bei rr hervorbricht; bei t sieht man Haare, welche zur Ernährung dienen. Mit der Lupe gezeichnet.

Die Wurzeln der Gefässcryptogamen zeigen bisweilen dichotomische Verästelung (Lycopodiaceae), so auch wahrscheinlich diejenigen der Cycadeen.[*] Alle übrigen Pflanzen von den Farnen an haben monopodiale Verzweigung, d. h. von dem Haupttrieb aus bilden sich die Zweige als Seitengebilde und zwar in acropetaler Folge, nämlich so, dass die jüngsten Seitenwurzeln an der Spitze stehen. Die Seitenwurzeln entstehen aus endogenen Bildungsheerden und brechen durch das oberflächliche Gewebe der Hauptwurzel hervor. Im Ganzen sind die Verzweigungsgesetze der Wurzeln bis jetzt höchst unvollständig bekannt und für die Systematik haben sie noch gar keine Bedeutung.

Bei manchen Pflanzen bildet die radicula sich zu einer senkrecht abwärts steigenden Pfahlwurzel aus, so z. B. bei der Mohrrübe, der

---

[*] J. Sachs, a. a. O. S. 184, 185.

Eiche u. s. w. In anderen Fällen kommt die radicula entweder direkt gar nicht zur Entwickelung (manche Monocotyledonen), sondern bildet gleich Seitenwurzeln, oder sie entwickelt sich zwar, stirbt aber nach kurzer Zeit wieder ab (bei zahlreichen Dicotyledonen).

Unzählige Gewächse sind nicht auf die Wurzelbildung der radicula beschränkt. Wurzeln können wohl aus jedem Bildungsheerd nach aussen hervorbrechen als sogenannte Adventivwurzeln. Die athalamischen Wurzelpflanzen haben von vornherein nur Nebenwurzeln, da ihnen die radicula fehlt.

Bei weitem die meisten Thalamen können Wurzeln aus den Stengeln bilden, wenn dieselben in dazu günstige Lage gebracht werden. Am besten eignen sich hierzu die Knoten unmittelbar unter dem Blattansatz. Hier brechen beim Mais und bei zahlreichen aequatorialen Monocotyledonen Adventivwurzeln nachträglich hervor. Bei Baumfarnen, Ficoideen und vielen anderen Bäumen der Aequatorialzone brechen die Wurzeln hoch oben am Stamm und an den Zweigen hervor und wachsen bis zur Erde herab. Es ist durchaus nicht nothwendig, dass sich die Wurzelbildung auf die Knotenpunkte beschränkt. Beim Epheu z. B. brechen die Wurzeln überall am Internodium hervor, ebenso bei vielen Aequatorialpflanzen.

Man unterschied früher die feineren Wurzelzweige als Fasern und Zasern, doch ist auch diese Bezeichnung fast werthlos. Von einer eigentlichen Gliederung der Wurzeln kann nicht die Rede sein, da ihnen die Blätter fehlen. Etwas ·wichtiger sind Formabweichungen. Diese betreffen am häufigsten die Pfahlwurzel selbst, welche rübenförmig wird (Mohrrübe, Kohlrübe, Inula helenium L.), oder rettichförmig (Rettich, Ipomoea purga Wender.) u. s. w. Der Mittelstock (caudex) trägt nach oben die Knospen, welche für den nächstjährigen Trieb bestimmt sind. Häufig sind diese Knospen sehr dick, kugelig oder knopfig angeschwollen; in diesem Falle nennt man sie Köpfe. Ein Caudex kann einköpfig oder mehrköpfig sein. Nicht selten stehen die Köpfe am Ende eines dünneren Zweiges, eines sogenannten Wurzelhalses. Sehr ausgeprägt ist dieses Verhältniss z. B bei Carlina acaulis L., wo oft 3 bis 5 kugelige Köpfe an mehre Centimeter langen Hälsen sitzen, welche nach unten in den einfachen gewundenen Caudex übergehen.

Auch der Querschnitt der Wurzel bietet bis jetzt wenige für die Systematik verwerthbare Kennzeichen dar. Die meisten Wurzeln sind auf dem Querschnitt stielrund (teres).

Häufiger haben auch die Wurzelzweige verschiedenartige Anschwellungen, so z. B. bilden sich an den Enden der Faserwurzeln von Maranta Knollen (tubera), aus denen das Arrow-root gewonnen wird; die Spiraea filipendula L. hat an den Wurzelfasern perlschnurartig gereihte Verdickungen; mehre Arten von Paeonia besitzen an den dicken rübenförmigen Wurzelästen in bestimmten Abständen Einschnürungen u. s. w. Dornartige Verkümmerungen von Wurzeln kommen zwar vor, sind jedoch weit seltener als bei oberirdischen Achsen.

2. Stengelgebilde.

Für die Dauer der Stengelgebilde gilt im Allgemeinen dasselbe nebst denselben Zeichen wie bei der Wurzel. Man unterscheidet: Sommergewächse ⊙ oder ①, zweijährige ② und mehrjährige Pflanzen ⦿ mit einfacher Vegetationsperiode. Hierfür ist noch Folgendes zu erwähnen. Ist eine Wurzel zweijährig, so trägt der Wurzelkopf im Laufe des ersten Sommers nur Blätter an unentwickelten Stengelgliedern in Form eines Schopfs oder einer Basalrosette. Sehr unpassend wurde dieser Blattschopf früher mit dem Ausdruck: Wurzelblätter, folia radicalia, bezeichnet, jetzt nennt man sie grundständige Blätter, folia basalia. Physiologisch kann man sie auch Vorblätter nennen. Im nächsten Frühjahr verlängert sich nun der Trieb, die Blätter stehen an entwickelten Stengelgliedern und die Pflanze gelangt zur Blüthenbildung. Ausgezeichnete Beispiele für solche zweijährige Pflanzen sind: Verbascum, Digitalis, Capsella u. s. w. Auch mehrjährige einfachperiodische Pflanzen bilden eine Basalrosette, so die mehrfach erwähnte Agave. Verholzen die Achsengebilde, so werden Wurzel und Stamm oder Stengel perennirend und überdauern zahlreiche Vegetationsperioden. Hier tritt ein äusserlich wichtiger Unterschied hervor, je nachdem nämlich der beblätterte Stamm im Boden oder auf seiner Oberfläche fortkriecht oder sich hoch in die Luft erhebt. Im ersten Fall pflegt der Stamm reich bewurzelt zu sein, man nennt ihn daher Rhizom und benutzt dafür das Zeichen ℣. Erheben sich dagegen die verholzenden Stengel in die Luft, so nennt man die Pflanze strauchig, wenn ein oder mehre von unten auf ästige Stengel vorhanden sind, baumartig dagegen, wenn nur ein Stamm vorhanden ist, der sich meist erst in beträchtlicher Höhe in Zweige auflöst. Für beide benutzt man das Zeichen ♄. Uebrigens sind Rhizom und Stamm durch keine ganz scharfe Grenze trennbar, was schon daraus einleuchtet, dass in heissen Erdstrichen die Wurzeln oft hoch oben in der Krone der Bäume entspringen; was aber auch in unseren Breiten zur Beobachtung kommt. Ausgezeichnete Beispiele für Rhizombildungen sind: Viola odorata L., Acorus calamus L. u. a. Die Gesetze der Verzweigung sind für die Stengelgebilde weit genauer bekannt als für die Wurzeln. Die regelmässige Verzweigung hängt natürlich von der Blattstellung ab, da diese die Anordnung der

Axillärtriebe bedingt. Folgen die Blätter am Stamme unmittelbar auf einander ohne deutliche Zwischenräume wie bei den meisten Knospen, bei den meisten einheimischen Farnen, bei Basalrosetten u. s. w., dann nennt man den Stengel ungegliedert. Finden sich dagegen zwischen je zwei Blättern deutliche Zwischenräume, so heisst der Stengel gegliedert. Man nennt den Blattansatz Knoten, nodus, und den Zwischenraum zwischen zwei Blattknoten: Glied, internodium. Ist das Glied nicht viel länger als der Querdurchmesser des Stengels, so heisst der letztgenannte kurzgliedrig; ist das Glied bedeutend länger, so spricht man von einem langgliedrigen Stengel. Häufig tritt an derselben Pflanze, ja an demselben Zweig ein allmähliger oder plötzlicher Wechsel in der Länge der Glieder ein. So z. B. besitzen viele Compositen eine Basalrosette (Cichorium u. a.), also eine ungegliederte Stengelbasis, darauf wird der Stengel plötzlich langgliederig und im Blüthenköpfchen wieder ungegliedert.

Die Zweige einer Achse sind entweder axillär, und dann sind sie, wenigstens der Anlage nach, dem Blattstellungsgesetz entsprechend angeordnet. Oder sie sind adventiv; sie entspringen dann an irgend einer anderen extraaxillären Stelle des Stengelgewebes und zwar entweder aus einem Bildungsheerd oder als nachträgliche Bildung. Alle Adventivbildungen sind bis jetzt für die Systematik bedeutungslos, da sie sich noch keinen allgemeinen Gesichtspunkten unterordnen lassen. Um so wichtiger sind die Axillarbildungen.

Hierfür ist zunächst zu bemerken, dass bei den Monocotyledonen meistens der grösste Theil der Axillarknospen fehlschlägt; es hat deshalb für sie die Verzweigung nur geringen systematischen Werth. Sehr werthvoll aber ist sie für die meisten Coniferen und Dicotyledonen. Da die Axillarzweige von der Blattinsertion abhängig sind, so fallen beider Darstellungen hier zusammen. Die Blätter können zuvörderst entweder alle einzeln stehen, so dass sich auf einem Stengelquerschnitt nur ein einziges Blatt inserirt findet. Oder sie können zu 2, 3 oder mehren auf einer Stengelperipherie inserirt sein. Im ersten Fall heissen die Blätter resp. Zweige wendelständig, denn man kann alle ihre Insertionen in Wendeln oder Schraubenwindungen verbinden. Im anderen Fall heissen sie wirtelständig, denn sie bilden einen 2 bis mehrzähligen Wirtel oder Quirl. Bei vielen Pflanzen finden sich Wendelstellung und Wirtelstellung vereinigt.

Ueberhaupt bleibt nur äusserst selten die Blattstellung durch die ganze Pflanze hindurch dieselbe. Bei den Monocotyledonen ist der Anlage nach Wendelstellung vorhanden und meistens beherrscht diese auch die vegetativen Stengelgebilde. Aber in der Blüthe treten die Blätter meistens zu Wirteln zusammen, während die Deckblätter in der Regel wendelständig sind. Bei den Dicotyledonen ist der Anlage nach fast

2*

immer der zweizählige Wirtel maassgebend, denn die Cotyledonen
stehen opponirt. Bei der Mehrzahl der Familien aber treten schon bei den
ersten vegetativen Sprossen die Blätter in Wendelstellungen, während sie
in der Blüthe sich meist zu Wirteln zusammenziehen. Nur bei verhältnissmässig wenigen Familien z. B. den Labiaten bleibt es bis zur Blüthe
bei dem 2 zähligen Wirtel mit der Drehung (Divergenz) 90°. Bei
anderen Familien (Asclepiadeae. Apocyneae) wird nicht selten der Wirtel
im oberen Theil der Pflanze mehrzählig, am häufigsten 3 zählig mit der
Divergenz 60°. Die Wirtelstellung ist bisweilen schon durch die ursprüngliche Anlage bedingt, so z. B. bei den Blättern von Salvinia
(Fam. Rhizocarpeae), bei den von Manchen als Blätter aufgefassten
Zellreihen von Chara. Solche Wirtel nennt man auch wohl echte.
Bei weitem die meisten Fälle gehören in diesem Sinne der unechten
Wirtelbildung an, doch kann die Systematik von diesem Unterschied
ganz absehen.

Man kann übrigens Wirtestellung und Wendelstellung recht wohl
unter einen Gesichtspunkt zusammenfassen, wo die Wirtelstellung Fälle
mehrfacher Wendel mit sehr einfachen Divergenzen umfassen würde.

Divergenz nennt man den Winkel, welchen zwei auf einander
folgende Blätter eines Wendels mit einander bilden. Um diesen
Winkel zu bestimmen, untersucht man Knospenzustände, oder, wo das
unthunlich ist, durchläuft man den Stengelumfang und zwar so, dass
man den kürzeren Weg vorzieht, d. h., gelangt man auf dem rechts
umlaufenden Wendel zuerst zu dem zunächst senkrecht darüber stehenden Blatt, so wählt man diesen, im entgegengesetzten Fall den linken
Umlauf. Eine Linie, welche, am Stengelumfang herablaufend, sämmtliche
vertical über einander befindliche Insertionspunkte verbindet, heisst ein
Orthostichon. Natürlich treten die Orthostichen um so deutlicher hervor,
je enger die Windungen der Wendel sind und je einfacher das Blattstellungsgesetz.

Schimper hat zuerst gezeigt, dass alle Wendelstellungen sich durch
folgende Reihe darstellen lassen:

$$\frac{1}{1}, \frac{1}{2}, \frac{1}{3}, \frac{2}{5}, \frac{3}{8}, \frac{5}{13}, \frac{8}{21}, \frac{13}{34}, \frac{21}{55}, \ldots$$

Diese Reihe hat mehre sehr brauchbare Eigenschaften. Der Zähler
des Bruches giebt die Zahl der Umläufe bis zum nächsten derselben
Orthostiche angehörigen Insertionsglied an; der Nenner dagegen nennt
die Zahl der durchlaufenen Glieder. Es bedeutet folglich der Bruch den
Divergenzwinkel, oder was ganz dasselbe sagt, den Theil des Kreis-
umfangs, welcher dem Divergenzwinkel entspricht. So sagt z. B. der
Bruch $\frac{1}{2}$, dass das zweite Blatt nach einem Umlauf wieder über dem
ersten stehe, oder mit anderen Worten, dass der Divergenzwinkel

$\frac{360}{2} = 180^0$ beträgt. Dem Bruch $\frac{1}{4}$ entspricht der Divergenzwinkel $\frac{360}{3} = 120^0$, dem Bruch $\frac{2}{5}$ die Divergenz $2 \cdot \frac{360}{5} = 144^0$ u. s. w.

Das Merkwürdigste ist, dass man diese Schimpersche Reihe selbst construiren kann. Man findet nämlich wie aus Obigem ersichtlich, jedes folgende Glied, indem man Zähler und Nenner der beiden vorhergehenden addirt. Ausserdem ist jeder Zähler der Nenner des zweiten vorhergehenden Gliedes. Die Bedeutsamkeit dieser Reihe wird aber besonders erhellt durch den Umstand, dass Schimper dieselbe aus Messungen an der Pflanze selbst abgeleitet hat.*)

Für die Form des Stengels ist besonders der Querschnitt von Bedeutung. Die hierfür üblichen Ausdrücke, wie z. B.: stielrund, teres, halbstielrund, semiteres, zusammengedrückt, compressus, zweischneidig, anceps u. s. w. sind so einfach, dass wir hierfür auf die Lehrbücher der Terminologie verweisen müssen.**) Verschieden sind Achsengebilde auch abgesehen vom Querschnitt in ihrer Gesammtform. Bisweilen werden die Triebe blattartig flach, wie bei der Euphorbiaceengattung Phyllanthus, bei den Opuntien u. a. Oft werden sie knollenförmig (Testudinaria) wie bei der Kartoffel, welche nichts anderes ist als ein knolliger Stengel mit unentwickelten Blättern. Auch die Zwiebeln und Knospen sind als Achsen aufzufassen. In beiden Fällen ist der Achsentheil noch sehr unentwickelt. Bei der gewöhnlichen Laubknospe ist derselbe von kurzen schuppigen meist zahlreichen Blättern umhüllt, bei der Zwiebel von dicken fleischigen Blättern, die als Reservestoffbehälter dienen und chlorophyllarm oder chlorophyllfrei sind. Die Zwiebel kann einblättrig sein, so bei Colchicum, ja selbst blattlos, wie die Knolle vieler Orchideen, welche einen Wurzeltrieb mit einer Knospe darstellt. Sehr wichtig sind die Umformungen, welche die Achse am blühenden Ende so häufig eingeht. Sehr oft schwillt sie durch Zunahme des intercalar-peripherischen Wachsthums kegelig-halbkugelig an. Bleibt das Achsenende noch mehr im Wachsthum zurück, so wird das Achsenende flach und scheibenförmig. So entsteht z. B. der flache, gewölbte oder kegelförmige gemeinsame Blüthenboden der Compositen, der Blüthenboden mancher Rosaceen u. s. w. Ueberwiegt endlich das Dickenwachsthum noch mehr, so wird der Stengel hohl, wie bei der Feige, bei Rosa und in zahlreichen anderen Fällen. Dadurch

---

*) Für den hier verfolgten Zweck genügen vorstehende Angaben. Wer sich ausführlicher zu unterrichten wünscht, den verweisen wir auf J. Sachs a. a. O. S. 190—206.

**) Hier ist besonders zu nennen: G. W. Bischoff. Die botanische Kunstsprache in Umrissen nebst erläuterndem Text. Mit 21 lithogr. Tafeln. Nürnberg 1822. Natürlich sind diese älteren Kunstausdrücke mit Vorsicht zu benutzen und mit Rücksicht auf die neuere Morphologie.

können ältere beblätterte Theile hoch über den Vegetationspunkt hinaufreichen, wie schon Schleiden gezeigt hat.

Zu beachten sind ferner die Dornbildungen, weil sie für manche Familien charakteristisch sind. Ein echter Dorn, spina, geht aus einem ganzen Gliede, Stengel oder Blatt, hervor. So z. B. haben die Pomaceen und Amygdaleen, desgleichen die Rhamneen, Stengeldornen, wogegen die Cacteen, die Stachelbeeren u. a. Blattdornen besitzen. Der Stengeldorn ist ein ungenügend ernährtes Achsengebilde, welches in Folge davon verkümmert und bald zu wachsen aufhört. Ebenso ist der Blattdorn ein verkümmertes Phyllom. Vom Dorn (spina) unterscheidet man dornartige Trichome unter dem Namen Stachel, aculeus. Stacheln haben z. B. die meisten Arten der Gattung Rosa. Bei einigen Familien verschwindet die Dornbildung bei kräftigerer Ernährung, so z. B. bei vielen Pomaceen und Amygdaleen, wenn dieselben auf Culturboden versetzt werden. Bisweilen entwickeln sich Achsenzweige sehr dünn und haben häufig noch sehr lange Internodien. Solche Zweige sind natürlich schlaff und liegen daher am Boden, wo sie meist an den Knoten Wurzeln bilden und dadurch der vegetativen Vermehrung dienen. Man nennt sie Ausläufer (stolo).

3. Blattgebilde.

Nach der Dauer sind die Blätter entweder hinfällig (folium caducum), wenn sie, wie die Nebenblätter der Linden, bald nach ihrer Entstehung wieder abfallen, oder abfällig, wenn sie bis zum Ende der Vegetationsperiode wie z. B. die meisten Blätter unserer Laubbäume oder bis zum Abfall der nächststehenden Theile wie z. B. die Kronblätter bis zum Abfall der Staubblätter stehen bleiben. Man sieht hieraus, dass es zwischen dem hinfälligen Blatt und dem abfälligen (folium deciduum) keine ganz strenge Grenze giebt. Ueberdauert das Blatt die Vegetationsperiode um längere Zeit, oft um ein bis mehre Jahre, dann nennt man es bleibend (folium persistens) oder auch immergrün.

In seiner höchst entwickelten Form zeigt das Blatt drei wesentlich verschiedene Theile, nämlich 1) den Stiel, petiolus, der untere, der Achse eingefügte, meist stielförmige Theil des Blattes; 2) die Spreite, lamina, das meist flache und breitere Ende des Blattgebildes, der wesentlichste Theil desselben, das eigentliche Blatt; 3) die Nebenblätter (stipulae), meist je eines rechts und links von der Basis des Blattes. Die Blätter entwickeln sich häufig als drei neben einander auf derselben Stengelhöhe befindliche Blättchen, indem alle drei gleichen Schritt halten im Wachsthum, ja die beiden äusseren, die Nebenblätter, sogar anfangs in der Entwickelung voraneilen können. Später wächst meistens das mittelste oder Hauptblatt, weit rascher und überflügelt die Nebenblätter. Von den Nebenblättern gehen häufig, bisweilen auch vom nebenblattlosen Hauptblatt, zwei seitliche Anhängsel aus, welche den Stengel mehr oder weniger zu umfassen pflegen. Man nennt sie Oehrchen, ochreae. Nicht selten ist der Stiel scheidig und umfasst die Achse mit scheidiger Basis. In diesem Fall, wie er z. B. bei den Gräsern gewöhnlich ist, findet sich häufig an der Stelle, wo die Scheide plötzlich in die Spreite übergeht, als Fortsetzung der Scheide nach oben ein zartes Häutchen, ligula oder Blatthäutchen genannt.

Der wesentliche Theil des Blattes ist die Spreite (lamina); alle übrigen sind unwesentlich und können ganz fehlen und selbst die Spreite kann zu einem Schüppchen verkümmern.

So unterscheidet man das gestielte Blatt (folium petiolatum) vom ungestielten (folium sessile, sitzendes Blatt), das mit Nebenblättern versehene (folium stipulatum) vom nebenblattlosen (folium exstipulatum), das scheidige Blatt (folium vaginatum) vom scheidenlosen, u. s. w.

Das Blatt ist entweder zusammengesetzt (folium compositum) oder einfach (folium simplex). Das zusammengesetzte Blatt besteht aus mehren Theilen, welche durch Gliederungen verbunden sind und deren jeder für sich abgeworfen wird, so bei der Rosskastanie, der Robinie etc. Die Zusammensetzung kann eine gefiederte sein (fol. pinnatum) oder gefingert (fol. digitatum), je nachdem die Theile an einer verlängerten Spindel sitzen oder an einem Punkt angeheftet sind*). Das einfache Blatt ist entweder ungetheilt (fol. integrum) oder getheilt (fol. partitum). Man sieht dabei noch von den sehr kleinen Theilungen des Blattrandes, sogenannten Serraturen, ab. Die Theilung wird nach der Tiefe vom Blattrand aus bis gegen den Mittelpunkt oder die Mittellinie gemessen. Zwischen Mittelpunkt oder Mittelnerv einerseits und Blattrand andererseits denkt man sich die Mittellinie gezogen. Geht die Theilung nicht bis zur Mittellinie, so heisst das Blatt gelappt (fol. lobatum); geht sie bis über die Mittellinie hinaus, so heisst es gespalten (fol. fissum); geht sie bis nahezu auf den Mittelnerv oder Mittelpunkt, so heisst es getheilt (fol. partitum). Diese Ausdrücke wendet man auch an in Verbindung mit dem Unterschied des handförmigen oder gefingerten Blattes (fol. palmatum s. digitatum) vom gefiederten (fol. pinnatum); so z. B. sagt man: fiederlappig (fol. pinnato-lobatum), fiederspaltig (fol. pinnatifidum), fiedertheilig (fol. pinnato-partitum; und ebenso: handförmig gelappt. (fol. palmato-lobatum); handförmig gespalten (fol. palmatifidum), handförmig getheilt (fol. palmato-partitum). Statt des letzten Ausdrucks sagt man auch wohl: fol. palmatisectum, ebenso: fol. pinnatisectum.

---

*) Auch einfache Quergliederung kommt vor; so bei Citrus-Arten.

Verschieden vom gefiederten Blatt ist das fussförmige: folium pe-
datum. Es entsteht dadurch, dass ein schwächeres Hauptblatt wiederholt kurzgestielte oder stiellose Seitenlappen bildet nach Art eines
sympodialen Zweigsystems. Es sieht dann so aus, als ob von einer
senkrecht gegen den Stiel gerichteten Spindel einseitige Fiederlappen
abzweigten.

Wir haben weitere Unterscheidungen in der Lappenbildung des
Blattes dem Studium terminologischer Handbücher zu überlassen, da
hier hier diese Dinge zu weit abführen würden.*)

Eine genauere Beachtung erfordern dagegen die feineren Randeinschnitte
oder Serraturen. Man unterscheidet folgende Hauptarten. Ist der Rand
mit Buchten versehen, so sind diese entweder nach aussen gewölbt
oder nach innen. Im ersten Fall heisst das Blatt gekerbt (fol. cre-
natum), im zweiten geschweift (fol. repandum). Bildet der Rand eine
Zickzacklinie, so sind entweder die Schenkel einander gleich. Ein solches
Blatt heisst gezähnt (fol. dentatum). Oder die Schenkel sind ungleich;
dann heisst das Blatt gesägt (fol serratum). Hier kann man auch noch
genauer bestimmen, je nachdem die Schenkel grade oder krummlinig sind.

So heisst s $\frac{c}{c}$ fol. serratum curvatum-curvatum, d. h. beide Schenkel sind krummlinig. s $\frac{r}{c}$ heisst: ein gesägtes Blatt, dessen oberer, der
Spitze zugewendeter Schenkel gradlinig (rectum), der untere dagegen
krummlinig ist. Ebenso erklären sich die Formeln:

$$s \frac{c}{r} \text{ und } s \frac{r}{r}$$

und für das gezähnte Blatt die Ausdrücke:

$$d \frac{c}{c}, \quad d \frac{r}{r}, \quad d \frac{c}{r}, \quad d \frac{r}{c}.$$

Sowohl die Zusammensetzung als auch die Theilung und Serratur
des Blattes kann einfach, doppelt oder mehrfach sein, was oft in der
Speciesdiagnose Berücksichtigung findet.

Fehlen alle Serraturen, so heisst das Blatt ganzrandig, fol. inte-
gerrimum.

Die Ausdrücke, durch welche man die Form des ganzen Blatt-
umrisses bezeichnet, so z. B. lanzettlich (fol. lanceolatum), linealisch
(fol. lineatum) u. s. w. sind meist leicht verständlich, da sie Vergleichen
aus dem gemeinen Leben entnommen sind. Besondere Berücksichtigung
verdient dabei die Blattbasis, namentlich, wenn das Blatt gestielt ist.
Die Basis kann spitz, abgerundet oder mit Einschnitten versehen sein.
Im letzten Fall heisst es herzförmig (fol. cordatum), wenn die Lappen
abgerundet und nicht sehr breit über den Einschnitt herabhängen;
nierenförmig (fol. reniforme), wenn der Einschnitt stumpf, die Lappen

---

*) Vergl. Bischoff, a. a. O. S. 27—37.

sehr breit und abgerundet sind; pfeilförmig (fol. sagittatum), wenn Einschnitt und Lappen sehr spitz sind; spiessförmig; (fol hastatum), wenn die spitzen Lappen nach aussen gebogen sind u. s. w. Umfasst das Blatt die Achse, so heisst es umfassend (fol. amplexicaule). Wenn die Blätter zweizeilig stehen und sich dabei gegenseitig scheidenartig umfassen wie bei Iris und Acorus, so heissen sie reitend (fol. equitantia). Oft weicht das Blatt in seiner Gestalt wesentlich von der landläufigen Form ab; es wird knollig, stielförmig u s. w.

Entwickelt sich der Blattstiel sehr dick und fleischig, oft knollenförmig, so bezeichnet man ihn auch wohl als Phyllodium; so bei manchen tropischen Orchideen.

Häufig sind Verkümmerungen ganzer Blätter. In diesem Fall werden sie entweder zu Schüppchen oder zu Dornen reducirt, oft bleiben auch kaum nachweisbare Rudimente zurück wie bei den Deckblättern mancher Compositen. Oder es verkümmern nur einzelne Blatttheile, so z. B. sehr häufig das Endblättchen eines fiederig zusammengesetzten Blattes, welches sich in ein Spitzchen (Orobus) oder in eine Wickelranke, cirrhus, (Vicia, Lathyrus, Pisum etc.) verwandelt. Man nennt in diesem Fall das Blatt paarig gefiedert, folium aeque pinnatum, im Gegensatz zum unpaarig gefiederten Blatt, folium inaeque pinnatum, bei welchem das Endblättchen ausgebildet ist. Uebrigens sind nicht alle Ranken verkümmerte Blätter. Der Weinstock und mehre andere Pflanzen haben Zweige, welche sich zum Theil in Ranken verwandeln.

Bei den Farnen und Cycadeen kommt ein eigenthümliches Mittelding zwischen Achse und Blatt vor, welches man Wedel, frons, genannt hat. Der Wedel entwickelt sich acropetal und ist meist im Wachsthum eng begrenzt.

Sehr wichtig für die beschreibende Botanik ist die Stellung des Blattes zur Achse und die Anheftungsweise der Spreite an den Stiel. Im einfachsten Fall liegt die Blattspreite mit ihrem grössten Durchmesser in derselben Ebene wie die Achse Dann ist das Blatt ganz unselbstständig und bildet nur einen geflügelten Rand oder flügelförmige longitudinal stehende Lappen an der Achse. Meistens aber steht das Blatt gegen die Medianebene, d. h. gegen die Ebene, welche Blattachse und Stengelachse verbindet, in einem rechten Winkel und in einem mehr oder weniger spitzen Winkel gegen die Achse selbst geneigt. Man nennt den oberen Winkel, den die Blattfläche mit der Stengelachse (geometrisch genommen) bildet, die Blattachsel, die, wie wir bereits erörtert haben, für die Verzweigung von der grössten Bedeutung ist. Oft läuft vom Rücken des Blattes noch ein flügelartiger Rand längs des Orthostichon am Stengel herab, dann heisst der Stengel geflügelt (caulis alatus). Bisweilen ziehen sich sogar beide Blattränder als

Flügel am Stengel entlang. Die Flügel können dem ganzen Orthostichon folgen oder sie können früher oder später aufhören; beide Fälle findet man bei Arten von Verbascum vertreten.

Ist das Blatt gestielt (fol. petiolatum), so bildet es im einfachsten Fall mit seiner Lamina die Fortsetzung des Stiels, so zwar, dass Stiel und Spreite in derselben Ebene liegen, senkrecht gegen die Medianebene und der Mittelnerv unmittelbar den Stiel fortsetzt. Ein solches Blatt heisst fortlaufend, folium scutatum; legt sich dagegen das Staubblatt senkrecht mit seiner Hauptebene gegen den Stiel, so heisst das Blatt schildförmig, folium peltatum. Fortlaufend sind die Blätter der Eichen, Buchen, Linden u. s. w., wogegen für das schildförmige Blatt die Kapuzinerkresse (Tropaeolum maius L.) ein vorzügliches Beispiel ist.

Für weitere Unterscheidungen, den äusseren Bau von Stengel und Blatt betreffend, machen wir den Anfänger aufmerksam auf die meisterhafte Darstellung der allgemeinen Morphologie von Schleiden*), wo man das Wesentliche in gedrängter Uebersicht mitgetheilt findet.

Besondere Bedeutung für die Systematik hat noch das Blatt in seinem Verhältniss zum Stengel im Knospenzustand. Eine Knospe ist, wie wir oben gesehen haben, eine unentwickelte mit unentwickelten Blättern versehene Achse. Diese Blätter können nun in dreifacher Beziehung Gegenstand der äusseren Betrachtung werden, nämlich nach ihrer Stellung am Stengel, nach ihrer Lage zu einander und nach ihrer Faltung. Der Unterschied zwischen Wendelstellung und Wirtelstellung tritt auch in der Knospenlage hervor und oft sehr deutlich. Die Wendelstellung ist weitaus vorherrschend, besonders bei den Laubblätttern, aber auch in der Blüthe. Einige Familien haben in der Blüthe so deutliche Wendelstellung dass man die falschen Reihen oder Parastichen**) ohne Weiteres wahrnimmt, so z. B. bei den Carpellblättern der Clematideen, Ranunculeen, Anemoneen, Magnoliaceen (ex parte). Das Verhältniss der Blätter zur Achse wird nur für einige wenige Familien von Wichtigkeit, wo, wie bei den erwähnten, die Wendelstellung so deutlich hervortritt.

Wichtiger ist die Lage der Blätter zu einander, Knospenlage oder foliatio genannt, besonders für die Blüthenknospe. Entwickeln sich mehre Blätter auf einer Stengelhöhe neben einander, so treten sie anfangs als gesonderte Gewebekegel oder Lappen hervor. Die Blätter können, bis sie ausgewachsen sind, getrennt bleiben; so die Laubblätter von Nerium, Vinca, Olea u. s. w., oder die Blumenblätter von Cruciferen. Oft

---

*) M. J. Schleiden. Grundzüge der wissenschaftlichen Botanik nebst einer methodologischen Einleitung. Leipzig 1861. Seite 251—262.

**) Parastichen sind solche Reihen, welche nicht selbst die Formel der Blattstellung angeben, aus denen sich aber dieselbe durch Rechnung finden lässt.

berühren sich dabei die Blattränder in der Knospenlage, ohne sich zu decken. Diese Lage ist die einfachste. Man nennt sie klappige Knospenlage, foliatio valvata.

Ein schönes Beispiel dafür sind die Laubblätter und die Perigonblätter der Clematideen. Der echte Wirtel als Folge der ersten Anlage ist der seltnere Fall. Weit häufiger ist es, dass, namentlich in der Blüthe, sich der Wendel plötzlich wirtelig zusammenzieht. Oft stehen dann die Blätter sehr gedrängt und in grosser Anzahl beisammen, wie beim Hüllkelch der Compositen und Dipsaceen. Dabei schieben sich in der Regel die Blätter mit ihren Rändern über einander, was man dachziegelige Knospenlage, foliatio imbricativa nennt. Man unterscheidet dabei noch folgende Fälle: 1) umfassende Knospenlage, foliatio amplexa, wo jedes äussere Blatt alle inneren umfasst oder wenigstens mit beiden Rändern ·die nächstfolgenden deckt, 2) halbumfassende Knospenlage, foliatio semiamplexa, wenn jedes Blatt mit dem einen Rand deckt oder umfasst, am anderen Rand gedeckt oder umfasst wird. Sind nur fünf Blätter vorhanden, bei der Blume bei weitem der häufigste Fall, so liegen sehr häufig die Blätter so, dass zwei äussere nur decken, nicht gedeckt werden, zwei innere beiderseits gedeckt werden, das fünfte mit dem einen Rand deckt, am anderen gedeckt wird. Man nennt das Quincunx, foliatio quincuncialis.

Man pflegt wohl die Blattstellung in der Knospenlage durch sogenannte Diagramme darzustellen, namentlich für Blüthenknospen, doch sind die weiter unten mitzutheilenden Formeln bei weitem vorzuziehen, weil sie übersichtlicher und leichter verständlich sind.

Das einzelne Blatt ist häufig gefaltet, was man durch den Ausdruck: vernatio bezeichnet. Man spricht auch wohl etwas ungeschickt von einfacher Faltung, vernatio simplex, wenn das Blatt ganz ungefaltet ist. Ist das Blatt von der Mittelrippe aus nach vorn oder oben zusammengeklappt wie die Blätter eines Buches, so heisst es vorwärts gefaltet: vernatio duplicativa, geschieht die Faltung auf die Rückseite, so heisst das Blatt rückwärts gefaltet, vernatio replicativa. Sind beide Ränder nach vorn, d. h. nach innen oder oben eingefaltet, so spricht man von Einwärtsfaltung, vernatio implicativa, so beim Perigonium von Clematis; ist das Blatt der Länge nach wiederholt eingeknickt wie bei den Palmen, so heisst es schlechtweg längsfaltig, vernatio plicativa. Ausserdem gehen mit ganzen Kreisen oder den einzelnen Gliedern derselben häufig Biegungen, Einrollungen und Drehungen vor. Sind die Blätter eines ganzen Kreises um die Achse gedreht, so spricht man von gedrehter Knospenlage, foliatio contorta. Das ist bei freien Kronblättern der Fall bei Caryophylleen, bei verbundenen Kronblättern bei den Convolvulaceen, Solaneen und Verwandten.

Auch das einzelne Blatt kann gerollt sein, so bei den Pflaumen (Stamm Prunus) im Gegensatze zu den Kirschen (Stamm Cerasus). Man nennt solches Blatt ein gerolltes: vernatio convolutiva. Sind beide Ränder nach vorn gerollt, d. h. gegen die obere Fläche, so heisst die Faltung eingerollt: vernatio involutiva; so bei den Pappeln. Findet die Einrollung beiderseits gegen die Unterfläche statt, so ist die Faltung eine Rückwärtsrollung, vernatio revolutiva. Auch quere Knickungen, Biegungen und Einrollungen kommen vor. Vorwärts geknickte Faltung: vernatio inclinativa haben die Blätter von Hepatica, rückwärts geknickte: vernatio reclinativa diejenigen von Aconitum: eingerollte: vernatio circinalis s. circinata die Wedel der Cycadeen und mancher Farne.

Dem Anfänger wird eine kurze tabellarische Uebersicht dieser Verhältnisse nach Schleiden*) willkommen sein.

Faltung, Vernatio.

I. Scharfe Faltungen.

1) Vernatio simplex, ungefaltet.
2) Vern. duplicativa. Der Länge nach vorwärts gefaltet.
3) Vern. replicativa. Der Länge nach rückwärts gefaltet.
4) Vern. implicativa. Beide Ränder nach vorn eingeknickt.
5) Vern. plicativa. Das Blatt mehrfach längsfaltig.

II. Biegungen.

6) Vern. convolutiva. Der Länge nach aufgerollt.
7) Vern. involutiva. Von beiden Seiten der Länge nach eingerollt.
8) Vern. revolutiva. Ebenso rückwärts.

III. Quere Knickungen und Einrollungen.

9) Vern. inclinativa. Transversal vorwärts geknickt.
10) Vern. replicativa. Transversal rückwärts geknickt.
11) Vern. circinata. Schneckenförmig eingerollt.

Knospenlage, Foliatio.

1) Fol. valvata, klappige Knospenlage, die Blattränder berühren sich, ohne sich zu decken.
2) Fol. imbricativa, dachige Knospenlage, die Blätter decken sich gegenseitig.
3) Fol. amplexa, umfassende Knospenlage. Alle Blätter decken oder umfassen die folgenden, inneren.
4) Fol. semiamplexa, halb umfassende Knospenlage, der eine Blattrand deckt, der andere wird gedeckt.

---

*) a. a. O. S. 402, 403.

5) Fol. contorta, gedrehte Knospenlage, die Blätter sind longitudinal aufgerollt.

6) Fol. quincuncialis. Fünf Blätter bilden einen Quincunx.

Handelt es sich um mehre hinter einander befindliche Blattkreise, so wechseln diese in der Regel um die halbe Divergenz mit einander ab. Das nennt man wechselnde Knospenlage, foliatio alternativa. Bisweilen aber schlagen einzelne Kreise fehl, oder zwei Kreise rücken zu einem an einander. Dadurch kann die gegenständige Knospenlage, foliatio oppositiva, zu Stande kommen.

Es ist eine allgemein verbreitete Thatsache, dass ein Spross mit einfachen Blättern beginnt, dann allmählig die Blätter zu ihrer normalen Entfaltung und Mannigfaltigkeit bringt und zuletzt wieder höchst einfache Blätter erzeugt. Die Knospenschuppen pflegen sehr einfach zu sein. Bei ihnen ist die Spreite ganz unentwickelt, der Stiel dagegen schuppig erweitert; darauf folgen die Laubblätter in meist wachsender und zuletzt wieder abnehmender Entfaltung. Am Blüthenzweig folgen dann oft Bracteen, welche morphologisch den Knospenschuppen ähnlich sind, insofern bei ihnen nur der Stieltheil schuppig entwickelt ist. Leider hat man für die Knospenschuppen, schuppige Blätter der Rhizome u. s. w. den Ausdruck „Niederblätter", für die Bracteen dagegen den Ausdruck „Hochblätter" eingeführt. Diese auf ganz unwesentliche Dinge basirten Bezeichnungen werden besser vermieden.

II. Pflanzenglieder, welche der reproduktiven Sphäre angehören.

I. Der Blüthenstand. Inflorescentia.

Die Anheftungsweise der Blüthen an der Achse nennt man im Allgemeinen Blüthenstand, inflorescentia, die einzelnen Formen des Blüthenstandes werden mit dem alten Ausdruck Blust bezeichnet.

Selten stehen die Blüthen einzeln am Ende der ganzen Achse oder achselständiger Zweige. In der Regel sind sie in grösserer Anzahl zu einem Blust vereinigt. Die Verzweigungen sowie die einzelnen Blüthen entspringen gewöhnlich aus der Achsel eines Blattes. Ist dieses an Beschaffenheit und Gestalt den übrigen Laubblättern ähnlich, so heisst es Stützblatt, folium florale; ist dasselbe dagegen an Beschaffenheit und Gestalt von den Laubblättern verschieden, so heisst es Deckblatt, bractea. Die Deckblätter sind gewöhnlich einfacheren Baues als die Laubblätter, meist chlorophyllfrei oder chlorophyllarm, häufig sehr zart und andersfärbig. Stützblätter haben für die einzelne Blüthe die Rosen, für den achselständigen Blust die Gattungen Lamium, Thymus u. a.;

Deckblätter haben Origanum, Salvia u. a. für den achselständigen Blust, viele Liliaceen für die Einzelblüthe. Die Bluste sind entweder rein monopodial, d. h. eine Hauptachse trägt in acropetaler Folge in den Achseln von Blättern oder ohne solche Stützblätter, aber in derselben Anordnung Seitenzweige, die einfach bleiben oder sich abermals nach demselben Gesetz verzweigen. Oder sie sind sympodial (das Wort Sympodium wird meist in etwas von unserer Darstellung abweichendem Sinne gebraucht, nämlich für den Fall, wo unter der Blüthe nur ein Seitenspross entsteht, der meist die Richtung des geschlossenen Hauptsprosses annimmt; der Seitenspross verhält sich ebenso), d. h. die Hauptachse bildet einen oder mehre Seitenzweige, welche ihr gleichwerthig sind oder sie überflügeln, indem die Hauptachse, meist durch Blüthenbildung, abgeschlossen wird. Das Monopodium ist centripetal. d. h. die obersten Blüthen blühen zuletzt auf. Das Sympodium ist centrifugal, die obersten Blüthen, nämlich die am Ende der Hauptachse und ihrer Seitenachsen, meist die Mittelblüthen im Blust, blühen zuerst auf.

Folgende Uebersicht giebt nur die gewöhnlichen Vorkommnisse, welche für die Systematik ausreichen.

Centripetale Blüthenstände.

1. Spindel verlängert.

1) Aehre, spica, Blüthen sitzend.
2) Traube, racemus, Blüthen gestielt.
3) Kolben, spadix, Blüthen sitzend, ohne Deckblätter, an angeschwollener Spindel; der Blust von einem scheidigen Blatt (spatha) gestützt oder umhüllt.
4) Zapfen, strobilus, die Blüthen (oder Früchte) in den Achseln verholzender Deckblätter, sitzend.

2. Spindel kurz.

5) Köpfchen, capitulum, auch Körbchen, calathidium, genannt. Sitzende Blüthen befinden sich in geringerer oder grösserer Zahl am Ende der Spindel in enge Wendel zusammengedrängt. Da dieser Blüthenstand für ganze Familien, wie z. B. Compositen. Synanthereen u. s. w. charakteristisch ist, so nennt man auch denjenigen Fall ein Köpfchen, wo nur eine Blüthe sich am Spindelende einfindet. Das Kriterium dafür ist der Hüllkelch welcher auch in diesem Falle nicht fehlt.
6) Dolde, umbella. Am Ende der Achse stehen gestielte Blüthen in Wendeln dicht zusammengedrängt. Sind die Doldenäste

abermals doldig, so unterscheidet man Dolde erster und zweiter Ordnung oder Hauptdolde und Nebendolde und die Hüllblätter als Haupthülle und Nebenhülle.

7) Rispe, panicula. Unter diesem Ausdruck sind sehr verschiedene verwickelte Blüthenstände vereinigt, die nur zum kleinen Theil genauer bekannt sind und die zum Theil nach ihrer äusseren Form näher unterschieden werden, so z. B.:

   a. Hauptähre; Aehrchen sind an sehr kurzen verästelten Spindeln ährenförmig vereinigt.

   b. Schweif, anthurus, die Blüthen stehen an vielfach verästelten Spindeln zu einem schwanzförmigen Blust zusammengedrängt.

   c. Knäuel, glomerulus; ebenso, aber die Blüthengruppen und das Ganze knäuelig vereint.

   d. Büschel, fasciculus; ebenso mit büscheliger Gruppirung.

   e. Strauss, thyrsus; ähnlich dem Schweif, aber mehr ausgebreitet.

Centrifugale Blüthenstände.

1) Afterschirm, cyma. Das Achsenende blüht; unter der Blüthe entspringen 2 bis mehre wirtelige blühende Zweige, die sich ebenso verhalten u. s. f.[*])

2) Spirre, anthela. Ebenso, aber die Zweige sind wendelständig, daher meist zahlreich und unbestimmtzählig.

3) Centrifugale Dolde.

4) Centrifugales Köpfchen.

5) Einästige Cyma oder Sympodium sensu stricto. Das Achsenende blüht und erzeugt nur einen Seitenzweig, dieser verhält sich ebenso u. s. f. Es ist dieser Fall genau dasselbe wie die Cyma. Der ganze Unterschied besteht darin, dass die Cyma aus der Wirtelstellung, das sogenannte echte Sympodium dagegen aus der Wendelstellung entspringt.

6) Schraubel, bostryx. Eine einästige Cyma, wo die Aeste stets nach derselben Seite gerichtet sind.

7) Wickel, cicinnus. Eine einästige Cyma, wo die Aeste sich abwechselnd nach rechts und nach links ausbilden.

Man sieht, dass die Lehre vom Blüthenstand noch sehr in der Kindheit befangen ist, doch dürfte das Vorstehende für die jetzige Systematik genügen.

---

*) Das Dichasium ist nur ein besonderer Fall der Cyma, nämlich derjenige, wo nur zwei opponirte Seitenzweige unter dem blühenden Achsenende auftreten.

2. Zusammensetzung der Blüthe.

Wesentliche und unwesentliche Theile.   Stellungsverhältnisse.

Die eigentliche Blüthe der thalamischen Pflanze besteht aus zwei physiologisch differenten Theilen, die wir als Gynaeceum oder weibliches Organ und Androceum oder männliches Organ bezeichnen können.

Der wesentlichste Theil des Gynaeceums, ja der einzige durchaus nothwendige ist die Samenknospe, auch wohl Pflanzenei, ovulum genannt. Der Bau derselben wird weiter unten geschildert werden. Ist die Samenknospe von umhüllenden Organen, sogenannten Carpellblättern (carpidia), frei, so heisst sie nackt. Das ist der Fall bei der Gruppe der Gymnospermen oder Nacktsamigen, zu welcher in unserer Epoche die Cycadeen und die Coniferen gehören. Häufiger ist die Samenknospe einzeln oder in grösserer Anzahl von einem oder von mehren Carpellblättern umschlossen. Diese heissen als Gesammtheit zur Blüthezeit das Pistill (pistillum), zur Fruchtzeit, bis zu welcher sie in der Regel sich bedeutend vergrössern und umbilden, Frucht (fructus). Die Frucht ist also eine Hülle, bestimmt, die Samen einzuschliessen und zu schützen. Allen bedecktsamigen Pflanzen (Angiospermen) kommt natürlich eine Frucht zu, man könnte sie also auch Fruchtpflanzen nennen. Ist ein Carpellblatt oder ein Carpellkreis vorhanden, so nennt man das Ganze mit Einschluss der Samenknospen das Gynaeceum. Gynaeceum und Androceum können auf demselben Blüthenboden stehen oder in verschiedenen Blüthen. Im letzten Fall heisst die Blüthe diklinisch. Stehen dabei Männchen und Weibchen in Blüthen derselben Pflanze, so heisst diese monoikisch, stehen sie dagegen auf verschiedenen Pflanzen, so heissen sie dioikisch.

Das Androceum besteht aus sogenannten Staubblättern (stamina), welche den zur Befruchtung der Samenknospen nöthigen Staub (pollen) enthalten.

Der Geschlechtsapparat ist nicht selten noch von besonderen Blattorganen, die eine schützende Hülle bilden, umgeben. Lassen sich von diesen nicht mehre physiologisch verschiedene Kreise unterscheiden, so nennt man das Ganze: Blüthenhülle, perigonium, und die einzelnen Blätter Perigonblätter, phylla. Haben die Pflanzen gar keine solche Hülle, so heissen sie blumenlose.

Bei den meisten Familien der Dicotyledonen und einigen Monocotyledonen zeigt die Blume zwei morphologisch und physiologisch verschiedenwerthige Wirtel, deren äusserer in der Regel chlorophyllreich und derber, der innere dagegen chlorophyllfrei oder chlorophyllarm, zart und andersfarbig ist. Der äussere heisst Kelch, calyx, und seine Theile sepala, der innere Krone, corolla, seine Theile petala.

Von grösster Wichtigkeit ist das Verhältniss der verschiedenen Blattkreise und ihrer Theile zu einander und zur Achse. Für die Knospenlage gilt dasselbe, was oben im Allgemeinen mitgetheilt wurde. Man hat wohl die Knospenlage der Blüthe in besonderer Darstellung mit dem Ausdruck Aestivatio belegt und die Faltung mit dem Ausdruck Praefloratio, doch ist das ganz überflüssig, da es sich wesentlich um dieselben Verhältnisse handelt wie bei den Laubknospen. Wir sind oben von dem Fall ausgegangen, dass die Blätter eines Wirtels als freie Zellgewebslappen entstehen und auch nach ihrer Vollendung frei bleiben. In diesem Fall hat natürlich die Beschreibung das Hauptgewicht auf die Gestalt des Einzelblattes zu legen, demnächst auf die Zahlenverhältnisse, sowie auf die Stellung und Symmetrie.

Für die Beurtheilung freier Perigonblätter (phylla), Kelchblätter (sepala) und Kronblätter (petala) ist es wichtig, im Auge zu behalten, dass sie der Anlage nach den Laubblättern gleich sind, also als modificirte Blätter aufzufassen.

Selbst die Staubblätter (stamina) und Carpellblätter (carpidia) sind von diesem Gesichtspunkte nicht auszuschliessen. Man darf erwarten, bei allen diesen Blattbildungen diejenigen Theile wiederzufinden, welche gelegentlich beim Laubblatt zu unterscheiden sind, so namentlich den Stiel, die Spreite, Nebenblattbildungen, die Gliederung des Blattes, die Symmetrie desselben etc. Im Allgemeinen wird allerdings das Blumenblatt vom Stieltheil oder Scheidentheil des Blattes gebildet, doch kann man zuweilen Spreite, Stiel und Nebenblätter deutlich unterscheiden. Figur 2 zeigt ein Blumenblatt von Brassica nigra Koch. Die Lamina (*l*) zieht sich nach unten in einen kurzen stielförmigen Theil (*p*), den sogenannten Nagel (unguis) zusammen. Rechts und links von diesem Nagel sieht man zwei Nebenblattbildungen (*st*), welche grösstentheils mit jenem verbunden sind.

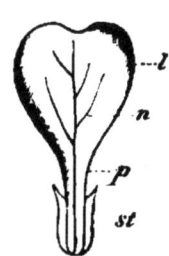

Figur 2. Blumenblatt von Brassica nigra Koch. *l* = Lamina, *p* = stielförmiger Nagel, *st* = nebenblattartige Anhängsel, *n* = Blattnerven. Mit der Lupe gezeichnet.

Die Staubblätter einiger Arten von Allium besitzen deutliche Nebenblätter.

Der Nagel (unguis) oder stielförmige Theil des Kronenblattes (petalum) ist bald sehr kurz wie in Figur 2, wie z. B. bei den meisten Alsineen, bald lang wie in Figur 3. Die Spreite liegt entweder in der nämlichen Richtung wie der Nagel, oder sie bildet mit ihm einen Winkel, oft einen rechten, ja sogar einen spitzen Winkel.

Figur 3. Kronblatt (petalum) von Saponaria officinalis L. u = Nagel (ungula), l = Spreite (lamina), f = gespaltener fornix, aus dem inneren Doppelflügel des Nagels hervorgehend, während die lamina aus dem äusseren entspringt.

Das letzte ist besonders häufig der Fall, wenn, wie bei den meisten Sileneen (vgl. Fig. 3), das Kronblatt sehr lang genagelt ist. Dann ist die Lamina meist tranversal abstehend oder sogar zurückgebrochen.

Häufig besitzt das Kronblatt, ebenso auch das Staubblatt, seltner das Kelchblatt, nach innen gerichtete Anhängsel. Für einige Gattungen der Sileneen sind solche Anhängsel, die man fornices, Wölbschuppen genannt hat, sehr charakteristisch, so z. B. bei Saponaria, auf deren Kronblatt, wie Figur 3 bei f zeigt, ein gespaltener fornix mit zwei spitzen Lappen auftritt an der Stelle, wo der Nagel (u) in die Lamina (l) übergeht.

Für die Symmetrie hat man bei einzelnen Blattgebilden nur zwei Fälle zu unterscheiden. Bei den meisten Laubblättern, so z. B. beim Blatt der Weiden, Pappeln, Ahorne u. s. w., ebenso bei den meisten Blumenblättern, Staubblättern u. s. w. wie z. B. bei den in Fig. 2 und 3 dargestellten Kronblättern der Cruciferen und Caryophylleen kann man sich eine longitudinale Mittellinie (eigentlich Mittelebene) gelegt denken, welche das Blatt in zwei symmetrisch ähnliche Hälften zerlegt.

Ist, wie in dem vorliegenden Fall, nur eine einzige derartige Mittelebene möglich, so heisst das Gebilde verwickelt sysmmetrisch. Bisweilen, wie z. B. bei dem Lindenblatt, beim Schiefblatt (Begonia), trennt die Mittelebene zwei symmetrisch ungleiche Theile. In diesem Fall heisst das Gebilde asymmetrisch. Blätter sind fast immer verwickelt symmetrisch oder asymmetrisch; Achsengebilde dagegen sind in der Regel einfach symmetrisch. Die einfache Symmetrie besteht darin, dass man nicht nur eine, sondern mehre Ebenen so durch ein Gebilde hindurch gelegt denken kann, dass symmetrisch ähnliche Hälften entstehen. So ist z. B. ein sechseckiger Stern einfach symmetrisch, denn man kann sechs Mal durch eine Ebene symmetrisch ähnliche Hälften trennen, nämlich entweder durch je zwei vorspringende oder je zwei einspringende Winkel.

Die Gestalt der Lamina ist meist ziemlich einfach und bedarf kaum einer allgemeinen Behandlung. Die Kelchblätter sind am häufigsten spitz, die Kronblätter häufiger stumpf oder abgerundet; dabei nicht selten 2 lappig, 2 spaltig oder 2 theilig, wie z. B. bei vielen Alsineen, oder nur schwach ausgerandet (petala emarginata). Bisweilen sind die Kronblätter gefingert oder gefiedert (Reseda).

Die Zahlenverhältnisse der Blüthe sind entweder bestimmte oder nicht. Unbestimmt sind sie meistens da, wo die Theile wendelständig angeheftet sind, wie z. B. die Carpellblätter und Staubblätter der Ranunculeen, Anemoneen, Clematideen, die Perigonblätter bei Anemone u. s. w. Man drückt das durch das Unendlichkeitszeichen ∞ aus. Bestimmt sind die Zahlen oft für ganze Familien. So herrscht bei den Liliaceen, Amaryllideen und überhaupt den meisten Monocotyledonen die Zahl 3 vor. Die Cruciferen zeigen durch die ganze Blüthe hindurch die Grundzahl 2, die Labiaten, Scrophularineen, Compositen und zahlreiche andere Familien der Dicotyledonen in den drei äusseren Wirteln die Grundzahl 5 u. s. w.

In neuerer Zeit liebt man es, die Anordnungsverhältnisse der Blüthe durch Diagramme zu versinnlichen. Dieselben haben aber in mehrfacher Hinsicht etwas Missliches. Wie J. Sachs sehr richtig andeutet, zeigt das Diagramm immer nur einen bestimmten Zustand der Blüthenknospe, so z. B. in sehr früher Jugend, während des Aufblühens oder gar nach dem Aufblühen. Man müsste also für jeden Fall drei oder mehre Diagramme abbilden, was sehr weitläufig wäre, denn es gehen während des Aufblühens oft wesentliche Verschiebungen, Verwachsungen und andere Veränderungen vor sich. Grade die späteren Zustände, welche meistens im Diagramm keine Berücksichtigung finden, sind aber für die Systematik von unentbehrlichem Werth. Die wesentlichsten Dinge, welche sich auf Frucht beziehen, finden im Diagramm gar keinen Ausdruck, wie schon die in Sachs' Lehrbuch gegebenen Beispiele zeigen; diese müssen also doch in die Beschreibung aufgenommen werden. Die so wichtigen Verhältnisse der Gamomerie werden im Diagramm nicht berücksichtigt, ja es ist das kaum ausführbar. Endlich ist das Diagramm, für Anfänger besonders, aber selbst für Geübte, nicht übersichtlich genug.

Wir betreten daher hier einen ganz anderen Weg, den vor uns schon zwei Männer mit Erfolg betreten haben, nämlich denjenigen der Blüthenformeln. Diese beziehen sich stets auf den Zustand der Blüthe während des Aufblühens. Sie sind auf den ersten Blick klar verständlich und können leicht so eingerichtet werden, dass sie alle wesentlichen Momente der Anordnung, Zahl und Verwachsung (Gamomerie) umfassen.

'Die Ersten, die meines Wissens solche Formeln mit Erfolg benutzten, sind Schleiden*) und Grisebach**).

---

*) M. J. Schleiden. Lehrbuch der systemat. Botanik.

**) A. Grisebach. Grundriss der systematischen Botanik für akademische Vorlesungen. Göttingen 1854.

Beide Forscher haben sehr verschiedene Wege eingeschlagen und die Formeln beider haben ihre eigenthümlichen Vorzüge. Schleiden hat besonders die Wirtelstellung und deren Wechsel scharf ausgedrückt, während Grisebach diese vernachlässigt, dafür aber die von Schleiden unberücksichtigt gelassenen Verhältnisse der Gamomeric sehr genau bezeichnet.

Ich habe beide Systeme verbunden und noch Einiges hinzugefügt, was mir zweckmässig erschien.

Hier soll zunächst noch von gamomeren Verbindungen abgesehen werden; wir berücksichtigen vorläufig nur diejenigen Fälle, wo ausser dem Gynaeceum alle Theile unter sich und die Wirtel von einander frei sind.

Folgende Formel ist z. B. diejenige der Liliaceen:

$$2 \times 3, \ 2 \times 3, \ 3.$$

Die Zahl rechts deutet auf die Carpellblätter, die mittle Zahl (2×3) auf die Staubblätter, die erste (2×3) auf die Perigonblätter. Stehen vier Zahlen neben einander, so deuten die beiden ersten auf Kelch und Krone. Die Multiplikation 2×3 soll andeuten, dass die Blätter in 2 Wirteln stehen zu je 3 Gliedern. Findet kein besonderer Zusatz statt, so wechseln alle Wirtel mit einander ab. Folgende Formel deutet auf die Familie der Cruciferen:

$$2 \times 2, \ 2 \times 2, \ 3 \times 2, \ 2.$$

d. h. es sind zwei 2zählige Kelchwirtel, zwei 2zählige Kronwirtel, drei 2zählige Staubblattwirtel und 2 Carpellblätter vorhanden. Alle Wirtel wechseln mit einander ab.

Gehen wir nun über zu denjenigen Fällen, wo eine Verbindung der Wirtelglieder und der Wirtel eintritt. Diese Verbindung hat man sich nur sehr selten als Verwachsung zu denken, fast immer als Gamomeric; es dürfte daher auch der Ausdruck Verwachsung hierfür gar keine Anwendung finden.

Die Gamomeric der Glieder im Wirtel besteht darin, dass anfänglich die einzelnen Blätter am Stengelumfang als isolirte Gewebelappen hervortreten; nach und nach aber nimmt ein immer grösserer Theil des Umfangs an ihrer Bildung Theil; sie werden also unten breiter, und zuletzt verbreitet der Bildungsherd sich über den ganzen Stengelumfang, so dass die oben freien Blätter unten röhrig verbunden erscheinen.

So verbundene Perigonblätter (phylla) heissen gamophyll, die Kelchblätter gamosepal, die Kronblätter gamopetal, die Staubblätter gamandroikisch. Die Gamomeric der Wirtelglieder nimmt man in die Formel auf, indem man über die Ziffer, welche die Gliederzahl angiebt,

ein Verbindungshäkchen ⌒ setzt. So z. B. ist die Formel der Aga-
pantheen, einem Tribus der Liliaceen, folgende:

$$\widehat{2}\times\widehat{3},\ 2\times3,\ 3.$$

Das Häkchen über der 3 heisst, dass alle drei Wirtelglieder
gamophyll verbunden sind. Dass die 2 auch ein Häkchen bekommt,
hat darin seinen Grund, dass hier beide Kreise zu einem 6gliedrigen
gamophyllen Perigon verschmelzen.

Wie nun die Wirtelglieder, so können auch ganze hinter einander
stehende Wirtel unten gamomer vereinigt sein. Diese Vereinigung
wird angedeutet durch eine Klammer ⌣ unterhalb der beiden Formeln
für die betreffenden Wirtel.

So ist die folgende Formel für die Solaneen gebildet:

$$\widehat{5},\ \widehat{5},\ 5,\ 2.$$

d. h. die 5 Kelchblätter sind unten gamosepal, ebenso die 5 Kronblätter
gamopetal, die 5 Staubblätter sind oben unter sich frei, aber unten
mit dem Kronblattkreis gamomer vereinigt.

Da die Reihenfolge in der Höhe von unten nach oben oder, was
für die Blüthe dasselbe sagt, von aussen nach innen stets die nämliche ist:

Kelch, Krone, Androceum, Gynaeceum,

so müssen natürlich alle Kreise, wenn sie von einander unabhängig
sind, unter einander inserirt sein, also der Kelch unter der Krone,
diese unter dem Androceum, dieses unter dem Gynaeceum. In diesem
Falle heist die Blume unterständig oder hypogynisch. Wenn sich Kelch,
Krone und Staubblattkreis gamomer vereinigen, dann nimmt mehr oder
weniger auch die Achse durch peri-
pherisches Wachsthum Theil an der
Gamomerie, es bildet sich eine sogenannte Scheibe (discus) und die Blüthe
heisst perigynisch oder Scheibenblüthe.
Die Scheibenblüthe ist morphologisch
unter dem Gynaeceum inserirt, aber
räumlich können ihre freien Theile
in der That die Carpellblätter weit
überragen. Nebenstehende Figur 4
zeigt eine Scheibenblüthe (flos peri-
gynus), deren Scheibe sehr schwach
entwickelt ist, sie sieht daher noch
einer hypogynischen Blüthe ähnlich.
Nur an der Basis sind die Kronblätter (p) und die Filamente (f) der

Figur 4. Längschnitt durch die Blüthe des wilden
Weins: Ampelopsis hederacea Mich. $c =$ Blüthenstielchen; dasselbe ist bei x unter der schwachen
Kelchscheibe d etwas angeschwollen; die 5 Kronblätter, von denen bei p zwei zu sehen sind,
ebenso die 5 Staubblätter, von denen bei a eins
von der Oberseite, bei ar eins von der Unterseite
sichtbar ist, sind an ihrer Basis mit der Scheibe
verbunden; bei g die frei auf der Scheibe stehenden Carpidia, welche aufrechte umgekehrte Samenknospen einschliessen und in dem kurzen Griffel st
endigen. Mit der Lupe gezeichnet.

Scheibe (*d*) inserirt. Der Blüthenstiel (*c*) tritt bei *x*, indem er schwach anschwillt, in die Scheibenbildung ein. Die beiden Carpellblätter (*g*) sind aber ganz frei von der Scheibe.

Dagegen giebt Figur 5 die sehr hochgradige Entwickelung der Scheibe beim Frauenmantel (Alchemilla vulgaris L.). Vom Blüthenstielchen (*p*) erhebt sich die Scheibe *d* als ein hohles becherförmiges Gebilde, welches an der Insertionsstelle der Kronblätter (*p*) und der Staubblätter (*a*) durch einen drüsig angeschwollenen Ring (*n*) verengt wird. Bei *s* sieht man die freien Theile zweier durchschnittenen Kelchblätter; es sind im Ganzen vier, von denen man noch eins bei *ss* erblickt. Von den vier Kronblättern sind zwei bei (*p*) zu sehen; von den vier Staubblättern drei bei *a*. Das Pistill (*g*) mit dem tief

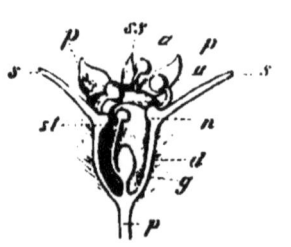

Figur 5. Perigynische Blüthe von Alchemilla vulgaris, der Länge nach durchschnitten. *p* = Blüthenstielchen, dessen Verlängerung das Carpellblatt (*g*) mit unten entspringendem Staubweg (*st*) trägt, *d* = die becherförmige Scheibe, oben verengt durch den drüsigen Ring *n*. Hier entspringen die freien Theile der Kelchblätter (*s*), Kronblätter (*p*) und Staubblätter (*a*). Mit der Lupe gezeichnet.

unten seitlich entspringenden Staubweg (*st*) steht frei auf einem dünneren unten angeschwollenen Stiel in der Höhlung der Scheibe. Die äusseren Wirtel stehen also hier, rein räumlich aufgefasst, weit höher als das Carpell, morphologisch aufgefasst natürlich niedriger.

Bei manchen Pflanzenfamilien tritt auch der Carpellwirtel in die Gamomerie hinein. In diesem Falle bildet sich die Scheibe aus dem mit Kelch, Krone, Androeceum und Gynaeceum verbundenen Blüthenstiel und es wird natürlich ein Theil der Frucht von der Scheibe gebildet. Dafür giebt es sehr verschiedene Abstufungen. Die Scheibe kann nur den Boden der Frucht bilden oder einen grösseren oder kleineren Theil derselben, ja unter Umständen bilden die freien Carpellblätter lediglich die Staubwege.

In Figur 6 erblickt man den Längsschnitt durch die halb epigynische Blüthe einer Saxifraga. Der untere Theil der äusseren Fruchtknotenwand wird von der Scheibe (*d*) gebildet, von welcher bei *s* die freien Theile der Kelchblätter abzweigen. Im inneren Winkel der Kelchlappen befinden sich bei *a* die Insertionspunkte der Kronblätter und Staubblätter, welche in der Zeichnung weggelassen sind. Ebendaselbst zweigen auch die freien Theile der Carpellblätter ab, welche

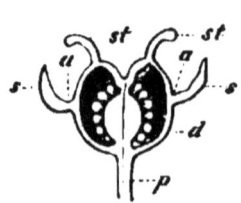

Figur 6. Längsschnitt durch die Blüthe von Saxifraga exarata. *p* = Blüthenstielchen, *d* = die Scheibe, welche den unteren Theil der Frucht bildet, *s* = die freien Theile der Kelchblätter, an deren Basis bei *a* die Kronblätter und Staubblätter entfernt sind, *st* die beiden Staubwege. Bei schwacher Lupenvergrösserung gezeichnet.

hier nur den obersten Theil des Fruchtknotens und die Staubwege (*st*)
bilden. Im Innern des Fruchtknotens erblickt man den Samenträger
(placenta) mit zahlreichen Samenknospen. Eine solche Blüthe, wo ein
grösserer oder geringerer Theil des Fruchtknotens von der Scheibe gebildet wird, heist oberständig oder epigynisch, weil die drei äusseren
Blüthenwirtel mehr oder weniger oberständig. d. h. auf der Frucht
inserirt sind.

Nach den Stellungsverhältnissen ganzer Blüthenwirtel unterscheiden
wir also drei Hauptfälle: die unterständige oder hypogynische, die
scheibenständige oder perigynische und die oberständige oder epigynische
Insertion.

Die Gestalt und Symmetrie der gamomeren Blüthenwirtel bedarf
einer anderen Darstellung als diejenige freier Blüthentheile. Hier
kommen mehr die symmetrischen Verhältnisse der ganzen gamomeren
Wirtel als der einzelnen Abschnitte in Betracht.

Der Unterschied der einfachen und verwickelten Symmetrie wird
hier besonders bedeutungsvoll, wogegen ganz asymmetrische Wirtel
seltener sind. Kelch und Krone erfordern eine gesonderte Darstellung,
wobei auf die Krone grösseres Gewicht zu legen ist.

Genauere Darstellung als beim Laubblatt erfordern hier die Verhältnisse der Dauer. Die Ausdrücke: abfallend, deciduus und hinfällig,
caducus haben dieselbe Bedeutung wie dort; verharrt das Gebilde
längere Zeit in demselben Zustand, wie z. B. das weisse Perigon von
Helleborus niger L. nach der Blüthezeit, so heisst es bleibend, persistens; welkt es, wie die Krone des Kopfklees, so nennt man es
anwelkend, marcescens; vergrössert es sich noch nach der Blüthezeit,
so heisst es auswachsend, excrescens.

Die Bezeichnungen der Formen der gamosepalen und gamopetalen
Wirtel sind theils leichtverständlichen Vergleichen entnommen; so
z. B.: krugförmig, urceolatus, unten aufgetrieben, oben verengt; röhrig,
tubulosus, mit einer verhältnissmässig langen Röhre versehen; keulig,
clavatus, oben und unten verengt; glockenförmig, campanulatus, unten
bauchig, nach oben erweitert; becherförmig, cyathiformis, ebenso, aber
ohne umgerollten Rand; trichterförmig, allmählig nach oben erweitert;
tellerförmig, hypocrateriformis, mit langer, gleichdicker Röhre und
transversalem flachem Saum; radförmig, rotatus, ebenso mit sehr kurzer
Röhre u. s. w.

Bei diesen Angaben ist bis jetzt vorausgesetzt, dass die betreffenden Gebilde nach einfacher Symmetrie geordnet sind, d. h. dass sie in
regelmässiger Folge wechseln, dass die Röhren gleichmässig und die
flachen Ausbreitungen derselben einfach symmetrisch sind. Ist der
röhrenförmige Theil von einer flachen Ausbreitung am oberen Ende

deutlich getrennt, so unterscheidet man die Röhre, tubus, vom Saum, limbus; der obere Eingang in die Röhre, da wo sie in den Saum übergeht, heisst Schlund, faux; hier finden sich häufig Wölbschuppen, fornices, auch wohl ringförmige oder kronenartige Anhängsel, sogenannte Nebenkronen oder Nebenperigone. Alle derartigen Gebilde werden auch als Honiggefässe, Nectarien, bezeichnet, wenn sie einen honigartigen Saft absondern.

Die verwickelte Symmetrie hat zwei Hauptformen. Sind die Blätter frei, so ist das häufigste Vorkommniss die Veilchensymmetrie. Es richten sich von fünf Blättern zwei nach oben, zwei seitlich und ein, meist durch Grösse ausgezeichnetes, nach unten.

Der Gegensatz dazu, den wir z. B. bei Aconitum ausgeprägt finden, besteht darin, dass sich ein grösseres Blatt oben, zwei seitlich, zwei unten inserirt finden.

Oben heisst dabei natürlich die Richtung nach der Hauptspindel hin.

Die beiden eben erwähnten symmetrischen Verhältnisse sind weitaus überwiegend häufig. Wir können sie bezeichnen als Veilchensymmetrie und umgekehrte Veilchensymmetrie.

Beide Verhältnisse kommen noch häufiger zum Vorschein bei gamophyllen Wirteln. Hier nähern sich, wenn die Veilchensymmetrie zu Grunde liegt, die beiden oberen Blätter so sehr, dass sie eine mehr oder weniger ausgeprägte Oberlippe bilden. Ebenso treten die drei unteren Blätter zu einer Unterlippe zusammen. Diese Symmetrie heisst die Lippenblume oder die zweilippige. Ist sie sehr scharf ausgeprägt, so spricht man von einer Rachenblume.

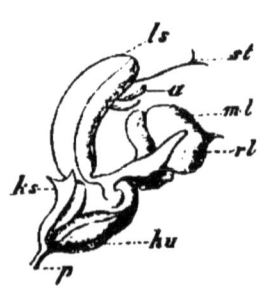

Nebenstehende Figur 7 zeigt die Rachenblume von Salvia pratensis L. Die ganzrandige helmförmige Oberlippe ls besteht bei der Krone aus zwei Blättern, die Unterlippe aus dreien, von denen die Figur bei ml das mittle tief ausgerandete in Gestalt eines Mittellappens, bei rl das eine seitliche in Form des rechten Seitenlappens zeigt. Beim Kelch ist hier die Symmetrie umgekehrt und das ist immer der Fall bei regelmässiger Wechselstellung der Wirtel. Die Oberlippe (ko) zeigt drei Zähne, dreien Blättern entsprechend, von denen in der Unterlippe dagegen bei ku zwei Zähne,

Figur zwei sichtbar sind, die zweien Blättern entsprechend,

Die umgekehrte Rachensymmetrie zeigt sich besonders deutlich beim Kelch der Scutellarineen. Figur 8 stellt den Fruchtkelch von

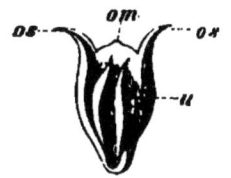

Prunella grandiflora L. dar. Bei *u* sieht man die beiden Zähne der 2blättrigen Unterlippe, bei *os* die zwei Seitenzähne, bei *om* den Mittelzahn der 3blättrigen Oberlippe.

Nicht selten wenden sich alle Blätter nach einer Seite. In diesem Falle ist die Blumenröhre in der Regel sehr kurz und die Blattlappen bilden ein zungenförmiges Band. Man nennt das eine Zungenblume (flos ligulatus). So verhalten sich z. B. unter den Compositen die Ligulifloren, die daher ihren Namen haben. Man kann sie auch als einlippig bezeichnen (flos unilabiatus).

Figur 8. Fruchtkelch von Prunella grandiflora L. *u* = 2zähnige Unterlippe. *om* = der breitere Mittelzahn, *os* = die zwei Seitenzähne der Oberlippe. Die Oberlippe ist seitlich etwas umgeschlagen. Natürliche Grösse.

Bisweilen ist der Schlund der 2lippigen Blume so eng, dass die Lippen hier auf einanderstossen, dann heisst die Blume maskirt (flos personatus).

Als umgekehrte Rachenblume ist auch die sogenannte Schmetterlingsblume aufzufassen, welche am ausgeprägtesten bei der Familie der Papilionaceen, weniger vollkommen entwickelt bei den Polygaleen und anderen auftritt. Die zwei nach unten gerichteten Blätter bilden ganz

wie bei vielen Labiaten eine helmförmige Lippe, indem sie mehr oder weniger verbunden auftreten. Man könnte dieses Gebilde (c. Fig. 9) als Unterlippe bezeichnen. Es ist aber der Ausdruck: Schiffchen, carina, dafür eingeführt. Ein grosses Blatt, welches sich nach oben wendet und welches dem Mittellappen der Unterlippe der Labiaten entspricht, heist die Fahne, vexillum (v. Fig. 9), die beiden den Seitenlappen der Labiatenunterlippe ent-

Figur 9. Schmetterlingsblume von Coronilla varia L. *d* = Kelchscheibe, *c* = das linke Blatt des Schiffchens (carina), *a* = der linke Flügel (ala), *v* = die Fahne (vexillum). Natürliche Grösse.

sprechenden Blätter richten sich seitlich und heissen die Flügel, alae (a. Fig. 9).

Von sonstigen Unregelmässigkeiten in der Blüthenbildung erwähnen wir noch folgende:

Oft haben einzelne Blumen oder Kelchblätter eine kurze sackförmige (saccus) oder eine längere röhrige Fortsetzung, meist am unteren Ende. Für die letztgenannte Bildung hat man den Ausdruck Sporn, calcar, eingeführt. Ein Beispiel für den Sack liefert die Gattung Löwenmaul, Antirrhinum, wo der untere Theil der Blumenröhre schwach sackartig herabhängt. Bei Linaria findet sich statt des Sackes ein langer hohler Sporn, ebenso beim unteren Blatt des Veilchens. Hier haben auch die beiden untersten Staubblätter spornartige Anhängsel (solide) und diese ragen in den Sporn der Krone hinab.

Hohle unregelmässige Bildungen von sehr verschiedener Form werden unter dem Namen Kapuze, cucullus, zusammengefasst. Stark gewölbte aufrechte Blätter nennt man Helm, galea. Beide Formen findet man in der Blüthe von Aconitum (Fig. 10) vereinigt. Das äussere Perigon ist 5blättrig und der Schmetterlingsblüthe, also der umgekehrten Rachenblüthe, gleich angeordnet. Das oberste Perigonblatt *g* bildet den grossen Helm. Zwei seitliche Blätter *a* stehen an der Stelle der Flügel und zwei untere getrenntblättrige *c* an Stelle des Schiffchens. Das innere oder Nebenperigon hat, da es mit dem äusseren wechselt, die umgekehrte Symmetrie, nämlich die der

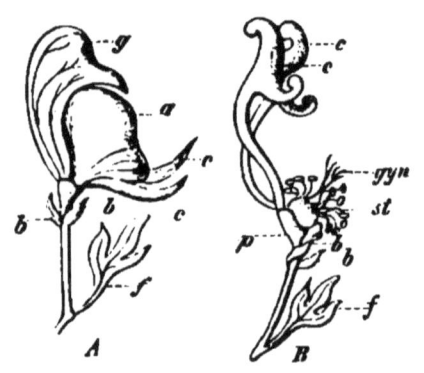

Figur 10. Blüthe von Aconitum Stoerkeanum Rchb. A. Die vollständige Blüthe. *f* = Deckblatt, *b* = zwei Deckblättchen, *g* = oberstes helmförmiges Perigonblatt, *a* = eins der beiden seitlichen Perigonblätter, *c* = die zwei unteren Perigonblätter. B. Dasselbe nach Entfernung der fünf Perigonblätter. *c* = die zwei obersten kapuzenförmigen Blätter des Nebenperigons, *p* = eins der drei anderen verkümmerten Blätter des Nebenperigons, *st* = die Staubblätter, *gyn* = die Staubwege, *b* und *f* bedeuten dasselbe wie in Fig. A. Natürliche Grösse.

Rachenblume, übrigens sonst mit dieser keine Aehnlichkeit. Die beiden obersten Perigonblätter bilden die s-förmigen Kapuzen *c*, welche auf langen hohlen Stielen stehen. Die drei anderen Blätter, von denen man eins bei *p* erblickt, bleiben sehr klein.

Im Vorstehenden haben wir die wesentlichen Ausdrücke für Form und Anordnung der einzelnen Theile der äusseren Blüthenwirtel mitgetheilt. Für unwesentlichere Bezeichnungen verweisen wir auf die Handbücher. Aus dem, was oben über die Blüthenformeln bereits gesagt wurde, geht hervor, dass man dieselben ebensowohl auf die perigynische und epigynische Blüthe anwenden kann. So gilt z. B. folgende Formel für die Gattung Rosa:

$$5,\ 5,\ \infty,\ \infty.$$

d. h. es ist eine Kelchscheibe vorhanden, was durch die Klammern unter den drei ersten Ziffern angedeutet wird. Die Blüthe ist perigynisch, nicht epigynisch, denn die vierte Ziffer ist nicht mit eingeklammert. Das Zeichen ∞ an der dritten Stelle deutet auf eine grosse nicht genau bestimmbare Zahl von Staubblättern und ebenso dasselbe

Zeichen an der vierten Stelle auf eine grosse unbestimmte Zahl von Carpellblättern.

Ebenso ist die folgende Formel massgebend für die Familie der Compositae:

$$\overset{}{5}, \overset{\frown}{5}, \overset{\frown}{5}, 1,$$

d. h. die Blüthe ist epigynisch, was durch die Klammer angedeutet wird, der Haken über der zweiten Ziffer zeigt an, dass die Kronblätter auch oberhalb des Carpells verwachsen (gamopetal) sind, dasselbe Zeichen über der dritten Ziffer deutet auf die Verbindung der Antheren.

Bei der Formel für Rosa fehlen diese Zeichen, weil die drei ersten Wirtel bis zur Insertion auf der Scheibe freie Theile zeigen.

Man kann ferner auf sehr einfache Weise die Faltung der Carpidia in der Formel andeuten, was weiter unten Berücksichtigung findet.

3. Der Geschlechtsapparat und die reife Frucht.

Der Geschlechtsapparat ist von uns bereits als Androeceum oder männlicher und Gynaeceum oder weiblicher Apparat unterschieden worden; ebenso haben die Verhältnisse der Zwitterbildung, Monoecie und Dioecie, bereits Erwähnung gefunden. Bisweilen ist in der eingeschlechtigen Blüthe das entgegengesetzte Geschlecht zwar vorhanden, aber meist verkümmert, so dass es nur ausnahmsweise zu normaler Entwickelung kommt. In diesem Falle spricht man von unächter Geschlechtstrennung oder Polygamie. Bei einer grossen Anzahl von zwitterblüthigen Pflanzen sind beide Geschlechter nicht ganz gleich entwickelt, sondern es überwiegt entweder das eine oder das andere. So sind häufig bei manchen Blüthen die Staubblätter grösser, kräftiger und verstäuben zu einer Zeit, wo eine Befruchtung des von ihnen eingeschlossenen Pistills noch unmöglich ist. Umgekehrt überwiegt in anderen Blüthen derselben oder einer anderen Pflanze das Gynaeceum. Diese Eigenthümlichkeit, durch welche den Pflanzen die Selbstbefruchtung erschwert wird, heisst Dichogamie. Für die Systematik ist sie zur Zeit von nur geringer Bedeutung *).

Wenden wir uns nun einer etwas genaueren Betrachtung der beiden Geschlechtskreise zu.

---

*) Man darf überhaupt die Dichogamie nicht für ein ausnahmsloses Gesetz halten. Papaver rhoeas L. öffnet z. B. seine Staubblätter und lässt den Staub auf die Mündung des Pistills fallen, während die Kronblätter noch fest gefaltet und geknickt schlossen sind und der Kelch diese fest umschliesst.

a. Das Androceum.

Das einzelne Staubblatt (stamen) hat zwar sehr viele Gestalten, doch kann man für die Angiospermen gewissermassen einen Normaltypus aufstellen, den schon Linné seiner Nomenclatur zu Grunde legte. Ist das Staubblatt gestielt, so heisst der stielförmige Theil (*f.* Fig. 11) der Staubfaden, filamentum. Die Lamina, welche den Staub (pollen) entwickelt, nennt man Staubbeutel, anthera (*a.* Fig. 11). Auf der Rückseite des Staubblattes sieht man wie in Fig. 11 *B* bei *c* den Mittelnerven als Fortsetzung des Stiels (*f*) das Blatt durchziehen. Der Anlage nach wird natürlich die Anthere nach innen, d. h. nach dem Pistill

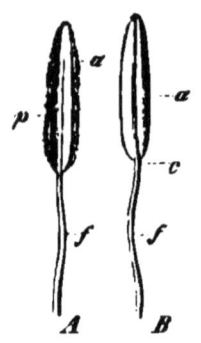

oder überhaupt nach dem Centrum der Blüthe zu verstäuben. Es treten dabei in der überwiegenden Mehrzahl der Fälle zwei Spalten auf, welche naturgemäss nach innen gerichtet sind (*p A* Fig. 11), so dass man auf der Rückseite des Staubblattes vom Pollen nichts gewahr wird. Der das Blatt durchziehende Mittelnerv, den man das Mittelband, connectivum, nennt, tritt dagegen meistens nur auf der Blattrückseite (*c* in *B* Fig. 11) deutlich hervor. Dass dieses Verhältniss das ursprüngliche und normale sein muss, wird dadurch klar, dass die Innenseite der Anthere der Oberseite des Laubblattes, die Aussenseite der Anthere dagegen der Unterseite des Laubblattes entspricht.

Bei manchen Pflanzengruppen ändert sich aber die Stellung der Anthere während der Entwickelung oder während des Aufblühens. Das kann sehr verschiedene Gründe haben. Oft liegt es nur in dem Verhältniss zwischen Filament und Anthere, die nicht selten sehr locker verbunden sind, was oft nachträgliche Drehungen der Anthere auf ihrem Stiel zur Folge hat. Davon wird weiter unten des Näheren die Rede sein. Nicht selten aber dreht sich das Filament selbst während seiner Entwickelung nach aussen, was immer Folge äusserer Einwirkungen ist. Dieser Fall tritt z. B. ein, wenn sehr grosse Mündungslappen des Pistills unmittelbar hinter der Anthere stehen und einen Druck auf dieselbe ausüben. So bei den Irideen, wo die nach aussen sich öffnenden Antheren zum Familiencharakter gehören. Ebenso drehen sich die Antheren nach aussen, wenn sie, wie bei der eingeschlechtlichen Blüthe der Cucurbitaceen, mit einander zu einer Säule, oder wie bei der

Zwitterblüthe der Aristolochiaceen mit dem Pistill verwachsen. Auch für diese beiden Familien ist die Lage der Staubblätter charakteristisch.

Die Einrichtung des Staubblattes ist in der weitaus überwiegenden Mehrzahl der Fälle bei höheren Gewächsen die durch Figur 12 auf dem Querschnitt angedeutete. An das Connectiv c heften sich die beiden Längshälften des Blattes als zwei Kammern an, eine rechte (r) und eine linke Kammer (l). Jede der Kammern besitzt in der Mitte bei x und y einen so tiefen Einschnitt, dass die Oberhaut o hier unmittelbar an das Connectiv stösst. Auf die Oberhaut folgt eine auf die Innenseite (Oberseite) der Kammern beschränkte Auskleidung von zierlich schraubig verdickten Zellen

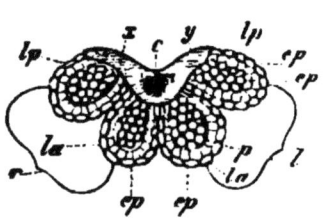

Figur 12. Querschnitt durch das Staubblatt von Borago officinalis L. c = Connectivum, r = rechte Kammer, l = linke Kammer, ep = Epidermis, sp = schraubig verdickte Zellen, p = Pollensäcke, lp = die zwei hinteren Fächer, la die zwei vorderen Fächer, x und y die Stellen, wo die Kammern sich vom Connectivum ablösen.

(sp Pallisadenzellen) und diese umschliessen die Pollensäckchen p, welche hier so grosszellige Pollen umschliessen, dass man die einzelnen Pollenkörner bei der schwachen mikroskopischen Vergrösserung ganz gut unterscheiden kann. Der tiefe Einschnitt bei x und y theilt die Kammer in zwei kleinere Fächer, welche sich öffnen, indem die dünne Wand sich bei x und y ablöst und elastisch zurückschnellt. Es entstehen also, obgleich vier kleine Fächer vorhanden sind, doch nur zwei Längsrisse, aus denen der Pollen herausfällt.

Das Wesentliche des Befruchtungsvorganges und den feineren Bau des Staubblattes müssen wir hier als bekannt voraussetzen und verweisen dafür den Anfänger auf das mehrfach erwähnte Lehrbuch von J. Sachs. Die Pollenkörner, durch den Wind, die Schwere oder durch Insekten auf die Staubwegmündung übertragen, treiben einem Pilzfaden ähnliche Schläuche aus, welche den Staubwegkanal hinabwachsen, ernährt durch die darin befindlichen Haare und so zur Samenknospe gelangen, um die im Embryosack des Knospenkerns enthaltenen Embryobläschen zu befruchten*).

Die bei weitem häufigste Form des Staubblattes ist also die eines zweikammerigen, vierfächerigen, fortlaufenden, mit zwei Längsspalten aufspringenden Sporenblattes. Von dieser Form aber kommen mehr-

---

*) Für gewöhnlich wird von zwei Embryobläschen das eine befruchtet; bisweilen indessen ist ihre Zahl weit grösser.

fach Abweichungen vor.   Bisweilen bildet sich nur eine Kammer aus, in anderen Fällen mehr als zwei.

Die Berberideen besitzen Staubblätter, welche mit zwei Klappen aufspringen.   Figur 13 zeigt ein solches von Mahonia aquifolium Nutt.

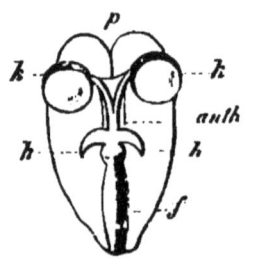

Es steht vor dem Blumenblatt *p* und bei *k k* sieht man die Spalten der sich ablösenden Klappen.   Aehnliche Vorrichtungen haben auch die Laurineen.   Bei Laurus z. B. öffnet sich das Staubblatt mit zwei neben einander befindlichen Klappen, die sich von unten ablösen. Bei Cinnamomum sind sogar vier Klappen vorhanden, von denen zwei und zwei über einander liegen.

Figur 13. Staubblatt von Mahonia aquifolium Nutt. Dasselbe steht vor dem Kronblatt *p* inserirt, welches bei *p* eine tiefe Ausrandung zeigt, *f* = das spindelförmige Filament, an dessen oberen Ende sich eine kleine Anschwellung und darüber zwei bakige Anhängsel (*h*) befinden, *anth* = das Connectiv der Anthere, *kk* die beiden Klappen, welche nach oben mit einem Spalt sich ablösen. Mit der Lupe gezeichnet.

Oben stossen die beiden Staubbeutelkammern oft fast zusammen, nur durch eine ganz dünne Scheidewand getrennt. Bisweilen schwindet auch diese und die Kammern verbinden sich.   Solche Staubbeutel nennt man gekuppelt. In der Regel verdickt sich das Connectiv des gekuppelten Staubblattes am unteren Ende sehr stark, das ganze Staubblatt springt daher in Folge der Kuppelung mit einem Längsriss auf.   Auch die Kuppelung ist für mehre Familien charakteristisch; so für die Euphorbiaceen und

Malvaceen.   Figur 14 zeigt das Staubblatt von Althaea rosea W.   Das Filament *f*, dessen unterer Theil in der Zeichnung fehlt, verdickt sich bei *c* plötzlich zu einem knopfförmigen Connectiv, die gekuppelte Anthere *a* zeigt bei *p* einen gemeinsamen Längsriss, aus dem die grossen Pollenkörner hervortreten.

Verdickungen des Connectivs sind nicht selten und werden oft so bedeutend, dass die beiden Antherenkammern in Folge derselben sehr stark spreizen, ja zuletzt in einer Ebene liegen können.   Solche Staubblätter haben äusserlich oft die grösste Aehnlichkeit mit gekuppelten, doch braucht keineswegs Kuppelung dabei vorhanden zu sein.

Figur 14.   Oberer Theil des Staubblattes von Althaea rosea W. *f* = oberer Theil des Filaments, *c* = das stark verdickte Connectiv, *a* = Anthere, deren beide Kammern zu einer vereinigt sind, *p* = die gemeinsame Spalte, aus welcher die grossen Pollenkörner hervortreten. Mit der Lupe gezeichnet.

Auch das Spreizen der Kammern tritt in manchen Familien besonders häufig auf, so z. B. bei den Labiaten und Scrophularineen.

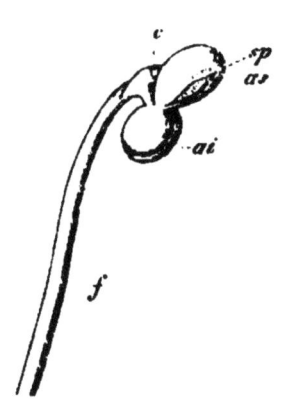

Figur 15. Staubblatt von Antirrhinum maius L. f — oberer Theil des Filaments, c = das sehr stark schüsselförmig verdickte und schiefe Connectiv, ai = untere Antherenkammer, as = obere Antherenkammer, sp = der Spalt der oberen Kammer. Mit der Lupe gezeichnet.

Figur 15 zeigt ein Staubblatt von Antirrhinum maius L. Vom Filament f ist nur der obere Theil sichtbar, bei c geht dasselbe in das dicke schief schüsselförmige Connectiv über, durch dessen schiefe Entwickelung, das eine Antherenfach (as) nach oben, das andere (ai) nach unten gedrängt. wird. Wie man aus der Figur sieht, werden die Antherenfächer sogar etwas ungleich entwickelt.

Solche Ungleichheit findet man im höchsten Grade ausgeprägt bei Salvia, wo das Connectiv sich in einen langen stielförmigen Körper verwandelt, welcher die beiden Antherenkammern oft sehr weit auseinander drängt, wobei meist die eine Kammer sich in ein unfruchtbares Plättchen oder Häkchen umwandelt. Sind die Antherenkammern sehr flach und kurz, so kann es bei starker Querausdehnung des Connectivs den Anschein gewinnen, als bestände die ganze Anthere aus einem einzigen Blättchen oder aus zwei aneinander gefügten.

Schon aus den bisher abgebildeten Fällen sieht man, dass die Antherenkammern sich sehr verschieden ausbilden können. Wie beim Laubblatt, so ist auch hier das Verhalten der Basis von besonderem Interesse. Am häufigsten ist pfeilförmige Verlängerung der Anthere, indem die beiden Kammern tief über die Spitze des Filaments herabhängen.

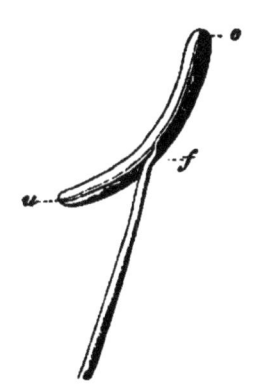

Figur 16. Anthere von Oenothera biennis L.. Bei f geht das Filament in das Connectiv über, welches eine die Rückseite der ganzen Anthere von o bis u durchziehende Rippe bildet. Mit der Lupe gezeichnet.

Auch ohne Spaltung der Basis kommt ein solches Herabhängen des Faches vor, wenn das Filament schildstielig angeheftet ist, so dass das Connectiv zu ihm einen rechten oder schiefen Winkel bildet. Figur 16 zeigt die Anthere von Oenothera biennis L., von der Rückseite gesehen, um zu sehen, wie bei f das Filament in einem schiefen Winkel in das Connectiv übergeht. Dieses läuft als schmale Rippe von o bis u über den Rücken des ganzen Staubblattes hinweg.

Hängt die Anthere mit 2 lappiger herzförmiger oder pfeilförmiger Basis über die Spitze des Filaments tief herab, so entsteht ein sogenannter schwankender Staubbeutel (anthera versatilis). Die Anthere verliert nämlich in diesem Fall während des Verstäubens das Gleichgewicht und legt sich quer vor die Filamentspitze. Figur 17 zeigt eine solche Anthere von Urginea

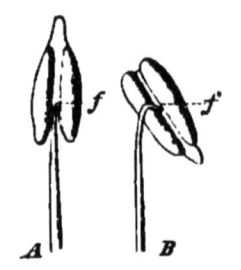

Scilla Steinheil, von der Rückseite gesehen. Die Spitze des Filaments ist fast in der Mitte der Anthere an dem schmalen in einer Rinne liegenden Connectiv befestigt. Vor dem Verstäuben liegt die Anthere longitudinal (*A* Fig. 17), während des Verstäubens legt sie sich in die Transversalstellung herab. ja die mit einem kurzen Fortsatz des Connectivs versehene Anthere sinkt weit über die Basis herunter (*B* Fig. 17).

Figur 17. Anthere von Urginea Scilla Steinheil, von der Rückseite. Bei *f* ist die gebogene dünne Spitze des Filaments in der Rinne des Connectivs befestigt; bei *A* steht die Anthere aufrecht, bei *B* ist sie herabgesunken.

Im höchsten Grade ausgeprägt findet sich die Anthera versatilis bei der Tulpe und bei sehr vielen Gräsern.

Bei manchen Pflanzen, so bei vielen. Solaneen, sind die Spalten der Anthere sehr kurz und dann in der Regel auf das obere Ende beschränkt, ja bisweilen tritt statt des Spalts nur ein kleines kreisrundes Loch am oberen Ende auf; so z. B. bei den Ericineen. In diesem Fall sagt man, das Staubblatt springe mit echten Löchern auf.

Die Antherenkammern bleiben nicht immer grade, sondern machen bisweilen in Folge ungleicher Entwickelung des Connectivs sehr seltsame Biegungen. So z. B bei der Familie der Cucurbitaceen bilden

die zu Gruppen verbundenen Staubblätter der monoikischen Blüthe s-förmige Biegungen. Figur 18 zeigt die Staubblattsäule des gewöhnlichen Speisekürbis. Von den fünf Staubblättern ist die eine Anthere (*a*) ganz sichtbar, zwei andere nur zum Theil. Die Filamente (*f*) sind zur Säule zusammengewachsen. Das Androceum ist ganz oberständig, bei *r* sind Kelch und Krone von der unterständigen Scheibe *d* abgeschnitten. Die s-förmig gebogenen Antheren sind gekuppelt.

Figur 18. Männliche Blüthe von Cucurbita pepo L. *d* unterständige Scheibe, *r* der Rand der Scheibe, wo Kelch und Krone abgelöst sind. *f* die Säule der verwachsenen Filamente, *a* die Antheren.

Bei vielen Orchideen und Asclepiadeen entsteht aus den zu Grunde gehenden Mutterzellen der Pollenkörner eine klebrige Materie, welche die ganze Pollenmasse zusammenhält.

Diese Massen liegen in offenen Taschen, den Wänden der Antherenkammern, lose und beweglich, so dass sie an die Blüthen

besuchenden Insekten festkleben und so auf andere Blüthen übertragen
werden können. Figur 19 zeigt die Blüthe von Neottia nidus avis Rich.

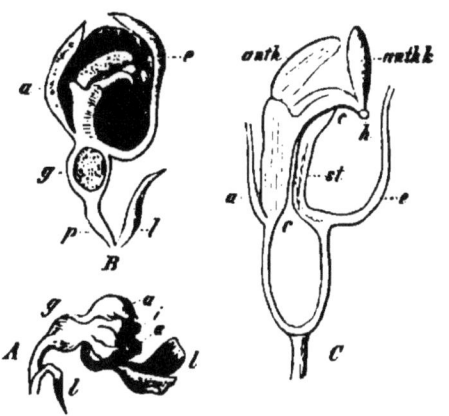

A in natürlicher Grösse
von der Seite gesehen,
zeigt nur die sechs Pe-
rigonblätter, *B* schwach
vergrössert, der Länge
nach gespalten. Man
sieht den Fruchtknoten
(*g*), auf ihm inscrirt die
oberständigen Perigon-
blätter (*a, l*), welche den
Staubweg mit seinem
dicken Mündungskörper
und dem einzigen ganz
oberständigen Staub-
blatt, welches auf dem-
selben befestigt ist, um-
schliessen. *C* zeigt dieselbe Blüthe etwas
stärker vergrössert, im

Figur 19. Blüthe von Neottia nidus avis Rich. *A* in natürlicher Grösse von der Seite gesehen, bei *l* ist die Lippe, bei *a* die drei Äusseren, bei *l* die zwei oberen inneren Perigonblätter, *g* = der Fruchtknoten; *B* schwach vergrössert, *b* = Deckblatt, *a* u. *l* die Perigonblätter, welche den Staubweg mit der auf der Mündung angehefteten Anthere einschliessen; *C* im Längsschnitt, *c* die beiden Mündungen des Staubwegkanals (*st*), *anth* die eine Anthere, *anth k* ein aus der Anthere auf die Mündung gebrachtes Staubkölbchen.

Längsschnitt. Die Perigonblätter *a* und *l* sind abgeschnitten, bei *st*
sieht man den Staubweg mit seinem Kanal, welcher bei *c* mündet,
anth ist die ganz oberständige zweikammerige fleischige Anthere und
anth k ein Staubkölbchen, durch ein Insekt unweit der Mündung fest-
geklebt.

Die Verbindung der Staubblätter mit den Kronblättern oder mit
der Scheibe ist bereits früher besprochen. Weiter unten findet man
bei Besprechung der einzelnen Familien zahlreiche Beispiele angeführt
und abgebildet. Unter sich verbinden sich bei den Malvaceen die Filamente zu einer die Staubwege umgebenden Röhre, bei den Cucurbitaceen, wie wir in Figur 18 sahen, Filamente und Antheren zu einer
fleischigen Säule. In anderen Fällen bilden die Staubblätter Gruppen.
So z. B. rücken sie bei den Tiliaceen mit ihrer Basis gruppenweise
zusammen, bei den Ternströmiaceen verbinden sich dieselben im unteren
Theil der Filamente zu mehren das Gynaeceum umgebenden Platten
oder Bändern, bei manchen exotischen Papilionaceen bilden sie zwei
fünfzählige, rechts und links in der Blüthe stehende Bündel, bei den
einheimischen dagegen entweder eine geschlossene Röhre oder eine aus
neun Filamenten bestehende Röhre, welche oben einen Spalt zeigt, bedeckt vom zehnten Staubblatt.

Bei den Hypericineen stehen die Staubblätter bündelweise beisammen

und es entspricht die Zahl der Bündel derjenigen der Carpellblätter.

Von systematischer Bedeutung sind die Zahlenverhältnisse des
Androceums im Allgemeinen wie auch insbesondere solche Abweichungen,
welche durch Unterdrückung einzelner Wirtelglieder zu Stande kommen.
Im Allgemeinen herrscht bei den Monocotyledonen auch hier die Zahl 3,
bei den Dicotyledonen dagegen herrschen die Zahlen 5 und 2 vor.
Der Anlage nach haben die Familien der Scrophularineen und Labiaten
eigentlich dieselbe Formel wie die Solaneen, nämlich:

$$\widehat{5}, \ \widehat{5}, \ 5, \ 2.$$

Während aber bei den Solaneen stets alle fünf Staubblätter zur
Ausbildung kommen, ist das bei den anderen beiden Familien fast
niemals der Fall.

Die Ursache davon ist die Stellung der Carpellblätter. Während
nämlich bei den Solaneen die Carpellblätter rechts und links in der
Blüthe stehen, liegt bei den Labiaten, Scrophularineen und Verwandten
das eine Carpellblatt nach oben, dem Pedunculus zugewendet, das
andere dagegen nach unten. Diese Lage ist die Ursache der verwickelten Symmetrie; die nächste Folge davon ist das Fehlschlagen
des obersten Staubblattes in Folge des Drucks, den das Carpell nach
oben ausübt, sowie die Didynamie der vier übrigen Staubblätter. In
seltenen Fällen (Pentastemon u. a.) kommen bei den Scrophularineen
alle fünf Staubblätter zur Entwickelung. Bisweilen (Veronica, Gratiola u. a.)
bilden sich nur zwei Staubblätter aus.

Häufig sind die Wirtel, wenn deren mehre vorhanden, verschieden
entwickelt; so z. B. folgen auf einen äusseren 2zähligen Staubblattwirtel mit
kurzen Filamenten bei den Cruciferen zwei 2zählige Wirtel mit längeren
Filamenten. Bei Lineen und Verwandten sind zwei Wirtel von verschiedener Länge vorhanden.

Man findet diese und zahlreiche andere Besonderheiten in Form,
Zahl und Anordnung der Staubblätter weiter unten bei den Familien-
diagnosen berücksichtigt.

b. Das Gynaeceum.

Nur bei den Gymnospermen (Cycadeen und Coniferen) ist die
Samenknospe hüllenlos, nackt, d. h. nicht von einem Fruchtknoten
umschlossen. Hier hat also der reife Same keine eigentliche ihn um-
gebende Frucht, denn als echte Frucht betrachtet man lediglich den
ausgewachsenen Fruchtknoten. Sind bei den Gymnospermen zur Reife-
zeit des Samens irgend welche Hüllen anderen Ursprungs vorhanden,

so nennt man sie Scheinfrüchte, so z. B. die Beeren von Juniperus, welche aus fleischig gewordenen Deckblättern, ebenso diejenigen von Taxus, welche aus dem Samenmantel hervorgehen.

Niemals verharrt das Pistill in dem Zustand, in welchem es sich zur Blüthezeit befand, es wächst immer wenigstens im unteren Theil, dem Fruchtknoten, mehr oder weniger aus. Das bedarf also keiner besonderen Bezeichnung. Der Staubweg ist meist anwelkend (stylus marcescens) oder hinfällig (stylus caducus). Seltner bleibt er stehen und wächst aus, bisweilen auf der Frucht einen Schnabel (rostrum) bildend. Anwelkend ist der Staubweg bei den Pomaceen, hinfällig bei den Labiaten, Scrophularineen, Polemoniaceen u. a. Auswachsend ist er bei vielen Compositen, Umbelliferen u. a.

Der einzige Theil des Pistills, welcher niemals bei den Angiospermen fehlt, ist der Fruchtknoten (germen). Gehen die Carpellblätter oberhalb des Fruchtknotens in eine kürzere oder längere Röhre über, so unterscheidet man diese als Staubweg (stylus) vom Fruchtknoten selbst. Der Fruchtknoten kann einen oder mehre Staubwege haben; darüber vergleiche man, was weiter unten über die Faltungen der Carpellblätter mitgetheilt ist. Entweder der Fruchtknoten selbst oder der Staubweg haben eine obere Oeffnung, welche Staubwegmündung (stigma) heisst. Dieselbe ist entweder eine einfache Oeffnung (stigma simplex, einfache Mündung); so ist es z. B. beim wilden Wein (Figur 4 *st*), ebenso bei den beiden Staubwegen von Saxifraga (*st* Fig. 6), oder die Mündung ist gespalten oder gelappt, wie z. B. bei den Labiaten, so beim Salbei (*st* Fig. 7), oder sie ist kopfig oder knopfförmig, wie beim Frauenmantel (Alchemilla, vgl. Fig. 5 *st*). Sind Lappen vorhanden, so ist ihre Zahl und Beschaffenheit sehr verschieden. Bei den Labiaten sind zwei ungleiche, meist fädliche Lappen vorhanden, deren unterer in der Regel länger ist als der obere. Bei den Cruciferen und Papavereen legen sich die sehr kurzen Lappen bei fehlendem Staubweg dicht am Fruchtknoten zurück. Bei den Caryophylleen gehen die Carpellblätter über dem Fruchtknoten sofort in zwei oder mehre gleiche schmale Lappen über. Bei den Polemoniaceen (s. pag. 52 Figur 20) geht der lange Staubwegkanal (*m* Fig. 20) in drei kurze aufrechte Lappen über. Bei Oenothera spaltet sich der lange Staubweg in vier transversal abstehende Lappen. Bei den Geraniaceen und Balsamineen spaltet er sich in ähnlicher Weise in fünf Lappen u. s. w.

Oft zeigt die Mündung Anschwellungen sehr verschiedener Gestalt. So bildet sie bei Viola tricolor L. einen krugförmigen, mit kleiner 2 lippiger schiefer Mündung versehenen Körper, bei Viola odorata L. und anderen echten Veilchen einen hohlen Haken, bei Canna ein 2 lippiges blumenähnliches Gebilde u. s. f.

4*

Figur 20. Das Gynaeceum von Phlox paniculata L.; von dem etwas angeschwollenen Blüthenboden (th) sind die Kelchblätter und Kronblätter entfernt; bei n ist die Basis des Fruchtknotens von einem wolligen drüsigen Ring umfasst; st = der lange dünne Staubweg, m = die 3 lappige Mündung.

Figur 20 zeigt die drei von Linné unterschiedenen Theile des Pistills einer Polemoniacea, der Phlox paniculata L. Man unterscheidet leicht den Fruchtknoten (g) vom Staubweg (st) mit seiner 3 lappigen Mündung (m).

Die früheren Systematiker haben sich meist mit der Untersuchung des äusseren Baues des Carpells begnügt oder diesen doch wenigstens für die Hauptsache erklärt. Sicherlich darf die äussere Gestalt des Fruchtknotens nicht unberücksichtigt bleiben, wichtiger aber ist der innere Bau, die ganze Einrichtung. Für Betrachtung des Carpells sind überhaupt folgende Dinge als wesentlich zu beachten: 1) die Zahl der Carpellblätter, 2) Faltung der Carpellblätter, und zwar: a. im Fruchtknoten, b. im Staubwegtheil mit der Mündung, 3) Anheftungsweise der Samenknospen und etwa vorhandene Knospenträger (placenta), 4) Bau der reifen Frucht und Entleerung der Samen, 5) Bau der Samenknospe und des reifen Samens.

1. Zahlenverhältnisse des Carpells.

Die Zahlen sind meist von wesentlicher Bedeutung für den Familiencharakter. Oft ist nur ein Carpellblatt vorhanden, dann heisst das Carpell monocarp; so z. B. dasjenige der Compositen, Dipsaceen, Papilionaceen, Caesalpineen, Mimoseen, Polygoneen, Oleraceen u. s. w. Zwei Carpellblätter oder einen bicarpen Fruchtknoten besitzen die Umbelliferen, Cinchonaceen, Stellaten, Cruciferen u. a.; drei Carpellblätter oder ein tricarpes Carpell die Valerianeen, Resedaceen, Violaceen, Polemoniaceen u. a.; ein tetracarpes Carpell viele Onagreen; ein pentacarpes Carpell die Geraniaceen, Balsamineen, Lineen (meist), Oxalideen u. a.; ein polycarpes Carpell die echten Malvaceen u. a. Die Carpellblätter können dabei ein sehr verschiedenes Verhalten zu einander zeigen und man kann aus der Zahl durchaus keine Folgerung auf die Vernation und die davon abhängige Form des Fruchtknotens oder der reifen Frucht ableiten.

2. Faltung des Carpells.

Bei dem monocarpen Carpell kann von verschiedener Vernation natürlich keine Rede sein. Hier bildet das Blatt, indem seine Ränder verbunden sind, eine einfache Höhlung. Sind mehre Carpidia vorhanden, so unterscheiden wir zunächst zwei Hauptfälle. Entweder nämlich liegen die Blätter mit ihren Rändern so neben einander, dass sie eine gemeinsame Höhlung bilden. Dann heisst das Carpell paracarp (carpidia paracarpa, germen paracarpum). Oder jedes Carpellblatt ist für sich mit seinen eingerollten Rändern wie beim monocarpen Carpell verbunden. Es bildet also jedes Blatt eine Höhlung, deren Zahl mithin von der Zahl der Blätter abhängt. Hier hat man aber zwei Fälle zu unterscheiden. Entweder sind dabei die Blätter ganz frei unter sich, ganz unabhängig von einander. In diesem Fall heisst das Pistill apocarp oder getrenntblättrig carpidia apocarpa, germen s. pistillum apocarpum); oder die Blätter sind mit einander verbunden, so dass eine gefächerte Höhlung entsteht. Ein solcher Fruchtknoten heisst syncarp, verwachsenblättrig oder gefächert (carpidia syncarpa, germen syncarpum). Diese Verhältnisse gehören zu den allerwichtigsten, die man bei Bestimmung von Pflanzen zuerst berücksichtigen muss.

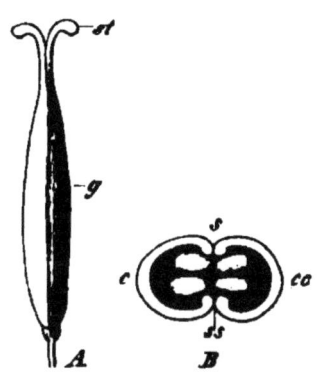

Figur 21. Fruchtknoten von Gentiana germanica L., *A* von der Seite gesehen. Bei *st* trennen sich die beiden Carpellblätter, nachdem sie einen sehr kurzen Staubweg gebildet haben, in zwei Mündungslappen. *B* der Querschnitt, stärker vergrössert. Die beiden Carpellblätter *c* und *cc*, welche dieselbe Lage haben wie in *A*, zeigen bei *s* und *ss* die schwach eingebogenen etwas verdickten Ränder, an denen die Samenknospen sitzen, paracarp verbunden.

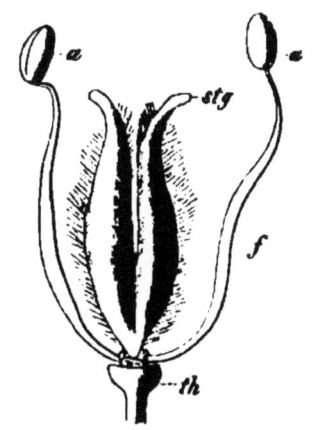

Figur 22. Apocarper Fruchtknoten von Delphinium consolida L. Die beiden bis zur Basis getrennten also zwei getrennte Fruchtknoten bildenden Carpidia gehen bei *stg* ohne Stylus in die nach innen rinnigen Mündungslappen über. Zwei Staubblätter mit schmalen bandförmigen Filamenten *f* stehen rechts und links, die übrigen nebst Kelch und Krone sind entfernt. Lupenvergrösserung.

Figur 21 zeigt ein Beispiel eines bicarpen, paracarpen Fruchtknotens von Gentiana germanica L. *A* zeigt den Fruchtknoten von aussen und von der flacheren Seite gesehen (*g*). Oben endigt derselbe in einen verschwindend kurzen Staubweg, der sich in die beiden Mündungslappen (*st*) spaltet. *B* zeigt den Querschnitt des Fruchtknotens in derselben Lage. Bei *s* sieht man die Blattränder verbunden, hier sind die Samenknospen an den gegenüberliegenden Rändern, also in je zwei neben einander liegenden Reihen, befestigt. Wie man sieht, ist der Querschnitt stärker vergrössert als die Seitenansicht.

Figur 22 versinnlicht den bicarpen apocarpen Fruchtknoten von Delphi-

nium consolida L. Die Kronblätter und Kelchblätter sind vom Blüthenboden (*th*) entfernt, die Staubblätter ebenfalls bis auf zwei, welche
stehen gelassen sind, um ihre freie hypogyn. Insertion zu zeigen. Die
beiden Carpidia sind bis zum Grunde getrennt, bilden also zwei getrennte Fächer. Nach oben gehen sie ohne Staubweg sogleich in die
beiden einseitigen Mündungs-
lappen (*stg*) über.

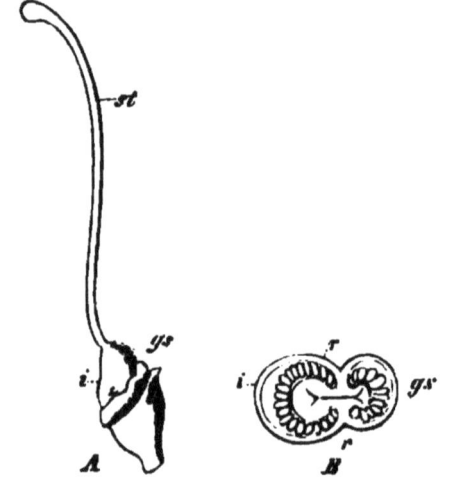

In Figur 23 *A* erblickt
man den bicarpen syncarpen
Fruchtknoten von Antirrhinum maius L. nach Ent-
fernung aller übrigen Wirtel.
Die beiden Carpellblätter
liegen oben und unten in der
Blüthe, nämlich *gs* ist das
obere, *i* das untere Blatt.
Der lange Staubweg *st* endigt
mit einfacher Mündung.

Figur 23 *B* zeigt bei etwas
stärkerer Vergrösserung den
Fruchtknoten im Querschnitt.
Das obere Blatt ist in Folge
des Drucks kleiner als das

Figur 23. Bicarpes syncarpes Carpell von Antirrhinum maius L.,
A von der Seite. *B* im Querschnitt. *i* = unteres Carpellblatt,
gs = oberes Carpellblatt, *st* = Staubweg, bei *r* sind beide Carpellblätter eingerollt und bilden zwei ungleiche Fächer.

untere. Beide Blätter sind bei *r* mit ihren Rändern eingerollt, in der
Mitte sind sie vereinigt und bilden zwei stark vorspringende Samenträger.

Werden die Fächer durch das Einrollen der Carpidia selbst gebildet, so nennt man sie echte Fächer. Ihre Zahl entspricht in diesem
Fall natürlicherweise der Zahl der Carpidia. Ausserdem kann auf
verschiedene Weise eine unechte Fachbildung zu Stande kommen,
ebenso kann durch Veränderungen die Gestalt des Carpells modificirt
werden.

Wir wollen hier zunächst diejenigen Fälle im Auge behalten, wo
die Faltung der Carpidia selbst zu Veränderungen Anlass giebt.

Bei den Labiaten sind, wie bei fast allen näher verwandten
Familien, zwei Carpellblätter vorhanden. Diese stehen oben und unten
in der Blüthe (*ci* und *cs*, *C* und *D* Figur 24). Sie rollen nun seitlich so stark ein, dass sie je zwei, im Ganzen also vier Fächer
bilden (Figur 24 *C* und *D*). Man sieht also nach Entfernung des
Staubweges zwei vordere oder untere (*ci* in *D* Figur 24) und zwei
hintere oder obere Fächer (*ci*, *D* Figur 24), jene dem unteren, diese
dem oberen Carpellblatt entsprechend. Ausserdem sind nun die Carpell-

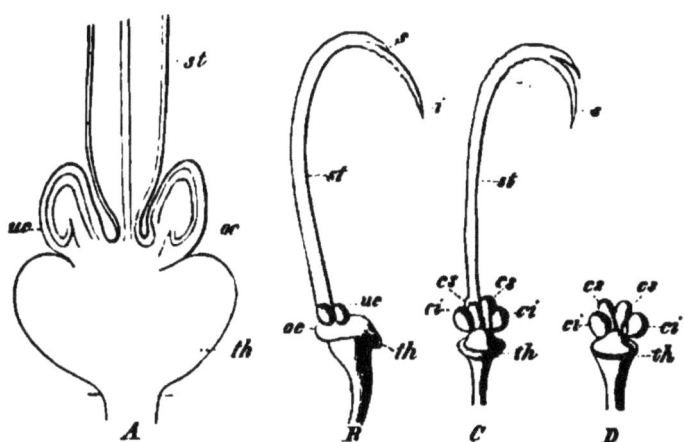

Figur 24. Blüthenboden mit dem Pistill von Salvia officinalis L. *th* der verdickte Pistillträger, an dessen unterem Ende die drei äusseren Blüthenwirtel inserirt sind; *sf* = Staubweg, *i* unterer Lappen, *s* oberer Lappen der Staubwegmündung. *A* ist schwach mikroskopisch vergrössert, *oc* das obere Carpell, *uc* das untere, von beiden sieht man nur einen Lappen mit je einer basalen anatropen Samenknospe, *B* von der Seite. *C* und *D* von vorn, *ci* = die zwei vorderen, *cs* die zwei hinteren Fächer. Lupenvergrösserung.

blätter nach innen so tief longitudinal abwärts gefaltet, indem die Fruchtknotenwände sich nach der Ausbildung des Griffels nach aussen wölben, dass dieser schliesslich, wie man in *st*, *A* Figur 24 deutlich sieht, grundständig erscheint.

Für die Bezeichnung der Faltung der Carpellblätter kann man noch die folgenden Zeichen in die Formel aufnehmen:

für apocarp das Zeichen: a,
für paracarp ⸱ ⸱ p,
für syncarp ⸱ ⸱ s.

So würde z. B. die Formel für die Cruciferen lauten:

$$2 \times 2, \ 2 \times 2, \ 3 \times 2, \ 2p$$

oder für die Papaveraceen:

$$2, \ 2 \times 2, \ \infty \times 2, \ \infty p,$$

ferner die Formel für die Ranunculaceen:

$$\infty, \ \infty, \ \infty, \ \infty a,$$

für die Rosaceen (Roseen und Dryadeen):

$$4\text{—}5, \ 4\text{—}5, \ \infty, \ \infty a,$$

für die Solaneen:

$$\widehat{5}, \ \widehat{5}, \ 5, \ 2s,$$

für die Umbelliferen:

$$5, \ 5, \ \widehat{5}, \ 2s,$$

u. s. w.

Anfänger haben wohl zu beachten, dass die in den Formeln aus-
gedrückten Faltungen der Carpellblätter zunächst nur für den unteren
Theil derselben, nämlich für den Fruchtknoten ihre Gültigkeit haben.
Wie der etwa vorhandene Staubweg beschaffen ist, das bedarf noch
einer besonderen Erwähnung in der Familiendiagnose, da seine Beschaffenheit keineswegs nothwendig von derjenigen des Fruchtknotens
abhängt. So z. B. ist bei den Labiaten der Fruchtknoten gefächert,
also syncarp, der Staubweg aber paracarp, also eine einfache Röhre
darstellend. Die Helleboreen haben einen meist syncarpen Fruchtknoten mit apocarpen Mündungslappen. Bei den Umbelliferen sind auf
dem zweifächerigen syncarpen Fruchtknoten zwei apocarpe Staubwege
vorhanden, bei den nahe verwandten Stellaten findet sich dagegen bei
sehr ähnlichem Fruchtknotenbau ein paracarper Staubweg. Die Malven
haben zahlreiche syncarpe Fruchtknotenfächer und einen einzigen paracarpen Staubweg, der sich nach der Zahl der Carpellblätter in Lappen
spaltet u. s. w. u. s. w.

3. Anheftungsweise der Samenknospen

Man nennt jeden Theil, welcher der Anheftung der Samenknospen
dient, den Knospenträger oder die Placenta. Die Placenta scheint aber
sehr verschiedenen Ursprungs zu sein. Knospen können überhaupt
entweder an Stengelgebilden oder an Blattgebilden auftreten. Ob nun
das die Samenknospen erzeugende und tragende Gebilde ein Stengel
oder ein Blatt sei, lässt sich nicht für alle Fälle zur Zeit sicher ent-
scheiden, ja für manche derselben wird es vielleicht immer eine offene
Frage bleiben, weil es überhaupt keinen für alle Fälle durchaus stich-
haltigen Unterschied zwischen Stengel und Blatt giebt.

Die Samenknospen können erzeugt und getragen werden: 1) vom
Pedicellus; das ist sicher der Fall bei den einknospigen Polygoneen und
Oleraceen mit grundständiger Samenknospe, weniger gesichert bei den
Primulaceen, wo eine mehrsamige centrale Columella vorhanden ist;
2) vom Blattrand der Carpellblätter, so bei vielen paracarpen und syn-
carpen Fruchtknoten, wie z. B. denjenigen der Papaveraceen, Cucurbi-
taceen, Aristolochiaceen, Umbelliferen, Caprifoliaceen, ebenso bei man-
chen monocarpen und apocarpen Fruchtknoten, wie bei Ranunculaceen,
Rosaceen, Thymeleen, Laurineen u. s. w.; 3) kann ein besonderer
Samenträger vorhanden sein, welcher weder vom Pedicellus noch vom
Carpellblattrand gebildet wird. So ist wahrscheinlich der Samenträger
der der Anlage nach eigentlich paracarpen Cruciferen zu erklären.

Beispiele für die verschiedenen Formen der Anheftungsweise der
Samenknospen findet man weiter unten bei Besprechung der einzelnen
Familien ausgeführt.

4. Bau der reifen Frucht und Entleerung der Samen.

Da die Frucht aus dem Pistill hervorgeht, so wird sie selbstverständlich in ihrem Bau im Allgemeinen vom Bau des Pistills abhängig sein. Freilich ist diese Abhängigkeit nicht so gross, dass man in allen Stücken den Bau der Frucht aus demjenigen des Pistills ableiten könnte. So z. B. kann das Pistill mehrfächerig sein, wie bei den Tiliaceen, Valerianeen u. a. und die Frucht trotzdem durch Fehlschlagen einfächerig.

Die Formen der Früchte sind bis jetzt keineswegs mit genügender Genauigkeit untersucht und beschrieben worden, weshalb wir uns hier auf Darstellung des Allgemeinsten mit möglichster Kürze beschränken.

Man kann die Früchte eintheilen in zerfallende, sich öffnende und geschlossene. Die ersten, welche in Stücke zerfallen, die meist je einen Samen umschliessen, heissen allgemein: Theilfrüchte, Moricarpia, die sich öffnenden werden allgemein Kapseln und die geschlossenen Schliessfrüchte (Achaenia) genannt.

Die Theilfrüchte können entweder transversal in Glieder oder longitudinal in Spaltstücke zerfallen. Im ersten Fall heissen sie Gliederfrüchte (Lomenta), so bei den Coronilleen, den Raphaneen; im zweiten Fall nennt man sie Spaltfrüchte (Schizocarpia).

Die sich öffnenden Früchte nennt man im Allgemeinen Kapseln (Capsulae), doch werden besondere Formen mit besonderen Namen belegt. Hat die Kapselscheidewände, also mehre Fächer, so nennt man sie fachspaltig, wenn die äusseren Wandstücke in der Mitte des Fachs zerreissen; scheidewandspaltig, wenn die Scheidewand selbst in zwei Platten zerreisst; scheidewandlösend, wenn die äussere Wand sich beiderseits von der Scheidewand ablöst. Es können zwei dieser Formen gleichzeitig auftreten.

Springt die Kapsel mit kleinen Löchern auf, wobei sich meist ein Stück von der Wand ganz oder stellenweise ablöst, so nennt man sie Streubüchse, so beim Mohn, bei vielen Orchideen, bei Antirrhinum. Löst sich ein oberer Theil als Deckel ab, so spricht man von einer Deckelfrucht (capsula circumscissa), so bei Anagallis, Hyoscyamus, Plantago. Schlauch (Utriculus) nennt man eine Kapsel, welche aus einem apocarpen Carpellblatt entsteht, wo dann die eingerollten Ränder desselben einen Längsspalt bilden. Sind mehre Carpellblätter unten syncarp, oben dagegen apocarp, so springt jedes Blatt bis zur Verbindungsstelle mit einem nach innen gerichteten Längsriss auf, indem ebenfalls seine Ränder sich von einander trennen. Man unterscheidet diesen Fall mit dem Namen Schlauchkapsel.

Die Schliessfrüchte (Achaenia) haben entweder trockene Fruchtschale von lederartiger oder holziger Beschaffenheit. Dann heissen sie

Nuss (Nux), so die Frucht der Gräser, der Cupuliferen; oder die Fruchtschale (pericarpium) ist fleischig und nur von einer derberen Haut be-
kleidet. Solche Früchte heissen Beere (Bacca). Oder endlich das
beerenartige Pericarpium schliesst einen holzigen oder sehr harten Stein
ein. Die Frucht heisst dann Steinbeere (Drupa).

Diese drei Formen zeigen zahlreiche Zwischenstufen.

5. Bau der Samenknospe und des reifen Samens.

Der wesentliche Theil der Samenknospe ist der Embryosack mit
den Keimbläschen, von denen eines durch den Pollenschlauch befruchtet
wird. Die Figur 25 stellt den Längsschnitt durch die Samenknospe
von Polygonum dar. Bei *e* sieht man den
Embryosack, eine grosse Zelle, welche hier
wie in der Mehrzahl der Fälle am oberen
Ende zwei kleine Zellen, die sogenannten
Embryobläschen, erkennen lässt. Seltener sind
mehr als zwei Embryobläschen vorhanden.
Der Embryosack ist umgeben von einer Ge-
webeschicht *n*, die man als Knospenkern bezeichnet. Die bisher erwähnten Theile sind
wesentlich. Häufig kommen dann, wie in
unserem Fall, noch ein oder zwei sogenannte
Integumente hinzu, d. h. blattartige, krug-
förmige Hüllen, welche als Ringwulst von
der Basis aufwärts wachsen und oben noch
eine kleine Oeffnung, die Micropyle, übrig

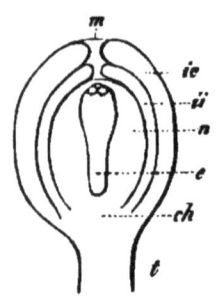

Figur 25. Samenknospe von Polygonum. *t* = Knospenträger, *ch* = Knospengrund und Anheftungspunkt (chalaza) *m* = Micropyle, *ie* = äusseres
Integument, *ii* = inneres Integument,
n = Knospenkern, *e* = Embryosack,
welcher am oberen Ende die beiden
Embryobläschen zeigt.

lassen, in welche der Pollenschlauch eindringt, um zum Embryosack
zu gelangen. Sind, wie in unserem Fall, zwei Integumente vorhanden,
so unterscheidet man sie als äusseres (*ie* Fig. 25) und inneres (*ii* Fig. 25)
Integument. Mehr als zwei echte Integumente kommen nicht vor; es
können aber auch beide oder es kann eins derselben fehlen Dagegen
tritt bisweilen nach der Befruchtung noch eine ebenfalls von unten
herauf die Samenknospe umwallende Hülle auf, welche man in diesem
Fall Samenmantel oder Arillus nennt.

Figur 25 zeigt uns eine aufrechte und durchaus grade Samenknospe, bei welcher Anheftungspunkt und Knospengrund (bei *ch*) zusammenfallen und beide der Micropyle diametral gegenüber liegen.

Nicht immer, ja sogar verhältnismässig selten, hat die Samenknospe
diese einfache Anheftungsweise und Gestalt. Wir geben im Folgenden
noch zwei Beispiele für abweichende Fälle, wobei wir uns aber der
Raumersparniss halber auf die beiden extremsten Verhältnisse beschränken

und zum weiteren Studium auf die schöne übersichtliche Darstellung in Schleiden's Lehrbuch der Botanik (Grundzüge, 4. Aufl., S. 502—514) verweisen.

Figur 26 zeigt die umgewendete Samenknospe einer Cucurbitacea. Hier ist ein entwickelter Knospenträger vorhanden (*f*) Am oberen Ende desselben bei *ch* ist die Samenknospe an ihm befestigt, die im Uebrigen genau denselben Bau zeigt, wie in Figur 25, nur dass natürlich alle Theile genau die umgekehrte Lage haben; nämlich die Micropyle (*m*) liegt neben dem Anheftungspunkt (*a*), wogegen der Knospengrund (*ch*) diesem grade gegenüber liegt. Seitlich ist ausserdem das äussere Integument (*ie*) seiner ganzen Länge nach mit dem Knospenträger (*f*) verwachsen. Die Trennungsfläche nennt man Samennath oder Raphe (*r*). Mit Recht nennt man die Samenknospe umgekehrt (Gemmula anatropa), im Gegensatz zu der graden und aufrechten Samenknospe (Gemmula atropa, recta).

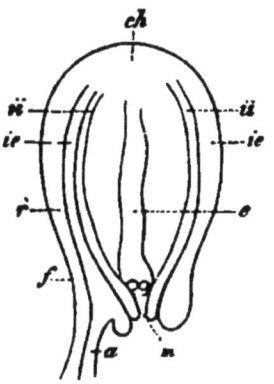

Figur 26. Umgewendete oder anatrope Samenknospe einer Cucurbitacea. Die Buchstaben bedeuten dasselbe wie in Figur 25. r = Samennath, f = Knospenträger.

Figur 27 zeigt eine gebogene oder campylotrope Samenknospe. Im Vergleich mit den beiden vorigen Figuren wird man diese leicht verstehen. Die gebogene Samenknospe ist bezüglich der Anheftungsweise der graden völlig gleich, aber es sind alle Theile, Integumente mit Kern und Embryosack stark gekrümmt, es liegen daher auch hier Anheftungspunkt und Micropyle neben einander.

Aus dem befruchteten Embryobläschen geht durch Zelltheilungen der Keim hervor, so zwar, dass der Micropyle das Würzelchen, dem Knospengrund die Plumula zugewendet ist. Daher kommt es, dass bei der Keimung die Wurzel zuerst den Samen verlässt. Der Keim entsteht also durch Entwickelung rückwärts von der Micropyle in die

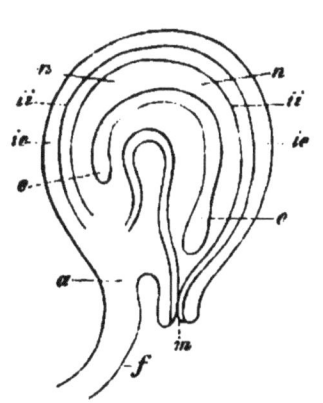

Figur 27. Gebogene (campylotrope) Samenknospe. Alle Buchstaben bedeuten dasselbe.

Höhlung des Embryosacks hinein. In dieser entsteht durch freie Zellbildung das Inneneiweiss oder Endosperm, welches jedoch nicht selten durch die fortschreitende Entwickelung verdrängt wird. Bisweilen bildet sich der Knospenkern zu einem Ausseneiweiss oder Perisperm aus. Die Integumente wachsen zur Samenschale oder Testa aus. Sind keine Integumente vorhanden, so erhärten die äusseren Zellschichten des Knospenkerns zur Testa.

Aus demjenigen, was eben über die Entwickelung des Keims gesagt wurde, folgt, dass in dem graden und aufrechten Samen, wenn derselbe zu seiner Basis senkrecht gedacht wird, die radicula nach oben, die plumula dagegen nach unten gerichtet ist. Bei dem aus anatroper Samenknospe hervorgehenden Samen muss es sich grade umgekehrt verhalten, d. h. die plumula ist nach oben, die radicula nach unten gerichtet. Samen der ersten Art nennt man Gegenkeimer, diejenigen der zweiten Art heissen Rechtkeimer. Aus der campylotropen Samenknospe geht fast immer ein campylotroper Keim hervor. Oft hat der Keim eine sehr unbestimmte Richtung, so z. B. transversal gegen den Samenträger. In diesem Fall nennt man ihn embryo vagus.

Uebersicht

zur Auffindung der natürlichen Familien *).

---

1. Pflanzen ohne Pistill, immer diklinisch . . . . Gymnospermae 2.
   - „ mit Pistill . . . . Angiospermae 3.
2. *Stamm* einfach oder wenig verästelt, palmenartig; Blätter gross, wedelförmig, mit Acropetalwachsthum . *Fam. 1. Cycadeae.*

   Stamm verästelt; Blätter nadelförmig, schuppig oder flach, derb; Staubblätter ährig; Samenknospen paarweis oder einzeln vor verholzenden Deckblättern, welche zuletzt einen Zapfen bilden, oder in geringer Anzahl von fleischig-beerenförmig auswachsenden Deckblättern umschlossen, oder einzeln, ohne Deckblatt, mit fleischigem Arillus . . . . *Fam 2. Coniferae.*

   Stamm niedrig, schwach entwickelt; Blüthen mit kleinem beerenartig auswachsendem Perigon; Samenknospe einzeln, endständig . . . . *Fam. 3. Gnetaceae.*
3. *Stämme* meist nur schwach und unregelmässig verästelt, weil die meisten Axillarknospen unentwickelt bleiben; Blätter meist parallelnervig, wendelständig; Gefässbündel auf dem Querschnitt von Blatt und Stengel isolirt; Blüthen meist 3 zählig; Carpellblätter meist 3 oder 1 . . . . Monocotyledoneae 4.

   Stämme meist regelmässig verästelt; Blätter mit netzigem Nervensystem; Cotyledonen fast immer opponirt; Gefässbündel auf dem Stengelquerschnitt einen oder mehre Kreise (Jahresringe) bildend; Blüthen häufiger 5- oder 2 zählig . . . . Dicotyledoneae 16.

---

*) Die fortlaufenden Nummern vor den Familiennamen beziehen sich auf die Ziffern auf der Mitte der Seite.

4. Monocotyledoneae.

Blüthen einzeln, meist jede von einem Deckblatt gestützt, mit 3zähligem Perigon oder perigonlos, aber
nicht von 2zähligem spelzenartigem Perigon (gluma)
umschlossen . . . . Einfachblüthige Monocotyledonen 5.

Blüthen mehre oder durch Fehlschlagen einzeln von einem
scheidigen Deckblatt gestützt oder umfasst oder von
einer 2blättrigen Hülle (Hüllspelzen) umschlossen; Perigonblätter der weiblichen und gynandrischen Blüthen
nur zwei ausgebildet (Blumenspelzen); Pflanzen grasartig . . . . Glumaceae 15

5. *Carpell* monocarp (nur 1 einblättriger Fruchtknoten und
1 Griffel), oder, wenigstens im oberen Theil, apocarp
(mehre getrennte Griffel)   6

Carpell syncarp*) (Fruchtknoten 3fächerig), mit paracarpem
Staubweg (nur 1 gemeinsamer Griffel)   7

Carpell paracarp (1fächerig, aber aus drei Blättern bestehend   14

6. *Stämmchen* platt, klein, schwimmend, blattlos, mit perigonlosen Zwitterblüthen . . . . *Fam. 9. Lemnaceae.*

Stämme deutlich, palmenartig mit schilfartigen Blättern;
Blüthen dioecisch, kolbenständig; Fruchtstände zapfen-
artig . . . . *Fam. 8. Pandaneae.*

Wasserpflanzen mit kriechendem ungegliedertem Rhizom,
grasartigen steifen Blättern, kolbenständigen monoecischen
perigonlosen Blüthen mit haarförmigen oder schuppigen
Deckblättchen untermischt . . . . . . *Fam. 7. Typhaceae**).*

Samenknospen in jedem Fach der drei- bis mehrfächerigen
Fruchtknoten zahlreich . . . . *Fam. 6. Butomeae.*

Samenknospen in jedem Fach der drei- bis mehrfächerigen
Frucht 1—3 . . . . *Fam. 5. Alismaceae***).*

Früchte völlig apocarp, meist 1samig; meist untergetauchte
Wasserpflanzen mit schlaffen Stengeln . . *Fam. 4. Naiadae†).*

---

*) Hier ist zu beachten, dass der Fruchtknoten mancher Junceen paracarp
ist. Vgl. Flora 1877, Nr. 6, 7.

**) Hier ist zu beachten, dass Sparganium einen 2blättrigen 2fächerigen griffel-
losen 2lappigen Fruchtknoten besitzt.

***) Es gehören hierher auch die mit den Alismaceen wohl zu vereinigenden
Juncagineen; s. Fam. 4. Naiadae.

†) Nur die Gattungen Halophila und Lemnopsis haben eine 3blättrige paracarpe Frucht; apocarp sind einige Palmen.

Früchte 3blättrig, mehr oder weniger apocarp, mit mehrsamigen Fächern; Staubblätter nach aussen aufspringend;
Landpflanzen mit Rhizomen oder Zwiebeln . *Fam. 22. Colchicaceae.*

7. *Früchte* nicht aufspringend 8
  = aufspringend oder Beeren 9

8. *Blüthen* meist diklinisch, meist perigonlos, auf einfachem
  von einer Spatha gestütztem Kolben; knollige, kriechende
  oder kletternde Rhizome . . . . *Fam. 10. Aroideae.*
  Blüthen auf meist verzweigten Kolben; Stämme meist
  einfach, mit endständigem Schopf fächerförmiger oder
  wedelförmiger, seltner ungetheilter Blätter . . *Fam. 11. Palmae.*

9. *Fruchtfächer* 1samig 10
  = mehrsamig 11

10. *Perigon* spelzenartig, dialyphyll . . . . *Fam. 12. Restiaceae.*
  = des ♂ gamophyll . . . . = *13. Eriocaulonae.*
  = verwickelt symmetrisch . . . . = *16. Pontederiaceae.*

11. *Aeusseres Perigon* kelchartig, bleibend . = *14. Commelineae.*
  Perigon klein, unscheinbar; Pflanzen von grasartigem oder
  binsenartigem Wuchs . . . . *Fam. 15. Junceae.*
  Perigon hypogynisch, kronenartig 12
  = epigynisch, kronenartig 13

12. *Kapselfrucht;* Stämme nicht schlingend oder knotig:
  Fam. 17. Liliaceae.
  Beerenfrucht; Stämme knotig, oft schlingend = *19. Smilaceae.*

13. *Zwiebeln* oder ungegliederte Stämme, nicht knotig; Typus:
  2×3, 2×3, 3 . . . . *Fam. 18. Amaryllideae.*
  └─┘ └─┘
  Stämme langgliedrig, schlingend . . . . . = *20. Dioscoreae.*
  Antheren nach aussen aufspringend; Typus: 2×3, 3, 3:
  └─┘ └─┘
  Fam. 23. Irideae.
  Früchte zahlreich, zusammengedrängt; Typus: 2×3, 2×3, 3:
  └─┘ └─┘
  Fam. 24. Bromeliaceae.
  Perigon mit Gliederung abfallend; von den 2×3 Staub-
  blättern eins oder mehre fehlschlagend . . *Fam. 25. Musaceae.*
  Nur 1 Staubblatt ausgebildet . . . . . = *26. Scitamineae.*

14. *Stengellos,* mit knolligem Rhizom . . . . . = *21. Taccaceae.*
  Wasserpflanzen; Staubblätter monadelphisch oder mit dem
  Perigon verbunden, drei oder mehre . *Fam. 27. Hydrocharideae.*
  Landpflanzen; Staubblätter 3 oder 6; Blüthen einfach sym-
  metrisch . . . . *Fam. 28. Burmanniaceae.*

Epiphyten oder Rhizompflanzen: Staubblätter 1—2; Blüthen
verwickelt symmetrisch . . . . *Fam. 29. Orchideae.*

15. *Perigon* der weiblichen und Zwitterblüthen aus zwei
gleichen Blättern gebildet; oberirdische Halme ungegliedert . . . . *Fam. 30. Cyperaceae.*

Perigon aus einem Deckblatt (Aussenspelze) und einem
echten Perigonblatt (Innenspelze) gebildet; oberirdischer
Halm gegliedert; Blüthen meist Zwitter . . *Fam. 31. Gramineae.*

16. Dicotyledoneae.

Samenknospe orthotrop *) 17

     ⸗ nicht orthotrop. 25

17. *Blüthen* ohne Perigon. 18

     ⸗ mit Perigon 22

18. *Blüthen* in kolbigem Blust 19

     ⸗ einzeln in den Blattachseln. 20

     ⸗ in schlaffen Kätzchen 21

19. *Samenknospe* einzeln, basal, aufrecht . . . *Fam. 32. Piperaceae.*

     ⸗   ⸗ endständig, hangend . ⸗ *33. Chloranthaceae.*

Samenknospen 2 bis mehre, am Carpellrand befestigt:
Fam. 34. Saururaeae.

20. *Same* ohne Endosperm . . . . *Fam. 35. Ceratophylleae**).*

21. *Carpell* 1 blättrig, von hypogynischen Schuppen umgeben:
Fam. 42. Myriceae.

Carpell 2 blättrig; hypogynische Schuppen fehlen; perigon-
artige Hülle. . . . . *Fam. 41. Iuglandeae.*

22. *Perigon* hypogynisch 23

     ⸗ mehr oder weniger epigynisch 24

23. *Schmarotzerpflanzen;* Blätter verkümmert *Fam. 36. Balanophoreae.*

Nichtschmarotzer; meist mehre Perigonkreise; 1 samige
Schliessfrucht . . . . *Fam. 39. Polygoneae.*

24. *Perigon*, einen epigynischen Discus bildend; Staubblätter
2 kammerig . . . . *Fam. 37. Santalaceae.*

Perigon meist röhrig; Staubblätter vielfächerig *Fam. 38. Loranthaceae.*

25. *Blüthen* ohne ***) Perigon 26

     ⸗ mit Perigon 27

---

*) Man beachte, dass einzelne Urticaceen, Proteaceen und Plataneen orthotrope
Samenknospen besitzen.

**) Statt des Perigons haben die Ceratophylleen eine vielspaltige Hülle.

***) Euphorbia und einige andere Gattungen haben nur ausnahmsweise durch
Fehlschlagen von Kelch und Krone keine Blüthenhülle.

26. *Früchte* von verholzenden Deckblättern umschlossen; Blätter
kurzscheidig . . . . *Fam. 46. Casuarineae.*
Fruchtknoten 2fächerig, 2knospig; Frucht 1fächerig,
1samig . . . . *Fam. 47. Betulaceae.*
27. *Perigon* oder Kelch hypogynisch *) 28
  * * * perigynisch 46
  * * * epigynisch. 64
Frucht 2blättrig, 1fächerig, vielsamig. . . . *Fam. 48. Salicineae.*
28. *Perigon* einfach, nicht deutlich in Kelch und Krone ge-
schieden, und, wo das scheinbar der Fall, die Blüthentheile wendelständig 29
Perigon deutlich in Kelch und Krone getrennt (Kelchpflanzen) 34
29. *Das einfache Perigon* deutlich wirtelständig; Frucht nicht
apocarp oder syncarp, fast immer 1fächerig, 1samig . . 30
Perigon wendelständig, Frucht meist apocarp**), selten
paracarp 33
30. *Staubblätter* vor den Perigonblättern inserirt 31
  * mit den Perigonblättern wechselnd. 32
31. *Früchte abgeplattet;* Pfl. krautig . . . . . . *Fam. 40. Oleraceae.*
  * vom Perigon, von Deckblättern oder vom Pedun-
culus umhüllt . . . . *Fam. 43. Urticaceae.*
Beeren oder Schliessfrüchte einsamig; Holzpflanzen :
Fam. 44. Ulmaceae.
32. *Blust* ein kugeliges 1geschlechtiges Köpfchen * 45. Plataneae.*
Frucht 1samig, 1fächerig; Fruchtknoten mehrfächerig;
Cupula. . . . . *Fam. 49. Cupuliferae.*
Schliessfrucht vom unteren verholzenden Theil des Peri-
gons umschlossen und mit ihm verwachsen *Fam. 50. Nyctagineae.*
Steinfrucht vom fleischig werdenden Perigon umschlossen :
Fam. 51. Elaeagneae.
Perigon kronenartig, abfällig . . . . * 52. Thymeleae.*
Staubblätter mit Klappen aufspringend . . . * 53. Laurineae.*
Beerenfrucht; Same mit Arillus. . . . . . * 54. Myristiceae.*
33. *Pflanzen* mit wendelständigen meist unbestimmtzähligen
Blüthentheilen; Holzpflanzen; Same mit Arillus um-
geben; Carpell mehr oder weniger apocarp *Fam. 55. Dilleniaceae.*

---

*) Die Datisceen sind auch hypogynisch, müssen aber der Verwandtschaft wegen
zu den perigynischen Pflanzen gestellt werden.

**) Die getrennten Griffel sind hierfür maasgebend, wenn auch der untere Theil
der Frucht syncarp ist. Das Perigon dieser Gruppe ist oft scheinbar in Kelch und
Krone getrennt.

Hallier, Schule der systemat. Botanik.   5

Krautige Pflanzen oder niedrige, häufig schlingende
Sträucher; Carpell mehr oder weniger apocarp; Samen
ohne Arillus . . . . *Fam. 56. Ranunculaceae.*

Holzpflanzen ohne Arillus; Früchte mehr oder weniger
apocarp, meist verwachsend . . . . . . *Fam. 57. Anonaceae.*

Holzpflanzen ohne Arillus; Früchte mehr oder weniger apocarp; Schliessfrüchte oder Schlauchkapseln *Fam. 58. Magnoliaceae.*

Wasserpflanzen mit mehr oder weniger apocarpen Früchten;
Fächer mehrknospig; Staubwege mit schildförmiger Mündung . . . . *Fam. 59. Hydropeltideae.*

Wasserpflanzen mit paracarpen Früchten = *60. Nymphaeaceae.*

34. **Perigon deutlich in Kelch und Krone getrennt**
(Kelchpflanzen).

Kelch oder Perigon hypogynisch oder undeutlich perigynisch *) . . . .   34 A.

Kelch deutlich perigynisch   57

 = vollkommen epigynisch   64

34 A. *Carpell* monocarp oder der Anlage nach paracarp, bisweilen durch Einrollung oder durch eine ausgespannte
Haut gefächert   35

Carpell fast immer völlig syncarp**)   40

Carpell, wenigstens im oberen Theil, apocarp, d. h. gesonderte Griffelröhren vorhanden, wenn auch fest vereint .   54

35. *Nur ein Carpellblatt* vorhanden; Staubblätter mit Klappen
aufspringend   36

Ein Mittelsäulchen als Samenträger   37

Früchte vollkommen 1fächerig***)   38

 = durch eine ausgespannte Haut 2fächerig   39

36. *Beerenfrüchte*, 1- bis mehrsamig . . . . . *Fam. 61. Berberideae.*

37. *Mittelsäulchen* frei . . . . *Fam. 62. Caryophylleae†).*

Carpell bis zum Mittelsäulchen eingerollt *Fam. 63. Elatineae.*

38. *Staubblätter* nach aussen aufspringend. . = *64. Frankeniaceae.*

Mehre Staubwege mit plattenförmigen Mündungen:

Fam. 65. Passifloreae.

---

*) Die Vaccinieen sind unecht epigynisch, können aber von den hypogynischen
Ericeen nicht getrennt werden.

**) Bei den Gentianeen häufig paracarp: bei den Cruciferen 2fächerig durch
eine die Placenten verbindende Haut, bei den Elatineen gefächert durch Einrollen des
Carpells und Verwachsen mit der Columella.

***) Nur bei Parnassia gefächert.

†) Bei Silene ist die Frucht im unteren Theil gefächert.

Carpell griffellos, geschlossen . . . . . *Fam. 66. Tamariscineae.*

   =   =   offen . . . . = *67. Resedaceae.*

Kapsel; Bäume . . . . *Fam. 68. Bixaceae.*

  = ; niedrige Holzpflanzen; Blumen einfach symmetrisch . . . . *Fam. 69. Cistineae.*

Kapsel 3blättrig; Blumen verwickelt symmetrisch:
                                 Fam. 70. Violaceae.

Kapsel; Blüthentheile oder Blätter mit reizbaren Haaren:
                                 Fam. 71. Droseraceae.

Kelch hinfällig; Kapsel oder Streubüchse; Staubblätter
frei . . . . *Fam. 72. Papaveraceae.*

Staubblätter in zwei Gruppen vereinigt, 2klappige Kapsel
oder Schliessfrucht . . . . *Fam. 73. Fumariaceae.*

Blüthe 2zählig; Staubblätter nicht tetradynamisch:
                                 Fam. 74. Capparideae.

39. *Staubblätter* tetradynamisch . . . . . . = *75. Cruciferae.*

40. *Samenknospen* an den Carpellrändern oder grundständig .   **41**

     =   = einem echten Mittelsäulchen angeheftet   **51**

41. *Carpell* 2fächerig, seltner durch unvollständiges Einrollen
1fächerig*) **42**

Carpell meist mehrfächerig mit 1samigen Fächern**) . .   **48**

42. *Carpellränder* wenig oder nicht angeschwollen **43**

Samenknospen an den wie ein Mittelsäulchen angeschwollenen
Carpellblatträndern befestigt **44**

Samenknospe einzeln, hangend **47**

43. *Staubblätter* mit Löchern aufspringend; Blume verwickelt
symmetrisch . . . . *Fam. 76. Polygaleae.*

Geflügelte Spaltfrüchte . . . . = *77. Acerineae.*

Typus: 2×2, 2×2, 2, 2; Holzpflanzen . . = *78. Oleaceae.*

Typus: 5, 5, 5, 2—5, Holzpflanzen . . . . = *79. Pittosporeae.*

Schlingpflanzen mit Beeren, seltner mit scheidewandspaltigen
Kapseln . . . . *Fam. 80. Jasmineae.*

Carpell unvollkommen syncarp; Staubblätter pfeilförmig:
                                 Fam. 81. Gentianeae.

Krone auf ringförmiger Verdickung des Pedicellus; Staubweg paracarp . . . . *Fam. 82. Hydrophylleae.*

---

*) Nur bei einigen Gentianeen und Polygaleen.

**) Nur bei den Cuscuteen (Abtheilung der Convolvulaceen), einzelnen Nolanaceen
und Cordiaceen 1fächerig, 1samig.

Staubwege apocarp . . . . *Fam. 83. Hydroleaceae.*
Griffel mit Mündungskörper; Pollen körnig   = *84. Apocyneae.*
  =   =   =   Pollenmassen verklebt:
                            Fam. 85. Asclepiadeae.

44. *Carpellblätter* in der Blüthe rechts und links stehend . .   45
    =   =   =   =   oben und unten stehend . .   46
45. *Samen* mit spaltenförmiger Höhlung . . . *Fam. 86. Loganiaceae.*
    =   campylotrop, ohne Höhlung . . . .   = *87. Solaneae.*
46. *Blüthe* verwickelt symmetrisch, Kapselfrucht:
                       Fam. 89. Scrophularineae.
Schmarotzerpflanzen; sonst wie die Scrophularineen:
                       Fam. 90. Orobancheae.
Zweitheilige Spaltfrucht; Fächer 1 knospig; sonst wie die
  Scrophularineen . . . . *Fam. 91. Selagineae.*
Steinbeere 2- bis 4 fächerig, sonst wie die Scrophularineen:
                       Fam. 92. Myoporineae.
47. *Samenknospe* einzeln, hangend, Blust kugelig = *93. Globularieae.*
48. *Carpell* 2 blättrig, durch seitliches Einrollen der Carpell-
  blätter meist 4 fächerig   49
  Carpell 3- bis mehrblättrig   50
49. *Blumen* verwickelt symmetrisch; Staubweg grundständig;
  4-Spaltfrüchte . . . . *Fam. 94. Labiatae.*
Beere, Steinbeere, Kapsel oder Schliessfrucht; Blüthen
  schwach verwickelt symmetrisch . . . *Fam. 95. Verbenaceae.*
Griffel nicht grundständig; Blüthen einfach symmetrisch,
  regenschirmfaltig; Pflanz. meist schlingend *Fam. 88. Convolvulaceae.*
Keim campylotrop; Blüthen einfach symmetrisch; Carpell
  1- bis 6 blättrig, 1- bis 6 samig . . . *Fam. 97. Nolanaceae.*
Samenknospen fachwinkelständig; Steinfrucht 1- bis
  8 fächerig . . . . *Fam. 98. Cordiaceae.*
Spaltfrucht 4 theilig, seltner Steinfrucht; Samenknospen
  hangend . . . . *Fam. 99. Boragineae.*
50. *Carpellblätter* 3 oder 5, Staubblätter frei; Kapselfrüchte:
                       Fam. 96. Polemoniaceae.
Staubweg paracarp, grundständig; Staubblätter meist mit
  Löchern aufspringend . . . . *Fam. 119. Ochnaceae.*
Carpell 2- bis mehrfächerig; Frucht beerenartig, 1 fächerig,
  1 samig; Staubblätter in Gruppen beisammen *Fam. 120. Tiliaceae.*
Reife Frucht vielfächerig, vom saftigen Pericarp ganz
  ausgefüllt; Staubblätter in bandförmigen Gruppen:
                       Fam. 121. Aurantiaceae.
Staubwege kegelförmig . . . . = *122. Meliaceae.*

Staubblätter in Gruppen oder Bänder vereint; Griffel syn-
carp-apocarp . . . . *Fam. 117. Ternstroemiaceae.*

Steinbeere mit einsamigen Steinen; Filamente bleibend:
Fam. 118. Empetreae.

Typus: 5, 5, 2×5, 5; Griffel getrennt; Frucht 5fächerig:
Fam. 123. Oxalideae.

Fruchtfächer durch eine unvollkommene Scheidewand getheilt, Griffel 4 bis 5 . . . . *Fam. 124. Lineae.*

56. *Fruchtfächer* elastisch abspringend . . . *Fam. 125. Balsamineae.*

    •   vom Mittelsäulchen abrollend •   *126. Geraniaceae.*

Samenknospen am sehr kurzen Mittelsäulchen befestigt,
campylotrop; Staubblätter gekuppelt . . *Fam. 127. Malvaceae.*

Samenknospen am Carpellrand befestigt . *Fam. 128. Sterculiaceae.*

Beere armsamig; Holzpflanzen; Samenknospen hängend:
Fam. 129. Ebenaceae.

Beere mit steinartigem Samen . . . . . . *≠ 130. Sapotaceae.*

Frucht 3fächerig; Fächer 1samig . . . *Fam. 131. Malpighiaceae.*

57. **Perigynische Pflanzen.**

Discus schwach entwickelt, meist völlig frei   58

   ≠   sehr gross, stark mit dem Carpell verwachsen, so
dass die Blüthe epigynisch erscheint   59

Discus stark entwickelt, aber ganz hypogynisch oder mit
dem unteren Theil des Carpells zu einer Apfelfrucht
verwachsen   62

Discus schwach entwickelt, aber den unteren Theil, bisweilen nur die Basis des Carpells bildend; Früchte mehr
oder weniger apocarp.   63

58. *Einjährige Pflanzen*; Blätter nicht schildstielig; Blüthen
einfach symmetrisch; Spaltfrucht; Fächer 1knospig:
Fam. 132. Limnanthemeae.

Blätter schildstielig; Pflanzen krautig; Blüthen verwickelt
symmetrisch; Spaltfrucht; Fächer 1knospig *Fam. 133. Tropaeoleae.*

Fächer mehrknospig; Kapsel, Schliessfrucht oder Steinbeere; Holzpflanzen . . . . *Fam. 134. Sapindaceae.*

Schliessfrucht 1samig . . . . *Fam. 135. Terebinthaceae.*

Beere 2fächerig; Fächer 2samig . . . . . *Fam. 136. Ampelideae.*

Steinbeere; Carpell griffellos; Kelch bleibend *Fam. 137. Aquifoliaceae.*

Frucht dem Discus eingesenkt, mit paracarpem Griffel,
2- bis 5fächerig; Fächer meist 1samig . *Fam. 138. Celastrineae.*

Frucht oben apocarp; Fächer mehrsamig *Fam. 139. Staphyleaceae.*

Staubwege apocarp; Scheibe den Fruchtknoten umgebend,
aber nicht damit verwachsen . . . . . . *Fam. 140. Rhamneae.*

Steinbeere mit dem Discus verbunden, meist 1steinig oder
mit 2 bis 5 einsamigen Fächern . . . . *Fam. 141. Styraceae.*

59. *Staubwege* apocarp 60
     =   paracarp 61

60. *Frucht* gefächert, mit paracarpen Staubwegen:
                    Fam. 142. Philadelpheae.

Perigon unecht oberständig, 3zählig; Zwitterblüthen, Staubblätter mehr oder weniger mit dem Carpell verwachsen:
                    Fam. 147. Aristolochiaceae.

Perigon unecht oberständig, meist 2- bis 3zählig; Blüthen
diklinisch; Kapselfrüchte; Staubblätter nicht gekuppelt:
                    Fam. 146. Begoniaceae.

Perigon unecht epigynisch; Carpell rein paracarp; Blüthen
unscheinbar . . . . *Fam. 145. Datisceae.*

61. *Parasitische* Pflanzen mit grossen Blumen; Frucht vielfächerig paracarp mit vorspringenden Placenten:
                    Fam. 143. Rafflesiaceae.

Beerenfrüchte; Kelch abfällig; Blüthen diklinisch, polya-
delphisch - monadelphisch; Antheren gekuppelt:
                    Fam. 148. Cucurbitaceae.

Kapselfrüchte 4fächerig; Perigon 4theilig; Blüthen diklinisch: Blätter mit kapuzenförmigen Enden *Fam. 144. Nepentheae.*

Kapseln fachspaltig; Zwitterblüthen; Samenträger wandständig . . . . *Fam. 149. Loaseae.*

Streubüchse innerhalb oder ausserhalb des Kelchs aufspringend; Blüthen zwitterig; Filamente mit breiter
Basis den Fruchtknoten deckend . . *Fam. 150. Campanulaceae.*

Discus abfällig; Staubblätter unecht epigynisch; Zwitterblüthen; Fruchtknoten paracarp, mehr oder weniger gefächert; Staubweg gelappt . . . . *Fam. 151. Onagreae.*

Carpell 2fächerig, paracarp, mit oberständigem Staubblattträger . . . . *Fam. 152. Stylideae.*

Beere mit wandständigen Samen, von der Blume gekrönt,
meist 2blättrig . . . . *Fam. 153. Grossulariaceae.*

Beere mit Stachelgruppen besetzt; Blume vielblättrig;
Carpell mehrblättrig . . . . *Fam. 154. Cacteae.*

Kelch und Krone deutlich getrennt; Frucht 1- bis 20fächerig;
Kapsel oder Beere . . . . *Fam. 155. Melastomaceae.*

Discus krugförmig, mit den Carpellen völlig verwachsen;
Kelch und Krone daher oberständig; Frucht 2- bis
5fächerig; Griffel mit einfacher Mündung *Fam. 156. Myrtaceae.*

62. *Carpell* monocarp; Griffel mit einseitiger Mündung; Blüthen häufig verwickelt symmetrisch *Fam. 157. Leguminosae.*

Carpell mehr oder weniger apocarp oder, wenn monocarp, mit regelmässiger Mündung . . . . *Fam. 158. Rosaceae.*

63. *Kronblätter*, Staubblätter und Carpelle zahlreich; Keim campylotrop; Holzpflanzen mit saftigen Blättern:
Fam. 159. Mesembryanthemeae.

Carpellblätter 2 bis 5, selten mehre; Keim orthotrop; succulente Pflanzen . . . . *Fam. 160. Crassulaceae.*

Carpellblätter 2; halb epigynische Blüthe *Fam. 161. Saxifrageae.*

64. *Frucht* 1 blättrig, 1 fächerig, 1 samig 68

Frucht 2 blättrig, 2 fächerig 65

Fruchtanlage 3- bis mehrblättrig, 3- bis mehrfächerig (bisweilen 2 blättrig). 66

Frucht 1 fächerig, Fruchtanlage 3 fächerig 67

65. *Fruchtfächer* 1 knospig oder nur das untere Carpellblatt fruchtbar; Kapsel fachspaltig . . . . *Fam. 162. Hamamelideae.*

Typus: 4, 4, 4, 2, Steinbeere; Staubweg paracarp:

Fam. 164. Cornaceae.

Typus: 5, 5, 5, 2, Spaltfrucht; Staubwege apocarp:

Fam. 165. Umbelliferae.

Staubweg paracarp; Krone gamopetal; Spaltfrucht, seltner Beere . . . . *Fam. 166. Rubiaceae.*

66. *Holzpflanzen*; Beere 2- bis 15 fächerig; Fächer 1 samig:
Fam. 163. Araliaceae.

Meist Holzpflanzen; 2- bis 5 fächeriges Carpell; 1- bis 5 fächerige, 1- bis mehrsamige Beere; Krone gamopetal:
Fam. 167. Caprifoliaceae.

67. *Blüthe* verwickelt symmetrisch . . . . . $=$ *168. Valerianeae.*

68. *Jede Blüthe* mit einer hypogynischen Hülle versehen; Pappus; Samenknospe hangend; Antheren frei *Fam. 169. Dipsaceae.*

Hypogynische Hülle fehlt; Antheren nur an der Basis verbunden; Samenknospe hangend; Kelch auswachsend:
Fam. 170. Calycereae.

Hypogynische Hülle fehlt; Antheren monadelphisch; Samenknospe aufrecht; Pappus . . . . . . *Fam. 171. Compositae.*

Die Pflanzensysteme.

Sowohl der Einzelne als auch ganze Nationen beginnen ihr Natur-studium mit der Anschauung der Mannigfaltigkeit der Formen. Bald gewahrt man die Möglichkeit einer leichteren Orientirung durch zweck-mässige logische Anordnung. Aus dem Chaos von Gebirgen, Flüssen, Wolken, Vegetationsbildern und Thiergebilden schälen sich einzelne bestimmte Gestalten heraus. Unbewusst dem natürlichen Menschen entstehen die Schemata für Klassen, Familien, Gattungen und Arten von Naturkörpern. Diese logische Anordnung ist der erste Versuch zur Systematik, gleichsam das Alphabet der Naturwissenschaft.

Aber die Reflexion des denkenden Verstandes hat noch eine andere Art der Zusammenfassung. Die unterschiedenen Naturkörper zeigen in manchen Theilen Aehnlichkeit, in anderen Verschiedenheit. Es be-ginnt daher das Studium dieser Theile, der Organe und Glieder und ihrer Entstehung. So z. B. unterscheidet man bei den meisten Pflanzen Blätter, Blüthen, Stengel, Wurzeln, Früchte u. s. w. Man sieht ein, dass solche Theile vielen oder allen Theilen gemeinsam sind, dass ihnen gewisse Funktionen, wie z. B. Ernährung, Athmung, Fortpflanzung u. s. w. obliegen. Diese Organe oder Glieder zeigen sich wieder aus kleineren Formelementen, den Zellen, zusammengesetzt.

Nun sucht man das Gesetzmässige in diesen Bildungen und in ihrer Entwickelungsgeschichte auf. Bald vergisst man über diese ein-seitige Forschung, wovon man ausgegangen, man vergisst den ganzen Formenreichthum und seinen Zusammenhang und hält nur noch die Betrachtung der Organe, Glieder und Gewebe und ihrer Entwickelung für würdige wissenschaftliche Aufgabe. So entsteht die einseitige mor-phologisch-physiologische Forschung.

Systematik einerseits, Morphologie und Physiologie andererseits sind die beiden Hauptaufgaben der Botanik, von denen keine ohne die andere bestehen kann. Die Systematik setzt die Thatsachen der Morphologie und Physiologie als bekannt voraus. Auch sie hat ihre Gesetzmässigkeit: die Vertheilung der Pflanzenarten über die Erdoberfläche, ihr Entstehen und Vergehen ist nicht zufällig, sondern strengen Gesetzen unterworfen. Freilich ist das Material noch ganz unvollständig, welches uns die Morphologie für eine endgültige Begründung des Systems darbietet. Es muss vielleicht noch ein Jahrhundert fortgearbeitet werden, bevor an die Aufstellung eines solchen Systems wird gedacht werden können. Alle bisherigen Systeme sind nur als vorläufige Nothbehelfe anzusehen ohne bleibenden Werth. Zu einem System kann man auf zwiefache Weise gelangen: durch Determination oder durch Abstraktion.

Durch Determination verbindet man künstlich zwei Begriffe zu einem Speciesbegriff, so z. B. kann ich aus den Begriffen eines regelmässigen Polyeders und der Zahl sieben den Begriff eines regelmässigen Siebenecks bilden. Dabei weiss ich aber nicht, ob ein solches überhaupt möglich ist. Oder ich nehme irgend ein willkührlich gewähltes Prinzip, wie z. B. die Zahlenverhältnisse der Staubblätter, und ordne diesen die Pflanzenformen unter.

Auf solche Weise entstehen sogenannte künstliche Systeme. Sie haben keinen grossen Werth, wenigstens keinen bleibenden.

Auf dem Wege der Abstraktion dagegen komme ich zu Merkmalen, welche den Naturgegenständen selbst entnommen sind; ich lese sie gewissermassen der Natur selbst ab und kann mich von ihr nicht allzuweit entfernen. Dadurch entstehen natürliche Systeme. Es entstehen die Schemata von Arten, Gattungen, Familien u. s. w., überhaupt von Merkmalsgruppen, welche vielen Naturkörpern gemeinsam sind. Diese natürlichen Systeme sind von grösserem Werth und es würde auf diesem Wege schon jetzt Dauerndes zu erreichen sein, wenn die morphologische Forschung genügend abgeschlossen wäre.

Das einzige künstliche System, welches eine grössere Bedeutung in Anspruch nimmt, ist das Linné'ische. Es ist schon desshalb von ausserordentlichem historischem Werth, weil es die erste Zusammenfassung des ganzen damals bekannten Pflanzenreichs war. Gegenwärtig ist zwar dieses System strenge genommen entbehrlich für die Systematik, aber es sollte doch jedem Anfänger in der Botanik geläufig sein, desshalb theilen wir es hier im Zusammenhang mit.

Klasse 1. Mon - andria. Ein Staubblatt.
= 2. Di- = Zwei Staubblätter.
= 3. Tri- = Drei =
= 4. Tetr- = Vier =
= 5. Pent- = Fünf =

Klasse 6. Hex - andria. Sechs Staubblätter.

=   7. Hept- = Sieben =
=   8. Oct- = Acht =
=   9. Enne- = Neun =
= 10. Dec- = Zehn =
= 11. Dodec- = Elf bis zwanzig Staubblätter.

Alle Klassen von 1 bis 11 haben Ordnungen nach gleichem Ein-
theilungsprinzip, nämlich nach der Zahl der Staubwege oder Griffel.
Die Blüthe ist zwitterig. Auffallende Grössenunterschiede oder Verwachsungsverhältnisse der Staubblätter kommen bei diesen 11 Klassen
nicht vor.

Die Ordnungen heissen:

Mono-gynia. Ein Pistill.
Di- = Zwei Pistille u. s. w. bis:
Poly- = Viele Pistille.

Beispiele:

I, 1. Monandria, Monogynia. Die ganze Familie der Scitamineen,
Hippuris.

I, 2. Monandria, Digynia. Blitum *).

II, 1. Diandria, Monogynia. Monarda **), Lycopus, Salvia, Veronica, Gratiola, Ruppia, Pinguicula, Utricularia, alle Oleaceen, mehre
Gattungen der Onagreen, so z. B. Circaea, ferner: Lemna und Salicornia.

II, 2. Diandria, Digynia. Einige Gräser, so: Anthoxanthum,
Hierochloa.

II, 3. Diandria, Trigynia. Mehre Gattungen der Piperaceen.
Strenge genommen haben diese aber nur einen Griffel mit drei Mündungslappen.

III, 1. Triandria, Monogynia. Alle Irideen, Cyperaceen, mehre
Gattungen der Valerianeen, einzelne Gattungen anderer Familien, so
z. B. Montia, Polycnemum.

III, 2. Triandria, Digynia. Die meisten Gramineen, aber uneigentlich, denn strenge genommen haben sie nur einen Griffel mit zwei
langen Mündungslappen.

III, 3. Triandria, Trigynia. Mollugo (drei Mündungslappen),
Polycarpon, uneigentlich, nämlich durch Fehlschlagen von Staubblättern
mehre Arten von Caryophylleengattungen und anderen Familien.

---

*) Strenge genommen sind hier nur zwei Mündungslappen, von einem Griffel
entspringend; im strengen Sinn des Wortes fehlt diese Ordnung.

**) Die verschiedensten, nicht näher verwandten Pflanzen. Salvia, Lycopus und
Monarda sind Labiaten, welche sonst in die 14. Klasse gehören, ebenso gehören ausser
Veronica und Gratiola die meisten Scrophularineen in die 14. Klasse.

IV, 1. Tetrandria, Monogynia. Die meisten Dipsaceen, Plantagineen, viele Stellaten, die meisten Onagreen, ferner: Globularia, Centunculus, Cicendia, Epimedium, die Corneen, Alchemilla, Sanguisorba, Parietaria, Eleagnus, Isnardia u. s. w.

IV, 2. Tetrandria, Digynia. Hamamelis.

IV, 4. Tetrandria, Tetragynia. Einzelne Gattungen verschiedener Familien, so z. B.: Potamogeton, Bulliarda, Tillaea, Radiola, Ilex*).

V, 1. Pentandria, Monogynia. Die Asperifolien, die meisten Primulaceen, manche Gentianeen, Polemoniaceen, Convolvulaceen, die Solaneen, die meisten Campanulaceen, die Violaceen, Balsamineen, Ampelideen, viele Rhamneen, Celastrineen, die Grossulariaceen, Araliaceen, viele Arten von Lonicera, die Gattungen Herniaria und Illecebrum, die Santalaceen und uneigentlich auch die Apocyneen und Asclepiadeen, aber bei diesen sind die beiden Griffel unten apocarp, nur am oberen Ende paracarp.

V, 2. Pentandria, Digynia. Die ganze Familie der Umbelliferen, uneigentlich, d. h. insofern sie zwei Mündungslappen, aber nur einen Griffel haben, die Ulmaceen, viele Chenopodeen. Gar nicht hierher gehörig, weil mit einem paracarpen Griffel versehen, die Gentianeen und Cuscuteen, eher Cynanchum, überhaupt alle Asclepiadeen und Apocyneen, insofern die Griffel unten apocarp sind.

V, 3. Pentandria, Trigynia. Die Turneraceen, einige Anacardiaceen (uneigentlich), einige Staphyleaceen, Corrigiola (uneigentlich), die Sambuceen (uneigentlich).

V, 4. Pentandria, Tetragynia. Parnassia (uneigentlich).

V, 5. Pentandria, Pentagynia. Viele Crassulaceen, uneigentlich die Gattungen Linum, Drosera, Aldrovanda, Statice u. a.

V, ∞. Pentandria, Polygynia. Myosurus.

VI, 1. Hexandria, Monogynia. Alle Liliaceen, Amaryllideen, Smilaceen, Junceen, mehre Callaceen, einige Gattungen der Polygoneen (Rumex), Berberis, Peplis.

VI, 2. Hexandria, Digynia. Die Oryzeen, aber uneigentlich, denn es ist nur ein Griffel mit zwei Mündungslappen vorhanden.

VI, 3. Hexandria, Trigynia. Die Colchicaceen, Juncagineen und einzelne Arten von Polygonum, bisweilen Elatine, Petiveria etc.

VI, ∝. Hexandria, Polygynia. Die Alismaceen.

---

*) Caryophylleen, Gentianeen und Cuscuteen gehören nicht hierher, denn die letzten beiden Familien haben einen paracarpen Griffel und die Caryophylleen besitzen gar keinen.

VII, 1. Heptandria, Monogynia. Einige Hippocastaneen, Trientalis, einige Arten von Polygonum.

VIII, 1. Octandria, Monogynia. Die meisten Onagreen, Acerineen, einige Rutaceen, bisweilen Monotropa, viele Ericineen, Vaccinieen, Myrtaceen, Thymeleen, die meisten Arten von Polygonum, Paris u. s. w.

VIII, 2. Octandria, Digynia. Viele Saxifrageen, Galenia.

VIII, 4. Octandria, Tetragynia. Adoxa, Elatine.

IX, 1. Enneandria, Monogynia. Cassytha, Rheum.

IX, 1. Enneandria, Hexagynia. Butomus.

X, 1. Decandria, Monogynia. Viele Ericineen (Ledum, Pirola, Andromeda, Rhododendron, Kalmia, Arctostaphylos), Monotropeen, Diosmeen, Caryophylleen, Oxalideen.

X, 2. Decandria, Digynia. Viele Saxifrageen. Die Caryophylleen gehören nicht hierher, da sie nur einen verkürzten Griffel haben.

XI, 1. Dodecandria, Monogynia. Manche Lythrarieen, Portulaceen, Aristolochiaceen (Asarum).

XI, 2. Dodecandria, Digynia. Agrimonia.

XI, 3. Dodecandria, Trigynia. Kommt nicht vor, denn Reseda hat gar keinen Griffel, statt dessen ein Loch im Fruchtknoten, und Euphorbia ist monoikisch.

XI, ∞. Dodecandria, Polygynia. Manche Crassulaceen, namentlich Sempervivum.

Die beiden folgenden Klassen haben zahlreiche Staubblätter. Sie unterscheiden sich durch die Stellung derselben. Die Ordnungen folgen dem bisherigen Prinzip.

XII, 1. Icosandria, Monogynia. Zahlreiche (20 — ∞) Staubblätter auf der Kelchscheibe. Philadelpheen, Granaten, Amygdaleen.

XII, 2. Icosandria, Digynia. Crataegus (meist).

XII, 3. Icosandria, Trigynia. Sorbus (meist).

XII, 5. Icosandria, Pentagynia. Pirus, Aronia, Spiraea (meist).

XII, ∞. Icosandria, Polygynia. Die meisten Dryadeen.

XIII, 1. Polyandria, Monogynia. Zahlreiche Staubblätter auf dem Blüthenboden. Die Nymphaeaceen, die Papavereen (meistens), Actaea, Tiliaceen (meistens), Cistineen, Sarracenia.

XIII, 2. Polyandria, Digynia. Einige Arten von Paeonia, von Delphinium.

XIII, 3. Polyandria, Trigynia. Arten von Aconitum und Delphinium.

XIII, 5. Polyandria, Pentagynia. Aquilegia, Arten von Aconitum.

XIII, 6. Polyandria, Hexagynia. Stratiotes.

XIII, ∞. Polyandria, Polygynia. Anemoneae, Ranunculeae, Clematideae.

Die 14. Klasse, Didynamia, hat 4 Staubblätter, von denen zwei, meistens die beiden unteren, längere Filamente besitzen.

Sie zerfällt in zwei Ordnungen: Gymnospermia oder Nacktsamige und Angiospermia oder Bedecktsamige. Linné hielt nämlich die meist 4 spaltigen Schizocarpia der Labiaten und Asperifolien für nackte Samen.

XIV, 1. Didynamia, Gymnospermia. Fast alle Labiaten.

XIV. 2. Didynamia, Angiospermia. Die Scrophularineen, Orobancheen, Gesneriaceen, Bignoniaceen, einige Caprifoliaceen, Verbenaceen, Melianthus (Rutaceae).

Bei der 15. Klasse, Tetradynamia, sind von 6 Staubblättern die 2 äusseren mit kürzeren Filamenten versehen. Sie haben schotenförmige Früchte, welche freilich nicht immer aufspringen, und werden nach deren Länge in 2 Ordnungen vertheilt, mit kleinen oder mit langen Früchten.

XV, 1. Tetradynamia, Siliculosa. Die Alyssineen, Thlaspidineen, Anastaticeon, Euklidieen, Cakilineen, Camelineen, Lepidineen, Isatideen Anchonieen, Velleen. Psychineen, Zilleen, Buniadeen, Erucarieen, Senebiereen, Subularieen, Heliophylleen.

XV, 2. Tetradynamia, Siliquosa. Die Arabideen, Sisymbreen, Brassiceen, Raphaneen.

Bei den 3 folgenden Klassen kommt die Verwachsung der Filamente in eine Röhre, in 2 Bündel oder in mehre Bündel in Betracht.

Die Ordnungen richten sich nach der Zahl der Staubblätter; sie tragen also die Namen der 13 ersten Klassen.

XVI, 5. Monadelphia, Decandria. Fünf Staubblätter bilden eine Röhre oder ein Bündel. Hermannia, annähernd bei den Lineen, bei einigen Arten von Erodium.

XVI, 10, Monadelphia Pentandria. Zehn Staubblätter bilden eine Röhre. Die meisten Geraniaceen, Myriceen, Oxalideen, Genisteen, Galegeen.

XVI, 11. Monadelphia, Dodecandria. Pentapetes.

XVI, ∞. Monadelphia, Polyandria. Die meisten Malvaceen.

XVII, 6. Diadelphia, Hexandria. Die Fumariaceen; strenge genommen haben diese aber nur 4 Staubblätter.

XVII, 8. Diadelphia Octandria. Die Polygaleen (mit Ausnahme der Krameriaceen, bei denen die Staubblätter frei sind).

XVII, 10. Diadelphia, Decandria. Die Trifolieen, Astragaleen, Vicieen, Hedysareen, Phascoleen.

XVIII, 5. Polyadelphia, Pentandria. Die Büttneraciceen.

XVIII, 12. Polyadelphia, Icosandria. Die Aurantiaceen.

XVIII, 13. Polyadelphia, Polyandria. Die Hypericineen, Ternstroemiaceen, Clusiaceen (meist.)

Bei der 19. Klasse, Syngenesia, sind die Antheren verwachsen. Die Ordnungen richten sich nach der Vertheilung der Geschlechter im Blüthenköpfchen.

XIX, 1. Syngenesia, Polygamia aequalis. Alle Blüthen sind Zwitter. Cichoraceae, die meisten Eupatoriaceen und Cynareen.

XIX, 2. Syngenesia, Polygamia superflua. Die Randblüthen weiblich. Die meisten Asteroideen und Senecionideen, ausserdem von den Eupatoriaceen die Gattungen Homogyne, Petasites u. a.

XIX, 3. Syngenesia, Polygamia frustranea. Die Strahlblüthen unfruchtbar, die Scheibenblüthen Zwitter. Einzelne Gattungen der Cynareen: Cnicus, Centaurea, einzelne Senecionideen: Helianthus, Rudbeckia, Bidens.

XIX, 4. Syngenesia, Polygamia necessaria. Strahlblüthen weiblich. Scheibenblüthen männlich (mit Scheinpistillen). Die Calendulaceen, Madia.

XIX, 5. Syngenesia, Polygamia segregata. Köpfchen 1- oder armblüthig, zu einem grossen Kopf vereinigt. Echinops.

XIX, 6. Syngenesia Monogamia. Blüthen einzeln. Viola, Impatiens. Lobeliaceen.

Bei der 20. Klasse sind die Staubblätter völlig mit dem Griffel verbunden, so dass sie auf demselben oder auf dessen Mündung stehen.

XX, 1. Gynandria, Monandria. Die Ophrydineen, Limodoreen, Malaxideen u. a. Orchideen.

XX, 2. Gynandria, Diandria. Die Cypripedieen u. a. Orchideen.

XX, 3. Gynandria, Triandria. Sisyrinchium.

XX, 6. Gynandria, Hexandria. Aristolochia.

Die 3 folgenden Klassen deuten auf die Vertheilung getrennter Geschlechter auf eine, zwei oder drei Pflanzen.

XXI, 1. Monoecia, Monandria. Einhäusige. Die Aroideen, die meisten Callaceen, die Najadeen. Ferner die Cariceen und einige Gräser wie z. B. Zea, Tripsacum.

XXI, 2. Monoecia, Diandria. Die Abietineen.

XXI, 3. Monoecia, Triandria. Die Typhaceen, die meisten Cariceen (strenge genommen zur Monoecia Monandria gehörig).

XXI, 4. Monoecia, Tetrandria. Buxus, Littorella, einige Urticaceen, Alnus.

XXI, 5. Monoecia Pentandria. Parthenium, die meisten Atriplicineen und Amarantaceen, die meisten Cupuliferen, Betula etc.

XXI. ∞. Monoecia, Polyandria. Die Juglandeen, Poterium, Sagittaria.

XXI, 9. Monoecia, Monadelphia. Die Cucurbitaceen.

XXII, 1. Dioecia, Monandria. Die Purpurweiden, Najas major.

XXII, 2. Dioecia, Diandria. Viele Arten von Salix, einige Fraxinus-Arten, Lemna.

XXII, 3. Dioecia, Triandria. Empetrum. Udora.

XXII, 4. Dioecia, Tetrandria. Loranthaceen, Hippophäe, Spinacia. Myrica.

XXII, 5. Dioecia, Pentandria. Cannabineae, Juniperus, Taxus, einzelne Arten anderer Gattungen.

XXII, 6. Dioecia, Hexandria. Einige Arten von Rumex, von Asparagus, einige Dioscoreen.

XXII, 8. Dioecia, Octandria. Populus, Rhodiola.

XXII, 9. Dioecia, Enneandria. Mercurialis, Hydrocharis.

XXII, 10. Dioecia, Decandria. Kiggelaria.

XXII, 11. Dioecia, Dodecandria. Stratiotes, Menispermum.

XXII, 13. Dioecia, Polyandria. Cliffortia.

XXII, 19. Dioecia, Syngenesia. Ruscus, Gnaphalium dioicum.

XXII, 20. Dioecia, Gynandria. Clutia.

XXIII, 21. Polygamia, Monoecia. Männliche, weibliche und Zwitterblüthen auf einer Pflanze, so z. B. Arten von Veratrum.

XXIII, 22. Polygamia, Dioecia. Einige Arten von Fraxinus.

Die 24. Klasse, Cryptogamia, zerfällt in die einzelnen natürlichen Gruppen, welche mit Abänderungen und Erweiterungen noch beibehalten werden.

Aus der Darstellung des Sexualsystems von Linné sieht man die völlige Unhaltbarkeit desselben. Linné hat mit vollkommenem Recht denjenigen Merkmalsgruppen den grössten Werth beigelegt, welche den Sexualorganen entlehnt sind, denn was könnte wohl grösseren Einfluss auf die Constanz der Formenreihen, also der Arten, üben, als die nächste Umgebung, also die sexuellen Organe, von denen die Fortpflanzung abhängt. Aber Linné hat dieses sehr richtige Prinzip falsch angewendet, was freilich nur zum Theil ihm als Schuld beizumessen ist, grösserentheils in dem ganz unentwickelten Zustand der Morphologie zu jener Zeit seinen Grund hat.

Sehr fehlerhaft war es, dass Linné auf diejenigen Organe, welche er als männliche betrachtete, die Klasseneintheilungen gründete. Dazu hätte der weibliche Apparat gewählt werden müssen, im ganzen Pflanzenreich der wichtigere, mit constanteren Merkmalen begabte. Fehlerhaft ist es ferner, dass so untergeordnete Merkmale wie die Zahlenverhältnisse in erster Linie Berücksichtigung fanden. Nur in wenigen

Fällen, wie in der 15. und 19. Klasse that Linné einen glücklichen Griff, indem hier Klasse und natürliche Familie zusammenfallen*).

Bei der Ordnung wird das weibliche Organ zu Grunde gelegt, nämlich das Pistill, welches die Samenanlage einschliesst. Dass es echt gymnosperme Pflanzen giebt, war damals noch nicht bekannt. Leider wird hier noch mehr Gewicht auf die Zahlenverhältnisse gelegt als bei den Klassen. Was aber die Ordnungen zum grössten Theil ganz unbrauchbar macht, das ist die Unsicherheit, mit welcher das weibliche Organ zur Eintheilung benutzt wird. Unter dem Namen Gynac versteht nämlich Linné bald das ganze Pistill oder den Griffel, wie z. B. bei Primulaceen, Liliaceen, bald die einzelnen Carpellblätter, wie bei Crassulaceen, Ranunculaceen, Alismaceen, bald nicht einmal die Griffel, sondern die Mündungslappen, so bei den Caryophylleen, bald die Griffel selbst, z. B. bei den Umbelliferen. Dieser Fehler lag eben in der gänzlichen Unkentniss vom Bau des Gynaeceums in damaliger Zeit.

Die natürlichen Systeme haben vor dem Sexualsystem Linné's den unläugbaren grossen Vorzug, dass sie sich mit wirklich verwandtschaftlichen Formenkreisen beschäftigen. Wären die Herren Autoren dabei stehen geblieben, so würden ihre Systeme von grösserem Werth und von grösserer Dauer gewesen sein. Aber Eitelkeit veranlasste sie auf's Neue, zu künstlichen Eintheilungen und Zusammenstellungen zu schreiten. Diese grösseren Gruppen, Klassen, Ordnungen u. s. w. sind aber von den frühesten bis in die neuesten Zeiten grade das Unbrauchbare, ja Verwerfliche und Falsche an den natürlichen Systemen; grade dieses ist es aber auch, wodurch die Systeme sich fast einzig und allein wesentlich unterscheiden. Wie verkehrt es z. B. ist, die Dialypetalen und Monopetalen (Gamopetalen) als angeblich natürliche Gruppen zusammenzustellen, zeigt ein Blick auf das natürliche System, wo diese Anordnung beliebt wurde. Da werden die doch gewiss nahe verwandten Umbelliferen, Cinchonaceen und Stellaten in zwei ganz verschiedene Regionen des Systems gebracht, während umgekehrt die Umbelliferen mit den Cruciferen, Caryophylleen u. s. w. zusammengepfercht werden müssen, denen sie doch verwandtschaftlich sehr fern stehen.

Der ältere Jussieu stellte im Jahr 1789 folgendes System des Pflanzenreichs zusammen**):

---

*) Die 15. Klasse entspricht der Familie der Cruciferen, die 19., mit Abrechnung der Monogamia, derjenigen der Compositen.

**) Antoine Laurent de Jussieu: Genera plantarum secundum ordinem naturalem disposita. Paris, 1789. Die Grundlage zu diesem System war bereits von seinem Onkel Bernard de Jussieu um die Mitte des Jahrhunderts im Garten zu Trianon zur Anwendung gebracht.

I. *Acotyledones* . . . .   *Classis* I.
    Ordines naturales VI. 1) Fungi. 2) Algae. 3) He-
    paticae. 4) Musci. 5) Filices. 6) Naïades.

II. *Monocotyledones.*
    a. Stamina hypogyna . . . .   =   II.
      Ordd. IV. 7) Aroïdeae. 8) Typhae. 9) Cype-
      roïdeae. 10) Gramineae.
    b. Stamina perigyna. . . . .   =   III.
      Ordd. VIII. 11) Palmae. 12) Asparagi. 13) Junci
      14) Lilia. 15) Bromeliae. 16) Asphodeli. 17) Nar-
      cissi. 18) Irides.
    c. Stamina epigyna . . . .   =   IV.
      Ordd. IV. 19) Musae. 20) Cannae. 21) Orchides.
      22) Hydrocharides.

III. *Dicotyledones.*
    A. Apetalae.
    a. Stamina epigyna . . . .   =   V.
      Ordo I. 23. Aristolochiae
    b Stamina perigyna   . . . .   =   VI.
      Ordd. VI. 24) Elaeagni. 25) Thymeleae. 26) Pro-
      teae. 27) Lauri. 28) Polygoneae. 29) Atri-
      plices.
    c. Stamina hypogyna . . . .   =   VII.
      Ordd. IV. 30) Amaranthi. 31) Plantagines.
      32) Nyctagines. 33) Plumbagines.
    B. Monopetalae.
    a. Corolla hypogyna.   . . . .   =   VIII.
      Ordd. XV. 34) Lysimachiae. 35) Pediculares.
      36) Acanthi. 37) Jasmineae. 38) Vitices.
      39) Labiatae. 40) Scrophulariae. 41) Solaneae.
      42) Borragineae. 43) Convolvuli. 44) Polemo-
      nia. 45) Bignoniae. 46) Gentianae. 47) Apo-
      cyneae. 48) Sapotae.
    b. Corolla perigyna .   . . .   =   IX.
      Ordd. IV. 49) Guaiacanae. 50) Rhododendra.
      51) Ericae. 52) Campanulaceae.
    c. Corolla epigyna.
      α. Antherae connatae   .   . . .   =   X.
        Ordd. III. 53) Cichoraceae. 54) Cynaro-
        cephalae. 55. Corymbiferae.
      β. Antherae distinctae . . . .   =   XI.

Ordd. III. 56) Dipsaceae. 57) Rubiaceae.
58) Caprifolia.
C. Polypetalae.
a. Stamina epigyna . . . . *Classis* XII.
Ordd. II. 59) Araliae. 60) Umbelliferae.
b. Stamina hypogyna . . . . = XIII.
Ordd. XXII. 61) Ranunculaceae. 62) Papaveraceae. 63) Cruciferae. 64) Capparides.
65) Sapindi. 66) Acera. 67) Malpighiae. 68) Hy-
perica. 69) Guttiferae. 70) Aurantia. 71) Meliae.
72) Vites. 73) Gerania. 74) Malvaceae 75) Mag-
noliae. 76) Annonae. 77) Menisperma. 78) Ber-
berides. 79) Tiliaceae. 80) Cisti. 81) Rutaceae.
82) Caryophylleae.
c. Stamina perigyna . . . . = XIV.
Ordd. XIII. 83) Sempervivae. 84) Saxifragae.
85) Cacti. 86) Portulaceae. 88) Ficoideae.
88) Onagrae. 89) Myrti. 90) Melastomae.
91) Salicariae 92) Rosaceae. 93) Leguminosae.
94) Terebintaceae. 95) Rhamni.
D. Diclines irregulares . . . . = XV.
Ordd. V. 96) Euphorbiae. 97) Cucurbitaceae.
98) Urticae. 99) Amentaceae. 100) Coniferae.
Appendix. Plantae incertae sedis.

In unseren floristischen Handbüchern findet die meiste Verwendung das System von Auguste Pyramus De Candolle, deshalb mag auch dieses hier eine Stelle finden*).

I. Végétaux Vasculaires ou Cotylédonés.

I. Exogènes ou Dicotylédonés.

A. A perigono double.

1. Thalamiflores.

Cohorte 1. Carpelles nombreux, ou étamines opposées aux pétales.

1. Renonculacées.
2. Dilleniacées.
3. Magnoliacées.
4. Annonacées.
5. Menispermées.
6. Berbéridées.
7. Rodophyllées.
8. Nymphaeacées.

---

*) A. P. De Candolle. Theorie élémentaire de la botanique ou exposition des principes de la classification naturelle et de l'art de décrire et d'étudier les végétaux. A Paris. 1819.

Cohorte 2. Carpelles solitaires ou soudés entr'eux, placentas pariétaux.

9. Papavéracées.
10. Fumariées.
11. Crucifères.
12. Capparidées.
13. Flacourtiacées.
14. Passiflorées.

15. Violacées.
16. Polygalées.
17. Résédacées.
18. Droséracées.
19. Frankéniacées.
20. Cistinées.

Cohorte 3. Ovaire solitaire, placenta central.

21. Caryophyllées.
22. Linées.
23. Malvacées.
24. Chlenacées.
25. Byttnériacées.
26. Sterculiacées.
27. Tiliacées.
28. Elaeocarpées.
29. Sapindacées
30. Hippocastanées.
31. Acéracées.
32. Malpighiacées.

33. Hippocraticées.
34. Hypéricinées.
35 Guttifères.
36. Marcgraviacées.
37. Sarmentacées.
38. Geraniacées.
39. Cédrélées.
40. Meliacées.
41. Hesperidées.
42. Camelliées.
43. Olacinées.
44. Rutacées.

Cohorte 4. Fruit gynobasique.

45. Simaroubées.

46. Ochnacées.

II. Calyciflores.

47. Frangulacées.
48. Samydées.
49. Zanthoxylées.
50. Juglandées.
51. Terébinthacées.
52. Légumineuses.
53. Rosacées.
54. Salicaires.
55. Tamariscinées.
56. Melastomées.
57. Myrtinées.
68. Combrétacées.
59. Cucurbitacées.
60. Loasées.
61. Onagraires.
62. Ficoïdes.

63. Paronichiées.
64. Portulacées.
65. Nopalées.
66. Groseillers.
67. Crassulacées.
68. Saxifragées.
69. Cunoniacées.
70. Ombellifères.
71. Araliacées.
72. Caprifoliées.
73. Loranthées.
74. Rubiacées.
75. Operculaires.
76. Valérianées.
77. Dipsacées.
78. Calycérées.

79. Composées.
80. Campanulacées.
81. Lobéliacées.

82. Gesnériées.
83. Vacciniées.
84. Ericinées.

III. Corolliflores.

85. Myrsinées.
86. Sapotées.
87. Ternstromiées
88. Ebenacées.
89. Oleinées.
90. Jasminées.
91. Strychnées.
92. Apocynées.
93. Gentianées.
94. Bignoniacées.
95. Sesamées.
96. Polemonidées.

97. Convolvulacées.
98. Borraginées.
99. Solanées.
100. Antirrhinées.
101. Rhinanthacées.
102. Labiées.
103. Myoporinées.
104. Pyrénacées.
105. Acanthacées.
106. Lentibulaires.
107. Primulacées.
108. Globulaires.

B. Monochlamydées.

109. Plumbaginées.
110. Plantaginées.
111. Nyctaginées.
112. Amaranthacées.
113. Chenopodées.
114. Begoniacées.
115. Polygonées.
116. Laurinées.
117. Myristicées.
118. Protéacées.

119. Thymelées.
120. Santalacées.
121. Elaeagnées.
122. Aristoloches.
123. Euphorbiacées.
124. Monimiées.
125. Urticées.
126. Piperitées.
127. Amentacées.
128. Conifères.

II. Endogènes ou Monocotylédonés.
A. Phanerogames.

129. Cycadées.
130. Hydrocharidées.
131. Alismacées.
132. Orchidées.
133. Drymyrhizées.
134. Musacées.
135. Iridées.
136. Haemodoracées.
137. Amaryllidées.
138. Hemerocallidées.
139. Dioscorées.

140. Smilacées.
141. Liliacées.
142. Colchicacées.
143. Joncées.
144. Commelinées.
145. Palmiers.
146. Pandanées.
147. Typhacées.
148. Aroïdes.
149. Cypéracées.
150. Graminées.

B. Cryptogames.

III. Végétaux Cellulaires ou Acotylédonés.

A. Foliacés.

B. Aphylles.

De Candolle bemerkt selbst sehr treffend, dass ein System, welches wirklich den Werth eines natürlichen Systems beanspruchen soll, niemals in Gestalt einer fortlaufenden Reihe dargestellt werden darf, weil die Natur zuverlässig keine solche Reihe hervorgebracht hat, vielmehr einen Stammbaum. Kennten wir diesen, so würden wir den ganzen bisherigen Weg der Systematik verlassen. Wunderlich bleibt es aber doch, dass alle Systematiker bis auf die allerneueste Zeit das System immer wieder in Reihenform bringen und einen ganz unberechtigten Werth ihren Eintheilungen beilegen.

Nach welchen Grundsätzen sollen wir nun die Pflanzen gruppiren? Zuerst haben wir so viel wie irgend thunlich die Details im Bau des Geschlechtsapparates, des Androceums und Gynaeceums zu Grunde zu legen. Ferner berücksichtigen wir das Verhältniss des Geschlechtsapparates zu seiner nächsten Umgebung; zuletzt erst diese Umgebung selbst, nämlich etwa noch vorhandene äussere Blattkreise.

Im Ganzen darf man die grossen Familien als hochentwickelte ansehen, nämlich als solche, die sich dem gegenwärtigen Erdklima am meisten adaptirt haben. Das ist aber keineswegs so zu verstehen, als ob die kleinen Familien alle sehr einfachen Baues wären, die grösseren die höher organisirten; vielmehr hat der Pflanzenstammbaum eine ganze Anzahl grosser Aeste, die unter einander keine engere Verwandtschaft zeigen, innerhalb welcher manche Familien im Untergange, andere dagegen in der Entfaltung begriffen sind und noch andere grade jetzt vorherrschen.

Wenn in der Pflanzen- und Thierwelt ein höherer Grad zur Ausbildung kommt, eine höhere Entwickelungsstufe vorbereitet wird, dann geschieht das meistens durch Vereinfachung in wesentlichen Theilen, durch Hemmungsbildungen. Dahin gehört bei den Wirbelthieren das

Schwinden und Verkümmern bestimmter Knochen, so z. B. die geringere Entwickelung des Steissbeins beim Menschen. In der Zoologie
legt man diesen Erscheinungen mit Recht grossen systematischen Werth
bei, dahingegen sie in der Botanik überhaupt viel zu wenig Beachtung
gefunden haben, noch weniger aber auf die Systematik angewendet
worden sind. Es ist aber unverkennbar, dass z. B. das Schwinden
zweier Carpellfächer bei den Valerianeen das einfache Carpell bei den
Dipsaceen und Compositen vorbereitet. Könnte man endlich pflanzen-
geschichtliche Thatsachen für das System verwerthen, so würden diese
vor allen anderen den Vorzug verdienen.

Darstellung

der natürlichen Familien der thalamischen Pflanzen.

Die thalamischen oder Keimpflanzen unterscheiden sich von den höheren Athalamen durch den Thalamos, d. h. durch ein Achsenorgan, an welchem die Blüthentheile befestigt sind und zwar meist in Wendeln (Schraubenlinien) oder Wirteln, seltner theilweise aus dem Achsenende selbst entspringend; — ferner durch den Keim, nämlich eine kleine unentwickelte Pflanze als Endprodukt des Geschlechtsaktes, aus dem weiblichen Apparat, dem sogenannten Embryobläschen, hervorgehend. Der Keim ist eingeschlossen von der aus den Integumenten hervorgehenden Samenschale (Testa). Die Integumente sind die blattartigen Hüllen der in der Blüthe vor der Befruchtung ausgebildeten Samenknospe, also ein Theil der Mutterpflanze. Sie umschliessen einen Gewebekörper, den Knospenkern, welcher aus einer besonders kräftig entwickelten Zelle den Embryosack bildet. Im Embryosack entstehen durch freie Zellbildung die zu befruchtenden Embryobläschen und ausserdem ein Zellgewebe, welches später das Inneneiweiss (Endosperm) bildet, wenn es nicht durch den rasch sich entwickelnden Keim verdrängt und absorbirt wird. Ebenso kann das Gewebe des Knospenkerns sich zum Ausseneiweiss (Perisperm) ausbilden.

Man hält den Embryosack der Thalamen für analog der Makrospore der heterosporen Athalamen. Im Embryosack bleibt das Prothallium, hier Endosperm genannt, in der Makrospore eingeschlossen und es entstehen bei den Gymnospermen dem Archegonium ähnliche Gebilde, die sogenannten Corpuscula. Bei den Angiospermen bleibt das Prothallium rudimentär (Antipodenzellen) oder es kommt gar nicht mehr zur Ausbildung, so wenig wie das Archegonium. Dagegen bildet sich im Embryosack als Endosperm durch freie Zellbildung ein ähn-

liches Gewebe, wie es ausser dem Prothallium in der Makrospore der
Selaginellen auftritt *).

Ist der Embryosack der Makrospore zu vergleichen, so wird der
Knospenkern dem Makrosporangium analog sein. Die Pollenkörner
gleichen den Mikrosporen der höchstentwickelten Athalamen (Selaginella, Isoëtes) im äusseren Bau höchst auffallend und bei den Gymnospermen findet sich selbst noch eine Andeutung für das männliche
Prothallium.

Das befruchtete Keimbläschen bildet durch Zelltheilungen zuerst
den bisweilen sehr langen Keimträger, dann, rückwärts schreitend, den
Keim, welcher natürlich die Radicula der Micropyle zuwendet, so dass
bei der Keimung zuerst die Wurzel den Samen verlässt.

I. Die Gymnospermen.

Die Samenknospe der Gymnospermen ist fast immer grade und mit
nur einem Integument versehen. Bisweilen ist sie das metamorphosirte
Ende der Blüthenachse selbst, oder sie entspringt seitlich unter dem
Scheitel derselben oder scheinbar axillär, oder endlich aus der Oberseite oder den Rändern der Carpellblätter.

In dem kleinzelligen Knospenkern bildet sich der Embryosack tief
unter der Kernwarze nahe am Grunde. Bis zur Befruchtung umschliesst
ihn eine dicke dem Knospenkern angehörige Gewebelage. Im Knospenkern werden bisweilen mehre Embryosäcke angelegt, von denen dann
aber nur einer zur vollen Entwickelung gelangt. Der sehr derbwandige
Embryosack bildet in seinem Innern lange vor der Befruchtung das
Endosperm aus, dessen Zellen bald zu einem Gewebe zusammen
schliessen und sich durch Theilung vermehren. Dieses Endosperm ist,
wie oben bereits angegeben wurde, dem endogenen Prothallium von
Selaginella analog; in ihm entstehen die als Archegonien aufzufassenden
Corpuscula in verschiedener Anzahl, nämlich je eines aus einer dem
Scheitel des Embryosacks anliegenden Endospermzelle, welche, sich be-
deutend vergrössernd, durch Theilung den Hals und die Centralzelle
des Archegoniums erzeugt.

Die Pollensäcke entstehen paarweis oder in grösserer, oft sehr
grosser Zahl auf einem Staubblatt als Auswüchse der Rückseite.

Um sich zur Befruchtung anzuschicken, durchwächst der Pollenschlauch das Gewebe des Knospenkerns, dringt ein bis zum Corpusculum. Wie die Befruchtung stattfindet, ist unbekannt. In der „Centralzelle" entsteht der Vorkeim durch Theilung einer in ihrem unteren

---

*) Vgl. J. Sachs' Lehrbuch S. 475 ff.

Theil liegenden Zelle. Die mittlen oder oberen der anfangs niedrigen
Vorkeimzellen wachsen zu langen Schläuchen aus, welche, indem sie
die unteren vor sich herschieben, das Corpusculum durchbrechen, um
in eine erweichte Region des Endosperms vorzudringen. Nicht selten
trennen sich die neben einander befindlichen Vorkeimschläuche und
jeder derselben bildet am Scheitel eine kleinzellige Embryoanlage. Es
ist aus diesem Grunde und weil oft mehre Archegonien im Endosperm
befruchtet werden, der unreife Same polyembryonisch.

Während der Embryo sich ausbildet, wachsen auch Embryosack
und Endosperm, bis sie das umliegende Gewebe des Knospenkerns
völlig verdrängen. Das Integument wird zur Testa, deren äussere
Schicht sich bisweilen fleischig, beerenartig entwickelt (Scheinbeere, so
bei Cycas und Salisburia).

Alle Gymnospermen besitzen reichlich ein auf die oben geschilderte
Weise entstandenes Endosperm, in welchem in einer axilen Höhlung
sich der stets grade Keim befindet. Der Keim besitzt zwei oder mehre
wirtelständige Cotyledonen; die Radicula wird zur Pfahlwurzel, welche
in acropetaler Folge Nebenwurzeln entsendet.

Der Spitze der Wurzel und des Stengelsprosses fehlt die Scheitelzelle, an deren Stelle ein Bildungsgewebe (Urmeristem) als Vegetationspunkt auftritt. Dieser zeigt entweder gar keine Differenzirung in
„Dermatogen" und „Periblem" (Cycadeen, Abietineen), oder doch nur
undeutlich. In der Wurzelspitze ist der am Scheitel scharf umgrenzte
axile „Pleromstrang" (Gefässbündel oder „Fibrovasalkörper") von einer
Fortsetzung des Rindengewebes („Periblema") überzogen, dessen Zellschichten, wo sie den Scheitel überwölben, durch Verdickung und Spaltung die Wurzelhaube bilden.

Der Achsenkörper ist demjenigen der Dicotyledonen ähnlicher als
dem der Monocotyledonen. Das Dickenwachsthum des Stammes wie
der Wurzeln wird durch einen Cambialcylinder vermittelt, innerhalb
dessen die aus den Blättern herabsteigenden Gefässbündel liegen, nur
in ihrem obersten Theil, wo sie in die Blätter hinübertreten, isolirt
und daher nicht fortbildungsfähig. Die Corona medullaris, welche aus
den Holz- (Xylem-) bündeln der einzelnen Blattspuren besteht, enthält
bei den Gymnospermen wie bei den Dicotyledonen lange enge Ring-
und Schraubengefässe, weiter nach aussen Leiter- und Netzgefässe.

Die meisten Gymnospermen besitzen Harz- oder Gummigänge,
welche oft alle Pflanzen- und Gewebetheile durchziehen.

Familie I. Cycadeae.

Der Same der Cycadeen besitzt ein grosses Endosperm, von harter,
meist nussartiger Testa umgeben, welche bei Cycas in den äusseren

Schichten ein beerenartiges Fleisch entwickelt. Meistens sind die Samen ziemlich gross, bis zur Grösse eines mässigen Apfels. Der Keim liegt in einer centralen longitudinalen Höhlung des Endosperms. Fast immer besitzt der Keim zwei ungleiche Cotyledonen, welche jedoch meistens ganz oder streckenweis mit einander verwachsen sind. Selten sind drei Cotyledonen oder es ist deren nur einer vorhanden. Die morphologische Verwandtschaft der Cotyledonen mit den Wedeln zeigt sich bei Zamia in einer Spur von Fiederbildung bei dem einen Cotyledo. Der Same bedarf einer längeren Keimzeit im feuchten Boden.

Bei Cycas bildet das ganze Stammende den Thalamos, die Blüthe ist also hier einzeln und terminal. Später wächst die Achse durch. Bei den übrigen Gattungen entstehen mehre seitliche Blüthen.

Die Blüthen sind immer dioecisch. Die weibliche Blüthe von Cycas ist eine wenig veränderte Blattrosette. Am einzelnen Blatt verwandeln sich die Abschnitte gegen das obere Ende hin in laubartige Fiedern, am unteren Ende jedoch tragen sie Samenknospen. Bei den übrigen Gattungen sind die Carpellblätter klein und tragen zwei Samenknospen.

Die männlichen Blüthen haben stets diese zapfenartige Form. Die kleinen Staubblätter sind flach, werden hart, verholzend und tragen eine grössere Anzahl von Pollensäcken auf der unteren Fläche.

Die Stämme der Cycadeen sind verhältnissmässig kurz und unförmlich. Bei vielen Formen stellen sie kurze haselnussgrosse, apfelgrosse oder grössere Knollen dar. Die höchsten Stämme (Cycas, Encephalartos) erreichen eine Höhe von 10 Metern und darüber. Meist ist der Stamm wenig oder gar nicht verästelt. Er hat daher Aehnlichkeit mit dem Palmenstamm, am oberen Ende einen Schopf grosser gefiederter wendelständiger Blätter tragend. Mit diesen grossen Blättern, deren meist einfache sehr derbe Fiedern entweder einen rückseits als Mittelrippe hervortretenden (Cycas) oder mehre im Innern verlaufende Nerven zeigen, wechseln Wendel von kleineren Schuppen, welche nach der Entfaltung des Wedelschopfs die Terminalknospe schützend umschliessen.

Die Wedel entfalten sich selten grade (Dioon), oft sind sie wie bei vielen Farnen nach vorn eingeknickt, am häufigsten aber ist der ganze Wedel nach vorn und innen circinal eingerollt und ebenso jede einzelne Fieder.

Anfangs entwickelt sich zur Zeit (1—2 jährige Periode) nur ein Wedel, dann mehre auf einmal, zuletzt mehre aus 20—30, ja 100 Wedeln bestehende Wendel. Die Wedel sind steif lederartig, selten fast fingerig, mitunter mehrfach getheilt. Bisweilen fallen Wedel und Fiedern mit einer Gliederung ab.

Die Gefässbündel im Blatt haben den Charakter geschlossener
Stränge, deren in die grossen Wedel stets mehre eintreten, welche in
der Rinde des Stammes bogig nach aussen, zuletzt fast transversal,
aufsteigen, im Blattstiel sich, je nach seiner Dicke, in eine Anzahl
starker Stränge spalten, welche auf dem Querschnitt eine regelmässige
Anordnung zeigen. In der Spindel des Fiederblattes laufen sie parallel
und senden in die Fiedern Zweige ab, welche innerhalb derselben entweder den unterseits vorspringenden Medianus bilden (Cycas) oder
dichotomiren (Encephalartos) oder parallel verlaufen ohne vorzuspringen
(Dioon). Die Spaltöffnungen der Blätter haben tiefe Vorhöfe, zwei
Schliesszellen und ein bis zwei Kreise von Wallzellen. Sie liegen bei
Cycas sehr zerstreut, bei den übrigen Gattungen meist parallel.

Die Stämme sind sehr markreich, da primäre Rinde und Mark,
aus grosszelligem polyëdrischem Parenchym bestehend, bei Weitem den
grössten Theil des Querschnitts einnehmen, der Gefässbündelkreis dagegen einen verhältnissmässig geringen Theil.

Bei mehren Cycadeen befinden sich im Mark dünne isolirte Ge-
fässbündelstränge, bei anderen in der Rinde ein System starker Stränge,
welche zuletzt bisweilen Holzringe in der Rinde zur Ausbildung
bringen.

Die Verzweigung der Hauptwurzel ist nach Schacht in acropetaler
Folge monopodial; nach Miquel sind die älteren Pflanzen von Cycas
glauca und Encephalartos mit gabelig verzweigten dünneren Wurzeln
versehen.

An der Basis alter oder kränklicher Stämme entstehen oft kleine
knollenartige Brutknospen.

Die Cycadeen sind für den Menschen von Wichtigkeit durch den
Stärkereichthum ihres grossen Markes, der namentlich von den grossen
asiatischen Formen (Cycas revoluta und C. circinalis) zur Sagogewinnung
ausgebeutet wird. Man nennt sie daher auch Sagobäume oder, wegen
ihrer Aehnlichkeit mit den Palmen und ihrer Verwandtschaft mit den
Coniferen: Zapfenpalmen.

Die Cycadeen sind eine der Vorwelt angehörige, im Aussterben
begriffene Familie. Schon von der Steinkohlenperiode an spielen sie
eine mächtige Rolle, namentlich während der Triaszeit (Keuper). Auch
im Lias und Jura sind sie noch mächtig entwickelt, ziehen sich aber
dann rasch auf ein kleines Küstengebiet wärmerer Gegenden der Erde
zurück. Eine derartige Rolle spielen sie gegenwärtig, da sie ein feucht-
warmes Klima verlangen. Ihr Vorkommen ist beschränkt auf das
Küsten- und Inselgebiet von China, Indien, Nordaustralien, Mittel-
afrika und Südamerika, wobei sie meistens nur wenige Meilen land-
einwärts vordringen.

Gattungen: Cycas, Zamia, Ceratozamia, Macrozamia, Encephalartos, Dioon, Strangeria.

Familie 2. Coniferae.

Der grade Keim liegt longitudinal im Eiweiss (Endosperm) eingebettet. Die Blüthen sind monoecisch oder dioecisch. Niemals stehen sie terminal am Hauptstamm.

Die Samenknospen stehen meistens an Carpell- oder Deckblättern einzeln, paarweise oder in Gruppen beisammen, bisweilen dagegen haben sie keine unmittelbare Beziehung zu einem solchen Blattgebilde (Taxus u. a.). Sie stehen einzeln am Ende kleiner Zweige, oder zu mehren um eine kurze Spindel geordnet oder in grösserer Zahl, dann meist paarweis, um eine verholzende lange Spindel geordnet (Zapfen, Strobilus oder Conus).

Die männlichen Blüthen haben eine meist kätzchenartige entwickelte Spindel, an welcher die Staubblätter, welche fortlaufend (schuppig) oder bisweilen schildstielig sind, eine wendelständige Anordnung zeigen. Das Staubblatt ist entweder 2 kammerig mit verlängertem fleischigem Connectiv, oder mit mehren, oft ziemlich zahlreichen Pollensäcken versehen, besonders wenn es schildstielig ist. Beim Aufquellen im Wasser zerreisst häufig die äussere Pollenhaut (Exine) und wird abgestreift.

Der oberirdische Spross wächst längere Zeit, bei manchen Abietineen in Infinitum an der Spitze fort. So erreicht der Stamm bei einzelnen Formen eine Höhe bis zu 100 Metern und darüber.

Der Querdurchmesser, durch den Cambialcylinder stetig vergrössert, zeigt eine Ausdehnung von mehren Centimetern bis zu 10 Metern (Sequoia) und bildet in der gemässigten und kalten Zone Jahresringe durch stärkere Verdickung der Zellwände des langsam wachsenden Herbstholzes. Bei sehr vielen Coniferen, selbst Abietineen, hört aber der Gipfel sehr bald auf zu wachsen, die Bäume erreichen daher nur eine mässige begrenzte Höhe und bekommen eine unregelmässige Krone (Pinus, die Kiefern, Pinien u. s. w.). Wird bei einer Conifere, deren Stamm gewissermassen in infinitum in die Länge wächst, der Gipfel verletzt, so tritt irgend einer der primären Seitenäste an seine Stelle, meistens sogar mehre, ja viele derselben, so dass der Baum mehrgipfelig wird, indem sich die Terminaltriebe dieser Zweige aufwärts biegen (Wettertannen der Alpen).

Die Verzweigung aller Coniferen ist axillär, aber nicht alle Blattachseln bringen ihre Knospen zur Entwickelung. Oft herrscht darin ein regelmässiger periodischer Wechsel. Die gewöhnlichen Laubblätter führen Chlorophyll, mit einzelnen Ausnahmen (Phyllocladus), wo sie kleine chlorophyllfreie Schuppen und ihre physiologische Hauptfunktion (Assimilation) durch flache Stengelgebilde erfüllt werden. Manche Abietineen zeigen beide Blattformen, so z. B. sind die Knospenhüllen der Fichte aus bräunlichen, spreublattartigen Schuppen zusammengesetzt, während bei den Kiefern aus den Achseln spreuartiger Schuppen die kurzen nadeltragenden Zweiglein entstehen.

Die meisten Coniferen haben kleine derbe schuppige, kahnförmige, oder kantige (nadelförmige), oder schmal linealische, bisweilen sehr schmale spitz zulaufende (Juniperus) oder endlich breitere, oft gegen das Ende verbreitete und sogar getheilte Blätter.

Tribus:

Trib. 1. Cupressineae. Monoecie oder Dioecie. Carpellblätter wirtelständig, in einem oder mehren Wirteln, die Samenknospen auf der inneren Fläche angeheftet, einzeln oder mehre, oft auch zwischen den Carpellblättern entspringend. Staubblätter schildstielig, 3- bis mehrsackig. Blätter wirtelständig, schmal und spitz (Juniperus) oder schuppig, dann meist mit kahnförmigen abwechselnd.

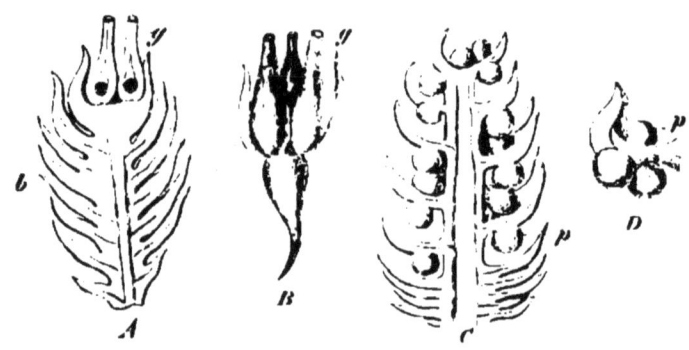

Figur 28.

Vorstehende Figur 28 zeigt bei *A* die weibliche, bei *C* die männliche Blüthe von Juniperus im Längsschnitt. Bei *g* sieht man zwei der Samenknospen. Bei *B* ist der obere Theil der 3knospigen Blüthe nach dem Zurückbiegen eines der Carpellblätter für sich allein dargestellt. *b* = unfruchtbare Deckblätter. *D* zeigt ein einzelnes schildstieliges Staubblatt mit drei Pollensäcken.

Subtrib. 1. Juniperinae. Die Samen von den beerenartig fleischigen, zusammengewachsenen Carpellblättern umhüllt.

Beispiele: **Juniperus, Sabina.**

Subtrib. 2. Actinostrobeae. Carpellblätter holzig, klappig, zuletzt zurückgeschlagen.

Beispiele: Widdringtonia, Actinostrobus, Callitris, Libocedrus.

Subtrib. 3. Thujopsideae. Carpellblätter dachziegelig, holzig.

Beispiele: Thuja, Biota. Thujopsis.

Subtrib. 4. Eucupressineae. Carpellblätter verholzend, schildförmig.

Beispiele: Cupressus, Chamaecyparis.

Subtrib. 5. Taxodineae. Carpellblätter schildstielig oder dachziegelig; Blätter wendelständig.

Beispiele: Taxodium, Cryptomeria.

Trib. 2. Abietineae. Blüthen fast immer monoecisch. Carpellblätter zahlreich um eine verholzende Spindel gestellt, zur Zeit der Samenreife den holzigen Zapfen bildend,

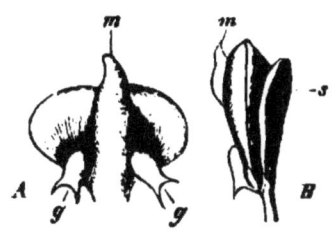

meist 2knospig, bisweilen 1knospig oder mehrknospig; Samenknospen am Carpellblatt angeheftet, hängend; Staubblätter fortlaufend, zahlreich um eine Spindel geordnet, meist 2kammerig, bisweilen mehrfächerig. Blätter wendelständig, häufig nadelförmig oder schmal linealisch, einzeln oder auf verkürzten Trieben zwei oder mehre von schuppigen Scheiden umschlossen.

Figur 29.

Die Figur 29 zeigt bei *A* und *B* ein einzelnes Carpellblatt der Kiefer, bei *B* von der Seite, bei *A* von vorn (innen) gesehen. *g* sind die zwei Samenknospen. *C* ein Staubblatt derselben Pflanze von vorn gesehen.

Subtribus:

Subtrib. 1. Euabietineae. Samenknospen paarweise angeheftet.

Beispiele: Pinus, Abies, Picea, Larix, Tsuga, Cedrus.

Subtrib. 2. Araucarieae. Samenknospe einzeln eingehüllt.

Beispiel: Araucaria.

Subtrib. 3. Cunninghamieae. Samenknospen einzeln oder mehre an einem Carpellblatt, frei.

Beispiele: Dammara, Sequoia.

Figur 30.

Trib. 3. Podocarpeae. Blüthen dioecisch oder monoecisch. Weibliche Blüthenachse nach oben anschwellend, mit kleinen schuppigen Blättern, welche die Samenknospeu stützen. Staubblätter 2 kammerig.

Beispiel: Podocarpus.

Trib. 4. Taxineae. Blüthen dioecisch. Weibliche Blüthe meist einzeln, am Ende eines kleinen Zweigs oder seitlich. Staubblätter schildstielig oder fortlaufend, zwei bis mehre Pollensäcke. Blätter wendelständig, schmal linealisch oder breit.

Figur 30. Weibliche Blüthe von Taxus, im Längsschnitt. Der kleine beblätterte Zweig trägt endständig die Samenknospe *g*.

Familie 3.   Gnetaceae.

Die ganze Familie besteht nur aus drei Gattungen: Ephedra, Gnetum und Welwitschia.

Sie haben diklinische Blüthen mit kleinem Perigon; die weibliche Blüthe besitzt eine endständige Samenknospe, die männliche zwei bis mehre 2 kammerige Antheren.

II. Die Angiospermen.

Die Samenknospen, eine oder mehre, sind von einem aus blattigen Theilen zusammengesetzten Gefäss, dem Pistill, umschlossen, welches zur Zeit der Samenreife die Frucht bildet. Der obere Theil mindestens, nicht selten das ganze Pistill, geht aus der Vereinigung wirklicher Blätter hervor. Der untere Theil dagegen wird häufig durch die peripherisch sich stärker entwickelnde Blüthenachse gebildet, welche sich mit den hintereinander gamomer vereinigten äusseren Blüthenkreisen verbindet.

Das Endosperm wird erst nach der Befruchtung gebildet und es fehlen dem Pollenkorn die bei den Gymnospermen vorkommenden Zellbildungen.

Die Samenknospe kann einfach Fortsetzung der Blüthenachse sein, weit häufiger jedoch steht sie an den Rändern der Carpellblätter oder auf besonderen Trägern, welche bei einigen Familien (Primulaceae) von der Blüthenachse selbst gebildet werden.

A. Monocotyledonen.

Meist erhalten die Samen ein grosses Endosperm; seltener fehlt dasselbe oder es ist bloss Perisperm vorhanden. Der Keim ist meist klein und grade, seltner gekrümmt, bisweilen sehr gross.

Die Monocotyledonen besitzen niemals eine bleibende Pfahlwurzel. Der Cotyledo steht einzeln, daraus ergiebt sich die Wendelstellung als Grundlage des Blattstellungsgesetzes.

Die Achse ist häufig sehr kurz und dann meist von einem oder mehren scheidigen Blättern umfassst, welche im unteren Theil sehr fleischig werden und nicht selten mit einander vereinigt sind (sogenannte Zwiebel; bei weitem die meisten Zwiebelgewächse gehören zu den Monocotyledonen). Oder es entwickelt sich ein ungegliederter (Palmen) oder gegliederter (rohrartige Gräser) Stamm, der meist sehr wenig oder gar nicht verästelt ist. Die Monocotyledonen haben mit den Coniferen gemeinsam, dass die meisten Blattachseln keine Achselknospen oder wenigstens keine Achselsprosse ausbilden. Dickenwachsthum durch einen Cambialcylinder ist selten (baumartige Liliaceen), und tritt immer erst nachträglich ein. Sehr häufig entstehen am lange Zeit kurz

bleibenden Stamm immer breitere und breitere Triebstücke, die zuletzt
eine solide Basis bilden, auf welcher sich dann bei gleichbleibender
Dicke der Stamm rascher erhebt (Palmen).

Der Stammquerschnitt und ebenso der Blattquerschnitt zeigen isolirte
zerstreute geschlossene Gefässbündel, welche stets dem blossen Auge
als Punkte oder kleine Flecke sichtbar werden In Folge dessen hat
das Blatt meist parallele Längsnerven oder Bogennerven, welche selten
durch Anastomosen verbunden sind. Ist ein starker Mittelnerv vorhanden, so sendet derselbe gegen den Blattrand häufig (keineswegs
immer) transversale Seitennerven aus, welche bisweilen seitlich anasto-
mosiren Netzförmige Nervatur ist am seltensten. Bei den Blüthenkreisen herrscht die Dreizahl durchaus vor. Die meisten monocotyledonen Familien lassen sich auf die Formel für die Liliaceen beziehen,
so dass man diese gewissermaassen als Grundformel ansehen kann. Diese
Formel lautet:

$$2 \times 3, \ 2 \times 3, \ 3.$$

Ein kelchartiges äusseres Perigon ist nur selten zu unterscheiden;
man thut überhaupt besser, die beiden Kreise der Blume stets als Perigon zusammenzufassen. Bisweilen ist die Zahl der Kreise vergrössert.
Einzelne Glieder oder ganze Kreise schlagen oft fehl.

Alle unterirdischen Achsentheile der Monocotyledonen, gleichviel
ob Rhizome oder Wurzeln, schliessen sämmtliche Gefässbündel, also den
ganzen Kern, durch eine sogenannte Kernscheide ein, d. h. ein Cylinder,
welcher aus einzelliger Lage sehr stark verdickter Parenchymzellen
besteht.

Die natürlichen Familien des Pflanzensystems zeigen allerdings
bald nähere, bald fernere Verwandschaften; doch halte ich es durchaus für
verwerflich, und für gänzlich unzeitgemäss, Ordnungen zusammenstellen
zu wollen. Solche Versuche sind von frühester bis in die neueste
Zeit immer künstlich ausgefallen. Wir wollen indessen in Form einer
weiter oben mitgetheilten Tabelle die verwandschaftlichen Verhältnisse,
soweit es thunlich ist, übersichtlich andeuten.

Die Monocotyledonen sind bald unterständig, bald oberständig.
Perigynische Bildungen dagegen, wie sie bei so vielen Dicotyledonen
auftreten, fehlen hier gänzlich, wohl aber kommen oberständige Scheiben-
bildungen vor. Im Ganzen darf man die epigynischen Familien
als die höher entwickelten, die hypogynischen als die einfacheren betrachten, das darf aber nicht pedantisch durchgeführt werden,
wenn man nicht in Künsteleien verfallen will. So z. B. sind die Amaryllideen ganz entschieden den hypogynischen Liliaceen nahe verwandt.

Ebenso sind die Gramineen und Cyperaceen, obgleich hypogynisch, als
der höchst entwickelte Typus der Monocotylen anzusehen.

Andererseits ist klar, dass nach wirklich natürlichen Prinzipien das System gar nicht in Gestalt einer fortlaufenden Reihe, sondern in Gruppenform, in Gestalt zahlreicher Parallelreihen wird darzustellen sein. Leider aber fehlen dafür die phylogenetischen Nachweise.

Familie 4. Naiadeae.

Carpell monocarp oder apocarp oder im unteren Theil syncarp, mit apocarpen Staubwegen; Carpidia 1 knospig - mehrknospig; Samenknospen meist anatrop, seltener orthotrop oder campylotrop, am Carpellblattrand basal, aufsteigend oder hangend. Embryo macropodus; Endosperm fehlt von vornherein; Radicula meist kräftig entwickelt; Cotyledo meist klein. Antheren meist 2 kammerig, 4 fächerig, bisweilen 2 oder 1 fächerig; Staubblatt einzeln oder wenige; Filamente meist kurz oder fehlend; Perigonium klein, 2 — 6 blättrig, dialyphyll oder röhrig, oft fehlend, wie die Staubblätter hypogynisch; Blüthen zwitterig oder diklinisch.

Wasserpflanzen oder Sumpfpflanzen mit vergänglichen oder dauernden Stämmen, in süssem und in salzigem Wasser, auf salzhaltigem und salzarmem Boden durch alle Klimate zerstreut.

Tribus:

1. *Juncagineae*)*. Sumpfpflanzen von grasartiger Tracht.

Typus: 2×3, 2×3, 3 s. 6.

Pistill ganz apocarp oder unten syncarp, die Staubwege stets apocarp; Carpelle 1 — 2 knospig; Samenknospen anatrop; wenn einzeln, basal, wenn gepaart, am eingerollten Blattrand angeheftet; Schläuche oder Schlauchkapsel; Keim mit kleiner radicula und verlängertem Cotyledo, Staubblätter zweifächerig, mit 2 Längsspalten nach aussen aufspringend; Blüthen zwitterig oder diklinisch, ährig oder traubig.

2. *Aponogeteae*. Wasserpflanzen mit knolligen Rhizomen und breiten langgestielten Blättern.

Typus: 3 (2 s 0), 6—20, 3—5.

Pistill völlig apocarp; Carpelle 2—6 knospig; Samenknospen fast basal, aufsteigend, anatrop; Schläuche 1—2 samig; Antheren 2 fächerig, nach innen aufspringend; Zwitterblüthen in einseitswendigen 2—3 spaltigen von einer Spatha eingeschlossenen Aehren.

In süssen Gewässern verschiedener Klimate.

3. *Potameae*. Wasserpflanzen mit gegliederten wurzelnden Stengeln.

Typus: 3 s 4 (0, 1—4, 1—6.

---

*) Diese Gruppe ist wohl zweckmässiger mit den Butomeen und Alismaceen in eine Familie zu vereinigen.

Pistill völlig apocarp; Carpelle 1 knospig; Samenknospe hangend.
orthotrop oder campylotrop; Achaenien nussartig, seltner die Frucht
bei der Keimung in 2 Klappen zerfallend; Embryo antitrop oder amphi-
trop. Antheren 1—2 fächerig.

In salzigen und süssen Gewässern gemässigter Klimate; selten im
Tropengürtel.

4. *Eunaiadeae.* Wasserpflanzen mit kletternden oder kriechenden
Stengeln und linealischen Blättern.

Typus: 0 s 4, 1—4, 1—4.

Pistill völlig apocarp oder selten 3 blättrig paracarp; Frucht nussartig, beerenartig oder schlauchartig.

Antheren 1—2- oder 4 fächerig.

In süssen und salzigen Gewässern verschiedener Klimate.

                              Beispiele:

Trib. 1. Juncagineae.

Gatt. Scheuchzeria L.   Apocarper Fruchtknoten 3 blättrig.

Gatt. Triglochin L.   Apocarper Fruchtknoten 6 blättrig; Frucht
durch Fehlschlagen häufig 3 theilig.

           Arten:

Scheuchzeria palustris L. Moore.

Triglochin maritima L. Fr. 6 theilrig. Auf Salzboden.

Tr. palustris L. Fr. 3 theilig. Sumpfwiesen.

Trib. 2. Aponogeteae.

Gatt. Aponogeton. Tropisches Afrika, Indien, Madagascar.

Gatt. Ouvirandra. Madagascar.

Trib. 3. Potameae.

Gatt. Potamogeton L. 4 Staubblätter, an der Basis der Perigonblätter inserirt.

Gatt. Zannichellia L. 1 Staubblatt.

Gatt. Ruppia L. 2. Staubblätter.

Gatt. Zostera L. Blüthen monoecisch, in einem Kolben von einer
Scheide umschlossen; Perigon sehr klein; Staubblatt einzeln; Filamente
schuppig; Anthere 1 fächerig.

Gatt. Caulinia W. Staubblatt einzeln; Anthere 2 kammerig, 4 fächerig,

Gatt. Naias L. Blüthen meist einzeln; Perigon 4 lappig; Staubb.
einzeln; Anthere 2 kammerig, 4 fächerig.

Familie 5. Alismaceae.

Sumpf- oder Wasserpflanzen.

Typus: 2×3, 2×3 (α) $6 - \infty$.

Einfach symmetrische Zwitterblüthen, seltner monoecisch. Carpelle
völlig apocarp, oder an der Basis syncarp; Samenknospen 1 — 3,

campylotrop; Schläuche oder Schliessfrüchte; Samen mit gekrümmtem
Keim, ohne Endosperm. Antheren 2 kammerig, 4 fächerig, nach Innen
aufspringend, wenn die Blüthen zwitterig, nach aussen, wenn sie diklinisch; äusserer Perigonkreis kelchartig; das Perigon dachziegelig oder
convolutiv.

Zerstreut in gemässigten und warmen Gegenden beider Hemisphären.

Beispiele:

Gatt. Alisma. L.   Blüthen zwitterig; Staubblätter 2 × 3.

Gatt. Sagittaria.   Staubblätter zahlreich; Blüthen monoecisch.

Familie 6. Butomeae.

Sumpf- und Wasserpflanzen mit basalständigen Blättern.
Hypogynische Zwitterblüthen, einfach symmetrisch.

Typus: 2 × 3, $(1 - \infty) \times 3$, $6 - \infty$.

Carpelle wirtelständig, apocarp oder an der Basis syncarp, mehrknospig; Samenknospen über die ganze Fachwand zerstreut oder an
einer netzförmigen wandständigen Placenta befestigt, anatrop oder campylotrop; vielsamige Schlauchfrüchte; Antheren 2 kammerig, 4 fächerig,
nach innen aufspringend. Aussenperigon kelchartig. Zerstreut in der
nördlichen gemässigten Zone (Butomus), im tropischen Amerika (Limnocharis, Hydrocleis) und Afrika (Butomopsis).

Beispiele:

Butomus L.   Die sechs Schläuche unten schwach verbunden, Staubblätter 3 × 3.

Limnocharis.   Zahlreiche Staubblätter, die äusseren zu Nebenstaubfäden verkümmert.

Familie 7.   Typhaceae.

Sumpf- und Wasserpflanzen mit kriechendem Rhizom und kolbenständigen Blüthen, sowie mit schmalen grasartigen Blättern.

Carpell 1- bis 2 blättrig, 1- bis 2 fächerig, Fächer 1 knospig; Samen-
knospe hangend, anatrop; Frucht nussartig; Embryo grade, axil im
Endosperm; Antheren 2 kammerig, mit 2 Längsspalten aufspringend;
Perigonium fehlt, statt dessen zwischen den monoecischen Blüthen
haarförmige oder schuppige Blättchen. Die Blüthen stehen in grossen
Gruppen auf einem einfachen oder verzweigten Kolben vereinigt.

Einzige Gattungen:

Gatt. Typha L.   Kolben einfach, cylindrisch, am oberen Ende mit
männlichen, unten mit weiblichen Blüthen besetzt; reife Frucht mit
einem Längsspalt aufspringend.

Gatt. Sparganium L.   Die Hauptspindel trägt am oberen Ende
kugelige männliche, nach unten kugelige weibliche Blüthenstände; reife
Frucht nicht aufspringend.

Die Gattung Typha ist fast über die ganze Erde zerstreut, Sparganium dagegen vorzugsweise in kälteren Gegenden der nördlichen Hemisphäre verbreitet.

Familie 8. Pandaneae.

Grössere oder kleinere baumartige Pflanzen von palmenähnlichem Wuchs mit wurzelständigen zuletzt verästelten Stämmen, schmalen lanzettlichen oder linealen Blättern, deren Parastichen sehr deutlich als Schraubengänge sichtbar sind, mit dioecischen Blüthen.

Weibliche Blüthen auf einfachem Kolben. Zahlreiche 1blättrige, 1fächerige Carpelle; 1 oder 3 wandständige oder basale Samenknospen. Die steinharten 1samigen Früchte bilden einen zapfenartigen Fruchtstand. Same mit fleischigem Eiweiss und gradem grundständigem Keim.

Männliche Blüthen auf verzweigtem Kolben; Antheren 2kammerig, mit zwei Längsspalten aufspringend.

Beispiel:

Pandanus L. Die Pandaneen sind verbreitet durch das südasiatische Küsten- und Inselgebiet, die nordafrikanischen Küstenländer und die Inseln des stillen Meeres.

Familie 9. Lemnaceae.

Kleine Wasserpflanzen mit schwimmenden platten Stämmchen und perigonlosen Zwitterblüthen.

Carpell monocarp, 1fächerig, 1- bis mehrknospig; Staubweg mit trichterförmiger Mündung; Frucht 1- bis mehrsamig; Embryo grade in grösserem oder kleinem Endosperm; Antheren mit zwei fast kugeligen Kammern, durch das unten verdickte Connectiv stark spreizend, einzeln oder gepaart.

Blüthen in einer Spalte des sprossenden Achsenkörpers.

Beispiele:

Gatt. Wolffia Horkel. Manuscr. Eine einzige männliche Blüthe; Fruchtknoten 1knospig; 1samige schlauchförmige Schliessfrucht; Samenknospe orthotrop.

Gatt. Lemna Schleiden. Zwei männliche Blüthen, deren eine früher entwickelt; Fruchtknoten 1knospig; 1samige schlauchförmige Schliessfrucht; Samenknospe hemianatrop.

Gatt. Telmatophace Schleiden. Zwei männliche Blüthen; Fruchtknoten 2- bis mehrknospig; 2- bis vielsamige Deckelfrucht; Samenknospe anatrop.

Gatt. Spirodela Schleiden. Zwei männliche Blüthen; Fruchtknoten 2knospig; Frucht ?; Samenknospe anatrop. Stämmchen mit einem oberen und einem unteren hautartigen Blättchen.

Die Lemnaceen sind hauptsächlich in der nördlichen gemässigten Zone verbreitet

Familie 10. Aroideae.

Pflanzen meist monoecisch, seltner zwitterig, perigonlos oder bisweilen mit Perigon; Blüthen auf einem Kolben vereint; Pistill 1- bis vielblättrig, 1- bis vielfächerig; Fächer 1- bis vielknospig; Knospen selten anatrop, meist orthotrop oder campylotrop; Frucht beerenartig, 1- bis mehrfächerig, 1- bis vielsamig; Endosperm meist reichlich, selten fehlend, mit axilem Keim. Ungegliederte, kurzgliedrige oder oft sehr langgliedrige und dann kletternde oder kriechende Rhizome und Stämme, seltner vergängliche schwimmende Stämmchen; Blätter häufig mit Basaleinschnitten; Kolben in der Knospe von einer Spatha umschlossen, später von derselben gestützt.

Tribus 1. Callaceae

Hermaphroditische Blüthen oder Männchen und Weibchen gemischt auf demselben Kolben, mit oder ohne Perigon.

Beispiele: Orontium, Anthurium, Pothos, Calla, Monstera.

Tribus 2. Araceae.

Diklinische perigonlose Blüthen, die Männchen am oberen, die Weibchen am unteren Theil des Kolbens.

Beispiele: Richardia, Colocasia, Caladium, Philodendron, Arum, Pistia.

Tribus 1. Callaceae.

Gatt. Calla L. Kolben ohne sterile Fortsetzung; Spatha blumenartig, flach; Perigon fehlt; Stämmchen kriechend.

Art: C. palustris L. Kriechendes langgliedriges an den Knoten wurzelndes Rhizom. An sumpfigen schattigen Orten, Teichrändern, Bächen u. s. w. in Deutschland und Mitteleuropa zerstreut.

Gatt. Acorus L. Kolben ohne sterile Fortsetzung; Spatha grasartig, scheinbare Verlängerung des Stengels, vorwärts gefaltet; Blätter reitend; Perigon 2×3 blättrig, 2×3 Staubblätter.

Art: A. calamus L. Kalmus. Im Schlamm kriechendes, ungegliedertes, wohlriechendes Rhizom. Offic Rhizoma calami aromatici.

Aus Indien nach Europa verschleppt, jetzt fast überall in Sümpfen, Teichen und Landseen eingebürgert.

Tribus 2. Araceae.

Gatt. Arum L. Kolben mit keuligem sterilem Ende; Spatha unten röhrig, oben erweitert, offen, blumenartig; Connectiv kurz, polsterförmig; Antherenkammern am Grunde spreizend, daher die Fächer krouzweis gestellt; Pistill 1 fächerig, vielknospig; Beere 1- bis mehrsamig.

Art: *A. maculatum L.* Rhizom knollig; Blätter spiessförmig, oft braun gefleckt; Stiel des Kolbens dreimal so lang wie die unfruchtbare Verlängerung; Spatha länger als der Kolben.

Das Centrum der Aroideen ist der Aequator, vorzugsweise in America, auch in Asien. Sie leben meist in feuchten Waldungen. Nach Süden und Norden nehmen sie rasch ab und nur ganz vereinzelte Formen erreichen den nördlichen Theil der nördlich gemässigten Zone.

Viele Aroideen haben stärkereiche Rhizome, bei uns besonders Arum maculatum L., welche durch Kochen ihre giftigen Eigenschaften verliert, ferner die Colocasien und andere. Viele führen sehr giftige Säfte.

Familie II. Palmae.

Meist astlose Stämme, welche entweder langgliedrig sind, dann rohrartig aufsteigen oder niederliegen, oft bei erstaunlicher Länge, oder ungegliedert, dann entweder knollig oder häufiger hohe Bäume bildend mit einem Schopf grosser wedelförmiger Blätter.

Typus: 2×3, 2×3, 3.

Carpellblätter meist syncarp, bisweilen paracarp und oben 4 lappig apocarp (Cyclantheae) oder vollständig 4 fächerig syncarp (Phytelephasieae), oder 3 blättrig apocarp (Nipaceae), oder vielblättrig apocarp (Freycinetieae); häufig durch Fehlschlagen das Pistill 1- bis 2 fächerig; Fächer 1 knospig, seltner 2 knospig oder vielknospig (Cyclantheae, Freycinetieae); Samenknospe anatrop oder orthotrop, fast basal oder in den inneren Fachwinkeln oder wandständig an den Carpellblatträndern; Früchte von sehr verschiedener Beschaffenheit, beeren- und steinbeerenartig, nussartig, holzig oder steinhart oder lederartig, 1- bis 4 fächerig oder mit apocarpen Fächern; Endosperm gross, fleischig, holzig, knorpelig (Nipaceae), elfenbeinartig (Phytelephasieae), hornartig (Cyclantheae); Embryo klein.

Staubblätter meist nach innen aufspringend, 2 kammerig, 4 fächerig, bisweilen in vier oder mehre Bündel verwachsen (Cyclantheae), meist 2×3, bisweilen nur 3 (Nipa), oder viele (Freycinetia, Phytelephas, Wettinia).

Perigon klein und unscheinbar, meist dialyphyll, bisweilen fehlend oder 4 blättrig, oder vielblättrig. Blust ein meist verzweigter von einer Spatha umschlossener Kolben. Blüthen meist diklinisch, seltner zwitterig.

Die Blätter der Palmen sind in der Knospenlage der Länge nach auf- und niedergeknickt (Vernatio plicativa). Bei allen Palmen sind die ersten Blätter schmäler oder breiter lanzettlich und bogennervig, bei einzelnen kleineren Formen (Curculigo u. a.) behalten die Blätter stets diese Beschaffenheit, bei den meisten aber zerreissen sie vom Ende gegen die Basis und werden dadurch fächerförmig, oder gegen die sich verlängernde Spindel, so dass sie gefiedert erscheinen. Die Blattstiele sind meist sehr kräftig und gehen bei den Wedelpalmen in die Blattspindel über.

Die grösseren Palmenstämme stehen oft wie diejenigen der Pandaneen auf einer Wurzelpyramide.

Das Centrum der Palmen ist der Aequator. Jenseits der Wendekreise nehmen sie rasch an Artenzahl ab. Einige, wie z. B. die Dattelpalme, die Cocospalme, haben von Osten nach Westen eine ungeheure Verbreitung.

Gegen tausend Arten umfassend, nehmen die Palmen bezüglich ihrer Wichtigkeit im menschlichen Haushalt einen sehr hohen Rang ein. Die Stämme der grösseren Palmen dienen als Bauholz, die der rohrartigen Formen als Dach- und Stuhlrohr, zu Spazierstöcken (spanisches Rohr von Calamus), die Blattstiele zu Dachsparren und die kleineren zu Spazierstöcken, die Blätter der grossen Fächerpalmen zur Bedachung der Häuser, aus den Fasern der zerriebenen Blätter, Blattstiele oder Pericarpe (Cocos) werden sehr dauerhafte Fäden zu Stricken und Geweben gewonnen, ebenso zur Papierfabrikation, die Stärke in den Stämmen, welche aus ziemlich grossen Körnern besteht, die aus sehr ungleichen Theilkörnern zusammengesetzt sind, wird zur Sagobereitung, die jungen Triebe mancher Palmen als Gemüse und zur Weingewinnung benutzt; viele Palmen liefern Zucker, von vielen sind die Früchte essbar (Cocos, Phönix u. a.), von Phytelephas liefert das Pericarp eine dem Elfenbein gleiche Substanz zu Drechslerarbeiten u. s. w. u. s. w.

Als Kohlpalme dient auf Neu-Seeland: Areca sapida, in Süd-Amerika: Euterpe caribaea, in Neuholland: Livistonia australis; als Weinpalme in Südamerika die Palmyra, Borassus flabelliformis, ferner Raphia vinifera Lab. und Mauritia vinifera Mart., auf den Sunda-Inseln: Arenga saccharifera; Gewebe liefern z. B. die Blattstiele der Maunicaria saccifera Gärtn., sowie das Pericarp von Cocos nucifera. Das Endosperm der Cocosnuss ist sehr wohlschmeckend; Palmenfett liefert u. a. die Oelpalme, Elaeis guineensis Jacq., Rohr die Arten von Calamus, namentlich Calamus dioicus das Stuhlrohr; Sago die Sagus-Arten, z. B. Sagus Rumphii W. und Sagus farinifera Lam. in Südasien.

Die Nordgrenze der Palmenvegetation bilden in Nordamerika Sabal Adansoni, Corypha hystrix und Chamaerops palmetto; in Europa: Chamaerops humilis (Cadix, Nizza, Italien).

In Mexiko treten schon mächtige Palmen auf, so z. B. die Königs-
palme, Cocoyale (aztekisch: Quauhcoyotl), Oreodoxa regia, ebenso in
Nordafrika die Dattelpalme, welche im südlichen Europa ihre Früchte
nicht mehr zur Reife bringt.

Südamerika ist bis in das südliche Brasilien reich an kleinen
(Hyospathe elegans Mart., zahlreiche Arten von Geonoma) und hoch-
wüchsigen Palmen (Gattungen: Mauritia, Euterpe, Oenocarpus, Astro-
caryum, Iriartea, Croxylon u. a.). Die südlichste Palme in Südamerika
ist die Jubaea spectabilis bei Los Sorres in Chile, mit kegelförmig ver-
jüngtem Stamm.

Die grössten Palmen erreichen eine Stammhöhe von 180—200 Fuss
(Ceroxylon andicola) bei einer Blattlänge von 7 Meter.

Die Cocospalme lebt auf den Südseeinseln, besonders auf den
Atollen, in einer Stammhöhe von 60—80 Fuss und einem Durchmesser
von 6—8 Zoll. Ihr mittles Alter ist hundert Jahre. Die Insel Ceylon
trägt allein 30,000 Acres Cocos-Pflanzungen, welche per Acre 80 bis
90 Tonnen Nüsse à 45 Stück produciren, im Ganzen also per Acre
3600—4050 Stück. Tausend Nüsse kosten etwa 2 Pfund Sterling.
5 Nüsse geben 1 Quart Oel, wovon die Tonne in England 36 bis
37 Pfund Sterling kostet. Der Netto-Ertrag eines Acre ist 6—7 Pfund
Sterling. Der Palmenzucker trägt auf demselben Flächenraum das
Doppelte ein wie das Zuckerrohr, da man von einem einzigen Baume
1 Centner Yaggeri gewinnt.

Zu den grössten Blättern gehören diejenigen der Talipotpalme
(Corypha umbraculifera) in Ceylon und Malabar. Sie wird 60—70 Meter
hoch, die Blätter, auf denen die Urkunde der Buddha-Religion ge-
schrieben ist, werden 6 Meter lang. Die Palmyra, welche vom Kletter-
barsch (Perca scandens) erstiegen wird, hat Blätter von über 4 Metern
Länge bei 3 Metern Breite und über 1 Meter lange Blattstiele.

Die Dattelpalme hat die ungeheure Breitenausdehnung von der
Insel Madeira bis zum Indus. Eine andere Art der Gattung (Phoenix
reclinata) tritt im Capland auf. In Neu-Süd-Wales in Australien leben
im Dickicht der Flussufer zwei Palmen: die Bengala-Palme (Seaforthia
elegans) und die Kohlpalme (Livistonia australis).

H. Wendland fand auf den Seychellen zwei neue Palmen: Phoe-
nicophorium Seychellarum und Verschaffeltia splendida.

Eigentlich officinell ist bei uns kein Produkt der Palmen. Viele
Arten von Calamus liefern in ihrem Fruchtsaft eine Art Drachenblut
(Sanquis draconis indicus), verbreiteter als dasjenige des Drachenbaums
(Dracaena draco L.), sowie dasjenige einer Pterocarpusart. Der Saft von
Corypha umbraculifera und silvestrio wirkt brechenerregend, die ägyp-
tische Doumpalme (Hyphaene thebaica) liefert das ägyptische Bdellium).

Tribus:

Trib. 1. Arecineae. Wedelpalmen mit einfach oder doppelt gefiederten Blättern. Spatha selten fehlend, meist vielblättrig; Frucht
beeren- oder steinbeerenartig, tief 3lappig.

Beispiele: Chamaedorea, Hyospathe, Oenocarpus, Oreodoxa, Areca,
Seaforthia, Iriartea, Ceroxylon, Arenga, Caryota.

Trib. 2. Calameae. Wedelpalmen oder Fächerpalmen; Spatha
meist vielblättrig; Blumen diklinisch in kätzchenartigen Blusten, die
Blüthen und Zweige von Deckblättern umhüllt; Beerenfrucht, von
schuppigen Blättern gestützt. Embryo seitlich oder fast basal.

Beispiele: Calamus, Daemonorops, Sagus, Mauritia.

Trib. 3. Borassineae. Wedelpalmen und Fächerpalmen mit holzigen
oder netzig faserigen Spathen, meist dioecischen Blüthen, die männlichen grasartig; Steinfrucht, seltner Beerenfrucht. Embryo meist apikal.

Beispiele: Borassus, Latania, Hyphaene, Geonoma.

Trib. 4. Coryphineae. Sehr niedrige oder hohe Formen, meist
Fächerpalmen, selten gefiedert; Spatha meist unvollständig; Blüthen
zwitterig oder polygamisch; Beerenfrucht; Embryo am Rücken des Samens.

Beispiele: Corypha, Brahea, Livistonia, Licuala, Sabal, Chamaerops,
Rhapis, Phoenix.

Trib. 5. Cocoineae. Wedelpalmen; Spatha anfangs den Blust um-
schliessend; Blüthen diklinisch; Filamente an der Basis verbunden;
Steinfrucht einfächerig mit drei Narben am oberen Ende; Same ölhaltig;
Embryo basal.

Beispiele: Cocos, Elaeis, Jubaea.

Trib. 6. Cyclantheae. Perigon vieltheilig oder fehlend; Staubblätter in vier Bündel vereint; Fruchtknoten einfächerig, an der Spitze
2- bis 4lappig, mit zahlreichen Samenknospen an vier wandständigen
Samenträgern. Monoecisch.

Gattungen: Cyclanthus, Carludovica.

Trib. 7. Phytelephasieae. Zahlreiche Staubblätter der Basis des
Perigonium eingefügt; Carpell 4fächerig, 4knospig oder 1fächerig,
1knospig; Albumen knochenhart.

Genera: Phytelephas, Wettinia.

Trib. 8. Nipaceae. Staubblätter 3, an der Basis verbunden, nach
aussen aufspringend; weibliche Blüthen ohne Perigon; Carpell 3blättrig,
apocarp.

Genus: Nipa.

Trib. 7. Freycinetieae. Zahlreiche Staubblätter, zahlreiche apocarpe Carpellblätter mit zahlreichen Samenknospen in jedem Fach an
drei wandständigen Samenträgern.

Genus: Freycinetia.

Familie 12.   Restiaceae.

Krautartige oder kletternde Rhizompflanzen mit einfach symmetrischen meist diklinischen hypogynischen Zwitterblüthen.

Perigon mit vier bis sechs 2reihigen spelzenartigen Blättern.

Fruchtknoten 1- bis 3fächerig, syncarp, Fächer 1knospig; Samenknospen hangend, orthotrop; Staubblätter 2 bis 3, 1- oder 2kammerig, nach innen aufspringend (seltner 2×3).

Fachspaltige Kapsel oder Schliessfrucht, seltner Beere; Samen hangend mit grossem Endosperm.

Beispiele: Restio, Centrolepis, Flagellaria.

Die Familie ist auf dem östlichen Quadranten der südlichen Halbkugel zerstreut.

Familie 13.   Eriocauloneae.

Sumpfbewohnende Rhizompflanzen mit linealischen Blättern und kleinen köpfchenständigen diklinischen, hypogynischen einfach symmetrischen Blüthen.

Typus: 2×3, (1—2) ×3, 3.

Oft sämmtliche Kreise oder einzelne 2gliedrig; Fruchtknoten syncarp mit 1knospigen Fächern; Staubweg kurz, paracarp, mit zwei bis drei langen Mündungslappen; Samenknospen vom inneren Fachwinkel herabhangend, orthotrop; Kapsel fachspaltig, vom Perigon umgeben, vom Staubweg gekrönt; Samen hangend; Embryo antitrop, im mehligen Endosperm lateral.

Beispiele: Eriocaulon, Lachnocaulon.

Centrum: das tropische Amerika, eine geringere Zahl in Australien, Afrika und Südasien.

Familie 14.   Commelineae.

Saftreiche krautige Pflanzen mit Rhizomen oder einfacher Lebensperiode, mit hypogynischen einfach symmetrischen Zwitterblüthen.

Typus: 2×3, 2×3, 3.

Aussenperigon kelchartig, bleibend; Innenperigon kronenartig, anwelkend oder hinfällig, bisweilen fleischig auswachsend.

Von den Staubblättern bisweilen 1 bis 3 fehlschlagend, meist alle nach innen aufspringend, 2kammerig, 4fächerig; Fruchtknoten mit paracarpem Staubweg und meist zahlreichen an den Carpellrändern in den inneren Fachwinkeln befestigten seitlich angehefteten Samenknospen; Staubweg mit einfacher Mündung oder schwach 3lappig; Kapsel vom bleibenden Kelchperigon gestützt, fachspaltig, bisweilen durch Fehlschlagen 2 fächerig, meist armsamig; Keim dem Anheftungspunkt gegenüber in einer Grube des grossen Endosperms, mit Keimdeckel.

Centrum: Der Tropengürtel.

Beispiele: Commelina, Tradescantia, Campelia, Dichorisandra.

Familie 15. Junceae (Binsen).

Niedrige grasähnliche Pflanzen mit einfacher oder zusammengesetzter Periode mit ungegliedertem oder kriechendem Rhizom, mit einfach symmetrischen zwittrigen oder unecht diklinischen hypogynischen Blüthen.

Typus: 2 × 3, 2 × 3, 3.

Perigon unscheinbar, der innere Wirtel des Androeceums bisweilen fehlgeschlagen; Antheren auf fadenförmigen Filamenten, 2 kammerig, 4 fächerig, nach innen aufspringend; Fruchtknoten syncarp, 3 fächerig, selten durch Fehlschlagen 1 fächerig; Samenknospen zahlreich im inneren Fachwinkel am eingerollten Carpellblattrand; Kapsel 1- bis 3 fächerig, fachspaltig, Samen 3 bis ∞, mit basalem kleinem Keim und grossem Endosperm.

Das Centrum liegt in der nördlichen gemässigten Zone; gegen den Aequator ziehen die Junceen sich auf die alpinen Höhen zurück, wie überhaupt die meisten Arten alpine und Moorpflanzen sind. Luzula und Juncus sind über einen grossen Theil der Erde verbreitet. Prionium findet sich im östlichen Afrika, Rostkovia an der Südspitze Amerikas.

Heimische Gattungen:

Juncus L. Binse. Kapsel 3 fächerig, fachspaltig, vielsamig.

Luzula D. C. Simse. Kapsel 1 fächerig, 3 klappig, 3 samig.

Familie 16. Pontederiaceae.

Sumpf- und Wasserpflanzen mit unentwickeltem oder langgliedrigem Rhizom, breiten Blättern, schwach verwickelt symmetrischen hypogynischen Zwitterblüthen.

Typus: 2 × 3, 2 × 3, 3.

Perigon kronenartig.

Antheren 2 kammerig, 4 fächerig, nach innen aufspringend, bisweilen der äussere Wirtel fehlschlagend.

Fruchtknoten bisweilen durch Fehlschlagen 1 fächerig, 1 knospig, meist 3 fächerig, 3 knospig; Samenknospen anatrop, wenn einzeln, hangend, sonst aufrecht oder abstehend; Staubweg paracarp, mit einfacher Mündung oder schwach 3 lappig; Kapsel von dem auswachsenden Grunde

des Perigons umfasst, 3fächerig, vielsamig, fachspaltig, oder eine
1fächerige, 1samige Schliessfrucht; Samen im inneren Fachwinkel befestigt, wenn einzeln, hangend, mit grossem Eiweiss und centralem
gradem Keim.

Centrum: Amerika zwischen 30° S. B. und 40° N. B., selten im
tropischen Afrika und Asien.

Beispiele: Pontederia, Heteranthera.

Familie 17.   Liliaceae.

Meist mit zwiebelförmigen oder knolligen Stämmen oder ungegliederten Rhizomen oder Stämmen.

Typus: 2×3, 2×3, 3.

Einfach symmetrische, seltner schwach verwickelt symmetrische
Zwitterblüthen mit hypogynischer Insertion.

Perigon kronenartig, dialyphyll oder gamophyll.

Staubblätter mit deutlichen Filamenten, 2kammerig. 4fächerig,
nach innen aufspringend.

Fruchtknoten syncarp mit paracarpem Staubweg und zahlreichen
an den eingerollten Rändern in den inneren Fachwinkeln befestigten
Samenknospen; Staubwegmündung 3lappig; Samenknospen anatrop oder
hemianatrop; Kapsel 3fächerig, fachspaltig, bisweilen scheidewandspaltig,
meist vielsamig; Samen mit fleischigem Eiweiss und centralem oder
excentrischem Keim.

Centrum: die subtropischen und gemässigten Zonen der östlichen
Hemisphäre, weniger in Amerika, der kalten Zone fehlend.

Tribus:

Trib. 1.   Tulipaceae.   Perigon dialyphyll; Testa hautig, blass

Trib. 2.   Agapantheae.   Perigon gamophyll; Testa hautig, blass.

Trib. 3.   Asphodeleae.   Perigon gamophyll; Testa hart, schwarz.

Trib. 4.   Aloineae.   Perigon gamophyll; oberirdische Stämme, ungegliedert, mit fleischigen, oft sehr saftigen Blättern.

Beispiele:

Trib. 1.   Tulipaceae.

Gatt. Tulipa L.   Perigonblätter ohne Honiggrube; Staubweg fehlt.

Gatt. Lilium L.   Perigonblätter an der Basis mit Honigfurche:
Staubweg mit 3kantiger Mündung

Gatt. Fritillaria L.   Perigonblätter an der Basis mit Honiggrube;
Staubweg mit 3lappiger Mündung.

Trib. 2.   Agapantheae.

Gatt. Hemerocallis L.   Perigon röhrig, 6theilig, an der Basis mit
den Staubblättern verbunden; diese gebogen aufstrebend, am Ende

herabgebogen; Staubweg aufsteigend; Mündung 3theilig; Kapsel fach spaltig.

Gatt. Muscari Tourn. Perigon krugförmig, länglich-kugelig, mit eingeschnürter Mündung und 6zähnigem Saum; Filamente fast ganz mit dem Perigon verbunden.

Gatt. Narthecium Moehr. Perigonblätter fast frei; Staubblätter bärtig; Staubweg mit 3kantiger Mündung; Samen an beiden Enden in einem hautigen spitzen Fortsatz ausgezogen.

Trib. 3. Asphodeleae*).

Gatt. Asphodelus L. Perigon 6theilig; die Staubblätter bedecken mit ihrer breiten honigabsondernden Basis den Fruchtknoten gewölbeartig; Staubweg bogig gekrümmt, mit 3kantiger Mündung; Kapsel kugelig; Blüthenstiel gegliedert; Samen kantig.

Gatt. Anthericum L. Perigonblätter frei, abstehend, schwielenlos; Staubweg mit einfacher Mündung; Pedicellus gegliedert; Same kantig.

Gatt. Ornithogalum L. (e. p.) Perigonblätter fast frei; Mündung einfach; Staubblätter mit breiten, kantigen, mit dem Perigon unten verbundenen Filamenten und fortlaufenden Staubbeuteln. Blumen weiss.

- *Gatt. Gagea Salisb.* Staubblätter pfriemlich, ganz frei; sonst wie vor. Blumen gelb.

Gatt. Scilla L. Staubbeutel schwankend; sonst wie vor. Blumen meist blau.

Gatt. Allium L. Perigonblätter fast frei; Staubblätter an der Basis mit der Krone vereint, häufig unter sich ringförmig verbunden; Blust doldig, von einer 1- bis 2blättrigen Hülle umschlossen.

Gatt. Urginea Steinh. Perigonblätter frei, mit der Basis der Staubblätter zusammenhangend; Staubweg fadenförmig; Same flach, geflügelt.

Trib. 4. Aloineae.

Gatt. Aloë, sehr artenreich, welche in mehren Arten des südlichen und westlichen Afrika den bitteren Arzneistoff dieses Namens (resina Aloës) liefert; besonders A. soccotrina Lam., A. vulgaris Lam., A. spicata Thunb., A. lingua W., A. Commelini W. u. a.

Ausser der Aloë ist officinell die Zwiebel der am Mittelmeer wildwachsenden Meerzwiebel: Urginea maritima Steinh.

Die Zwiebeln mancher Arten von Allium dienen zum Küchengebrauch.

Aus den Blattfasern von Phormium tenax, dem sogenannten Neuseeländischen Flachs, werden sehr feste Stricke gefertigt. Die Pflanze wird im westlichen Frankreich angebaut.

---

*) Hierher scheinen die äusserlich den Bromeliaceen ähnlichen Astelieen zu gehören.

Familie 18.   Amaryllideae *).

Zwiebeln oder Stämme ohne Gliederung.

Typus: 2×3, 2×3, 3.

Von den Liliaceen nur durch die oberständige Blume verschieden.
Bisweilen treten die Staubblätter in grösserem Multiplum von 3 auf;
Früchte kapselartig oder fleischig.

Tribus:

Trib. 1. Narcisseae. Zwiebelgewächse.

Trib. 2. Agaveae. Ungegliederte aloëartige Stämme mit dicken
fleischigen Blättern.

Beispiele:

Trib. 1.   Narcisseae.

Galanthus L. Perigon 2 × 3theilig, innerer Wirtel kürzer mit ausgerandeten Abschnitten.

Narcissus L. Am Schlund des 2 × 3theiligen Perigons ein glockiges
oder manschettenförmiges Nebenperigon.

Leucoium L. Perigon 2 × 3theilig mit gleichen Theilen, sonst
wie Galanthus.

Trib. 2.   Agaveae **).

Gatt. Agave. Fourcroya.

Die Amaryllideen finden sich in den gemässigt warmen Erdstrichen
(Capland, Mexiko, Mittelamerika u. s. w.) am häufigsten, die Agaveen
nur auf der westlichen Hemisphäre. Unter ihnen ist bemerkenswerth
die jetzt über alle wärmeren Gegenden verbreitete Maguey-Pflanze:
Agave americana L. der Mexikaner, aus deren Saft sie ihr Lieblings-
getränk (Pulque) bereiten. Die Blattfasern liefern ein sehr festes Gewebe. Die Pflanze wird zu Umzäunungen benutzt.

Familie 19.   Smilaceae.

Meist schlingende Rhizompflanzen mit deutlichen Stengelgliedern
und an den Knoten hin- und hergebogenen Stengeln und Beerenfrüchten,
bisweilen baumartig mit unentwickelten Internodien, sonst genau den

---

*) Hierher gehören auch die Haemodoraceen, welche bisweilen hypogynische In-
sertion und mitunter nur drei Staubblätter haben.

**) Die Hypoxideen und Vellosieen sind wohl ebenfalls als Tribus hierher zu
ziehen, die erstgenannten gewissermassen epigynische Zwergpalmen, die Vellosieen
Amaryllideen mit 6 von den inneren Fachwinkeln vorspringenden Placenten.

Liliaceen gleich. Einzelne Genera mit 4zähligen Blüthenwirteln; Frucht bisweilen durch Fehlschlagen 2- oder 1fächerig.

Centrum: Aequatorialgegenden, besonders Amerikas.

Beispiele:

Gatt. Smilax L. Blüthen unecht 2häusig; Perigon 6theilig, abstehend; Staubblätter an der Basis mit dem Perigon verbunden; Fruchtknoten 1- bis 3fächerig; Fächer 1 knospig.

Gatt. Asparagus L. Perigon glockig; Stengelblätter sehr klein, schuppig, in ihren Achseln Büschel nadelförmiger Blätter.

Gatt. Convallaria L. Perigon glockig, 6spaltig; Staubblätter nur an der Basis mit dem Perigon verbunden; Beere roth, 3- oder 6samig.

Gatt. Polygonatum Tourn. Perigon röhrig, 6zähnig; Staubblätter mit der Röhre des Perigons verbunden; Beere blau, 3- oder 6samig.

Gatt. Maianthemum Web. Perigon 4- (oder 6-) theilig, radförmig; 4 (oder 6) Staubblätter; 2 (oder 3) Carpellblätter; Beere 1- bis 2samig; Rhizom.

Gatt. Paris L. Perigon 2×4theilig, äusserer Wirtel breitblättriger, kelchartig; Staubblätter 2×4; Carpellblätter 4; Fruchtfächer 4- bis 8samig; Rhizom.

Der Spargel (Asparagus officinalis Auct.) ist ein allgemein beliebtes Küchengewächs; der afrikanische Drachenbaum (Dracaena draco L.) liefert eine Sorte des Drachenbluts.

Familie 20. Dioscoreae.

Schlingpflanzen mit unterirdischen Rhizomen und langgliedrigen oberirdischen Zweigen, mit einfach symmetrischen epigynischen Zwitterblüthen.

Die Dioscoreen verhalten sich zu den Smilaceen fast genau so wie die Amaryllideen zu den Liliaceen, d. h. sie unterscheiden sich wesentlich nur durch die epigynische Beschaffenheit der Blüthe.

Blüthen unecht eingeschlechtig.

Frucht bisweilen durch Fehlschlagen 1fächerig; Kapsel oder Beere.

Centrum: Wärmere Gegenden der nördlichen gemässigten Zone und die Tropen.

Beispiele: Dioscorea L. Tamus L. Testudinaria L. Die mehligen Rhizome der tropischen Dioscorea-Arten sind unter dem Namen Yamswurzel bekannt. (Dioscorea sativa L., batatas L:, alata L., bulbifera L., pentaphylla L. etc.)

Familie 21. Taccaceae.

Stengellose Pflanzen mit knolligen Rhizomen und 3blättrigen paracarpen Fruchtknoten.

Diese Familie unterscheidet sich von der vorigen fast nur durch
die paracarpen Früchte mit 3 durch die eingerollten Carpellblattränder
gebildeten wandständigen Samenträgern und durch die unentwickelten
oberirdischen Stengel. Staubblätter gewölbt oder kapuzenförmig.

In Waldgebirgen Asiens, Afrikas und Oceaniens.

Aus den Knollen der Tacca pinnatifida L. gewinnt man eine Sorte
Arrow-root.

Familie 22.   Colchicaceae.

Perennirende Pflanzen mit Zwiebeln oder Rhizomen mit einfach
symmetrischen hypogynischen Zwitterblüthen.

Typus: 2×3, 2×3, 3.

Perigon bisweilen nur 1 wirtelig, 3zählig; Staubblätter nach aussen
aufspringend; Carpell mehr oder weniger apocarp, selten durch Fehlschlagen 1fächerig, 3 apocarpe Mündungslappen oder Staubwege;
Schlauchkapsel oder Schläuche.

Im Uebrigen den Liliaceen gleich.

Zerstreut über die Erde, besonders in den alpinen Gegenden
wärmerer Klimate.

Beispiele:

Gatt. Colchicum L. Perigonröhre sehr lang, trichterig, mit 6spal-
tigem Saum; Schlauchkapsel aufgeblasen, vielsamig.   Einblättrige
Zwiebel   Staubblätter mit der Perigonröhre verbunden.

Gatt. Veratrum L. Perigonblätter frei, radförmig ausgebreitet;
Schlauchkapsel tief 3spaltig, vielsamig. Rhizompflanze.

Gatt. Tofieldia L. Perigonblätter getrennt, ausgebreitet; Schlauchkapsel vielsamig, an der Spitze aufspringend.

Officinell ist der Same von Colchicum autumnale L., der Herbst-
zeitlose, ferner das Rhizom der in den europäischen Alpen wildwachsenden Arten von Veratrum: V. album Bernh., V. nigrum L.
(Rhizoma Hellebori albi s. Veratri) und der Same mit den Schlauch-
früchten mehrer mexikanischer und mittelamerikanischer Veratreen,
insbesondere Veratrum Sabadilla Retz., von den Antillen, Schoeno-
caulon officinale A. Gr. und Sch. caricifolium A. Gr. von Mexiko.

Familie 23.   Irideae.

Zwiebeln oder kurzgliedrige Rhizome mit meist einfach symmetrischen epigynischen Zwitterblüthen.

Typus: $\widehat{2 \times 3}$, 3, 3.

Staubblattkreis dem äusseren Perigonwirtel gegenüber; Antheren
nach aussen aufspringend; Perigon eine röhrige oberständige 6 spaltige

Scheibe bildend; Carpell syncarp, mit meist zahlreichen Samenknospen
in den inneren Fachwinkeln an den eingerollten Carpellblatträndern;
Samenknospen anatrop; Staubweg paracarp mit 3 grossen Mündungslappen; dreifächerige fachspaltige Kapsel.

Centrum: Capland, auch Mexiko, in Asien wenige.

Beispiele:

Gatt. Crocus L. Perigon sehr langröhrig mit langen, fast gleichen
Abschnitten; Staubblätter mit dem unteren Theil ihrer sehr langen
Filamente mit dem Perigon verbunden; Staubweg sehr lang, faden-
förmig, mit schmaler, 3lappiger Mündung.

Gatt. Gladiolus L. Perigon verwickelt symmetrisch, fast 2lippig,
mit gekrümmter Röhre; Staubblätter aufstrebend; Mündungslappen nach
oben breiter, haarig. Zwiebel.

Gatt. Iris L. Perigon mit einem inneren aufrechten und einem
äusseren auswärts gebogenen Wirtel; Mündungslappen perigonartig, den
3 Antheren dicht aufliegend. Rhizom mit reitenden Blättern und entwickeltem, meist mehrblüthigem Pedunculus.

Crocus sativus All. wird im Süden als Safran cultivirt. Der
Safran besteht aus den feuerrothen, am Ende etwas verdickten, wellig
krausen, gezähnelten, wohlriechenden Mündungslappen.

Das Rhizom verschiedener Arten der Gattung Iris ist officinell als
Veilchenwurzel, besonders dasjenige der fast weissblühenden Iris floren-
tina L., sowie der blassblauen Iris pallida L.

Familie 24.   Bromeliaceae.

Meist epiphyte perennirende Pflanzen mit kurzen reich und dicht
beblätterten Stämmen (Basalrosette).

Typus: 2 × 3, 2 × 3, 3.

Blüthen in kolbenartigen Aehren, meist von prachtvoll gefärbten
blumenartigen Bracteen gestützt, mit verwickelter oder einfacher Symmetrie, halb oder ganz epigynisch*); Staubblätter meist mehr oder
weniger mit dem Perigon verbunden, nach innen aufspringend; Carpell
syncarp, mit meist grosser Zahl von Samenknospen in den inneren
Fachwinkeln an den eingerollten Carpellblatträndern; Samenknospen
anatrop; Staubweg paracarp; Beerenfrucht oder Kapsel, meist zahlreiche Früchte auf der Spindel dicht zusammengedrängt, oft zusammengewachsen. Samen mit grossem Endosperm.

Die Bromeliaceen sind auf den Tropengürtel Amerikas beschränkt,
den nur wenige Formen überschreiten.

---

*) Die hypogynische Gattung Dyckia dürfte eher zu den Aloineen gehören.

8*

Die einzige wichtige Culturpflanze aus dieser Gruppe ist die Ananas (Bromelia Ananas L.), welche nach dem tropischen Asien und Afrika verpflanzt worden ist.

Beispiele: Tillandsia, Bromelia, Pitcairnea, Bilbergia.

Familie 25.　Musaceae.

Meist hochwüchsige Pflanzen mit ungegliederten oder kurzgliedrigen Rhizomen und rasch emporwachsenden hohen oder kürzeren meist sehr grossblättrigen Stengeln. Blätter der Länge nach eingerollt in der Knospenlage.

Typus: $2 \times 3,\ 2 \times 3,\ 3$.

Perigon verwickelt symmetrisch, mehr oder weniger epigynisch; Blüthen zwitterig, von prachtvollen blumenblattartigen Bracteen gestützt; von den Staubblättern meist das oberste fehlgeschlagen, bisweilen mehre andere verkümmert; Antheren nach innen aufspringend; Carpell syncarp, der Anlage nach 3fächerig mit zahlreichen, selten wenigen anatropen Samenknospen in den inneren Fachwinkeln an den eingerollten Carpellblatträndern; Perigon mit Gliederung abgeworfen; Frucht beerenartig fleischig oder fachspaltige Kapsel oder 3theilige 3samige Spaltfrucht; Samen mit grossem Endosperm.

Die Musaceen sind gewissermassen riesige regelmässig gebaute Scitamineen und sind wie diese eine echt äquatoriale Familie, welche die Wendekreise nur wenig überschreitet. Sie zeichnen sich aus durch grosse, oft riesige Blätter mit starkem Mittelnerv und parallelen gegen den Rand oder bogig verlaufenden Seitennerven, zwischen denen die Blätter vielfach einreissen. Wichtig sind die Bananen (Musa paradisiaca, M. ensete und M. sapientum), welche mit ihren Früchten ganze Landstriche ernähren (Pisang).

Beispiele: Musa, Strelitzia, Heliconia.

Familie 26.　Scitamineae.

Meist im Sumpf der Flussufer lebende kurzgliedrige Rhizompflanzen mit gestielten breiten Blättern, von deren Mittelnerv aus Parallelnerven gegen den Rand verlaufen.

Typus: $3 \times 3,\ 2 \times 3,\ 3$.

Blüthen zwitterig, verwickelt symmetrisch, meist auf der Frucht anwelkend; äusserster Perigonkreis kelchartig, innere kronenartig, lippenförmig; von den 2×3 (seltner 3) Staubblättern kommt nur das oberste normal zur Entwickelung, die übrigen verkümmern oder ver-

wandeln sich in Nebenstaubfäden; bisweilen ist das fruchtbare Staubblatt halbseitig entwickelt und die andere Kammer wird blumenblatt-
artig; Carpell syncarp; Samenknospen meist zahlreich, anatrop, campylotrop oder hemi-anatrop; Frucht meist eine fachspaltige Kapsel, seltener
Beere; grosses Perisperm oder Endosperm mit kleinem Keim.

Centrum: der Aequator, für die Zingiberaceen das tropische Asien,
für die Marantaceen das tropische Amerika.

Tribus:

Trib. 1. Zingiberaceae. Aussenperigon röhrig, 3 lappig; Staubbeutel 2 kammerig, mit einer tiefen Furche zwischen den Kammern, in
welcher der fadenförmige Staubweg liegt.

Beispiele:

Zingiber officinale Rosc., Südasien, in allen Tropengegenden angebaut, liefert den Ingwer (Rhizoma Zingiberis) des Handels; ferner ist
die gewürzreiche Wurzel von Zingiber Zerumbet Rosc. als Rhizoma
Zerumbet, diejenige von Zingiber Cassumunar Roxb. als Rhiz. Cassu-
munar s. Zedoariae luteae bekannt. Die Curcuma-Arten, namentlich
C. longa L. liefern das bekannte farbstoffreiche Rhizom. Das Rhizom
von Alpinia galanga Sw. ist unter dem Namen Radix Galangae (Rhiz.
Galangae) im Handel. Das blassere Rhizom von Curcuma Zedoaria
Salisb. ist die Zitwerwurzel (Rhiz. Zedoariae). Zur Gewinnung des
Ostindischen Arrowroots werden hauptsächlich die Wurzeln (nicht die
Rhizome) von Curcuma leucorrhiza Roxb. und C. angustifolia L. aus-
gebeutet.

Zahlreiche Arten der Gattungen Alpinia, Amomum und Elettaria
liefern gewürzreiche Früchte, darunter die kleinen Cardamomen von
Elettaria Cardamomum W. und Mat.; von Elettaria major Sm. die langen
oder zeylanischen Cardamomen; von Amomum cardamomum L. die
kleinen runden Cardamomen; von Amomum angustifolium Sonner die
grossen oder Javanischen Cardamomen; von A. grana paradisi Afz. die
Paradieskörner oder madagassischen Cardamomen. Die Rhizome der
Gattung Costus liefern die Costwurzel.

Trib. 2. Marantaceae. Aussenperigon dialyphyll; Staubblatt halbseitig, kronblattartig; Staubweg gekrümmt, fleischig.

Die Arten der Gattung Maranta liefern in ihren stärkereichen
Wurzelanschwellungen das echte westindische Arrow-root, namentlich
Maranta arundinacea L. (eirunde einfache Amylumkörner) und M. indica L.
(kleinere zusammengesetzte Körner).

Trib. 3. Canneae. Staubblatt halbseitig, kronenartig; Staubweg
blattartig, kronenartig, grade; Perisperm; Samenknospe umgekehrt, im
Knospengrund stark entwickelt.

Die Arten der Gattung Canna sind beliebte Zierpflanzen in Gärten.

Familie 27.   Hydrocharideae.

Schwimmende oder wurzelnde Wasserpflanzen, meist dioecisch.
Typus: 2×3, $(1—4) \times 3$, 3.

Staubblätter an der Basis mit dem Perigon verbunden, bisweilen
schwach monadelphisch, meist nach innen aufspringend, 2kammerig,
4fächerig, ein rudimentäres Carpell umschliessend; Gynaeceum 3blättrig,
1fächerig, paracarp mit wandständigen Samenträgern, gebildet aus den
eingerollten Carpellblatträndern, oder durch die stark vorspringenden
Samenträger unecht 6- bis 9fächerig; zahlreiche orthotrope oder anatrope Samenknospen; Staubweg paracarp, 3lappig oder mehrlappig;
Frucht untergetaucht, durch Fäulniss die Samen ausstreuend; Samen
zahlreich, eiweisslos; Embryo gross.

Die Hydrocharideen leben meist in süssen Gewässern gemässigter
Klimate auf beiden Hemisphären.

Beispiele: Hydrocharis L., Udora, Anacharis, Vallisneria, Stratiotes,
Limnobium.

Familie 28.   Burmanniaceae.

Zierliche einfach periodische oder durch Rhizome perennirende
Gewächse mit einfach symmetrischen epigynischen Zwitterblüthen.
Typus: $\widehat{2} \times \widehat{3}$, $(1—2) \times 3$, 3.

Staubblätter mit dem Perigon verbunden, getrenntblättrig oder monadelphisch; Antheren 2kammerig, 4fächerig, nach innen aufspringend;
Carpellblätter 3, paracarp oder durch Einrollen so stark syncarp, dass
die im Centrum zurückgerollten Ränder als 6 axile Samenträger
erscheinen; Samenknospen zahlreich, umgekehrt; Staubweg paracarp,
3lappig, Lappen häufig gespalten; Kapsel 1fächerig, 3klappig oder unächt 3fächerig, transversal aufspringend; Embryo unentwickelt; Same
sehr klein, ohne Albumen.

Centrum: der Tropengürtel Asiens und Amerikas, sonst zerstreut,
besonders in ausgedehnten Waldungen auf moderndem Laube.

Beispiele: Burmannia, Cymbocarpus, Thismia, Stenomeris, Triuris.

Familie 29.   Orchideae.

Terrestrische oder epiphyte, bisweilen saprophyte und dann chlorophyllfreie Pflanzen mit Knollen oder Rhizomen, mit verwickelt symmetrischen Zwitterblüthen.
Typus: 2×3, 2×3, 3.

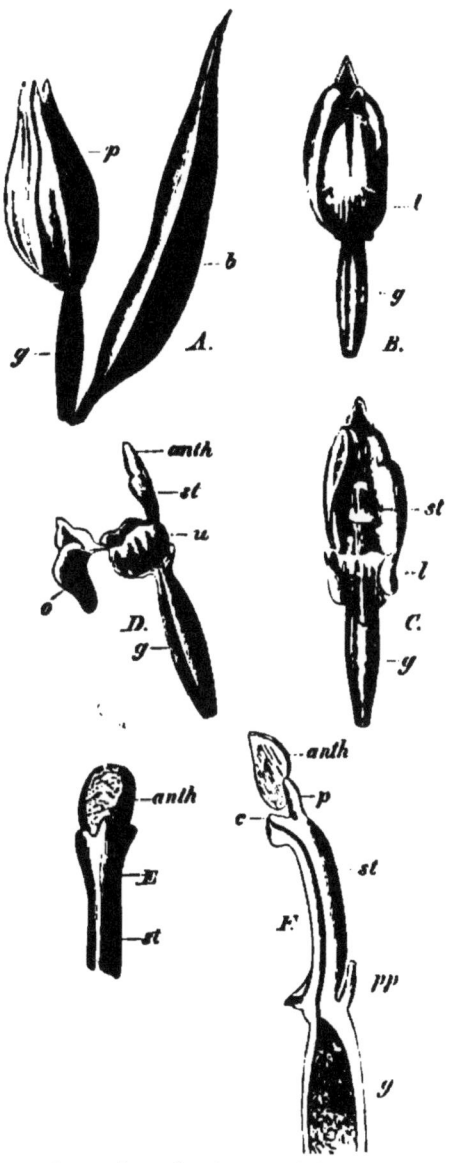

Aeusserer Perigonkreis mehr kelchartig, innerer stark verwickelt symmetrisch und kronenartig, das oberste Blatt lippenförmig oder kapuzenförmig, sehr verschieden gestaltet, oft gespornt, wird durch Drehung oder Biegung des Fruchtknotens oder des Blüthenstielchens während des Aufblühens zur Unterlippe; von den Staubblättern schlägt der äussere Wirtel ganz fehl; vom inneren Wirtel entwickelt sich eins oder zwei. In der nebenstehenden Fig. 31 sieht man bei *A* eine Blüthe von Cephalanthera, von einem Deckblatt *b* gestützt. Der Fruchtknoten *g* trägt das Perigon, welches noch geschlossen (*p*). *B* zeigt dieselbe Blüthe von vorn; man sieht bei *l* die gegliederte Lippe. Bei *C* ist diese (*l*) zurückgeschlagen, wodurch das Staubblatt *st* sichtbar wird. Dasselbe steht auf dem Griffel der Lippe gegenüber. Bei *D* sieht man sehr deutlich von der Seite den oberen Lappen der Lippe (*o*) vom unteren Theil abgegliedert; ebenso ist die oberständige Stel-

Figur 31. Cephalanthera pallens Rich. *A*. Blüthenknospe von der Seite, die 3 äusseren Perigonblätter. ⅔. *B*. Dieselbe von vorn nach Entfernung der 2 vorderen Perigonblätter. Man sieht vorn die 2gliedrige, noch aufgerichtete Lippe (*l*). *C*. Dieselbe, die Lippe herabgeschlagen, dadurch Staubweg mit dem Staubblatt (*st*) sichtbar. *D*. Dieselbe von der Seite nach Entfernung sämmtlicher Perigonblätter bis auf die Lippe, deren oberen Lappen (*o*) man deutlich vom untern, den Staubweg (*st*) hohl umschliessenden, herabhangen sieht. *E*. Ende des Staubwegs mit der Anthere von der Rückseite. *F*. Halbirter Staubweg, bei *c* die Mündung des Staubwegkanals in der warzigen Narbe, *p* der Stiel der Anthere (*anth*), *g* der Fruchtknoten, oben bei *pp* die abgeschnittenen Perigonblätter.

lung der Anthere (*anth*) auf dem Griffel (*st*) deutlich zu sehen, deutlicher noch in Fig. *E* und in *F*., wo nach Entfernung des Perigons (*pp*) der Staubweg (*st*) mit seiner Mündung (*c*) und der Anthere (*anth*) auf dem Filament (*p*) sichtbar wird. Sind dagegen zwei Staubblätter vorhanden, so stehen sie der Lippe zugewendet rechts und links von der Staubwegmündung. In diesem Fall sind die Staubblätter fast ebenso beschaffen wie bei den meisten monocotylen Familien. Sehr abweichend aber ist das Staubblatt gebaut, wenn einzeln.

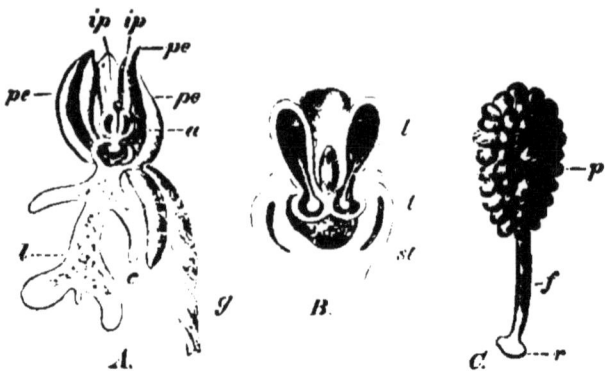

Figur 32.

Figur 32 zeigt bei *A* eine vollständige Blüthe einer Orchis. Auf dem Fruchtknoten (*g*) sind die 3 äusseren Perigonblätter (*pe*) und mit ihnen abwechselnd die inneren (*ip*) inserirt, von denen das, durch den gedrehten Fruchtknoten nach unten gerichtete, ursprünglich oberste Blatt sich zu einer 3lappigen Lippe (*l*) entwickelt hat, welche nach hinten einen Sporn (*c*) trägt. Auf dem Mündungskörper erhebt sich bei *a*, der Lippe gegenüber, das Staubblatt. Seine Struktur sieht man deutlicher bei *B* derselben Figur, etwas mehr vergrössert. Das Perigon ist entfernt und nur der Mündungskörper mit der rachenförmigen Mündung (*st*) sichtbar. Ihr gegenüber befinden sich bei *t* zwei Drüsen, von kleinen Taschen bedeckt, welche Fortsetzung der ganz angewachsenen, nach aussen offenen Antherenkammern (*l*) sind, in denen man je eine keulige Pollenmasse liegen sieht. Diese liegt lose im Fach und kann daher von den Bienen, da sie an der Basis klebrig ist, herausgetragen werden. In Fig. 32 *C* sieht man ein solches Pollenkölbchen bei etwas stärkerer Vergrösserung. Das untere Ende wächst zu einem Schwänzchen (*f*) aus, welches mit einem Drüschen (*r*) endet. Dieses Drüschen klebt zuletzt an der in der doppelten Tasche (*t* bei *B* Fig. 32) befindlichen Doppeldrüse (Halter, retinaculum) fest. Die Pollenmasse selbst ist in zahlreiche kleine Fächer (*p*, *C* Fig. 32) abgetheilt, in welchen die Körner zu vier verklebt liegen, jedoch ohne sich einzeln oder zu vieren ablösen zu können, da das Ganze durch eine viscinartige Substanz verbunden ist.

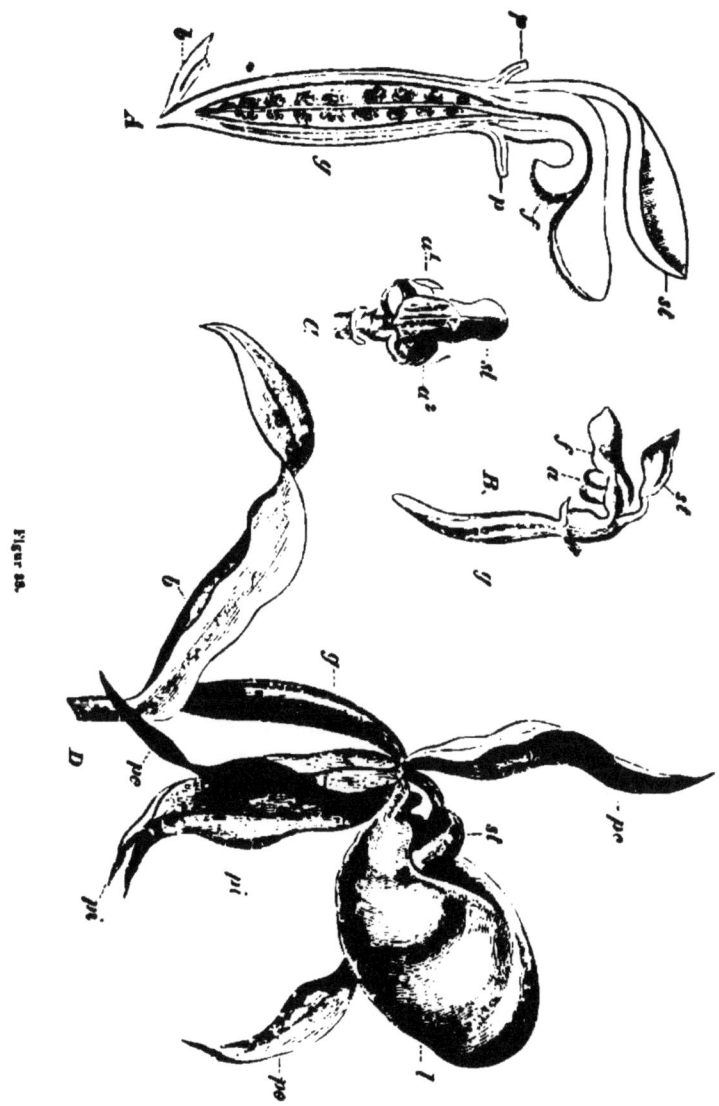

Dagegen zeigt Figur 33 *D)* die Blüthe des Cypripedium Calceolus L. mit zwei Staubblättern (a^1 und a^2 Fig. 33 *C*), welche der Lippe (*l* Fig. 33 *D*) zugewendet sind. Der Fruchtknoten (*g*) ist durch die

Schwere der Lippe (l) nach vorn gebogen und ist von einem grossen
Deckblatt (b) gestützt. pe sind die 3 äusseren Perigonblätter, pi die
2 inneren, das dritte wird von der Lippe (l) gebildet. Bei st sieht
man das dritte verkümmerte Staubblatt, und daneben das eine der
beiden entwickelten. Deutlicher sind beide sichtbar in Fig. 33 C nach
Entfernung der Perigonblätter bei a^1 und a^2, wo man sie von vorn,
d. h. von der Lippe her, vor sich sieht. Noch deutlicher wird das
Verhältniss durch Fig. 33 B, wo man das oberste zum Staminodium (st),
einem fleischigen, lippenförmigen Körper verkümmerte Staubblatt und
eines der fruchtbaren (a) von der Seite sieht. Bei f gewahrt man den
grossen 2lippigen Mündungskörper. A zeigt dasselbe stärker vergrössert
im Längsschnitt. Bei b ist das abgeschnittene Deckblatt. Der gespal-
tene Fruchtknoten (g) lässt im Innern einen der drei Samenträger mit
zahlreichen Gruppen von Samenknospen erkennen; p sind die abgeschnittenen Perigonblätter, f der Eingang in den fleischigen 2lippigen
Mündungskörper und st das fleischige Staminodium.

Bei den Orchideen mit nur einem Staubblatt ist die Hülfe der
Insekten für die Befruchtung fast unentbehrlich.

Die Staubblätter stehen, wie die obigen Figuren zeigen, unter allen
Umständen auf der Staubwegmündung, welche einen dicken fleischigen
Mündungskörper bildet.

Es wird also hier fast das ganze Carpell durch den Stengel ersetzt,
nur die Narbenlappen bestehen aus den Carpellblättern, ein Staubweg
ist eigentlich gar nicht vorhanden.

Der Fruchtknoten ist rein paracarp mit 3 wandständigen breiteren
oder schmäleren, mehr oder weniger vorspringenden Placenten mit zahlreichen Samenknospen, welche mehr oder weniger geneigt oder umgekehrt sind; Samen sehr klein, meist sehr zahlreich, höchst unentwickelt, nur einen fast homogenen rundlichen Zellkörper darstellend.

Die Frucht springt bisweilen gar nicht auf; meistens jedoch öffnet
sie sich mit 3 Leisten, den Mittelnerven der 3 Carpellblätter entsprechend, welche oben und unten mit dem Carpellblatt verbunden
bleiben, sich jedoch in der Mitte von der Wand ablösen, so dass also
3 Paare von Längsspalten entstehen (Leistenkapsel). Bisweilen, so bei
der Vanille, wird das Pericarp fleischig; dann springt die Frucht entweder gar nicht auf oder sie öffnet sich in Gestalt zweier Klappen, wie
eine Schote, indem die eine Klappe 2 Samenträgern, die andere dem
dritten Samenträger entspricht.

Die Orchideen sind eine aequatoriale Familie und besonders üppig
entwickelt in Südamerika und Südasien, sowie auf den südasiatischen
Inseln. Auch die Bürger gemässigter Klimate sind zum grössten Theil

als Ueberrest einer früheren reicheren, einem wärmeren Klima entsprechenden Flora anzusehen.

Tribus:

Trib. 1. Ophrydineae. Nur 1 Staubblatt vorhanden, welches mit dem Rücken völlig angewachsen, nach vorn aber offen ist; 2 keulenförmige kleinlappige Pollenmassen, welche durch je eine schwanzförmige Verlängerung an den Haltern der Staubwegmündung festkleben; die Pollenmassen in zwei offenen taschenförmigen Kammern liegend.

Gatt. Orchis L. Lippe 3lappig, gespornt; Staubbeutelfächer am Grund durch ein 2fächeriges Täschchen bedeckt, unter diesem 2 klebrige Halter; Fruchtknoten gedreht, sitzend.

Gatt Ophrys L. Lippe ungespornt; Blüthen gestielt; Blüthenstielchen gedreht; Fruchtknoten grade; Staubbeutelkammern ganz getrennt.

Gatt. Anacamptis Rich. Staubbeutelkammern am Grund durch ein 1fächeriges Beutelchen bedeckt, unter welchem 1 Halter befindlich; sonst wie Orchis.

Gatt. Gymnadenia R Br. Pollenmassen am Grunde ohne Täschchen; sonst wie Orchis.

Gatt. Habenaria R. Br. Pollenmassen am Grund ohne Täschchen, durch einen Ausschnitt der Staubwegmündung getrennt; sonst wie Orchis.

Gatt. Platanthera Rich. Lippe ungetheilt; Pollenmassen wie bei Habenaria; Sporn lang.

Gatt. Aceras R. Br. Lippe spornlos; sonst wie Orchis.

Gatt. Herminium R. Br. Lippe spornlos, am Grunde sackförmig; Pollenmassen am Grunde ohne Täschchen; sonst wie Orchis.

Gatt. Nigritella Rich. Lippe nach oben gerichtet; weder der Fruchtknoten noch das Blüthenstielchen gedreht, sonst wie Gymnadenia.

Gatt. Chamaeorchis Rich. Perigon helmförmig; sonst wie Ophrys.

Gatt. Serapias L. Lippe spornlos, 2gliedrig; Fruchtknoten nicht gedreht; Pedicellus gedreht; sonst wie Orchis.

Die meisten Gattungen dieses Tribus leben in gemässigt warmen Klimaten.

Trib. 2. Limodoreae. Staubblatt einzeln; Antheren frei; Pollenmassen kleinlappig oder mehlig.

Gatt. Limodorum Tourn. Lippe 2gliedrig, gespornt; Pollen staubartig; Fruchtknoten nicht gedreht.

Gatt. Epipogium Gmel. Perigon abstehend; Lippe 2gliedrig, mit aufgeblasenem Sporn; Pollenmassen kleinlappig; Fruchtknoten nicht gedreht.

Gatt. Cephalanthera Rich. Perigon aufrecht, fast geschlossen; Lippe 2gliedrig, spornlos; Pollenmassen staubartig; Fruchtknoten gedreht.

Gatt. Epipactis Rich. Fruchtknoten nicht gedreht; Pedicellus gedreht; sonst wie Cephalanthera.

Gatt. Listera R. Br. Lippe hangend, spornlos; Perigon glockig; Staubbeutel unterhalb der Spitze des Griffelfortsatzes eingefügt; sonst wie Epipactis.

Gatt. Neottia L. Staubbeutel an der Spitze des Griffelfortsatzes eingefügt; echte Saprophyten ohne Chlorophyll; sonst wie Listera.

Gatt. Goodyera R. Br. Lippe eingeschlossen, spornlos, nach unten sackförmig hohl; Staubbeutel gestielt; sonst wie Listera.

Gatt. Spiranthes Rich. Lippe an der Basis rinnig; Blust schraubig; sonst wie Goodyera.

In diese Abtheilung gehört neben anderen tropischen und subtropischen Orchideen auch die Vanille: Vanilla sativa Schiede, welche in Mexiko, Westindien, Mittel- und Südamerika als Schlingpflanze an Bäumen emporklettert.

Trib. 3. Malaxideae. Staubblatt einzeln, mit freier Anthere; Pollenmassen zu einer wachsartigen Materie verklebt.

Gatt. Malaxis Sutz. Perigon abstehend; Lippe spornlos; Anthere endständig, bleibend; Fruchtknoten nicht gedreht.

Gatt. Sturmia Rchb. Anthere abfällig; Fruchtknoten schwach gedreht; sonst wie Malaxis.

Gatt. Corallorhiza Hall. Perigon helmförmig; Lippe kurz gespornt; Anthere endständig, abfällig; Fruchtknoten nicht gedreht.

Trib. 5. Epidendreae. Pollenmassen wachsartig verbunden; Anthere einzeln; Halter fehlen. Meist grossblumige epidendrische Formen, zu denen viele der schönsten tropischen Orchideen gehören; so z. B. die Gattungen: Phajus, Bletia, Cattleya, Laelia, Epidendron etc.

Trib. 6. Vandeae. Anthere einzeln; Pollenmassen wachsartig verbunden; die Schwänze derselben an einem Halter befestigt. In diese Abtheilung gehören die prachtvollsten epidendrischen Arten tropischer Klimate; so z. B. die Gattungen: Vanda, Angraecum, Oncidium, Odontoglossum, Miltonia, Stanhopea, Zygopetalum, Maxillaria, Lycaste u. a.

Trib. 7. Cypripedieae. Zwei Antheren, der Lippe zugewendet, die untere (faktisch obere) ein fleischiges Staminodium bildend; Pollen körnig, nur zu 4 zusammenhangend.

Gattungen: Cypripedium, Uropedium.

Familie 30. Cypéraceae.

Grasartige Pflanzen mit schmalen oder selten breiteren, noch seltner getheilten, meist linealischen oder schmal lanzettlichen Blättern, meist mit scheidiger Basis oder scheidigem Stiel, an der Trennungsstelle von Spreite und Scheide häufig mit hautartigem Fortsatz, Blatthäutchen oder Ligula genannt. Meist Rhizompflanzen.

Blüthen zwitterig oder diklinisch, ährenständig.

Die Blüthe ist abzuleiten aus dem Typus der Liliaceen: 2×3, 2×3, 3.

Das männliche Perigon schlägt ganz fehl. Ist die Blüthe zwitterig oder weiblich, so bildet sich aus dem 2blättrig angelegten Perigon entweder ein gamomerer Ring, von welchem 2 oder mehre haarförmige, borstliche oder blattartige Lappen ausgehen oder eine flaschenförmige Hülle, aus welcher der Griffel hervorragt. Oft ist das Perigon in zahlreiche haarfeine Abschnitte gespalten. Staubblätter sind meist 3 entwickelt, seltner mehr oder weniger, von 1—12; die Filamente sind lang, fädlich, die Antheren fortlaufend, 2kammerig, 4fächerig, nach innen aufspringend, häufig versatil; Fruchtknoten 1fächerig, 1knospig, mit 3, seltener 2 langen pinselig behaarten Mündungslappen; Samenknospe basal angeheftet, aufrecht, anatrop; Frucht eine 1samige Schliessfrucht; Frucht- und Samenschale unbedeutend und meist nicht deutlich getrennt, meist hautartig oder lederig; kleiner Keim in grossem stärkereichem Eiweiss.

Centrum: Gemässigte Klimate der nördlichen Halbkugel. Mit Ausnahme der Cypereen, welche gegen den Aequator an Zahl und Grösse der Formen zunehmen, nimmt die Familie gegen die Tropen ab.

Trib. 1. Cariceae. Blüthen diklinisch, ährenständig; Aehren in den Achseln von Stützblättern, getrennt; männliches Perigon fehlt; weibliches Perigon 2blättrig, auswachsend, die Frucht umgebend oder einschliessend.

Gattungen:

Gatt. Kobresia W. Unteres Aehrchen 1blüthig, mit Ansatz zu einer zweiten, männlichen Blüthe; obere Aehrchen 1blüthig, männlich.

Gatt. Elyna Schrad. Aehrchen zweiblüthig; Fruchtperigon fehlt.

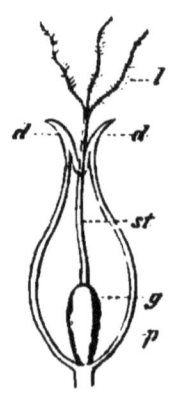

Figur 31. Fruchtperigon von Carex
vesicaria L. *p* = das 2 blättrige
Flaschenperigon, der Länge nach gespalten, *d* seine beiden Zähne, *g* der
Fruchtknoten, *st* — Griffel, *l* dessen
3 Lappen.

Gatt. Carex L. Aehrchen 2- bis vielblüthig; Fruchtperigon 2blättrig, schlauchförmig, die Frucht einschliessend.

Trib. 2. Cypereae. Blüthen zwitterig;
Deckblätter 2reihig.

Gatt. Cyperus L. Deckblätter zahlreich,
gekielt, weibliches Perigon fehlt.

Gatt. Schoenus L. Deckblätter 6—9, un-
gekielt; weibliches Perigon 1- bis 5borstig
oder fehlend.

Trib. 3. Scirpeae. Blüthen zwitterig;
Deckblätter dachig.

Gatt. Heleocharis R. Br. Staubweg an
der Basis gegliedert; unterste Deckblätter
grösser, die 1—2 untersten blüthenlos; Fruchtperigon nicht hervorragend.

Gatt. Cladium P. B. Staubweg an der Basis gegliedert; unterste
Deckblätter kleiner, die 3 untersten blüthenlos; Fruchtperigon fehlend.

Gatt. Rhynchospora Vahl. Staubweg an der Basis gegliedert,
3—4 unterste Deckblätter kleiner und blüthenlos; Fruchtperigon nicht
hervorragend; Frucht geschnäbelt.

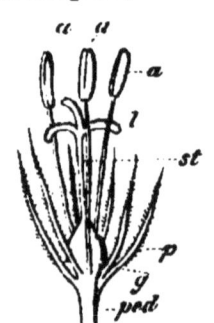

Figur 35. Blüthe von Scirpus lacu-
stris L. *ped* — Blüthenstielchen, *g* —
Fruchtknoten mit dem Staubweg (*st*)
und drei Mündungslappen (*l*). *P* —
die 6 Borsten des Perigons, *a* — die
3 Antheren.

Gatt. Scirpus L. Staubweg ungegliedert;
untere Deckblätter grösser; Fruchtperigon wenig
hervorragend.

Gatt. Eriophorum L. Fruchtperigon in
zahlreiche feine seidige oder wollige sehr
lange Fäden aufgelöst.

Gatt. Fimbristylis Vahl. Staubweg gegliedert, gewimpert, von der Seite zusammengedrückt; untere Deckblätter grösser; Fruchtperigon nicht lang hervorragend.

Als officinell gilt das Rhizom von Carex
arenaria; früher benutzte man auch die Rhizome mehrer südeuropäischer Cyperus-Arten
(Cyperus longus L. und C. rotundus L.). Cy-
perus Papyrus L. lieferte das Papier der Aegypter in dem Markgewebe
der Halme.

Familie 31. Gramineae.

Pflanzen mit einfacher Periode oder häufiger mit kurzgliedrigen,
bisweilen mit langgliedrigen Rhizomen, in wärmeren Gegenden nicht

selten mit dauernden rohrartigen Stengeln, meist Zwitterblüthen mit
hypogynischer Insertion; Blätter meist schmal linealisch mit Scheide,
welche den Halm umfasst und Ligula, die nicht selten seitliche Fortsätze (Oehrchen, Ochrea) bildet.

Grundtypus: 2×3, 2×3, 3.

Der innere Perigonkreis verkümmert meistens bis auf zwei winzig
kleine Blättchen (Nebenperigon), welche vor dem Deckblatt stehen. In

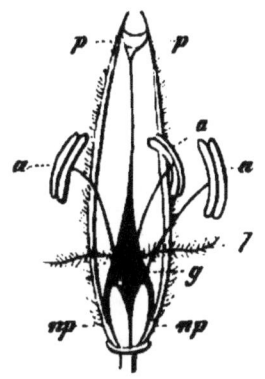

Figur 36. Blüthe des Hafers, Avena sativa L., nach Entfernung der Aussenspelze
(des Deckblattes), schwach vergrössert.
np = die 2 Nebenperigonblätter, d. h.
2 Blätter des inneren Perigonkreises, pp =
die beiden äusseren Perigonblätter, welche
die Innenspelze bilden, hier hinten zusammengewachsen, vorn die Blüthe als
häutige Lappen umhüllend, aber offen,
rechts und links ihre derben kammig
gew.mperten Nerven.

Fig. 36 ist das Deckblatt, die sogenannte
Aussenspelze, entfernt und man sieht deutlich bei *np* die 2 Blättchen des Nebenperigons. Der äussere Perigonkreis verkümmert bis auf 1 oder 2 grosse spelzen-
artige Blätter. Sind es zwei, so sind sie
meist hautartig und an der Aussenseite
zusammengewachsen. Nach innen sind sie
aufgeschlitzt (*p* Fig. 36) und hüllen mit
zwei herablaufenden Lappen die übrigen
Blüthentheile ein. Gewöhnlich haben sie
jedes einen starken, meist kammig gewim-
perten Nerven (*p* Fig. 36). In der Figur
sieht man den Fruchtknoten (*g*), auf welchem
griffellos die beiden gefiederten Mündungslappen (*l*) am Grunde der Blüthe hervortreten. Bei *a* sieht man die 3 schwanken-
den Antheren auf sehr langen fädlichen
Filamenten.

Das Androceum besteht meistens nur aus einem einzigen Kreis
von drei fortlaufenden Staubblättern, deren Antheren zuletzt häufig
versatil sind (vgl. Fig. 36). Mitunter schlägt von diesen Staubblättern
eins fehl, so dass nur 2 übrig bleiben (z. B. Anthoxanthum). Andererseits sind bisweilen alle 2×3 Staubblätter, seltner mehr als 2 drei-
gliedrige Wirtel ausgebildet. Noch seltner bleibt nur ein Staubblatt
übrig.

Das Gynaeceum besteht aus einem 1blättrigen, 1fächerigen, 1knos-
pigen Fruchtknoten mit kurzem, oft fast fehlendem Staubweg und zwei
pinselig oder kurz behaarten Mündungslappen. Fehlt der Staubweg, so
treten die Mündungslappen am Grunde der Blüthe hervor; ist er dagegen entwickelt, so stehen die Mündungslappen in der Regel aufrecht
an der Spitze der Blüthe.

In der Haferblüthe (Fig. 36) hatten wir den erstgenannten Fall
vor Augen. Die beiden pinseligen Mündungslappen (*l* Fig. 36) treten,
da der Staubweg fast ganz fehlt, am Grunde der Blüthe im unteren

Theil der Innenspelze (*p* Fig. 36) hervor, tief unter den Staubbeuteln (*a*) und die zarten Nebenperigonblätter (*np*) nur wenig überragend.

Den Gegensatz dazu zeigt die Phalarideen-Blüthe von Phleum
pratense L. in Fig. 37. Figur 37 *A* ist das 1blüthige Aehrchen mit
den 2 Hüllspelzen (*h sp*).

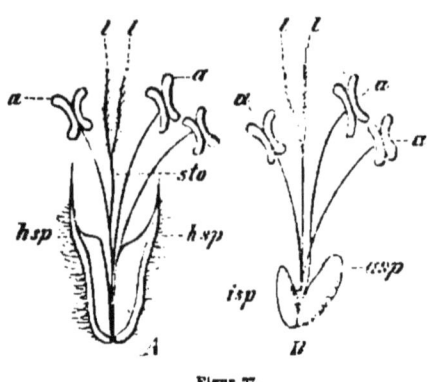

Figur 37.

Die Antheren *a* und die
auf langem Staubweg (*st*)
stehenden Mündungslap-
pen (*l*) erheben sich hoch
über die Spitze der Blüthe
und des Aehrchens hin-
aus. Noch deutlicher wird
das in Fig. 37 *B*, wo die
beiden kammig gewimper-
ten Hüllspelzen (*h s p*
Fig. 37 *A*) entfernt sind.
Man sieht die Aussen-
spelze (*a sp*) und die Innen-
spelze (*isp*), welche hier von gleicher Beschaffenheit sind. Die übrigen
Buchstaben bedeuten dasselbe.

Samenknospe am Rücken des Carpells, meist tief unten, selten von
oben herabhangend, eingefügt.

Frucht eine Schliessfrucht, in welcher Pericarp und Testa völlig
verwachsen, meist sehr undeutlich getrennt sind. Grosses mehliges
Endosperm. Embryo der Aussenspelze anliegend in einer Vertiefung
im unteren Theil des Perisperms an der Basis des Samens.

Die Gramineen sind die grösste aller Monocotyledonen-Familien
bezüglich der Anzahl der Arten. In Bezug auf die Individuenzahl
dürften sie alle thalamischen Familien weit übertreffen, denn Grasfluren,
Wiesen, Prairieen, Steppen, Llanos und Pampas bedecken einen grossen
Theil der Erde.

Die menschliche Cultur ist völlig abhängig vom Reichthum des
Endosperms an Amylum. Der Rohrzucker von Saccharum officinarum
deckt den Zuckerbedarf eines grossen Theils der Erdbewohner. Officinell ist in Europa nur noch das Rhizom der Quecke (rhizoma gra-
minis von Triticum repens L., eines der gefürchtetsten Ackerunkräuter.

Einige rohrartige Gräser, namentlich das Bambusrohr (Bambusa
arundinacea L.) und andere Arten werden förmliche Bäume, so dass
man ihre Halme als Balken und Dachsparren beim Bauen benutzen
kann. Der vielfältige technische und landwirthschaftliche Nutzen des

Strohs vieler robuster Gräser und des Heus als Viehfutter ist allgemein bekannt.

Folgendes sei noch der Entwickelung der Zunftcharaktere vorangeschickt über die Inflorescenz der Gräser.

Die Aehren stehen bisweilen dicht zusammengedrängt auf der Spindel, welche in diesem Fall meist zahnförmige Vorsprünge besitzt, auf denen die Aehren inserirt sind. In diesem Fall heisst das Ganze eine Hauptähre. Sind aber die Aehren deutlich gestielt, wobei die Stiele meist mehrfach sich verästeln, so heisst der ganze Blust eine Rispe. Figur 38 zeigt eine Aehre von Bromus inermis Leyss. Dieselbe

Figur 38.

ist 4blüthig und zwar ist die Blüthe b^1 abgeblüht und bereits geschlossen, die zweite bei b^2 ist abgeblüht, aber noch geöffnet, so dass der Fruchtknoten mit den beiden pinseligen Mündungslappen sichtbar wird (l). Die dritte Blüthe (b^3) ist eben aufgeblüht; man sieht ausser dem Fruchtknoten mit den beiden Mündungslappen auch die 3 langgestielten Staubblätter; endlich die vierte Blüthe (b^4) ist noch nicht aufgeblüht. Eine solche Aehre wird gewöhnlich von zwei Hüllspelzen gestützt, welche in unserer Figur an der Basis stehen und vor dem Aufblühen nur einen Theil der Aehre umschliessen. Bei Bromus ist die äussere Hüllspelze (ah) etwas kleiner als die innere (ih).

Tribus:

Trib. 1. Oryzeae. Aehren mit einer endständigen vollkommenen Blüthe, bisweilen darunter noch einige verkümmerte; Hüllspelzen fehlen; Blumenspelzen hart; Staubblätter meist 2×3, seltner 3 oder 1; Staubweg kurz; Mündungslappen an der Basis der Blüthe hervortretend; Frucht linsenförmig.

Hierher gehört der Reis (Oryza sativa L.), welcher, in Südasien heimisch, in fast allen heissen Ländern, schon im südlichen Europa, kultivirt wird.

Einheimische Gattungen:

Gatt. Leersia Sol. Frucht von den beiden Blumenspelzen umschlossen; Staubweg mit fiederigen Lappen, ziemlich lang; Aussenspelze stumpf.

Gatt. Coleanthus Seid. Frucht nur am Grunde von den Spelzen umhüllt; Staubweg kurz, mit kurzen Haaren bedeckt; Aussenspelze begrannt.

Trib. 2. Phalaridoao. Aehrchen 1 blüthig, rispenständig, oft mit 1—2 verkümmerten oder mit 1—2 unteren männlichen Blüthen;

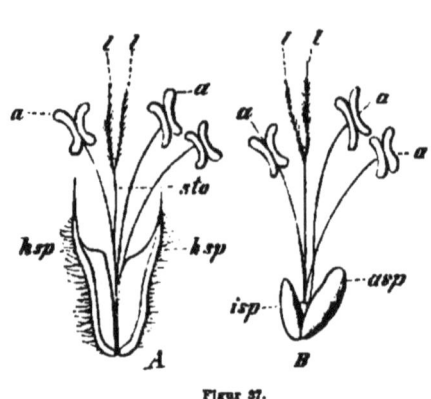

Mündungslappen auf langem Staubweg an der Spitze des Aehrchens hervortretend; Hüllspelzen und Blumenspelzen gleichgestaltet, meist hart, bisweilen glänzend; Frucht linsenförmig; Staubblätter bisweilen nur 2.

Gatt. Anthoxanthum L. Aehrchen 3 blüthig; 2 untere Blüthen geschlechtslos, 1 spelzig, begrannt, obere Blüthe 2 spelzig, unbegrannt; Staubblätter 2.

Figur 37.

Gatt. Phalaris L. Hüllspelzen fast gleich, gekielt, von der Seite flachgedrückt, 1 blüthig, mit 1—2 zum Schüppchen verkümmerten unteren Blüthen; Blüthenspelzen grannenlos; Frucht glänzend, hart, von den Spelzen umschlossen.

Gatt. Hierochloa Gmel. Aehrchen 3 blüthig, die 2 unteren Blüthen männlich, 3 männig; obere Blüthe zwitterig, 2 männig, mit 1 kieliger Innenspelze.

Gatt. Imperata Cyrill. Aehrchen 1 blüthig mit einer unteren 1 spelzigen geschlechtslosen Blüthe; Blumenspelzen durchsichtig.

Gatt. Alopecurus L. Innenspelze fehlt; Aussenspelze auf dem Rücken lang begrannt; die einzelne Blüthe von den Hüllspelzen völlig eingeschlossen.

Gatt. Phleum L. Innen- und Aussenspelze hautig, kahl, auf dem Rücken kurzgrannig oder wehrlos (s. Fig. 37); Blüthe von den gekielten Hüllspelzen völlig eingeschlossen.

Gatt. Crypsis Ait. Innen- und Aussenspelze fast gleich, kahl, hautig; Blüthe aus den Hüllspelzen hervortretend.

Gatt. Chamagrostis Borkh. Innen- und Aussenspelze gewimpert; Hüllspelzen auf dem Rücken abgerundet, die Blüthe einschliessend.

Hierher gehört als wichtige Culturpflanze der aus Amerika eingeführte Mais: Zea mais L. Die Aehren der Gattung Zea sind diklinisch, monoecisch; männliche Aehrchen in reicher Rispe am Ende des Halms, 2 blüthig; darunter auf fleischigem, achselständigem Kolben die weiblichen Aehren; Fruchtknoten kugelig mit langem Staubweg und langen fadenförmigen feinhaarigen Mündungslappen; weibliches Perigon aus 2—3 hautigen Blättern bestehend.

Trib. 3. Paniceae. Hüllspelzen ungleich, das 2blüthige Aehrchen einschliessend, untere Blüthe männlich oder verkümmert; Blüthenspelzen lederig, hart; Aussenspelze gewölbt; Mündungslappen pinselig, an der Spitze oder Basis der Blüthe hervortretend; Frucht flach gedrückt, von den harten Spelzen eingeschlossen.

Gatt. Panicum L. Untere Blüthe geschlechtslos, eine kleine Spitze darstellend; Mündungslappen an der Spitze des Aehrchens hervortretend.

Gatt. Setaria Palisot de Beauv. Hüllspelzen borstlich; sonst wie vor.

Gatt. Tragus Desf. Untere Blüthe fast gänzlich fehlgeschlagen; untere Hüllspelze klein, hautig, nackt; obere Hüllspelze lederig, stachelig; Mündungslappen an der Basis der Blüthe hervortretend; Frucht von den vertrockneten Blüthenspelzen bedeckt.

Trib. 4. Stipaceae. Aehren fast stielrund, 1blüthig, von den Hüllspelzen umschlossen, rispenständig; Aussenspelze eingerollt, meist an der Spitze begrannt, die Frucht einhüllend; Mündungslappen auf kurzem Staubweg am Grunde der Blüthe hervortretend.

Gatt. Stipa L. Aussenspelze mit bleibender sehr langer an der Basis schraubig gedrehter Granne.

Gatt. Milium L. Aussenspelze grannenlos.

Gatt. Piptatherum P. Beauv. Aussenspelze mit abfälliger Granne.

Gatt. Lasiagrostis Lk. Aussenspelze auf dem Rücken unter der Spitze mit starker gekniecter bleibender Granne.

Trib. 5. Agrostideae. Aehren rispenständig, von der Seite zusammengedrückt, 1blüthig oder mit einer oberen stielförmig verkümmerten Blüthe; Hüllspelzen die Blüthe einschliessend; Staubweg

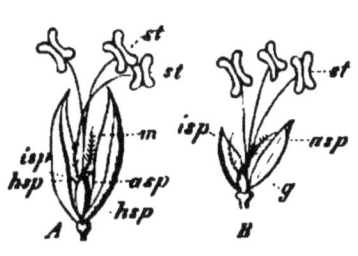

Figur 39.

sehr kurz mit federigen, an der Basis der Blüthe hervortretenden Lappen; Frucht von den Blüthenspelzen bedeckt. Figur 39 zeigt die Blüthe von Agrostis stolonifera L., bei *A* noch von den Hüllspelzen (*hsp*) eingeschlossen, bei *B* davon befreit, *asp* = Aussenspelze, *isp* = Innenspelze, *st* = die 3 Staubblätter, *g* = der griffellose Fruchtknoten mit den beiden am Grunde hervortretenden Mündungslappen (*m*).

9*

Gatt. Agrostis L. Hüllspelzen spitz, kahl, die untere länger als die obere.

Gatt. Polypogon Desf. Hüllspelzen an der stumpfen schwach ausgerandeten Spitze borstig begrannt.

Gatt. Apéra P. B. Untere Hüllspelze kleiner als die obere; sonst wie Agrostis.

Gatt. Lagurus L. Hüllspelzen pfriemlich, begrannt, untere mit 2 endständigen graden und einer vom Rücken entspringenden gekniceten Granne.

Gatt. Calamagrostis Rth. Untere Hüllspelzen grösser als die obere, an der Basis mit langen Haaren umgeben; sonst wie Agrostis.

Gatt. Ammophila Host. Untere Hüllspelze kleiner als die obere; sonst wie vor.

Gatt. Gastridium P. B. Hüllspelzen stark flachgedrückt, an der Basis gedunsen; Blumenspelzen an der Basis kahl; sonst wie Agrostis.

Trib. 6. Arundinaceae. Aehren 1blüthig oder 2blüthig mit verkümmerter oberer Blüthe, selten vielblüthig, rispenständig; Blüthen am Grunde meist langhaarig; Hüllspelzen gross, die Blüthen umschliessend; Staubweg lang; Mündungslappen pinselig, aus der Spitze der Blüthe hervortretend.

Gatt. Arundo L. Aussenspelze 3spaltig, mit langer borstlicher Granne.

Gatt. Phragmites Trin. Aussenspelze ungetheilt, grannenlos.

Trib. 7. Pappophoreae. Aehren rispenständig, 2- bis vielblüthig, oberste Blüthe verkümmert; Hüllspelzen gross, das Aehrchen umschliessend; alle Spelzen krautartig-hautig, die Blumenspelzen gleichartig; Aussenspelze 3- bis vielspaltig mit pfriemlichen begrannten Abschnitten; Staubweg sehr kurz, aber die langen fadenförmigen Mündungslappen an der Spitze der Blüthen hervortretend.

Gatt. Sesleria Ard. Aussenspelze ungetheilt, stachelspitzig oder begrannt, an der Spitze 3- bis 5zähnig.

Gatt. Echinaria Desf. Aussenspelze handförmig getheilt, 5spaltig.

Trib. 8. Chlorideae. Aehren in 1seitiger, 1- bis vielblüthiger Hauptähre mit kleinen nur die Basis der Blüthen umfassenden Hüllspelzen; nur die unterste Blüthe fruchtbar, die übrigen verkümmert; Staubweg lang.

Gatt. Cynodon Rich. Blumenspelzen lederig, gleichlang; Aussenspelze eiförmig, kahnförmig, flachgedrückt; Innenspelze lineal, auf dem Rücken durch eine Furche ausgehöhlt, von der Aussenspelze umschlossen.

Gatt. Spartina Schreb. Blumenspelzen kantig; Aussenspelze zusammengedrückt, gekielt, kürzer als die kahnförmige, auf dem Rücken 2nervige Innenspelze.

Trib. 9. Avenaceae. Hüllspelzen gross, die rispenständigen Aehrchen völlig einschliessend; Aehrchen 2- bis vielblüthig, mit verkümmerter Endblüthe; Aussenspelze mehrnervig, deckblattartig, meist aus dem Rücken unterhalb der Spitze begrannt; Innenspelze 2nervig, hautig, zart; Staubweg kurz, die pinseligen Mündungslappen am Grunde der Blüthe hervortretend; Frucht auf der Innenfläche mit Längsfurche.

Gatt. Avena L. Aehren 3- bis mehrblüthig; die zwei unteren Blüthen Zwitter, die oberste verkümmert; Aussenspelze meist 2spitzig, auf dem Rücken unterhalb der Spitze mit langer knieförmig gebogener und schraubig gedrehter Granne versehen, krautig.

Gatt. Arrhenatherum P. B. Aehren 2blüthig, obere Blüthe zwitterig, kurz begrannt oder grannenlos, untere männlich, mit rückenständiger Granne.

Gatt. Danthonia D. C. Aehren 2- bis vielblüthig; Aussenspelze 2spaltig, mit einer endständigen unten flachen und schraubig gedrehten Granne zwischen den beiden Spelzen.

Gatt. Triodia R. Br. Aussenspelze am Ende 2spitzig, durch die oft kurze endständige grade Granne bisweilen fast 3spitzig, sonst wie Avena.

Gatt. Melica L. Aehren mit 1—2 untersten Zwitterblüthen und 1- bis mehren oberen geschlechtslosen; Blumenspelzen grannenlos, bauchig.

Gatt. Koeleria Pers. Blumenspelzen trockenhäutig; Aussenspelze ganz oder 2spaltig, mit endständiger Stachelspitze oder Granne.

Gatt. Lamarckia Moench. Aehrchen zum Theil geschlechtslos, die fruchtbaren 1blüthig mit Ansatz zur zweiten geschlechtslosen Blüthe; Hüllspelzen schmal, begrannt; Aussenspelze aus der Mitte der 2spaltigen Spitze mit grader endständiger Granne.

Gatt. Aira L. Aehren 2- bis 3-blüthig, mit wenigstens 2 Zwitterblüthen; Aussenspelze an der Spitze abgestutzt, 4zähnig, mit vom Grunde oder aus der Mitte des Rückens entspringender geknieeter Granne.

Gatt. Corynephorus P. B. Aussenspelze an der Spitze ganzrandig; Granne grundständig, grade, oben keulig, in der Mitte bärtig, gegliedert, sonst wie Aira.

Gatt. Holcus L. Aehren 2blüthig; obere Blüthe männlich, begrannt; untere zwitterig, grannenlos.

Trib. 10. Festucaceae. Hüllspelzen klein, das rispenständige Aehrchen nur an der Basis umfassend (s. Fig. 38); Aehren 3- bis vielblüthig mit meist ver-

Figur 38.

kümmerter Endblüthe; Hüllspelzen und Aussenspelze deckblattartig
(s. Fig. 40 *asp*), Aussenspelze meist endständig begrannt; Innenspelze
hautig, 2nervig, meist an den Nerven gewimpert (s. Fig. 40 *is*) und
mit hautigen, die Blüthe einhüllenden Vorderlappen versehen; Staubweg fehlend (vgl. *g* Fig. 40) mit pinseligen, an der Basis der Blüthe
hervortretenden Mündungslappen; Frucht nach innen abgeflacht und
rinnig, nach aussen gewölbt.

    Gatt. Bromus L. Staubweg verschwindend kurz, tief unterhalb

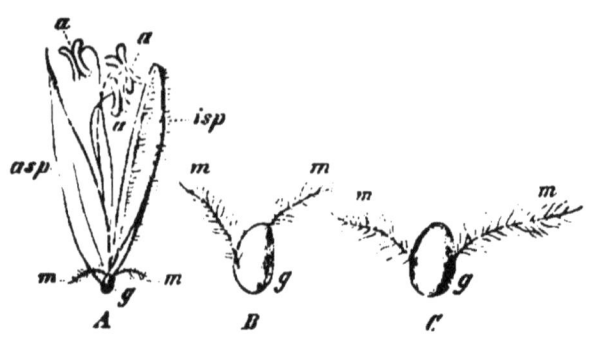

Figur 40. Blüthe von Bromus inermis Leyss. *A* die ganze Blüthe, 3 fach vergrössert; *asp* — Aussenspelze,
isp = Innenspelze, *a* = die 3 Antheren, *g* = Fruchtknoten, *m* = die 2 Mündungslappen. *B* der Fruchtknoten
vergrössert, von der Seite; *C* derselbe von vorn, so dass die tiefe Insertion der Mündungslappen hervortritt.

der Spitze des Fruchtknotens eingefügt (Fig. 40 *B* und *C g*); Fruchtknoten an der Spitze behaart; Aehren und Blüthen lanzettlich, auf dem
Rücken stielrund; Innenspelze gewimpert.

    Gatt. Festuca L. Staubweg der Spitze des Fruchtknotens einge-
fügt; sonst wie Bromus.

    Gatt. Briza L. Blüthen 2zeilig mit dachziegeligen bauchig aufge-
blasenen grannenlosen, an der Basis geöhrelten Aussenspelzen; Aehre
eiförmig-länglich.

    Gatt Eragrostis P. B. Aehre 3- bis vielblüthig, gestreckt, mit
abfälligen Hüllspelzen; Blüthen nach der Samenreife bleibend, nur die
Aussenspelze abfallend; Fruchtknoten kahl mit endständigem Staubweg.

    Gatt. Poa L. Aehren eirund, zur Zeit der Fruchtreife mit dem
Stielchen abfällig; sonst wie Eragrostis.

    Gatt. Glyceria R. Br. Aehren lanzettlich; Blüthen auf dem Rücken
halbstielrund; sonst wie Poa.

    Gatt. Molinia Schrk. Blüthen aus einwärts bauchiger Basis kegel-
förmig, auf dem Rücken halbcylindrisch; sonst wie Poa.

Gatt. Dactylis L. Achren 3- bis mehrblüthig, knäuelig zusammengehäuft; Blüthen eiförmig, flachgedrückt, scharfkielig; Aussenspelze ungleichseitig.

Gatt. Cynosurus L. Hüllspelzen zahlreich, 2reihig, eine Hülle bildend; sonst wie Festuca.

Gatt. Brachypodium P. B. Innenspelze kammförmig borstig gewimpert; Blust fast ährenförmig; sonst wie Festuca.

Trib. 11. Hordeaceae. Achren in eine Hauptähre vereinigt, den zahnartigen Vorsprüngen der Hauptspindel eingefügt; sonst wie die Festucaceen.

Gatt. Hordeum L. Achren in 2zeilige 3zählige Gruppen geordnet; die 2 seitlichen Achren meist geschlechtslos oder männlich, die mittle 2blüthig, mit einer unteren zwitterigen und einer oberen verkümmerten Blüthe; sämmtliche 6 Hüllspelzen nach aussen gedrängt, vor den Achren beisammenstehend. Die eigenthümliche Anordnung der Blüthen bei Hordeum (murinum L.) versinnlicht Fig. 41. *p* = das kurze Stielchen, welches die 3 Achrchen trägt. Das mittle Achrchen hat eine Zwitterblüthe, deren Aussenspelze bei *aspm* sichtbar ist; *hm* und *hm* sind die 2 Hüllspelzen des mittlen Achrchens. *hspr* und *hspl* sind die 2 Hüllspelzen des rechten und *hspl* und *hspl* diejenigen des linken seitlichen Achrchens; ebenso ist *aspr* die Aussenspelze, *ispr* die Innenspelze des rechten seitlichen Achrchens und *aspl* die Aussenspelze, *ispl* die Innenspelze des linken seitlichen Achrchens.

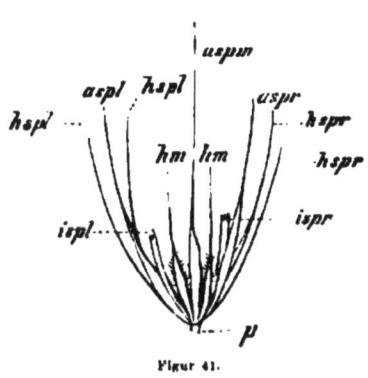

Figur 41.

Gatt. Elymus L. Achren in 2- bis 6zählige Gruppen gestellt, mehrblüthig; sonst wie Hordeum.

Gatt. Secale L. Achren einzeln, 2zeilig geordnet, 2blüthig, mit stielförmig verkümmerter Mittelblüthe.

Gatt. Triticum L. Achren einzeln, 3- bis mehrblüthig, mit 2 Hüllspelzen gestützt, der Hauptspindel die eine Seite zuwendend.

Gatt. Lolium L. Achren mit dem Rücken der einen Blüthenzeile der Hauptspindel zugewendet, daher mit Ausnahme der endständigen Aehre nur von einer Hüllspelze gestützt; sonst wie Triticum.

Gatt. Gaudinia P. B. Aussenspelze mit geknieter und schraubig gedrehter Granne; sonst wie Triticum.

Gatt. Aegilops L. Hüllspelzen an der Spitze 2- bis 4zähnig; Aussenspelze 1- bis 4grannig; sonst wie Triticum.

Gatt. Lepturus R. Br. Aehren einzeln, 1blüthig, oft mit stielförmigem Ansatz zur zweiten Blüthe; Hüllspelzen knorpelig.

Gatt. Psilurus Trin. Aehren einzeln oder zu zweien, 2blüthig; untere Blüthe einem Knötchen aufsitzend, vollkommen; die obere gestielte meist verkümmernd; Hüllspelze einzeln.

Gatt. Nardus L. Aehren 1blüthig; Hüllspelzen fehlen.

Trib. 12. Andropogoneae. Aehren in Rispen oder Hauptähren, vom Rücken der Blüthenzeilen her flachgedrückt, 1blüthig mit einer unteren männlichen oder geschlechtslosen Blüthe, paarweise stehend; nur die endständigen zu dreien, männlich, eine mittle sitzende und zwei gestielte seitliche Aehren; Blumenspelzen zart; Staubweg lang.

Gatt. Andropogon L. Aehrchen lineal, zu zweien beisammen, das eine sitzend, zwitterig, das andere gestielt, männlich.

Gatt. Erianthus Rich. Aehrchen alle Zwitter; sonst wie Andropogon.

Gatt. Heteropogon Pers. Von den sitzenden Aehrchen sind die unteren krautig und männlich, die oberen knorpelig und weiblich; die gestielten sind alle männlich.

Gatt. Sorghum Pers. Aehrchen eirund; Hüllspelzen an der Spitze 3zähnig; sonst wie Andropogon.

Die Andropogoneen haben sehr zuckerreiches Gewebe. Am meisten Zucker wird gewonnen vom Zuckerrohr: Saccharum officinarum L., ausserdem liefert die Zuckerhirse Afrikas: Sorghum saccharatum viel Zucker. Das Zuckerrohr ist in Ostindien heimisch, wird aber in den meisten tropischen Kolonien angebaut.

B. Dicotyledonen.

Die Dicotyledonen haben mit seltenen Ausnahmen zwei opponirte Keimblätter. Die Radicula steigt anfangs als Pfahlwurzel senkrecht abwärts, stirbt aber häufig später ab und wird durch Seitenwurzeln ersetzt oder überflügelt. Zwiebelförmige Knospen sind seltener als bei den Monocotyledonen; häufiger als bei diesen haben die Pflanzen eine einfache Periode, meist 1- bis 2jährig, oft überwintern sie mit dem zum Caudex angeschwollenen oberen Theil der Wurzel, oder mit Rhizomen oder mit oberirdischem Holz. Die Gefässbündel liegen im Cambialcylinder und sind daher bei mehrjährigen Achsentheilen im Stande, succedan nach aussen neue Rindenlagen, nach innen neue Holzlagen abzusetzen. Die Rinde des zweiten und aller folgenden Jahre,

welche meistens Bastzellen führt, das Analogon für die Holzzellen im
Holzkörper, nennt man secundäre Rinde im Gegensatz zur Rinde des ersten
Jahrganges, welche in der Regel blos aus Parenchym besteht, ohne Bast,
und primäre Rinde genannt wird. Die alljährliche Verdickung des Stengels
geschieht also nicht wie bei den Palmen in der Jugend durch periphe-
risches Wachsthum der Jahrestriebe, sondern durch den Cambialcylinder.
Die Verzweigung der Nerven im Blatt ist fast immer eine netzaderige.

Bei der Blüthe herrschen die Grundzahlen 2 und 5 vor, die Grundzahl 3 ist weit seltner.

Die Dicotyledonen-Familien in Ordnungen gruppiren zu wollen, ist
ebenso misslich wie bei den Monocotyledonen. Am zweckmässigsten ist
es, die Familien nach ihrer Verwandtschaft zusammenzustellen. Eine
reihenförmige Anordnung ist zwar zur Zeit noch nothwendig, weil alle
phylogenetischen Vorarbeiten fehlen, aber sie ist ebenso unnatürlich
wie bei den Monocotyledonen und wird früher oder später durch
Parallelreihen zu ersetzen sein. Am meisten Aehnlichkeit mit den Monocotyledonen haben die Ranunculaceen und die Piperaceen, daher wird
mit diesen zweckmässig zu beginnen sein.

Auf die höchste Entwickelungsstufe scheinen die Compositen Anspruch zu machen, denn sie bringen durch Vereinfachung und Zu-
sammenziehung des Blüstes und des Carpells eine erstaunliche Frucht-
barkeit zuwege, so dass sie in unserer Erdepoche bezüglich der Artenzahl unter den thalamischen Pflanzen den ersten Rang einnehmen.
Diese höchste Entwickelungsstufe wird ganz allmählig vorbereitet von
den Umbelliferen und Rubiaceen an, so dass man hier eine natürliche
Verwandtschaftsgruppe vor sich hat. Im Uebrigen sind die wichtigeren
Gruppirungsmerkmale der gamophyllen Verbindungsform der inneren
Wirtel und ihrer Glieder zu entnehmen. Die äusseren Wirtel sind weit
weniger wichtig, es ist daher grundfalsch, alle Dicotylen in Perigonlose, Monochlamydeen und Kelchpflanzen und diese wieder in Dialy-
petale und Gamopetale eintheilen zu wollen. Jede derartige Eintheilung
läuft auf eine Künstelei hinaus. Im Ganzen darf man die Perigynischen
und Epigynischen als die höher entwickelten Dicotyledonen ansehen,
ebenso die Perigonlosen als die niedrigeren Gruppen, dann ist vor allen
Dingen Rücksicht zu nehmen auf die Faltung der Carpidia, die Anheftung der Samen, die Verbindung der Staubblätter unter sich und
des Androeceums mit anderen Wirteln.

Familie 32. Piperaceae.

Holzpflanzen, Stauden oder einfach periodische Kräuter mit deutlichen Stengelgliedern, einfachen wirtelständigen, oft fleischigen nebenblattlosen Blättern; Blüthen zwitterig oder unecht eingeschlechtig

dioecisch, perigonlos, meist

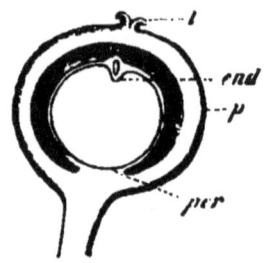

Figur 49. Frucht von Piper im Längsschnitt.
p = Pericarp; f = Mündungslappen; per :
Perisperm; e n d = Endosperm mit dem Keim.

zahlreich auf einer kolbenförmigen oft
fleischigen Spindel, meist ohne Spatha,
die einzelnen Blüthen von einer schildförmigen oder herablaufenden Bractea
gestützt; Staubblätter 2 — ∝, mit kurzen
fleischigen Filamenten, bei Zwitterblüthen
an der Basis mit dem Fruchtknoten verwachsen, Antheren 2kammerig, nach
aussen aufspringend; Carpell 1blättrig,
1fächerig, 1knospig; Samenknospe grundständig, orthotrop; Staubweg kurz oder
fehlend; Frucht eine lederige oder fleischige
Beere mit grundständigem aufrechtem
Samen mit dünner Testa, grossem Perisperm und kleinem Endosperm;
Embryo an der Spitze des Samens, im kleinen Endosperm eingeschlossen,
antitrop (Gegenkeimer).

Nur zwischen 35⁰ N. B. und 42⁰ S. B., besonders im Tropengürtel Amerikas vorkommend.

Die Piperaceen sind durch ein scharfes brennendes Harz als Gewürzpflanzen und als Medikamente nützlich. Als Gewürz benutzt man
besonders die Frucht des Pfefferstrauchs (Piper nigrum L.), welcher
wie viele Piperaceen eine holzige Schlingpflanze darstellt.

Der Pfeffer findet sich wild und angepflanzt in Indien, auf Java,
Sumatra u. s. w. Der schwarze Pfeffer ist die unreife getrocknete
Frucht, der weisse Pfeffer das Perisperm des reifen Samens, durch
Maceration von Frucht- und Samenschale befreit. Der lange Pfeffer
stellt die unreif eingesammelten Fruchtstände von Arten der Gattung
Chavica Miq vor, bei welcher sämmtliche Beeren mit ihrem Fleisch
verwachsen. Die Gattung ist in Indien zerstreut. Officinell sind die
unter dem Namen Cubeben bekannten getrockneten gestielten Beeren
von Cubeba officinalis Miq., welche auf Java wild vorkommt. Ausserdem sind officinell die rauhen runzeligen Blätter der Gattung Artanthe,
in Peru verbreitet, welche die Pasta Matico liefern. Die Malayen
kauen die scharfen Blätter von Piper betel, in welche sie eine Nuss
der Areca-Palme einwickeln.

Familie 33.   Chlorantheae.

Meist Holzpflanzen mit deutlich gegliederten Stengeln und gestielten,
opponirten fiedernervigen mit Nebenblättern versehenen Blättern; Blüthen
perigonlos, eingeschlechtig oder hermaphroditisch; Staubblätter kurz-
gestielt, 2kammerig, mit Längsspalten aufspringend, in den Zwitter-

blüthen in der Mitte ein 2kammeriges, zu beiden Seiten je ein 1kammeriges Staubblatt; Carpell 1blättrig, 1fächerig, 1knospig; Samenknospe hangend, orthotrop; Staubweg meist kurz, abfällig; Steinfrucht mit einem hangenden eiweissreichen Samen; Embryo klein, orthotrop (Rechtkeimer), im grossen Eiweiss.

Die wenigen Gattungen sind im Tropengürtel zerstreut. Die Chlorantheen sind den Piperaceen nahe verwandt, die Blüthen häufig auf einem verzweigten Kolben vereint.

Familie 34. Saurureae.

Sumpf- oder Wasserpflanzen mit kletternden deutlich gegliederten oder mit knolligen Rhizomen, mit wendelständigen gestielten netzartigen Blättern ohne Nebenblätter; Blüthen zwitterig, blattgegenständig oder in blattgegenständigen Aehren oder Trauben, perigonlos; Staubblätter 3, 6 oder mehre in einem das Pistill umgebenden Wirtel, mit deutlichen Filamenten, 2kammerig, nach innen mit Längsspalten aufspringend, die Filamente oft mit dem Pistill verwachsen und daher unecht oberständig; Carpell 1- bis 5blättrig, monocarp oder unten mehr oder weniger syncarp, oben apocarp; Samenknospen 2 oder mehre im Fach, an den eingerollten Carpellblatträndern befestigt, also beim monocarpen Carpell wandständig, beim syncarpen Carpell in den Fachwinkeln in Doppelreihen, orthotrop; Schlauchkapsel oder lappige Beere, mit armsamigen oder einsamigen Fächern; Perisperm mehlig oder hornartig; Endosperm am oberen Ende klein, den antitropen Embryo umschliessend.

Die kleine Familie ist durch die wärmeren Gegenden der Erde zerstreut.

Familie 35. Ceratophylleae.

Mit Rhizomen ausdauernde krautige Wasserpflanzen mit deutlich gegliederten Stengeln und sitzenden nebenblattlosen wirtelständigen, fädlichen dichotomisch oder trichotomisch getheilten Blättern; Blüthen monoecisch, in den Blattachseln sitzend, perigonlos, aber von einer 10—12theiligen schmalzipfeligen Hülle umschlossen; Antheren in unbestimmter Anzahl, sitzend, 2kammerig, mit unregelmässigen Längsspalten aufspringend; Carpell monocarp, mit deutlichem Staubweg und einfacher Mündung, 1fächerig, 1knospig; Samenknospen hangend, orthotrop; 1samiges Achaenium von der bleibenden Hülle umschlossen; Same hangend, eiweisslos, mit orthotropem Embryo (Rechtkeimer*); dicke Cotyledonen umschliessen die sehr entwickelte Plumula; Radicula sehr kurz.

Einzige Gattung: Ceratophyllum L., in wenigen Arten zerstreut über die nördliche gemässigte Zone.

Familie 36. Balanophoreae.

Fleischige auf Wurzeln verschiedener Pflanzen schmarotzende Gewächse mit sehr kleinen verkümmerten Blättern. Hypogynische Perigonpflanzen*) mit einfach symmetrischen, bisweilen verwickelt symmetrischen diklinischen oder polygamischen Blüthen; Perigon 3- bis 6blättrig, dialyphyll oder röhrig, glockig u. s. w. und dadurch bisweilen scheinbar epigynisch, aber nie mit dem Gynaeceum verwachsen; Staubblätter 1, 3 oder mehre, 1- bis 2kammerig, mit Spalten oder Löchern aufspringend; Carpell 1blättrig, sehr selten 2blättrig und 2fächerig; fast immer nur eine von der Spitze des Fruchtknotens herabhangende orthotrope Samenknospe; Staubweg fädlich, mit einfacher Mündung; trockne Schliessfrucht, 1samig; Same hangend, mit grossem Eiweiss und kleinem gänzlich unentwickeltem Keim.

Die Vertreter leben sehr zerstreut zwischen den Wendekreisen, nur eine Form (Cynomorium coccineum) im südlichsten Europa.

Familie 37. Santalaceae (incl. Olacineae).

Meist Bäume oder Sträucher, bisweilen Rhizom- oder Caudexpflanzen, häufig als chlorophyllhaltige assimilirende Halbparasiten auf den Wurzeln anderer Gewächse lebend, mit nebenblattlosen Blättern.

Mehr oder weniger epigynische zwitterblüthige, diklinische oder polygamische Perigonpflanzen; Perigon 3- bis 5lappig (3- bis 5blättrig), einen mehr oder weniger epigynischen Discus bildend; Staubblätter vor den Perigonblättern stehend, meist 2kammerig, mit Längsspalten aufspringend, bisweilen 4kammerig und mit grossem Loch sich öffnend; Carpell 1blättrig, 1fächerig, von vornherein unterständig

---

*) Ich folge hier demjenigen Sprachgebrauch, welchen Schleiden und andere frühere Botaniker nach J. C. Richard aufgenommen haben (Schleiden, Grundzüge, 4. Auflage, Leipz. 1861, p. 555). Dieser scheint mir, namentlich für die Systemkunde, brauchbarer als derjenige einiger Neueren, wo auf die Lage der radicula zum Anheftungspunkt (hilus) das Hauptgewicht gelegt wird, so z. B. im Traité général de Botanique von Maout und Decaisne, Paris 1868, S. 82.

**) Man findet in Lehrbüchern angegeben: „Ovarium inferum", das ist aber morphologisch unrichtig, denn das bisweilen krugförmig das Gynaeceum umfassende Perigon ist hypogynisch inserirt.

oder nachträglich mit dem Discus verwachsend oder nur an der Basis mit diesem verbunden; Staubweg einfach, mit einfacher oder 2- bis 5lappiger Mündung; Samenknospen 2—5 von der Spitze einer centralen basalen freien Placenta herabhangend, ohne Integumente; Schliessfrucht oder seltener Beere, 1samig; Same von der Placenta und dem Endocarp fest umschlossen, mit grossem Eiweiss und gradem axilem antitropem Keim.

Die Familie, aus einer mässigen Anzahl von Gattungen bestehend, ist zerstreut im gemässigt warmen Theil des ost-nördlichen Erdquadranten. Amerika und dem heissen Afrika scheint sie zu fehlen. Bekannt, früher officinell, ist das weisse Santelholz (Santalum album L.), im südöstlichen Asien heimisch. In unseren Wäldern ist die Familie durch die Gattung Thesium L. vertreten.

Familie 38. Loranthaceae.

Holzbildende chlorophyllführende Halbschmarotzer, auf Coniferen und Dicotyledonen-Bäumen lebend, mit immergrünen lederigen wirtelständigen ganzen und ganzrandigen nebenblattlosen Blättern.

Epigynische Perigonpflanzen mit einfach, seltner mit verwickelt symmetrischen diklinischen oder zwitterigen Blüthen; Perigon 3- bis 8zählig, bei weiblichen und androgynischen Blüthen epigynisch, dem fleischigen Discus inserirt, dialyphyll oder röhrig; Staubblätter in der Zahl der Perigonblätter und ihnen aufgewachsen oder nur an der Basis mit ihnen verbunden, aber stets vor ihnen inserirt, entweder 2kammerig und mit Längsspalten nach innen aufspringend oder vielfächerig und mit zahllosen Löchern sich öffnend; bisweilen 1fächerig und mit transversalem Spalt verstäubend; Carpell 1blättrig, 1fächerig, von dem ringförmigen Discus mehr oder weniger überragt; Samenknospe einzeln (bisweilen von 2 rudimentären begleitet), basal, aufrecht, orthotrop, ohne Integumente; Staubweg endständig, bisweilen sehr kurz, einfach mit verdickter einfacher Mündung; 1samige aber häufig mehrkeimige Beerenfrucht mit gradem aufrechtem Samen, grossem Eiweiss.

Die Familie ist aequatorial, aber einzelne Formen verbreiten sich ziemlich weit nördlich. Die Mistel (Viscum album L.) auf fast allen Baumarten schmarotzend, bis vor Kurzem officinell, stand bei den Druiden in heiligem Ansehen.

Familie 39. Polygoneae.

Pflanzen mit einfacher Periode oder mit Caudices oder Rhizomen, bisweilen holzbildend, meist mit deutlich entwickelten Internodien, mit wendelständigen Blättern, welche sehr häufig umfassende oder mit Scheide und Oehrchen (ochrea) versehene Stiele haben.

Hypogynische Perigonpflanzen mit einfach symmetrischen androgynischen, seltner unecht diklinischen Blüthen; Perigon in einfachem oder doppeltem 3- bis 5zähligem Wirtel, meist dialyphyll, bisweilen schwach gamophyll; Staubblätter 1 — ∞, in einem oder mehren Wirteln, in der Zahl meist mit dem Perigon correspondirend, 2 kammerig, mit verschieden gerichteten Spalten aufspringend; Carpell 1blättrig, 1 fächerig, ohne Staubweg, mit 2- bis 4lappiger Mündung, sehr selten durch falsche Scheidewände unecht 3fächerig, 1knospig; Samenknospe grundständig, orthotrop, mit 2 Integumenten; Schliessfrucht 1samig, mit meist reichlichem Perisperm und antitropem, meist axilem, seltner seitlichem gradem Keim.

Die mässig grosse Familie bewohnt hauptsächlich die nördliche gemässigte Zone. In der Aequatorialzone wird sie seltner und erreicht eine bedeutendere Meereshöhe, im acquatorialen Amerika bilden ihre Vertreter Bäume und Sträucher.

Die Polygoneen sind wichtig durch den Stärkereichthum ihres Endosperms, so bei uns der Buchweizen (Polygonum Fagopyrum L.), ebenso der tartarische Buchweizen (Polygonum tartaricum L.).

Für die Medizin ist von grösster Wichtigkeit die Rhabarber, die Wurzel von Rheum-Arten, wahrscheinlich von Rheum officinale, einer Varietät von Rheum palmatum L. Die Gattung ist auf gemässigt warme Gegenden Asiens beschränkt.

Alle Polygoneen haben einen grösseren oder geringeren Reichthum an Kalk-Oxalat. Benutzt wird derselbe bei mehren Arten der Gattung Rumex, so z. B. Rumex Acetosa L., R. scutatus L. Die Caudices mehrer Arten von Rumex galten früher als officinell, so z. B. diejenigen von R. Patientia L. und R. alpinus L. unter dem Namen Mönchsrhabarber (rad. rhei Monachorum), ebenso die Caudices mehrer bei uns heimischer Arten, wie: R. obtusifolius L., R. pratensis M. K. u. a. als radix Lapathi acuti.

Gatt. Rumex L. Fruchtknoten 3kantig, mit 3 pinseligen Mündungslappen; Perigon 2×3blättrig.

Gatt. Oxyria Hill. Fruchtknoten 2kantig, mit 2 pinseligen Mündungslappen; Perigon 2×2 blättrig.

Gatt. Polygonum L. Fruchtknoten 2- bis 3kantig; Mündungslappen 2—3, nicht pinselig; Perigon 4- bis 5blättrig.

Familie 40.   Oleraceae.

Meist 1- bis 2jährige, bisweilen mit Caudex versehene, selten holzige Pflanzen mit meist wendelständigen nebenblattlosen Blättern.

Hypogynische (oder durch Anschwellung und Verschmelzung des Blüthenbodens mit dem Perigon schwach perigynische) Perigonpflanzen mit einfach symmetrischen androgynischen oder diklinischen Blüthen. Perigonblätter 2—5, bisweilen schwach gamophyll, bleibend und häufig auswachsend, unscheinbar, kelchartig; Staubblätter 5 oder weniger, vor den Perigonblättern inserirt, in der Knospenlage nach innen gerollt, 2kammerig, nach innen aufspringend; Carpell 1 blättrig, 1 fächerig, fast griffellos, in 2—4 Mündungslappen gespalten, mehr oder weniger longitudinal oder transversal abgeplattet; Samenknospe 1, bisweilen mehre, campylotrop (s. die Fig. 43), basal oder etwas seitlich, bisweilen vom Knospenträger herabhangend, mit 2 Integumenten; Schliessfrucht, Beere oder Deckelfrucht, meist 1samig, transversal oder longitudinal abgeplattet; Same mit grösserem oder geringerem Perisperm; Keim mehr oder weniger gekrümmt oder aufgerollt.

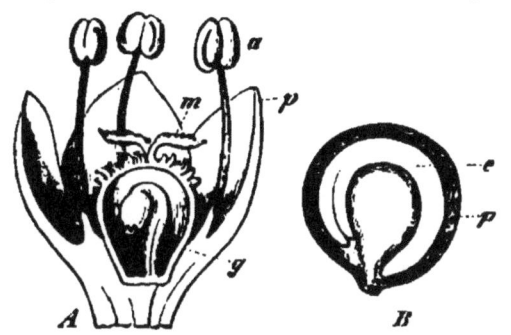

Figur 43. **Blüthe von Chenopodium.** *A* die ganze Blüthe im Längsschnitt. *a* = 3 von den 5 Staubblättern, *p* = 3 von den 5 Perigonblättern, *g* = der Fruchtknoten mit der grundständigen Samenknospe und den Mündungslappen (*m*). *B* die Frucht im Längsschnitt mit dem gekrümmten Keim (*e*) im Perisperm (*p*).

Die salzliebenden Oleraceen finden sich vorzugsweise an salzhaltigen Orten, an Salinen, auf Salzsteppen, am Meeresstrand und in der Nähe menschlicher Wohnungen.

Die meisten Oleraceen finden sich auf den Ebenen der östlichen Hemisphäre, die Amaranthaceen sind besonders in Nordamerika vertreten, zwischen den Wendekreisen tritt die Familie nur spärlich auf, noch spärlicher in der südlichen Hemisphäre.

Selten wird das Perisperm wegen seines Stärkegehalts verwerthet, so beim Peruanischen Reis: Chenopodium Quinoa L. Fast von allen Oleraceen kann man das Kraut als Gemüse benutzen, am bekanntesten ist der Spinat (Spinacia oleracea L.), ferner die Melden (Atriplex), die Arten von Chenopodium und Blitum. Bekannt ist die Zuckerrübe

(Beta vulgaris L.) als wichtige Rohrzuckerpflanze; die Strand- und
Steppenpflanzen aus den Gattungen: Salsola, Salicornia, Chenopo-
dina etc. werden häufig zur Gewinnung von Soda eingeäschert. Officinell ist der aus Mexiko eingeführte Jesuitenthee: Chenopodium ambro-
sioides L.

Beispiele:

Tribus 1. Ringkeimer. Cyclolobeae. Keim hufeisenförmig oder
ringförmig gebogen.

Subtrib. 1. Amaranthaceae. Keim das Perisperm ringförmig umschliessend; Deckelfrucht, seltner Schliessfrucht oder schlauchartig aufgeblasen; Same hart, glänzend, schwach seitlich abgeplattet.

Gatt. Amaranthus L. Blüthen monoecisch; Staubweg 3 lappig;
Deckelfrucht.

Subtrib. 2. Salicornieae. Blüthen androgynisch; Keim das grosse
Perisperm ringförmig umschliessend; Stengel gegliedert, zerbrechlich.

Gatt. Salicornia L. Perigon ungetheilt, oben spaltenförmig, in
die Spindel eingesenkt; Staubblätter 2—3.

Subtrib. 3. Chenopodeae. Blüthen androgynisch; Keim ringförmig
das Perisperm umschliessend; Stengel ungegliedert, nicht zerbrechlich.

Gatt. Corispermum L. Perigon fehlend oder aus 1—2 durch-
scheinenden Schüppchen gebildet; Schliessfrucht aufrecht.

Gatt. Polycnemum L. Perigon 5 blättrig, mit 2 Deckblättern;
Staubblätter 3; Deckelfrucht 1 samig, aufrecht.

Gatt. Kochia Rth. Perigon 5 spaltig, zuletzt auf dem Rücken mit
Anhängseln versehen; Schliessfrucht flach, liegend.

Gatt. Chenopodium L. Perigon 5 spaltig, ohne Anhängsel; Staubblätter 5; sonst wie vor.

Gatt. Blitum L. Fruchtperigon meist saftig, scheinbeerenartig;
Früchte aufrecht oder die obersten liegend, oder aufrechte und liegende
gemischt; Staubblätter 1—5; sonst wie vor.

Gatt. Beta L. Perigon 5 spaltig; Staubblätter 5; Frucht liegend,
quer plattgedrückt, mit dem Perigon verwachsen; meist 2 bis 3 Früchte
zur Scheinfrucht verwachsen.

Gatt. Camphorosma L. Perigon 4 spaltig, bleibend; Staubblätter 4;
Frucht aufrecht, flach, einzeln.

Subtrib. 4. Atriplicineae. Blüthen dioecisch; Keim ringförmig;
Stengel ungegliedert, nicht zerbrechlich.

Gatt. Spinacia L. Männliches Perigon meist 4 theilig, weibliches
2- bis 3 spaltig; Fruchtknoten rundlich, aufrecht, von den Seiten flachgedrückt, mit 4 Mündungslappen; Schliessfrucht aufrecht, mit dem
Perigon verwachsen.

Gatt. Diotis Schreb. Männliches Perigon 4spaltig, weibliches röhrig, 2zähnig; Staubweg 2theilig; Schliessfrucht aufrecht, frei.

Gatt. Halimus Wallr. Männliches Perigon 4—5theilig; Staubblätter 4—5; weibliches zusammengedrückt, 2lappig, Lappen 2zähnig; Schliessfrucht aufrecht, flach, hautig.

Gatt. Atriplex L. Staubblätter 3—5; Fruchtperigon flachgedrückt, ganzrandig oder gezähnt; Schliessfrucht aufrecht, flach, hartschalig.

Gatt. Theligonum L.*) Staubblätter 12 — ∝; männliches Perigon 2spaltig; weibliches Perigon 2spaltig; Frucht geflügelt, lederig.

Trib. 2. Spirolobeae. Schneckenkeimer. Perisperm gering, Keim schneckenförmig gerollt.

Subtrib. 5. Salsoleae. Schliessfrucht mit schraubigem Keim; Stengel nicht in Glieder zerbrechend; Blüthen zwitterig.

Gatt. Schoberia C. A. M. Perigon 5theilig, ohne Anhängsel; Fruchtschale hart.

Gatt. Salsola L. Perigon 5blättrig, auf dem Rücken mit quergezogenem Anhängsel; Fruchtschale hautig.

Hierher gehören offenbar auch die Gattungen: Basella, Ullucus und ihre Verwandten, die sich nur durch Habituskennzeichen unterscheiden, ungenügend zur Trennung besonderer Tribus oder gar Familien.

Familie 41. Juglandeae.

Diklinische monoecische Holzpflanzen mit fiederig zusammengesetzten nebenblattlosen Blättern und kätzchenständigen männlichen Blüthen.

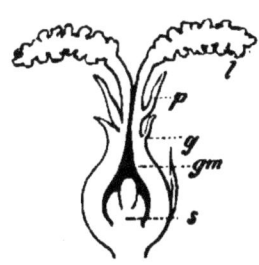

Männliche Blüthen mit einfachem Perigon, welches selten fehlt, in der Achsel eines Deckblattes, an welchem das 2- bis 6theilige männliche Perigon angewachsen, mit 3—36 Staubblättern, mit sehr kurzen Filamenten und 2kammerigen 4fächerigen Antheren; weibliche Blüthe vom Deckblatt gestützt, mit 3 — ∝ zähnigem Perigon und 2—8theiligem Innenperigon, welche mit dem Carpell ringsum verwachsen sind, daher scheinbar epigynisch; Carpell 2blättrig, 1fächerig, später am Grunde und oben unecht 2—4fächerig, mit kurzem Staubweg, welcher in 2, seltner in 4 Lappen endigt; Samenknospe grade, auf-

Figur 44. Weibl. Blüthe von Juglans regia L., der Länge nach durchschnitten. *p* = das Perigonium; *g* = Fruchtknoten; *gm* = die basale Samenknospe; *l* = Mündungslappen.

---

*) Aus dieser Gattung eine besondere Familie ableiten zu wollen, dürfte wohl mehr als gewagt sein.

recht; sitzend auf einem kurzen Mittelsäulchen; Frucht vom fleischig
auswachsenden cupulaähnlichen Doppelperigon umschlossen, welches
unregelmässig zerreisst oder in 4 Klappen zerfällt oder geschlossen
bleibt; die eigentliche Frucht nussartig, 2—4klappig aufspringend, mit
gradem aufrechtem eiweisslosem Samen mit zarter hautiger Testa.
Blätter in ⅔ Stellung.

Die Juglandeen sind durch gemässigt warme Klimate der nördlichen Hemisphäre zerstreut. Die Gattungen Juglans und Carya gehören
mit Ausnahme des gewöhnlichen Nussbaums Nordamerika an; der Wall-
nussbaum ist in Persien zu Hause, die Gattung Engelhardtia auf Java,
Platycarya in China, Pterocarya in Mittelasien.

Gatt. Juglans L. Männliches Perigon 4—6theilig, mit dem Deck-
blattstiel verwachsen; weibliche Blüthen einzeln oder in armblüthigen
Köpfchen; Stein 2klappig.

Familie 42. Myriceae.

Diklinisch, 1- oder 2häusige Holzpflanzen mit kätzchenförmigen
Blusten; Blüthen einzeln in den Achseln von Deckblättern; männliche
Blüthe perigonlos oder mit 1—2 sehr kleinen Schüppchen; Staubblätter 2—16, in der Achsel eines Deckblattes stehend; Antheren kurz-
gestielt, 2kammerig, 4fächerig, nach aussen der Länge nach aufspringend; weibliches Perigon 2—6 kleine hypogynische, oft mit dem
Fruchtknoten verwachsene Schuppen, in der Achsel eines Deckblattes;
Carpell 1blättrig, 1fächerig, 1knospig, griffellos, in 2 fädliche Mündungslappen gespalten; Samenknospe grundständig, orthotrop, aufrecht; Frucht
eine trockene, oft durch die ausgewachsenen Perigonschuppen steinartige, 1samige eiweisslose Schliessfrucht, mit aufrechtem, gradem, antitropem Keim.

Die Myriceen, ausgezeichnet durch den Wachsüberzug ihrer Blätter
und Früchte, sind über die Erde zerstreut. Die meisten derselben
sind kleine Sträucher, mit fiederlappigen Blättern mit einem Mittelnerven.

Gatt. Myrica L. Dioecisch; Staubblätter 4—6; Fruchtperigon
1schuppig; Frucht steinartig.

Familie 42ᵇ. Proteaceae.

Immergrüne Holzpflanzen mit lederigen nebenblattlosen Blättern.

Hypogynische Perigonpflanzen mit androgynischen, selten
unecht diklinischen Blüthen; Perigon 4blättrig, bisweilen unten gamophyll, meist einfach symmetrisch; Staubblätter 4, vor den Perigonblättern

inserirt, meist an der Basis mit ihnen scheibenförmig verbunden; bisweilen mit den ganzen Filamenten mit dem Perigon vereint; Antheren 2 kammerig, mit Längsspalten aufspringend; Carpell monocarp, 1 fächerig oder selten unecht 2 fächerig, mit einer oder 2 seitlichen oder zahlreichen 2 reihigen anatropen (wenn grundständig) oder orthotropen (wenn von oben herabhangend) Samenknospen; Staubweg einfach, fädlich, mit einfacher oder gespaltener Mündung; 1 fächerige 1—2 samige Schliessfrucht oder 1—2 klappige, 1- bis vielsamige Kapsel, bisweilen durch eine falsche Scheidewand 2 fächerig; Samen eiweisslos, mit gradem Embryo.

Centrum der reichgegliederten Familie: die südliche gemässigte Zone, insbesondere Südaustralien und Südafrika Den nördlichen Wendekreis überschreiten die Proteaceen nicht. Die Proteaceen, welche ihren Namen ihrem sehr mannigfaltigen Aussehen verdanken, haben meist graues derbes unscheinbares Laub in unbestimmter Stellung, so dass sie häufig die Sonnenstrahlen hindurchlassen.

Familie 43.   Urticaceae.

Hypogynische Perigonpflanzen mit echt oder unecht diklinischen Blüthen; Perigon bisweilen fehlend, meist 2—5 blättrig, klein und unscheinbar; Staubblätter vor die Perigonblätter gestellt, mit deutlichen Filamenten, 2 kammerig, 4 fächerig, nach innen oder nach aussen aufspringend; Fruchtknoten 1 fächerig, 1 knospig, selten 2 fächerig; Staubweg sehr kurz, 2 lappig; Samenknospe basal oder hangend, orthotrop, anatrop oder campylotrop; einsamige Schliessfrucht, bisweilen steinbeerenartig, vom bleibenden oder auswachsenden, bisweilen fleischig werdenden Fruchtperigon oder von einem oder mehren Deckblättern eingehüllt oder auf einem gemeinsamen flachen oder hohlen Blüthenboden eingefügt. Im Samen ist die Radicula stets aufwärts gerichtet.

Tribus:

Trib. 1. Urticeae. Frucht vom schwach auswachsenden Fruchtperigon umhüllt; männliches Perigon meist 4 zählig, weibliches meist 2 zählig; Samenknospe grundständig, orthotrop; Same meist mit Albumen; Keim grade, aufrecht, antitrop.

Trib. 2. Cannabineae. Fruchtperigon fehlt; Frucht von einem hautigen Deckblatt eingeschlossen; Staubblätter 5; männliches Perigon 5 blättrig; Samenknospe hangend, campylotrop; Keim gekrümmt oder spiralig aufgerollt, die Radicula nach oben gerichtet; Same ohne echtes Endosperm.

10*

Trib. 3. Artocarpeae. Fruchtperigon fleischig oder holzig auswachsend; sämmtliche Früchte zu einem fleischigen oder holzigen Fruchtstand verbunden; männliches Perigon 2—4blättrig; Staubblätter 1—10;
weibliches Perigon 3—4blättrig.

Trib. 4. Sykoneae. Blüthen zahlreich auf einem gemeinsamen
flachen oder hohlen Blüthenboden. monoecisch und auf demselben
Blüthenboden vereinigt, entweder gemischt oder gruppenweise.

Beispiele:

Trib. 1. Urticeae.

Gatt. Urtica L. Blüthen 1- oder 2häusig; männliches Perigon
4blättrig; Staubblätter 4. eingerollt, zuletzt zurückgeschlagen; weibliches
Perigon 2blättrig; Pflanzen mit Brennhaaren.

Gatt. Parietaria L. Blüthen polygamisch, die meisten zwitterig;
Perigon stets 4blättrig; Haare nicht brennend.

Trib. 2. Cannabineae.

Gatt. Cannabis L. Fruchtknoten paarweise von einem Deckblatt
umrollt, ausserdem jeder einzeln in ein Deckblättchen gehüllt; Keim
gekrümmt.

Gatt. Humulus L. Fruchtknoten einzeln von einem Deckblättchen
und dieses von einem grösseren Deckblatt gestützt; Keim spiralig aufgerollt.

Trib. 3. Artocarpeae.

Gatt. Morus L. Fruchtperigon saftig, die Frucht einhüllend;
Perigon 4blättrig, gamophyll; Staubblätter 4.

Gatt. Artocarpus L. Fruchtperigon holzig; Früchte einen kugeligen
Fruchtstand bildend.

Trib. 4. Sykoneae.

Gatt. Ficus L. Gemeinsamer Blüthenstiel hohl, die Blüthen in
grosser Zahl einschliessend, zur Fruchtzeit zu einer saftigen Scheinfrucht auswachsend.

Gatt. Dorstenia L. Gemeinsamer Blüthenstiel eine flache blattartige einfache oder getheilte Scheibe darstellend, auf welcher die
Blüthen in grosser Anzahl gemischt vereinigt sind.

Die Familie hat ihr Centrum zwischen den Wendekreisen und ist
von dort aus über die Erde zerstreut. Viele Vertreter derselben haben
Brennhaare, welche bei manchen sehr harmlose Substanzen, so bei
unseren Brennnesseln (Urtica dioica L. und U. urens L.) Ameisensäure,
bei anderen aber häufig sehr giftige Säfte führen. Sehr giftige Säfte
führen ausserdem mehre Sykoneen, so besonders der Javanische Gift-
baum oder Pohon upas (Baum des Giftes), dessen Milchsaft die Java-
nesen zur Vergiftung der Pfeile benutzen (Antiaris toxicaria Lesch.).
Die Blüthentheile der Cannabineen sind mit kleinen mehrzelligen Drüsen

besetzt, welche narkotisch wirkende Bitterstoffe enthalten, so namentlich die Bracteen des indischen Hanfs und des Hopfens auf der Innenfläche. Es werden daher die weiblichen Blüthenstände des Hopfens (Humulus lupulus L.) als Bierwürze und diejenigen des indischen Hanfs als Haschisch benutzt. Viele Urticaceen, so z. B. die Nesseln (Nesseltuch), vor allen der Hanf, ferner der Papiermaulbeerbaum (Broussonetia), der weisse Maulbeerbaum (Morus alba L.) besitzen in Blättern und Stengeln einen sehr langfaserigen Bast, welcher zu Fäden, Stricken und Geweben verarbeitet wird. Das Laub des weissen Maulbeerbaums dient als Futter der Seidenraupe. Die Früchte mehrer Arten von Ficus sind essbar, besonders diejenigen des Feigenbaums (Ficus carica L.), unter dem Namen Feigen bekannt. Früher betrachtete man die kurzen Rhizome mehrer Arten von Dorstenia in Südamerika als officinell (Dorstenia contrayerva L., brasiliensis L. u. a. Radix contrajervae). Essbar sind die Maulbeeren (Morus alba L. und M. nigra L.) und die Brotfrucht von Artocarpus incisa L. und A. integrifolia L. bilden für die Südseeinseln eins der wichtigsten Nahrungsmittel.

Hierher gehört wohl auch die aus wenigen Gattungen bestehende Familie der Monimiaceae, die sich am nächsten den Sykonen anschliesst. Es sind Holzpflanzen mit opponirten bleibenden, bisweilen mehrzähligen, sehr selten wendelständigen, gestielten, nebenblattlosen Blättern; Blüthen meist monoecisch, sehr selten zwitterig, bisweilen polygamisch, einzeln, paarweise oder zahlreich beisammen, auf einem mehr oder weniger fleischig auswachsenden gemeinsamen scheiben- oder krugförmigen Blüthenboden, ähnlich den Sykonen; Perigon 4-, 8- oder vielblättrig; Staubblätter 5, 8 oder viele, an den Wänden des hohlen Blüthenbodens oder bei Zwitterblüthen am Schlund desselben, mit Längsspalten oder Klappen aufspringend, häufig gekuppelt; Fruchtknoten zahlreich, 1 blättrig, 1 knospig, dem flachen oder hohlen Blüthenboden inserirt; Samenknospe anatrop, hangend oder aufrecht; Steinfrüchte oder Schliessfrüchte zahlreich dem fleischigen Blüthenboden eingefügt oder eingewachsen, 1 samig; Same hangend oder aufrecht, mit grossem Eiweiss.

Zerstreut in der Aequatorialzone, südlichen tropischen und südlichen gemässigten Zone.

Die Gattung Gunnera, in Südafrika und Südamerika verbreitet, unterscheidet sich von den Urticaceen wesentlich nur durch das perigynische, fast epigynische Perigon.

Familie 44. Ulmaceae (incl. Celtideae).

Bäume mit wendelständigen abfälligen Blättern und hinfälligen Nebenblättern.

Hypogynische Perigonpflanzen mit einfach symmetrischen monoklinischen oder unecht diklinischen Blüthen.

Typus: 5, 5, 1—2.

Perigon meist gamophyll und häufig 4—8theilig; Staubblätter vor den Perigonblättern inserirt; Antheren 2kammerig, nach innen aufspringend; Carpell 1—2blättrig, 1—2fächerig; Fächer 1knospig; Samenknospen hangend, anatrop oder campylotrop; Schliessfrüchte oder Steinfrüchte, stets einsamig; Same eiweisslos oder mit geringem Eiweiss; Keim grade oder gekrümmt.

Wärmere und gemässigte Gegenden der nördlichen Hemisphäre.

Gatt. Celtis L. Steinbeere kugelig; Perigon 5—6theilig.

Gatt. Ulmus L. Schliessfrucht linsenförmig, flach, geflügelt; Perigon glockig, 4—5zähnig.

Familie 45. Plataneae.

Hohe Bäume mit abfälliger Rinde und grossen gestielten handnervigen, handtheiligen abfälligen Blättern und unten röhrigen hinfälligen Nebenblättern, monoecischen Blüthen in kugeligen eingeschlechtigen Köpfchen; männliche Blüthen mit zahlreichen kleinen schuppigen und nach innen längeren und schmalen Deckblättern umgeben, diese letzten bilden eine Art Perigon, denn sie wechseln mit den in gleicher Zahl auftretenden kurzen Staubblättern (Platanus) oder jene fehlen ganz (Liquidambar); Staubblätter mit 2 Längsspalten aufspringend; weibliches Perigon 3—4blättrig, dialyphyll oder trichterig; Fruchtknoten 1—2blättrig, 1—2fächerig, 1—2lappig, 1- oder vielknospig; Samenknospen orthotrop oder hemianatrop, hangend, am eingerollten Carpellblattrand, also beim 2fächerigen Fruchtknoten im inneren Fachwinkel; 1samige Schliessfrucht oder 2- bis mehrsamige scheidewandspaltige Schlauchkapsel; Same mit unbedeutendem Eiweiss und grossem orthotropem oder antitropem Keim.

Einzige Gattungen:

Gatt. Platanus L. Einfächerige einsamige Schliessfrucht, Keim antitrop (Gegenkeimer).

Gatt. Liquidambar L. Zweifächerige, zwei- bis mehrsamige Schlauchkapsel; Keim orthotrop (Rechtkeimer).

Die Gattung Platanus L. ist vertreten in Nordamerika und im südwestlichen Asien, im südlichen Theil der nördlichen gemässigten Zone, die Gattung Liquidambar L. in Südasien und Südamerika.

Die Platanen sind grosse und schöne Bäume, vielfach in Anlagen angepflanzt. Liquidambar orientale Mill. und L. Altingianum Blume, die erste in Kleinasien und auf Cypern, die zweite in Südasien (Java,

Neu-Guinea etc.) wild, liefern Styrax liquidus orientalis; Liquidambar styraciflua L. im südlichen Theil Nordamerikas liefert die
Ambra liquida.

Familie 46. Casuarineae.

Baumartige Holzpflanzen mit deutlich gegliederten Stämmen und
Zweigen, welche an den Knoten sehr kleine zu einer gezähnten Scheide
vereinigte Blätter tragen, die den Casuarineen Aehnlichkeit mit den
Schachtelhalmen (Equisetaceae) verleihen; sehr stark wirtelig verästelt;
Blüthen diklinisch, blumenlos, die Männchen in langgestreckten, die
Weibchen in kurzen köpfchenförmigen Aehren, welche aus den Achseln
älterer Blätter hervorbrechen. Männliche Blüthen mit einem einzigen
anfänglich sehr kurzgestielten Staubblatt, dessen Filament sich während
des Aufblühens verlängert, mit 2 fächeriger Anthere, der Länge nach
aufspringend, umgeben von 2 oder 4 hinfälligen opponirten Deckblättchen. Weibliche Blüthen umschlossen von 2 oder 4 verholzenden, die
reife Frucht einschliessenden Deckblättchen; Fruchtknoten 2 fächerig,
2 blättrig?, das eine Fach fehlschlagend, das andere mit 2 wandständigen
hemianatropen Samenknospen; Staubweg sehr kurz, 2 lappig; Frucht
1 fächerig, 1 samig, geflügelt, von den holzigen Deckblättern wie von
einer Kapsel umschlossen.

Die Casuarineen sind auf die südliche Erdhälfte beschränkt; die
meisten leben in Australien und im Indischen Archipel, einige in Indien
und auf Madagascar. Dem Menschen nützen sie besonders durch ihr
festes Holz, welches zum Schiffsbau geeignet ist.

Einzige Gattung: Casuarina L.

Familie 47. Betulaceae.

Holzpflanzen mit hinfälligen freien Nebenblättern und fiedernervigen
einfachen Blättern in ⅖ Stellung; mit kätzchenförmigen monoecischen
Blusten; Blüthen meist perigonlos, nur die männlichen bisweilen mit
Perigon; Staubblätter zu 2 oder 4, im letzten Fall mit 4 spaltigem
Perigon und diesem opponirt, im ersten Fall statt des Perigons eine
Schuppe; stets 2—3 männliche Blüthen beisammenstehend, deren jede
von 2 oder 4 Schuppen gestützt ist; Antheren auf deutlichem, bisweilen
am Ende gespaltenem (Birke) Filament, fortlaufend, 2 kammerig, 4 fächerig
mit Längsspalten aufspringend; weibliche Blüthen mit sitzenden 3 lappigen und 3 blüthigen oder ungetheilten 2 blüthigen Deckblättern, perigonlos; Fruchtknoten 2 blättrig, 2 lappig, syncarp, mit je einer hangenden
anatropen Samenknospe; Staubweg verschwindend kurz, 2 lappig;

Schliessfrucht durch Fehlschlagen 1 fächerig, 1 samig; Same grade, ohne Eiweiss; Cotyledonen blattartig.

Centrum: die nördliche Hemisphäre, besonders die kalte und gemässigte Zone.

Beispiele:

Betula L.   *Birke.*   Männliche Blüthe perigonlos, statt des Perigons mit Schuppen; Schliessfrucht geflügelt.

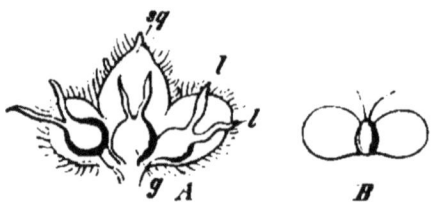

Figur 45. *A* Blüthengruppe des weiblichen Kätzchens der Birke. Vor dem 3spaltigen Deckblatt stehen 3 Fruchtknoten (*g*) mit je 2 Mündungslappen (*l*). *B* eine einzelne geflügelte Schliessfrucht.

Alnus L.   *Erle.* Männliche Blüthe mit 4 blättrigem 4 spaltigem, den 4 Staubblättern opponirtem Perigon; Schliessfrucht ungeflügelt; Same eiweisslos mit gradem Keim und flachen blattartigen Cotyledonen.

Familie 48.   Salicineae.

Perigonlose dioecische Holzpflanzen mit einfachen fiedernervigen Blättern in ⅖ Stellung, mit schuppigen hinfälligen oder blattartigen bleibenden Nebenblättern; Blüthen in endständigen kätzchenförmigen Aehren mit 1 blüthigen Deckblättern und einem schuppigen oder schüsselförmigen Nectarium; männliche Blüthe mit langen Filamenten und fortlaufenden 2 kammerigen 4 fächerigen Antheren, mit 2 Längsspalten aufspringend; bisweilen die Filamente monadelphisch, 2 — ∞ Staubblätter; weibliche Blüthe mit einem 2 blättrigen paracarpen 2 lappigen Fruchtknoten mit 2 wandständigen von den eingerollten Carpellblatträndern gebildeten Samenträgern, an denen zahlreiche aufsteigende umgekehrte mit 2 Integumenten versehene Samenknospen befestigt sind; Kapsel in 2 Klappen zerfallend, mit zahlreichen kleinen Samen, welche von einem in seidige Haare zerschlitzten Arillus umgeben sind; Samen grade, eiweisslos, mit hautiger Testa.

Nördliche gemässigte und kalte Zone.

Gattungen:

Gatt. Salix L.   *Weide.* Nectarium schuppig; Deckblätter ungetheilt.

Gatt. Populus L.   *Pappel.* Nectarium schüsselförmig; Deckblätter getheilt.

Das Holz der Salicineen ist sehr weich, leicht und leicht zu bearbeiten. Dasjenige vieler Weiden wird zu Flechtwerk, das der Pappeln zu anderen technischen Arbeiten benutzt. Die Rinde vieler Weiden, namentlich der Bruchweiden und Mandelweiden, enthält das fieberwidrige Alcaloid: Salicin.

Familie 49. Cupuliferae.

Diklinische monoecische Holzpflanzen mit fiedernervigen einfachen mit Nebenblättern versehenen Blättern und kätzchenartigen männlichen Blüthenständen. Männliche Blüthen mit oder ohne Deckblätter mit einfachem unbestimmtzähligem, bisweilen fehlendem Perigon und 5 bis 20 freien langgestielten Staubblättern mit 2kammerigen 4fächerigen Antheren; weibliche Blüthen zu 1—5 von 1 — ∞ auswachsenden Deckblättern umgeben, meist 4—6spaltig, durch Verwachsen mit dem Carpell scheinbar epigynisch; Carpell 2—6fächerig syncarp; Samenknospen 2 in jedem Fach, im inneren Winkel an den Carpellblatträndern befestigt, anatrop, mit doppeltem Integument; Staubweg kurz, paracarp, gelappt nach der Zahl der Carpellblätter; die reife Frucht durch Fehlschlagen 1fächerig, 1samig, nussartig, umgeben von der aus einem bis vielen auswachsenden und verholzenden Deckblättern bestehenden Cupula, nussartig: Same eiweisslos, mit sehr grossen fleischigen oder blattartigen Cotyledonen, welche mit den flachen Innenseiten an einander liegen, mit gradem aufrechtem Keim. Blätter in $\frac{2}{5}$ Stellung.

Die Cupuliferen sind am meisten verbreitet in der nördlichen gemässigten Zone, besonders in Amerika, im Süden werden sie spärlicher und ziehen sich auf höher gelegene Punkte zurück. Sie sind wichtig durch ihre Hölzer, durch manche ölreichen Samen, die Eichen durch den Gerbstoffreichthum.

Gatt. Quercus L. Cupula aus zahlreichen Deckblättern gebildet, die Basis der einzelnen Frucht umgebend.

Gatt. Fagus L. Cupula 4blättrig, 1—2 dreikantige Früchte einschliessend.

Gatt. Castanea Tourn. Cupula 4blättrig, stachelig, 2—3 glatte abgerundete Früchte einschliessend

Gatt. Corylus L. Cupula lappig zerschlitzt, die kugelige oder eirunde Frucht einhüllend; männliches Perigon fehlt.

Gatt. Carpinus L. Cupula aus drei Schuppen gebildet, welche zu langen, blattartigen, 2 Blüthen umfassenden Deckblättern verwachsen; männliches Perigon fehlt.

Gatt. Ostrya Mich. Cupula krugförmig, die Frucht umschliessend, an der Basis mit zahlreichen Borsten umgeben.

In die Verwandtschaft der Cupuliferen scheint auch die ziemlich isolirt stehende und daher von Lindley zur Familie erhobene in tropischen Küstengebieten Amerikas verbreitete Gattung Batis zu gehören. In der Tracht den Chenopodeen ähnlich, haben die Arten dieser Gattung mehr Verwandtschaft mit den Cupuliferen durch ihr 4 fächeriges, 4 knospiges Carpell, die anatrope basale Samenknospe, den grossen Keim mit grossen Cotyledonen (Rechtkeimer), das Fehlen des Albumen, die Diklinie, den kätzchenartigen Blüthenstand; dagegen ist ihnen eigenthümlich das Verwachsen der Früchte eines Aehrchens zu einer fleischigen Scheinfrucht.

Familie 50.   Nyctagineae.

Holzpflanzen oder mit fleischigen Caudices überwinternde Stauden mit deutlichen Knoten und entwickelten Stengelgliedern, mit gestielten einfachen Blättern.

Hypogynische Perigonpflanzen mit einfach symmetrischen androgynischen oder unächt diklinischen Blüthen. Blüthen von je 1—3 bald sehr grossen oft kronenartigen, bald kleinen freien oder gamophyll verbundenen Bracteen gestützt; ausserdem eine bis viele Blüthen von einer gamophyllen kelchartigen oder dialyphyllen Hülle umschlossen; Perigon kronenartig, röhrig-trichterig-glockig mit regenschirmfaltigem Saum, im untersten Theil fleischig und kugelig aufgeblasen, bleibend, auswachsend und die Frucht dicht einschliessend; Staubblätter 5—30, mit langen fädlichen meist freien, bisweilen am Grunde unter sich oder mit dem Perigon verbundenen Filamenten und 2 kammerigen nach innen aufspringenden Antheren; Carpell 1 fächerig, 1 blättrig, 1 knospig; Samenknospe basal, sitzend, mehr oder weniger campylotrop; Staubweg lang, einfach; Schliessfrucht in dem unteren verholzenden Theil des Perigons eingeschlossen, während der obere früh abfällt oder anwelkt; Same mit grossem Eiweiss (Perisperm), welches vom stark campylotropen (sehr selten graden) Keim umfasst wird.

Centrum: Tropische und subtropische Gegenden Amerikas, in geringerer Zahl in der östlichen Hemisphäre.

Die Familie ist bekannt durch die unter dem Namen radix Mechoacannae in den Handel kommenden fleischigen Wurzeln von Mirabilis longiflora L. und M. Jalapa L., aus Mexiko.

Familie 51.   Elaeagneae.

Holzpflanzen mit abfälligen einfachen wendelständigen nebenblattlosen Blättern, welche mit silberglänzenden oder bräunlichen schuppigen Haaren bedeckt sind, in der Knospenlage nackt, d. h. ohne Hüllschuppen.

Hypogynische Perigonpflanzen mit einfach symmetrischen androgynischen, polygamischen oder diklinischen Blüthen; Perigon 2-, 4- oder 6blättrig, dialyphyll oder zu einer gamophyllen fleischigen Röhre oder Scheibe verbunden; Staubblätter der männlichen Blüthen 4 oder 8, nämlich die doppelte Anzahl der Perigonblätter, in den weiblichen oder androgynischen Blüthen mit den Perigonblättern wechselnd und gleichzählig, stets mit dem Perigon mehr oder weniger verbunden, 2kammerig, mit Längsspalten aufspringend; Staubweg einfach mit einseitiger Mündung; Carpell 1blättrig, 1fächerig, 1knospig, vom unteren Theil des auswachsenden Perigons umschlossen, aber nirgends damit verwachsen; Samenknospe anatrop, fast grundständig, sitzend oder kurz gestielt; Steinfrucht vom fleischig werdenden Perigon eingeschlossen, mit eiweisslosem oder fast eiweisslosem Samen und gradem axilem Keim.

Die kleine Familie ist zerstreut im wärmeren Asien, Nordamerika und Europa. Jenseit des Aequators fehlt sie. Im südlichen Europa findet sich der Oleaster (Elaeagnus angustifolia L.) und in den Alpen sowie am Meeresstrand bei uns der Sanddorn (Hippophäe rhamnoides L.).

Familie 52. Thymeleae (incl. Aquilarineae).

Holzpflanzen, selten einjährige Gewächse, mit einfachen ungetheilten ganzrandigen nebenblattlosen Blättern.

Hypogynische Perigonpflanzen mit einfach symmetrischen androgynischen, seltner diklinischen Blüthen; Perigon abfällig oder anwelkend, kronenartig, 4—5blättrig, gamophyll, mit dachiger Foliation;

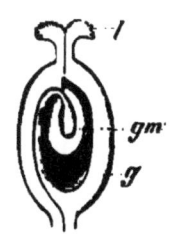

Figur 46. Monocarpes Carpell (g) von Daphne mezereum L. mit der einzigen herabhangenden Samenknospe (gm) und dem kurzen Staubweg mit den Mündungslappen (i).

Staubblätter in gleicher oder doppelter Anzahl wie die Perigonblätter, seltner nur 2, die Filamente mit dem Perigon verbunden, wenn in doppelter Zahl, der eine Wirtel meist länger, 2kammerig, mit Spalten nach innen aufspringend; Carpell 1blättrig, 1fächerig, selten 2fächerig, meist 1knospig (s. Fig. 46), seltner 2—3knospig; Samenknospen anatrop, wenn einzeln, von oben in's Fach herabhangend (s. Fig. 46), wenn 2—3, seitlich angeheftet, wenn das Carpell 2blättrig, von der Scheidewand herabhangend; Staubweg einfach, oft sehr kurz, mit knopfiger Mündung; Frucht Beere, Steinbeere, Schliessfrucht, sehr selten 2klappige Kapsel; Samen hangend, eiweisslos oder mit sehr geringem Eiweiss, mit grossem orthotropem Keim.

Centrum: Südaustralien und das Capland, sonst hat die Familie eine zerstreute Verbreitung zwischen den Tropen in der nördlichen Hemisphäre.

Die Thymeleen sind ausgezeichnet durch sehr scharfe, brennende
Säfte und durch einen feinen regelmässig angeordneten Rindenbast,
welcher in Westindien von Lagetta lintearia Juss. technisch verwerthet wird.

Beispiel:

Gatt. Daphne L. Perigon abfällig, röhrig, mit 4theiligem Saum;
Staubblätter 2×4; Steinbeere 1samig.

D. mezereum L., in Mittel- und Süddeutschland in Wäldern verbreitet, ist officinell durch seine scharfe Rinde (Cort. Mezerei).

Familie 53.   Laurineae.

Holzpflanzen (sehr selten blattlose parasitische krautige Gewächse:
Cassytha), mit meist immergrünen einfachen ganzen nebenblattlosen
wendelständigen Blättern.

Hypogynische Perigonpflanzen mit einfach symmetrischen
androgynischen oder unecht diklinischen Blüthen; Perigon kelchartig,
meist 6blättrig, seltner 4- oder 9blättrig, bisweilen in doppeltem Wirtel,
sehr häufig fleischig oder
holzig auswachsend und
das Gynaeceum mehr oder
weniger einschliessend;
Staubblätter in einfacher
bis 6facher Anzahl der
Perigonblätter, meist mehr-
wirtelig, bisweilen unbe-
stimmtzählig, sehr häufig
mit Nebenblättern (s. Fig.
47 A, B), 2kammerig, mit
2 Klappen aufspringend
(s. Fig. 47 A) oder mit je
zwei über einander liegenden Fächern in jeder Kam-
mer und dann mit vier
Klappen aufspringend
(s. Fig. 47 B); Carpell
1blättrig, 1fächerig, mit
einer (sehr selten zwei)
von oben herabhangenden
anatropen
Samenknospe; Staubweg
einfach, meist kurz; Beeren-

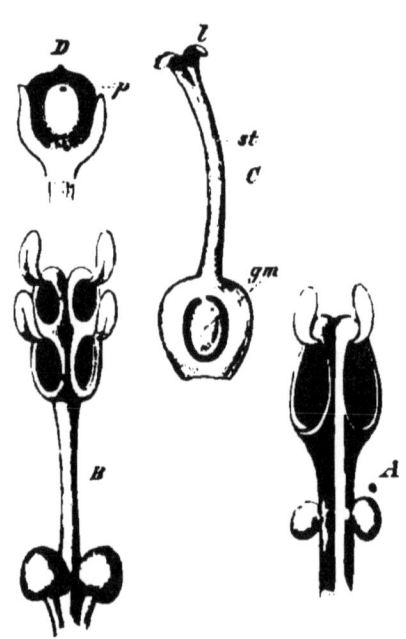

Figur 47.   A Zweiklappig aufspringendes Staubblatt von Laurus
nobilis L.   B vierklappig aufspringendes Staubblatt von Sassafras
officinalis Nees.; C Fruchtknoten von Cinnamomum aromaticum
Nees. im Längsschnitt; D — Frucht derselben im Längsschnitt, gm =
hangende Samenknospe, st = Staubweg, l = Mündungslappen, p =
die vom Perigon umgebene Frucht.

frucht, mehr oder weniger fleischig, bisweilen trockne Schliessfrucht, oft mehr oder weniger vom auswachsenden Perigon umfasst; Same eiweisslos, mit grossen Cotyledonen, orthotrop

Das Hauptcentrum der Familie befindet sich im südlichen Asien, ein kleineres im tropischen Amerika, südlich vom südlichen Wendekreis finden sich fast keine Vertreter, einzelne Formen aber in den wärmeren Theilen der nördlichen gemässigten Zone.

Die Familie enthält sehr viele gewürzhafte und aromatische Gewächse. Benutzt werden als Gewürze die Rinden zahlreicher Arten von Cinnamomum Nees., am wichtigsten sind: der Ceylon-Zimmt von Cinnamomum zeylanicum Nees. und die Zimmtkassie von C. aromaticum Nees. Im südlichen Europa findet sich der Lorbeerbaum, welcher ein wohlriechendes Oel liefert und ausserdem in Früchten und Blättern officinell ist (Folia und baccae Lauri). Der Nordamerikanische Sassafras (Sassafras officinalis Nees.) liefert ein nach Fenchel und Campher duftendes officinelles Holz (Lignum Sassafras). Der Campherbaum (Camphora officinarum Nees.), im östlichen Asien heimisch, liefert Campher. Brasilianische Nectandra-Arten liefern in ihren grossen harten Cotyledonen die früher officinellen Fabae pichurim majores et minores. Dicypellium caryophyllatum Nees., in Amerika heimisch, liefert den Nelken-Zimmet.

Familie 54. Myristiceae.

Holzpflanzen mit wendelständigen bleibenden einfachen ungetheilten lederigen nebenblattlosen Blättern.

Hypogynische Perigonpflanzen mit einfach symmetrischen dioecischen Blüthen. Perigon einfach, gamophyll, 2—4blättrig, 2- bis 4lappig; Staubblätter 3—15, monadelphisch, 2kammerig, nach aussen aufspringend; Carpell 1blättrig, selten mit einem zweiten verkümmerten und sterilen Blatt, 1fächerig, 1knospig; Samenknospe anatrop, grundständig, aufrecht; Staubweg sehr kurz oder fehlend, mit einfacher oder schwach gelappter Mündung; Frucht eine mit einem Längsspalt zerplatzende Beere; Same aufrecht, mit fleischigem gelappten Arillus umgeben, mit harter, nussartiger Testa und grossem gefaltetem hartem Eiweis; Keim grade, klein, grundständig.

Die Familie ist auf den Tropengürtel beschränkt, besonders häufig auf den Molukken, Madagaskar und in Südamerika.

Der Muscatnussbaum: Myristica moschata Thunb. liefert in dem Sameneiweiss die bekannten Muskatnüsse, deren Arillus die Muskatblüthe oder Macis liefert.

Familie 55.   Dilleniaceae.

Pflanzen meist holzig, selten krautig.

Hypogynische Perigonpflanzen mit einfach symmetrischen meist zwittrigen, seltner polygamischen oder dioecischen Blüthen.

Typus: 5, 5, ∞, 1 — ∞.

Perigon doppelt, das äussere kelchartig, meist 5blättrig, selten wenig- oder vielblättrig, bleibend, dialysepal; das innere kronenartig. 5- oder armblättrig, abfällig; Staubblätter meist zahlreich, meist frei. bisweilen in 1 oder mehre Bündel verbunden, meist mit Spalten (selten mit Loch) aufspringend, 2kammerig; Carpell apocarp oder hemisyncarp. d. h. oben apocarp, selten monocarp, in jedem Carpellblatt 2- bis mehre Samenknospen (selten nur eine), 2reihig, am Carpellblattrand befestigt, aufsteigend, anatrop oder hemianatrop; Schlauchfrucht, Schlauchkapsel, Schliessfrucht oder Beere, mit 1samigen oder armsamigen Fächern : Samen meist mit Arillus, mit fleischigem Eiweiss und kleinem gradem basalem Keim.

Die Familie lebt auf der südlichen Hemisphäre, besonders in wärmeren Gegenden.

Manche Vertreter der Familie werden in heissen Erdstrichen als officinell betrachtet.

Familie 56.   Ranunculaceae.

Meist einfachperiodische oder Caudexpflanzen, seltner mit holzigen Stämmen, niemals baumartig.

Hypogyn. Perigonpflanzen mit wendelständigen Blüthentheilen.

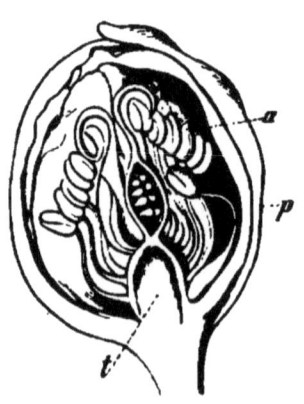

Figur 48. Blüthe eines Helleborus, der Länge nach gespalten; t = der gewölbte Blüthenboden, auf welchem die Staubblätter s und die Carpellblätter mit den Samenknospen schraubig geordnet sind; p = Perigonblätter.

Typus: 3 — ∞, 3 — ∞, ∞, 1 — ∞.

Alle Theile völlig frei; Perigon einfach oder die äusseren Glieder kelchartig oder ein Kronenperigon mit innerem Nebenperigon; Staubblätter 2kammerig, nach aussen aufspringend: Carpell 1- bis vielblätttrig, apocarp oder hemiapocarp, d. h. unten syncarp mit apocarpen Staubwegen (s. Fig. 48); Samenknospen anatrop; einzeln oder mehre in jedem Carpell, am eingerollten Carpellblattrand an der Innenseite, also bei syncarpem Fruchtknoten im inneren Fachwinkel, angeheftet, hangend, abstehend, oder aufrecht, mit 1 oder 2 Integumenten;

1 samige Schliessfrüchte, 1 samige oder armsamige Beeren, oder mehrsamige Schläuche oder Schlauchkapseln; Samen mit grossem Endosperm und kleinem basalem Keim.

Die Familie ist über die ganze Erde zerstreut, am häufigsten aber in der nördlichen Hemisphäre in gemässigten und kalten Klimaten. Officinell sind: Herba Pulsatillae von Pulsatilla pratensis Mill. und P. vulgaris M. Radix hellebori; von Helleborus viridis L., Rad. und Herb. Aconiti von Aconitum napellus L. und Ac. Stoerkeanum Rchb., Semen und Rad. Paeoniae von Paeonia officinalis L, ferner von geringerer Wichtigkeit: Sem. Staphidis agriae von Delphinium Staphysagria L., Sem. Nigellae von Nigella sativa L., Herba Hepaticae von Hepatica nobilis Volk. und Herb. flammulae Jovis von Clematis recta L.

Beispiele:

Trib. 1. Clematideae. Perigonblätter mit klappiger Knospenlage, ohne Honigdrüsen; Schliessfrüchte 1 samig, geschwänzt.

Gatt. Clematis L. Perigon einfach, kronenartig, 4—5 blättrig.

Gatt. Atragene L. Perigon doppelt, das äussere 4 blättrig, das innere vielblättrig.

Trib. 2. Anemoneae. Perigonblätter mit dachiger Knospenlage, ohne Honigdrüse; Schliessfrüchte 1 samig.

Gatt. Thalictrum L. Perigon klein. kronenartig, 4—5 blättrig; Schliessfrüchte in geringer Zahl, ungeschwänzt, gefurcht.

Gatt. Hepatica Dill. Perigon gross, kronenartig, 6—9 blättrig, von einer kelchartigen 3 blättrigen Hülle umgeben; Schliessfrüchte ungeschwänzt.

Gatt. Anemone L. (e. p.). Hülle entfernt stehend, meist vielfach getheilt; sonst wie vor.

Gatt. Pulsatilla Mill. Schliessfrüchte geschwänzt; sonst wie Anemone.

Gatt. Adonis L. Perigon doppelt; äusserer Wirtel 5 blättrig, innere vielblättrig; Schliessfrüchte ungeschwänzt.

Trib. 3. Ranunculeae. Perigon in der Knospenlage dachig, meist 2 × 5 blättrig; innere Blätter am Grunde mit Honigdrüse; Schliessfrüchte ungeschwänzt

Gatt. Myosurus L. Blüthenboden gleich nach dem Abblühen schwanzförmig verlängert; Schliessfrüchte 1 samig. 1 fächerig.

Gatt. Ceratocephalus L. Blüthenboden verlängert, aber nicht schwanzförmig; Frucht mit 1 unfruchtbaren und 2 leeren Fächern.

Gatt. Ranunculus L. Blüthenboden nicht verlängert; Schliessfrucht 1 samig, 1 fächerig.

Trib. 4. Helleboreae. Früchte oben apocarp, unten bisweilen syncarp, als Schlauchkapseln oder Schläuche aufspringend; Blumen meist mit Nebenperigon.

Gatt. Caltha L. Perigon kronenartig, 5blättrig; Nebenperigon fehlt.

Gatt. Trollius L. Perigon kronenartig, unbestimmtzählig; Nebenperigon klein, mit zungenförmigen Blättern.

Gatt. Eranthis Salisb. Perigon kronenartig; Nebenperigonblätter klein, röhrig, 2lippig; unter dem Perigon eine grüne Hülle; Schlauchkapsel langgestielt; Fächer oben getrennt.

Gatt. Helleborus L. (e. p.). Schlauchkapsel sitzend; Perigon auswachsend; Hülle fehlt; sonst wie vor.

Gatt. Isopyrum L. Perigon abfällig; sonst wie Helleborus.

Gatt. Nigella L. Schlauchkapsel sitzend. 5—10fächerig; Perigon kronenartig, 5blättrig; Nebenkronblätter kapuzenförmig. 2lippig; Fruchtfächer bis zu den Staubwegen syncarp.

Gatt. Aquilegia L. Schläuche 5; Nebenperigonblätter 5, trichterförmig, unten gespornt.

Gatt. Delphinium L. Perigon verwickelt symmetrisch, 5blättrig, oberes Blatt gespornt; Nebenperigon 4blättrig, die 2 oberen Blätter gespornt; Sporne im grösseren Sporn des Perigons eingeschlossen; Schläuche 1—3.

Gatt. Aconitum L. Perigon verwickelt symmetrisch, 5blättrig, das obere Blatt spornlos, helmförmig; Nebenperigon 5blättrig, die zwei oberen Blätter röhrig mit kapuzenförmigen Enden; Schlauchkapsel 3- bis 5fächerig.

Trib. 5. Paeonieae. Schläuche in kleiner Zahl, mehrsamig, oder 1—2samige 1fächerige Beeren; Perigon einfach symmetrisch, ohne Honigdrüsen.

Gatt. Paeonia L. Aussenperigon kelchartig, unbestimmtzählig, die Blätter deutlich wendelständig und verschieden gestaltet; Innenperigon kronenartig; Carpellblätter 2—5, apocarp; 2—5 lederartige mehrsamige Schläuche.

Gatt. Actaea L. Aussenperigon 4blättrig, hinfällig; Innenperigon 4blättrig; Beerenfrucht 1fächerig.

Gatt. Cimicifuga L. Aussenperigon 4—5blättrig; Innenperigon 4—6blättrig; Schlauchfrüchte.

Familie 57.   Anonaceae.

Holzpflanzen mit wendelständigen, einfachen, ganzen, fiedernervigen nebenblattlosen Blättern.

Hypogynische Perigonpflanzen mit einfach symmetrischen androgynischen, seltner diklinischen Blüthen.

Typus: 2—3, 3·-6, ∞, ∞.

Aussenperigon kelchartig, bisweilen gamosepal; Innenperigon kronenartig, bisweilen gamopetal; Staubblätter deutlich wendelständig, meist
in grosser Anzahl, 2kammerig, mit Längsspalten aufspringend; Carpell
meist vielblättrig, völlig apocarp oder seltner an der Basis syncarp,
mit einseitigen nach innen offenen Mündungslappen; Samenknospen
1 — ∞ im Fache, bald fast grundständig, bald und häufiger nach innen
am eingerollten Carpellblattrand wandständig, anatrop; Früchte völlig
getrennt und schlauchförmig aufspringend oder zu einer Beere oder
Schlauchkapsel vereinigt; Samen mit grossem Eiweiss und kleinem
grundständigem Keim.

Die Familie ist fast auf den Tropengürtel beschränkt.

Die Arten der Gattung Anona liefern sehr saftige angenehm
schmeckende Früchte.

Familie 58. Magnoliaceae.

Holzpflanzen mit grossen einfachen ganzrandigen meist mit Nebenblättern versehenen Blättern.

Hypogynische Perigonpflanzen mit wendelständigen Blüthentheilen, mit einfach symmetrischen Zwitterblüthen.

Typus: 2—6, 6—∞, ∞, ∞.

Kelch abfällig, dialysepal, dachig; Krone abfällig, dialypetal,
dachig; Staubblätter deutlich wendelständig, 2kammerig, in unbestimmter Richtung aufspringend; Carpell apocarp, deutlich wendelständig oder wirtelig, 1- bis mehrknospig, fast griffellos, mit nach innen
geöffneten Mündungslappen; Samenknospen am schwach eingerollten
Carpellblattrand, also nach innen, angeheftet, anatrop, hangend oder
aufsteigend; Frucht meist als Schlauchfrucht oder Schlauchkapsel nach
innen, seltner nach aussen aufspringend, bisweilen beerenartig oder
Schliessfrucht; Same mit grossem fleischigem Eiweis und kleinem basalem Keim.

Die Familie ist am meisten vertreten in Nordamerika und im südöstlichen Asien, übrigens zerstreut in wärmeren Klimaten. Europa und
Westasien fehlt sie ganz.

Officinell ist nur der Sternanis: Illicium anisatum L., in China
heimisch. Die südamerikanischen Drimys - Arten (Drimys Winteri
Forst. u. a.) lieferten der Expedition des Sir Francis Drake die Winters-
rinde als Mittel gegen den Skorbut.

Hierher gehört auch die kleine Gruppe der Schizandreae.

Familie 59. Hydropeltideae (incl. Nelumbium).

Wasserpflanzen mit Rhizomen, mit meist langgestielten schwimmenden, seltner untergetauchten nebenblattlosen Blättern.

Hypogynische Perigonpflanzen mit einfach symmetrischen Zwitterblüthen.

Typus: $6 - \infty$, $6 - \infty$, $2 - \infty$.

Aeussere Perigonblätter kelchartig, 3—5, innere kronenartig, 3—4 oder zahlreich, wie die äusseren dialyphyll; Staubblätter $(2-6) \times 3$. oder ∞; Carpidia apocarp, entweder ganz frei und in geringerer Zahl auftretend, oder zahlreich und mehr oder weniger tief dem Blüthenboden eingesenkt, nach oben in meist kurze apocarpe mit kleiner runder scheibenförmiger Mündung endigende Staubwege übergehend; Samenknospen in jedem Carpellblatt 1—3, vom Carpellblattrand herabhangend; umgekehrt, bisweilen auf einem längeren Knospenträger herabhangend; Schliessfrüchte, bisweilen schlauchförmig aufgeblasen; Samen mit reichlichem Perisperm und Endosperm.

Die Familie, zu welcher der berühmte Lotos der Indier (Nelumbium speciosum L.) gehört, findet sich fast nur in heissen Gegenden in stehenden Gewässern und langsam fliessenden Strömen.

Familie 60. Nymphaeaceae.

Wasserpflanzen mit Rhizomen und wendelständigen langgestielten nebenblattlosen Blättern mit schwimmender Spreite.

Hypogynische Perigonpflanzen mit einfach symmetrischen Zwitterblüthen.

Typus: ∞, ∞, ∞.

Perigonblätter dialyphyll, wendelständig, die äusseren Wendel mehr kelchartig, nach aussen meist grün, die inneren mehr kronenartig, gefärbt, unbestimmtzählig; Staubblätter zahlreich, nach innen aufspringend, 2kammerig, auf dem den unteren Theil der Carpidia umfassenden Blüthenboden inserirt; Carpidia zahlreich, paracarp, mit plattenförmig nach innen vorspringenden, die Placenten darstellenden Rändern; Samenknospen zahlreich, an den plattenförmigen Placenten angeheftet, anatrop; Staubweg kaum vorhanden, ähnlich wie bei Papaver sofort in den viellappigen zurückgeschlagenen Mündungskörper übergehend; Frucht eine schwammige schlauchförmige unächt vielfächrige vielsamige Beere; Samen mit mehligem Eiweiss, welches aus Endosperm und Perisperm besteht.

Die Familie hat ihr Centrum am Aequator und verliert sich allmählig gegen die Pole hin. Ihre Vertreter finden sich in stehenden und langsam fliessenden Gewässern. Es gehört dahin der Aegyptische Lotos (Nymphaea lotos L.), die berühmte Victoria Regia Lindl. des tropischen Amerika, unsere weissen und gelben Seerosen.

Beispiele:

Gatt. Nymphaea L. Perigonblätter ohne Honiggrube.

Gatt. Nuphar Sm. Innere Perigonblätter mit Honiggrube.

Familie 61. Berberideae.

Holzpflanzen oder Rhizompflanzen mit wendelständigen Blättern und hinfälligen Nebenblättern.

Hypogynische Kelchpflanzen mit einfach symmetrischen Zwitterblüthen.

Typus: 2×2 s $(1-3) \times 3$, 2×2 s $(1—3) \times 3$, 2×2 s $(1—3) \times 3, 1$.

Kelch und Krone in der Regel gleichartig, dialyphyll; Staubblätter vor den Kronblättern inserirt, 2kammerig, mit 2 Klappen aufspringend,

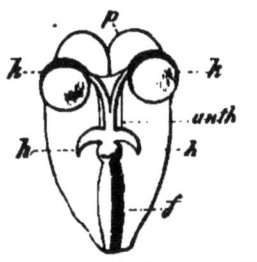

Figur 13. Staubblatt von Mahonia aquifolium Nutt. Dasselbe steht vor dem Kronblatt *p* inserirt, welches bei *p* eine tiefe Ausrandung zeigt, *f* = das spindelförmige Filament, an dessen oberem Ende sich eine kleine Anschwellung und darüber zwei hakige Anhängsel (*h*) befinden, *anth* = das Connectiv der Anthere, *kk* die beiden Klappen, welche nach oben mit einem Spalt sich ablösen. Mit der Lupe gezeichnet.

wie nebenstehende Fig. 13 bei Mahonia aquifolium Nutt. zeigt*); Carpell monocarp, 1fächerig, mit mehren anatropen, basalen oder am eingerollten Carpellblattrand befestigten Samenknospen; Staubweg sehr kurz oder fehlend, mit schildförmiger Mündung; Frucht meist beerenförmig; Samen 1 bis mehre, mit reichlichem Endosperm mit gradem axilem Keim.

Centra: Die nördliche gemässigte Zone, besonders Asiens und Amerikas und die südliche gemässigte Zone Amerikas.

Die Familie enthält die sehr merkwürdige Gattung Caulophyllum, deren 2knospiges Carpell sich bald nach der Befruchtung öffnet und die Samenknospen frei hervortreten lässt, von denen die eine sich auf langem Träger zum Samen entwickelt.

Beispiele:

Gatt. Berberis L. Kelch 2×3 blättrig; Krone 2×3 blättrig; Beere 1—3 samig.

Gatt. Epimedium L. Kelch 2×2 blättrig; Krone 2×2 blättrig, dem Kelch opponirt; beide gespornt.

---

*) Selten entstehen Längsspalten.

Familie 62. Caryophylleae.

Annuelle, Caudex-Rhizompflanzen, selten niedrige Sträucher, mit meist opponirten oder mehrzähligen, selten wendelständigen Blättern. meist mit entwickelten Internodien und angeschwollenen Knoten.

Hypogynische (selten schwach perigynische) Kelchpflanzen mit einfach symmetrischen Zwitterblüthen, welche meist in deutlich centrifugalen, cymatischen Blusten geordnet sind.

Typus: $\widehat{5-4}$, 5—4, 1—2 × (5—4), 5.—3.

Kelch mehr oder weniger gamosepal; Krone meist vollkommen dialypetal und genagelt, bisweilen durch ein deutliches Internodium vom Kelch entfernt, häufiger an der Basis schwach gamopetal und hier eine den Stempelträger eng umfassende Röhre bildend, bei den Paronychieen mit dem Kelch an der Basis scheibenartig und bei den Portulaceen sogar mehr oder weniger epigynisch verbunden; Staubblätter in einfacher oder doppelter Zahl wie die Kronblätter, mit langen Filamenten versehen, 2kammerig, nach innen aufspringend, bisweilen die Filamente des inneren Wirtels mit den Kronblättern an der Basis verbunden, oder scheibenständig (Paronychieae) oder mehr oder weniger epigynisch (Portulaceae); Carpell 2 5blättrig, paracarp; Staubweg kurz oder fehlend, meist die Carpellblätter über dem Fruchtknoten direkt in lange fadenförmige Mündungslappen übergehend, deren Zahl oft kleiner ist als diejenige der Carpellblätter; Samenknospen zahlreich, selten einzeln oder wenige, campylotrop, an einer meist langgestreckt säulenförmigen freien centralen Placenta ringsum angeheftet, seltner die Placenta im unteren Theil mit plattenartigen Vorsprüngen versehen, welche sich mit den gegenüberliegenden Carpellblatträndern verbinden und dadurch den unteren Theil der Fruchtanlage in unächte Fächer theilen; Kapselfrucht, in der einfachen oder doppelten Zahl der Carpellblätter mit Zähnen, Lappen oder Klappen aufspringend, seltner Beere oder 1- bis mehrsamige Deckelfrucht oder 1samige Schliessfrucht; Samen 1 — ∞, mit campylotropem um das Perisperm gebogenem Keim.

Eine grosse, sehr verbreitete Familie, welche keiner Zone ganz fehlt, aber in der nördlichen gemässigten Zone ihr Centrum hat. Manche Arten erreichen eine ausserordentliche polare und marine Höhe, zwischen den Tropen kommen sie fast nur auf höheren Gebirgen vor.

Beispiele:

Trib. 1. Sileneae. Kelch röhrig; Pistill auf einem deutlichen Stempelträger (gynophorum) inserirt; Petala häufig über dem Nagel nach innen einen schuppenförmigen Fortsatz tragend; Carpell völlig griffellos, direkt in die Mündungslappen gespalten; Blätter nebenblattlos.

Gatt. Lychnis L. Typus: $\widehat{5}$, 5, 2×5, 5; Kapsel vollkommen 1 fächerig, mit 5 Zähnen aufspringend.

Gatt. Saponaria L. Typus: $\widehat{5}$, 5, 2×5, 2*); Kapsel 1 fächerig, mit 4 Zähnen aufspringend; Fruchtkelch aufgeblasen.

Gatt. Silene L. Typus: $\widehat{5}$, 5, 2×5, 3: Kapsel im unteren Theil 3 fächerig, mit 6 Zähnen aufspringend.

Gatt. Cucubalus L. Typus: $\widehat{5}$, 5, 2×5, 3; Beerenfrucht.

Gatt. Drypis L. Typus: $\widehat{5}$, 5, 2×5, 3; 1 samige Deckelfrucht.

Gatt. Tunica Scop. Typus: $\widehat{5}$, 5, 2×5, 2; Kronblätter nicht genagelt, allmählig in den Stiel verschmälert.

Gatt. Dianthus L. Typus: $\widehat{5}$, 5, 2×5, 2: Kapsel 4 klappig; Kronblätter plötzlich in den Stiel zusammengezogen.

Gatt. Gypsophila L. Typus: $\widehat{5}$, 5, 2×5, 2; Kapsel 4 zähnig aufspringend; Fruchtkelch nicht aufgeblasen.

Trib. 2. Alsineae. Kelchblätter nur an der Basis verbunden oder ganz frei; kein deutlicher Stempelträger vorhanden; Kronblätter ungenagelt, gegen die Basis keilförmig verschmälert, ohne schuppenförmigen Fortsatz; Carpell völlig griffellos, direkt in die Mündungslappen gespalten; Blätter meist nebenblattlos, bisweilen kleine Nebenblätter tragend.

Gatt. Alsine L. Typus: 5, 5, 2×5, 3, seltner: 4, 4, 2×4, 3; Kronblätter ganz oder schwach ausgerandet; Kapsel 3 klappig; Same nierenförmig, flügellos.

Gatt. Lepigonum Wahlb. Same 3 kantig; Blätter mit zarten Nebenblättern; sonst wie vor.

Gatt. Buffonia L. Typus: 4, 4, 4, 2; Kapsel 2 klappig, 2 samig, flach.

Gatt. Sagina L. Typus: 4, 4, 4, 4, seltner: 5, 5, 5, 5; Kapsel 4 klappig; Kronblätter ganz.

Gatt. Spergula L. Typus: 5, 5, $(1—2) \times 5$, 5; Kapsel 5 klappig; Kronblätter ganz.

Gatt. Cherleria L. Typus: 5, 0, 2×5, 3; Kapsel 3 klappig; äussere Staubblätter an der Basis drüsig.

Gatt. Moehringia L. Typus: 4—6, 4—5, $2 \times (4—5)$, 2 s. 3; Kapsel 4—6 klappig; Same mit Anhängsel.

Gatt. Arenaria L. Typus: 5, 5, 2×5, 3; Kapsel 6 klappig; Same ohne Anhängsel; äussere Staubblätter am Grund drüsig.

---

*) Die letzte Ziffer zeigt hier nicht die Anzahl der Carpellblätter, sondern diejenige der Mündungslappen an.

Gatt. Holosteum L. Typus: 5, 5, 3—5, 3; Kapsel mit 6 zurück-rollenden Zähnen aufspringend.

Gatt. Stellaria L. Typus: 5, 5, 2×5, 3; Kronblätter gespalten; Kapsel 6klappig.

Gatt. Moenchia Ehrh. Typus: 4, 4, (1—2)×4, 4; Kapsel 8lappig aufspringend.

Gatt. Malachium Fr. Typus: 5, 5, 2×5, 5; Kapsel 5klappig, Klappen 2spaltig: Kronblätter ausgerandet oder 2theilig.

Gatt. Cerastium L. Typus: 5, 5, (1—2)×5, 5; Kapsel 10klappig: Kronblätter ausgerandet oder 2spaltig.

Gatt. Honkenya Ehrh. Same eirund, auf dem Rücken gewölbt, auf der Bauchseite grubig; sonst wie Alsine.

Trib. 3. Paronychieae. Kelch deutlich gamosepal, die kleinen Kronblätter an der Basis mit ihm vereinigt, ebenso die Staubblätter, die Blüthen daher schwach perigynisch: Fruchtknoten 1—2knospig; Samenknospen hemi-anatrop und schwach campylotrop; Blätter mit Nebenblättern.

Gatt. Paronychia Tourn. Typus: 5, 5 s. 0, 2×5, 2: Kapsel 1samig, vom Kelch umschlossen, 5spaltig, bisweilen nicht aufspringend.

Gatt. Polycarpon Löffl. Typus: 5, 5, 3 s. 5, 3; Kapsel 3klappig, vielsamig, bis zur Basis einrollend.

Gatt. Illecebrum L. Typus: 5, 5, 2×5, 2; Kapsel 1samig, mehr-klappig.

Gatt. Herniaria L. Typus: 5, 5, 2×5, 2; Schliessfrucht 1samig.

Gatt. Corrigiola L. Typus: 5, 5, 5, 3; Schliessfrucht 1samig; Samenträger central.

Gatt. Telephium L. Typus: 5, 5, 5, 3; Kapsel 3klappig, unten 3fächerig; Samen 6reihig.

Trib. 4. Sclerantheae. Krone fehlend; Blätter nebenblattlos; sonst wie vor.

Gatt. Scleranthus L. Typus: 5, 0, 2×5 (5 s. 2), 2.

Trib. 5. Portulaceae. Kelch 2blättrig (selten 3—5blättrig), dachig; Kronblätter 5, nebst den Staubblättern perigynisch mit dem Kelch ver-bunden; Fruchtknoten 3- bis vielknospig, oft unächt gefächert; Staub-weg deutlich, paracarp, mehrlappig: Deckelfrucht oder 3klappige Kapsel, bisweilen nicht aufspringend; Blätter bisweilen mit Nebenblättern.

Gatt. Portulaca L. Typus: 2, 4—6, 8—15, 3—6; Kelch abfällig von der ringförmigen Scheibe; Deckelfrucht.

Gatt. Montia L. Typus: 2, $\overline{5}$, 3, 3; Kapsel 3klappig, 3fächerig, 3samig.

Benutzt werden die Caryophylleen fast gar nicht. Zur Seidenwäscherei benutzt man die Wurzeln von Saponaria officinalis L. und Gypsophila struthium L. Der Portulak: Portulaca oleracea L. ist als Küchengewächs bekannt.

Familie 63. Elatineae.

Kleine krautige Sumpfgewächse mit wirtelständigen einfachen ungetheilten mit Nebenblättern versehenen Blättern.

Hypogynische Kelchpflanzen mit einfach symmetrischen Zwitterblüthen. Kelch 2—5blättrig, dachig, fast dialysepal; Krone 2—5blättrig, dachig, dialypetal; Staubblätter 1—2 × (2—5), frei, zweikammerig, nach innen aufspringend; Carpell 2—5blättrig, syncarp, d. h. die eingerollten Carpellblätter mit dem Mittelsäulchen verwachsen, daher 2—5fächerig; Griffel verschwindend kurz, direkt in 2—5 Mündungslappen gespalten; Samenknospen zahlreich, an der centralen Placenta (Mittelsäulchen) angeheftet, anatrop; Kapsel scheidewandspaltig oder vom Mittelsäulchen sich ablösend, welches stehen bleibt, vielsamig; Samen cylindrisch, oft schwach gebogen, eiweisslos; Keim grade oder schwach campylotrop.

Die Familie verbreitet sich in wenigen Gattungen über die ganze Erde.

Beispiel:

Gatt. Elatine L. Typus: $\overline{3}$—$\overline{4}$, 3—4, 1—2 × (3—4), 3—4; Same fadenförmig.

Dem Menschen ist die Familie nicht dienstbar.

Familie 64. Frankeniaceae.

Niedrige krautige, seltner halbstrauchige Pflanzen mit sehr ästigen, deutlich gegliederten, an den Knoten artikulirten Stengeln und kleinen nebenblattlosen opponirten Blättern.

Hypogynische Kelchpflanzen mit einfach symmetrischen Zwitterblüthen.

Typus: $\overline{4}$—$\overline{6}$, 4—6, 4—∞, 2—4.

Kelch gamosepal, röhrig, bleibend, Foliatio valvata; Krone dialypetal, lang genagelt, über dem Nagel mit je einer Wölbschuppe, dachig; Staubblätter meist 6, frei oder nur am Grunde kurz ringförmig verbunden, 2kammerig, nach aussen aufspringend; Carpell 2—4blättrig, vollkommen paracarp, an den schwach eingerollten Rändern die meist zahlreichen Samenknospen tragend, diese daher an wandständigen Placenten in Doppelreihen, entsprechend der Zahl der Carpellblätter; Samenknospen hemi-anatrop, an langen Knospenträgern aufsteigend; Staubweg paracarp, lang, am Ende nach der Zahl der Carpellblätter gespalten; 2—4klappige fachspaltige Kapselfrucht; Samen zahlreich, aufsteigend, mit gradem Keim central im Eiweiss.

Die kleine Familie lebt sehr zerstreut an Meeresufern, am häufigsten in der nördlichen gemässigten Zone.

Familie 65.   Passifloreae.

Meist schlingende krautartige oder verholzende Stämme, meist mit Nebenblättern versehene wendelständige Blätter.

Hypogynische oder schwach perigynische Kelchpflanzen mit einfach symmetrischen monoklinischen oder unächt diklinischen Blüthen.

Typus: $\widehat{3}$, $(1—2) \times \widehat{4}—\widehat{5}$, $(1—2) \times 4—5$, 3—5.

Kelch und Krone mit dem Androceum oft perigynisch verbunden; häufig am Schlund zahlreiche unfruchtbare Filamente eingefügt: Antheren bisweilen monadelphisch, 2kammerig, nach innen aufspringend; Carpell 3—5blättrig, auf einem hohen Stempelträger inserirt, rein paracarp mit 3—5 von den eingerollten Carpellblatträndern gebildeten wandständigen Placenten; Staubwege in der Zahl der Carpellblätter, mit schildförmigen oder nagelförmigen bisweilen schwach 2lappigen Mündungen; Frucht eine 1fächerige Beere oder 3 bis 5 auf der Mitte der Klappen die Samen tragende Kapseln; Samenknospen zahlreich, anatrop; Samen zahlreich, mit gradem axilem Keim in fleischigem Eiweiss.

Tropengürtel und subtropische Zonen Amerikas, selten in der östlichen Hemisphäre.

Familie 66.   Tamariscineae.

Zierliche Sträucher mit sehr zarten Zweigen, deren jüngere im Herbst abfallen, mit sehr kleinen nadelförmig-schuppigen nebenblattlosen abfälligen Blättern.

Hypogynische Kelchpflanzen mit einfach symmetrischen Zwitterblüthen; Blüthen sehr klein, ährenständig, an den Enden der Zweige stehen die achselständigen Achren in einen rosenrothen oder weisslichen schweifförmigen Blust zusammengedrängt.

Typus: $\widehat{5}$ (4), 5, $(1—2) \times 5$, 3.

Kelch schwach gamosepal; Krone dialypetal, wie der Kelch dachig, anwelkend; Staubblätter auf einer ringförmigen Scheibe mit 2 kammerigen,

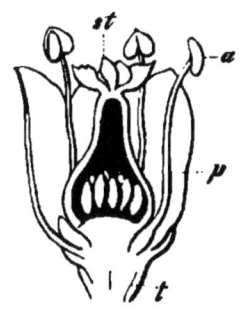

nach innen aufspringenden Antheren: Carpell (s. die Figur 49) 2—5 blättrig, meist 3- bis 4 blättrig, mit oben so vielen wandständigen oder fast grundständigen, aus den eingerollten Carpellblatträndern gebildeten Placenten; Samenknospen zahlreich, aufsteigend, anatrop; Staubweg verschwindend kurz, nach der Zahl der Carpellblätter gelappt; Kapsel 1 fächerig oder durch Vorspringen der Carpellblattränder unächt gefächert, 2—5 klappig; Samen zahlreich mit gradem Keim, ohne Eiweiss.

Figur 49. Blüthe von Tamarix, der Länge nach durchschnitten; *t* = Blüthenboden mit den sehr kurzen Kelchblättern; *p* = 3 von den 5 Kronblättern; *a* = 3 von den 5 Staubblättern; *st* = die 3 Mündungslappen des flaschenförmigen Carpells, welches am Grunde die Samenknospen trägt.

Die kleine Familie, zu welcher auch die nur durch den eiweisshaltigen Samen unterschiedenen Reaumuriaceen gehören, verbreitet sich über den östlich-nördlichen Erdquadranten, besonders an feuchten Lokalitäten.

Dem Menschen sind diese zierlichen Gewächse wenig dienstbar. Mehre Arten von Tamarix sind mannithaltig, vor allen Tamarix mannifera Ehrenb., in Arabien und auf der sinaitischen Halbinsel; die Rinde von Myricaria germanica Desv. war früher officinell.

Beispiele:

Gatt. Tamarix L. Samen fast grundständig; Samen vom schopfigen Arillus gekrönt.

Gatt. Myricaria Desv. Samen wandständig; Samen vom gestielten Schopf des Arillus gekrönt.

Familie 67. Resedaceae.

Einjährige oder mit Caudices überwinternde Pflanzen, seltner Sträucher oder Halbsträucher mit wendelständigen mit Nebenblättern versehenen Blättern.

Hypogynische Kelchpflanzen mit schwach verwickelt symmetrischen meist androgynischen, seltner diklinischen Blüthen; Kelch 4—8 blättrig, schwach gamosepal, dachig, schwach verwickelt symmetrisch; Krone 4—8 blättrig, bisweilen 2 blättrig oder fehlend, dialypetal, selten ganz, meist in verschiedener Weise getheilt, bisweilen schwach gamopetal, meist ungleich; Staubblätter 3—40, auf einem einseitigen scheibenförmigen Staubblattträger inserirt, 2 kammerig, nach innen aufspringend; Carpell 2—6 blättrig, paracarp, selten mehr oder weniger apocarp, mit zahlreichen Samenknospen an den schwach eingerollten

Carpellblatträndern, bisweilen fast grundständig, selten die Samenknospen nur 1—2; der Fruchtknoten oben offen und direkt in die kurzen Mündungslappen übergehend; Samenknospen campylotrop oder hemianatrop; die Frucht meist eine Streubüchse mit endständiger Oeffnung, seltener Beere oder Schlauchkapsel; Samen eiweisslos, mit campylotropem oder gefaltetem Keim.

Die aus wenigen Gattungen bestehende Familie ist zerstreut in den wärmeren Gegenden des östlich nördlichen Quadranten; nur wenige finden sich in Capland.

Familie 68. Bixaceae.

Holzpflanzen mit wendelständigen Blättern.

Hypogynische Kelchpflanzen mit einfach symmetrischen androgynischen oder unächt diklinischen Blüthen.

Typus: 2—6, 2—6, 2—∞, 2—∞.

Antheren 2kammerig, mit Längsspalt, seltner lochförmig aufspringend; Carpell paracarp, die eingerollten Ränder mehr oder weniger vorspringend von der wandständigen Placenta bis zur fast vollständigen Fachbildung; Staubweg entwickelt oder sehr kurz, an der Mündung kürzer oder länger gelappt nach der Zahl der Carpellblätter; Samenknospen an jeder Placenta 2—∞, anatrop oder hemianatrop; Kapselfrucht mit Klappen, welche auf ihrer Mitte die Placenta tragen, bisweilen beerenartig oder schliessfruchtartig; Samen meist zahlreich mit Endosperm und grossem gradem oder gekrümmtem Keim.

Vorkommen fast ausschliesslich zwischen den Wendekreisen.

Bixa orellana L., im heissen Amerika verbreitet, liefert den wichtigen, unter dem Namen Orleans bekannten Farbstoff.

Familie 69. Cistineae.

Niedrige Sträucher mit einfachen ungetheilten meist kleinen mit Nebenblättern versehenen Blättern.

Hypogynische Kelchpflanzen mit einfach symmetrischen Zwitterblüthen.

Typus: 5, 5, ∞, 3 s. 5.

Kelch dialysepal, von den 5 Sepalen sind 3 weit grösser, 2 äussere sehr klein oder verkümmert, Kronblätter sehr zart, bisweilen 2 fehlgeschlagen oder die ganze Krone unentwickelt; Staubblätter 2kammerig, nach innen aufspringend, zahlreich; Carpell paracarp, 3- oder 5blättrig, an den eingeschlagenen oder etwas tiefer eingerollten und Scheinfächer bildenden Rändern zahlreiche Samenknospen tragend; Staubweg abfällig, paracarp, meist kurz, 3- oder 5lappig; Samenknospen orthotrop oder hemianatrop; Kapsel mit 3—5 Klappen aufspringend, welche in der

Mitte die Placenten tragen; Same mit mehligem oder hartem Endosperm; Keim meist mehr oder weniger campylotrop, selten fast grade.

Centrum: Die Küstengegenden des Mittelmeers, sonst durch die nördliche gemässigte Zone zerstreut; spärlich in Nordamerika und Nordeuropa.

Viele Arten von Cistus im südlichen Europa liefern Ladanum, zur Parfümerie gebräuchlich.

Beispiele:

Gatt. Cistus L. Kapsel 5klappig oder durch Spaltung der Klappen 10klappig.

Gatt. Helianthemum Tourn. Kapsel 3klappig.

Familie 70. Violaceae.

Einjährige oder Rhizompflanzen oder Sträucher mit meist wendelständigen einfachen gestielten mit deutlichen Nebenblättern versehenen Blättern.

Hypogynische Kelchpflanzen mit verwickelt symmetrischen Zwitterblüthen.

Typus: 5, 5, 5, 3.

Blüthenstiele meist mit 2 Brakteen versehen; Kelch meist sehr schwach gamosepal, dachig, selten ganz gleichblättrig; Krone mehr oder weniger verwickelt symmetrisch, meist dialypetal, bisweilen schwach gamopetal; gewöhnlich ist das oberste Blumenblatt das grösste, es wird durch Drehung des Pedicellus zum untersten, zwei andere stehen seitlich, zwei nach oben gerichtet, oder alle vier nach oben (Veilchen-Symmetrie), das grösste

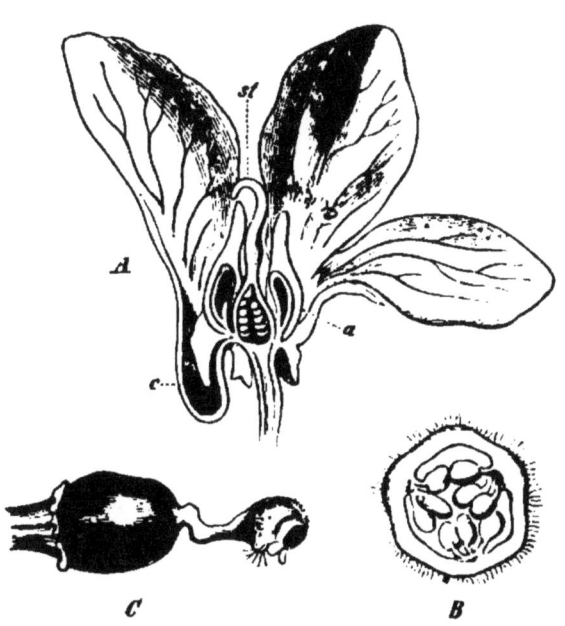

Figur 50. Blüthe einer Viola. *A* im Längsschnitt, *B* Fruchtknoten im Querschnitt, *C* Fruchtknoten des Stiefmütterchens mit dem kragförmigen Griffelende von der Seite. *a* = Antheren, *st* = Griffel, *c* = Sporn, in welchen die Anhängsel der 2 untersten Staubblätter hineinragen.

nach unten gedrehte Blatt hat meist einen Sporn oder ein sackförmiges
Anhängsel. Staubblätter mit kurzen Filamenten, dicht zusammengedrängt
um das Pistill (s. die Fig. 50), bisweilen ganz schwach mit dem Kelch,
oder unter sich monadelphisch verbunden, meist frei, nach oben mit
einem Fortsatz des Connectivs, ebenso die 2 oder 4 untersten mit Anhängseln verschiedener Art versehen, alle mit sehr kurzen fast loch-
förmigen Spalten nach innen aufspringend; Carpellblätter paracarp, fast
immer 3 (selten 2, 4 oder 5), meist mit zahlreichen anatropen Samenknospen; Staubweg paracarp, oft gebogen, am Ende sehr verschieden-
gestaltig, selten gespalten; Frucht als 3klappige Kapsel sich öffnend
mit 3 Samenträgern auf der Mitte der Klappen (selten 2—5), bisweilen
beerenartig; Same mit fleischigem grossem Endosperm und centralem
gradem Keim.

Centrum: die nördliche gemässigte Zone; die holzigen Formen bewohnen das wärmere Amerika, auf der südlichen Hemisphäre ist die
Familie selten.

Officinell ist bei uns das wohlriechende Veilchen: Viola odorata L.
und das Stiefmütterchen: Viola tricolor L. Jonidium ipecacuanha Vent.,
in Südamerika heimisch, wirkt brechenerregend.

Beispiel:

Gatt. Viola L. Kelchblätter an der Basis mit Anhängsel; das
durch Drehung unterste Kronblatt in einen hohlen Sporn auslaufend;
die 2 untersten Staubblätter mit 2 spornartigen Anhängseln, welche in
den Sporn der Krone hinabsteigen.

Familie 71.   Droseraceae (incl. Sarracenieae).

Einfachperiodische oder mit Rhizomen oder Caudex ausdauernde
Pflanzen, meist mit reizbaren mit Drüsenhaaren versehenen Blättern
ohne Nebenblätter.

Hypogynische Kelchpflanzen mit einfach symmetrischen
Zwitterblüthen.

Typus: 5, 5, $(1-x) \times 5$, 3—5.

Kelch dialysepal, nur bei Parnassia perigynisch mit Krone und
Androceum verbunden; Krone dialypetal; Staubblätter 2kammerig, meist
nach aussen aufspringend; Carpell 3—5blättrig, mit den eingerollten
Rändern mehr oder weniger nach innen vorspringend, der Anlage nach
paracarp, aber bisweilen durch die in der Mitte zusammenstossenden
und beiderseits ankerförmig zurückgebogenen Placenten (Carpellblattränder) mehr oder weniger vollständig gefächert; Staubweg paracarp,
meist kurz, nach der Zahl der Carpellblätter gelappt; Samenknospen
an den wandständigen oder durch tieferes Einrollen der Carpellblätter

mittelständigen Placenten, meist zahlreich, seltner grundständig, umgekehrt; Kapsel 1 fächerig-klappig, mit auf der Mitte der Klappen stehenden Placenten; wenn die Samen grundständig, nur oben aufspringend; bei mehr oder weniger vollständiger Fächerbildung fachspaltig aufspringend; Samen zahlreich, mit grossem Eiweiss und grundständigem oder axilem gradem Keim.

Die Familie ist fast über die ganze Erde zerstreut; die meisten Vertreter bewohnen Moorgegenden und sumpfige Orte.

Beispiele:

Gatt. Drosera L. Kapsel 1 fächerig, an der Spitze 3—5klappig, mit 3—5 wandständigen Samenträgern; Staubweg 3—5spaltig.

Gatt. Parnassia L. Kapsel 1 fächerig, an der Spitze 4 klappig, mit unvollständigen durch die 4 Placenten gebildeten Scheidewänden; Staubweg sehr kurz, 4 lappig; 5 drüsige Nebenkronblätter.

Familie 72. Papaveraceae.

Einfachperiodische oder Caudexpflanzen, meist milchsaftführend, mit einfachen, fiedernervigen, nebenblattlosen Blättern.

Hypogynische Kelchpflanzen mit einfach symmetrischen Zwitterblüthen.

Typus: 2, 2×2, 1 - ∞×2, 2—∞.

Sepala hinfällig; Staubblätter meist frei, selten mit der Krone verbunden, 2kammerig, nach innen aufspringend; Carpidia paracarp, mit den Rändern mehr oder weniger eingerollt und bisweilen nach innen plattenförmig vorspringend, mit kurzem, oft kaum ausgebildetem paracarpem Staubweg, welcher nach der Zahl der Carpellblätter an der Mündung kurze Lappen bildet; Samenknospen anatrop, meist hemianatrop oder campylotrop, zahlreich an den nach innen vorspringenden Carpellblatträndern, also an wandständigen Placenten, befestigt; mit 2 Integumenten; Frucht mit 2 zwei von den Placenten, welche mit dem Staubweg als Rahmen stehen bleiben, sich ablösenden Klappen oder mit kleinen unter den Mündungslappen sich bildenden Löchern aufspringend oder als Lomentum quer in Glieder zerfallend, meist vielsamig; Same mit öligem Endosperm, mehr oder weniger campylotrop, mit gekrümmtem oder fast gradem Keim.

Die Familie ist über die nördliche Hemisphäre zerstreut, zwischen den Wendekreisen und in der Polarzone wird sie seltner, noch seltner in der südlichen Hemisphäre.

Officinell ist das aus den unreifen Kapseln des Gartenmohns (Papaver somniferum L.) gewonnene Opium, die Blumen des Klatschmohns (Papaver rhoeas L.) und das Kraut von Chelidonium maius L.

Beispiele:

Gatt. Papaver L. Streubüchse durch die 3—20 plattenartig vorspringenden Samenträger unvollständig gefächert.

Gatt. Glaucium Tourn. Kapsel durch die 2 vorspringenden Samenträger unächt 2fächerig, 2klappig.

Gatt. Chelidonium L. Kapsel 2klappig; Samenträger nicht stark
vorspringend.

Gatt. Hypecoum L. Lomentum in 1samige Glieder zerfallend.

Familie 73.   Fumariaceae.

Einfache Periode oder, oft knolliger, Caudex. Blätter wendelständig, nebenblattlos.

Hypogynische Kelchpflanzen mit verwickelt symmetrischen
Zwitterblüthen.

Typus: 2, 2×2, 2×2, 2.

Kelchblätter 2, seitlich, hinfällig; Petala deutlich 2 zweizählige
Wirtel bildend, der äussere an Gestalt vom inneren verschieden, seine
beiden Glieder unter sich gleich oder verschieden, im letzten Fall
2lippig und bisweilen schwach gamopetal, die 2 Glieder des inneren
Wirtels unter sich gleichgestaltet, oft verwickelt gebaut, sich fest an die Staubblätter legend und diese
von aussen abschliessend nebst der von ihnen umgebenen Staubwegmündung; Staubblätter unter allen
Umständen 4, 2kammerig, nach innen aufspringend;
entweder alle 4 frei, oder 2 Bündel bildend; in diesem
Fall besteht jedes Bündel, wie nebenstehende Figur
zeigt, aus einem mittlen vollkommenen und zwei seitlichen halben Staubblättern, deren Filamente zu einem
breiten Bande verbunden sind; Carpell 2blättrig, paracarp mit meist sehr kurzem paracarpem Staubweg und
2lappiger Mündung; Samenknospen hemi-anatrop, meist

Figur 51.

zahlreich, an den eingerollten Carpellblatträndern, also
an 2 gegenüberstehenden wandständigen Placenten, bisweilen nur eine
einzige zur Entwickelung gelangend; die reife Frucht eine 2klappige
Kapsel, deren Klappen sich von den stehenbleibenden mit dem Staubweg verbundenen Samenträger ablösen oder ein mehrgliedriges Lomentum oder eine 1—2samige Schliessfrucht: Samen mit grossem Endosperm und sehr schwach gekrümmtem Keim, bei Corydalis mit nur
einem Cotyledo.

Die Familie ist beschränkt auf die nördliche gemässigte Zone, besonders die Mittelmeerregion und Nordamerika.

Beispiele:

Gatt. Fumaria L. Schliessfrucht 1 samig; Kronblätter verwickelt symmetrisch, das oberste gespornt, die beiden seitlichen löffelförmig.

Gatt. Corydalis D. C. Kapsel vielsamig; sonst wie Fumaria.

Gatt. Thélytra D. C. Kapsel vielsamig; oberstes und unterstes Kronblatt gleichgestaltet, unten sackförmig.

Familie 74. Capparideae.

Meist annuelle Pflanzen oder mit Caudices überwinternd, bisweilen holzig.

Hypogynische Kelchpflanzen mit meist einfach symmetrischen Zwitterblüthen, sehr selten diöcisch.

Kelch $(1-4) \times 2$ blättrig, gamosepal oder dialypetal; Krone $(2 \text{ s. } 4) \times 2$ blättrig, seltner fehlend oder nur 2; (Staubblätter $(1-8) \times 2$, mit langen Filamenten, 2 kammerig, nach innen aufspringend; Carpell $(1-4) \times 2$ blättrig, paracarp oder durch Einrollung der Blätter bisweilen mehr oder weniger gefächert, meist auf langem Stempelträger stehend, vielknospig; Samenknospen campylotrop oder hemi-anatrop; Staubweg meist verschwindend kurz, paracarp, mit kugeliger Mündung; Kapselfrucht meist 2 klappig, mit wandständigen, aus den eingerollten Carpellblättern gebildeten vielsamigen Placenten, selten beerenartig oder steinbeerenartig; Samen meist eiweisslos, mit campylotropem Keim.

Die in 2 Abtheilungen: Cleomeen mit Kapseln und Capparideen mit Beeren oder Steinfrüchten zerfallende Familie bewohnt die tropischen und subtropischen Zonen beider Hemisphären.

Von Capparis spinosa L. benutzt man die Blüthenknospen als Kapern. Der Strauch ist in der Gegend des Mittelmeers verbreitet.

Hierher gehört auch die in Asien heimische Gattung Moringa.

Familie 75. Cruciferae.

Meist 1—2jährige Pflanzen oder Stauden, bisweilen Halbsträucher, meist ohne Nebenblätter.

Hypogynische Kelchpflanzen mit einfach symmetrischen Zwitterblüthen.

Typus: 2×2, 2×2, 3×2, 2.

Die 3 äusseren Wirtelgruppen, Kelch, Krone und Androceum, völlig frei; Kronblätter genagelt, bisweilen ungleich; zwischen Krone und Androceum befinden sich 2, 4 oder 6 Drüsen, am häufigsten je eine rechts und links von den 2 äussersten kürzeren Staubblättern; nur bei der atypischen Gattung Megacarpaea finden sich zahlreiche Staubblätter,

sonst ausnahmslos die typische Zahl; Antheren 2 kammerig, nach innen aufspringend, nur bei Atelanthera 1 kammerig; Carpellblätter 2, paracarp, an den
schwach eingerollten Rändern,
welche sich zu kräftigen wandständigen Placenten, die oben
unter dem Griffel zusammenstossen, verdicken, die Samenknospen tragend (vgl. Fig. 52);
die eingerollten Ränder, d. h.
die Placenten, bilden haut-
artige Vorsprünge, welche
den Fruchtknoten in 2 Fächer
zerlegen; nach oben gehen
die Carpellblätter in den
kürzeren oder längeren paracarpen Staubweg über (siehe
Fig. 52), dessen meist sehr
schwach ausgebildete Lappen
den beiden Placenten ent-
sprechen; Samenknospen auf
kürzeren oder längeren Knospenträgern, der Anlage nach,
wie aus dem Vorhergehenden

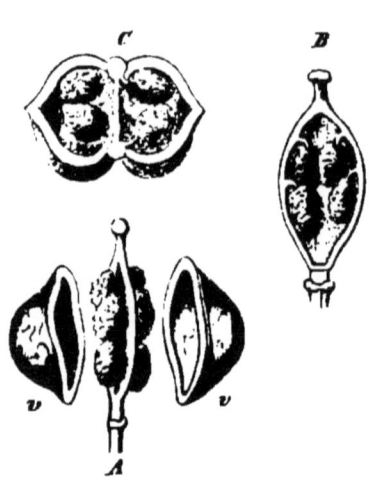

Figur 52. Frucht einer Cochlearia. *A* von der Placenta aus gesehen; die beiden Klappen (c) haben sich von der Placenta abgelöst, man sieht an der vorderen Placenta rechts und links die
Samenknospen; *B* dieselbe Frucht von der anderen Seite, die
Klappen sind entfernt, man sieht die Samen des einen Faches
rechts und links an der rahmenförmigen Placenta; *C* Frucht im
Querschnitt.

erhellt, 4reihig, nämlich in jedem Fach 2reihig (s. Fig. 52 *B*), da jede
Placenta in jedes Fach eine Reihe hineinschiebt, sehr häufig aber durch
Fehlschlagen armsamig, 1 fächerig u. s. w. Bei der merkwürdigen
atypischen Gattung Tetrapoma sind 4 Carpellblätter mit 4 Knospenträgern vorhanden; diese bilden keine Scheidewände, sondern, ähnlich
wie bei Papaver, blattige Vorsprünge, also 8 Reihen von Samenknospen,
nämlich an jeder Placenta eine Doppelreihe; Frucht als 2klappige
Kapsel aufspringend, oder Schliessfrucht, dann meist 1 samig, oder quer
in Glieder zerfallend oder wenigstens in 1 samige Glieder abgeschnürt;
Same mit sehr entwickeltem Keim, meist ganz eiweisslos; aus der campylotropen oder hemi-anatropen Samenknospe geht ein eingeknickter,
gekrümmter oder aufgerollter Keim hervor.

Ziemlich über die ganze Erde verbreitet, treten die Cruciferen am
spärlichsten am Aequator, am reichsten in der nördlichen gemässigten
Zone auf.

Die Familie ist dem Menschen nützlich durch eine grosse Anzahl
als Gemüse und Salat essbarer Kräuter, so namentlich: den Kohl.
Brassica oleracea L. in seinen zahllosen Formen.

Andere dienen als Viehfutter, wie z. B. der Raps: Brassica napus L. und der Rübsamen: Brassica rapa L. Aus den Samen dieser und zahlreicher anderer Cruciferen, so z. B. Camelina sativa L., Leindotter genannt, gewinnt man Oel; als Senf werden wegen des in den Samen enthaltenen Senföls: Brassica nigra Koch und Sinapis alba L. angebaut, ebenso wegen des scharfen Saftes der fleischigen Wurzel der Mährrettich: Armoracia rusticana Fl. d. Wett.

Manche Cruciferen sind im jungen Zustande des Krauts als Mittel gegen den Skorbut empfohlen, so namentlich das Löffelkraut: Cochlearia officinalis L. Isatis tinctoria L., als Färber-Waid bekannt, enthält Indigo. Wegen der scharfe Säfte enthaltenden Wurzel baut man auch viele Spielarten des Rettichs: Raphanus sativus L. an.

Für die Systematik der Cruciferen ist eine genaue Kenntniss der Verschiedenheiten im Bau des Samens ganz unerlässlich. Dafür diene Folgendes:

Die Radicula nimmt in der Regel die ganze Länge des Samens ein, an dem einen Ende sich gegen die Cotyledonen umbiegend (s. Fig. 53). Die Cotyledonen nehmen also den übrigen Theil des Samens ein. Wenn nun die Cotyledonen flach mit der Innenfläche an einander liegen, so liegt (wie Fig. 53 zeigt) die Radicula vor der Spalte, welche jene mit einander bilden. In diesem Fall ist der Same flach, die Radicula heisst anliegend. Das bestimmt die Unterfamilie der Pleurorhizeae, Spaltwürzler.

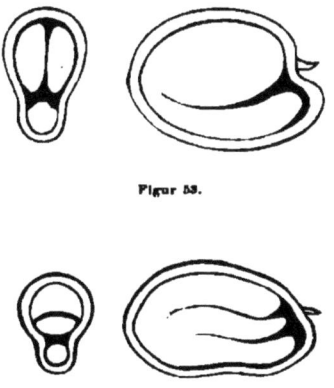

Figur 53.

Figur 54.

Bei anderen Cruciferen sind die Cotyledonen mehr dick, fleischig, sie liegen dann ebenfalls mit der Innenfläche auf einander. aber die Radicula, welche ebenso am einen Ende des Samens gegen die Cotyledonen umgebogen ist, legt sich am Rücken des einen Cotyledo entlang. Man nennt die Radicula aufliegend (Fig. 54) und bestimmt danach die Unterfamilie der Notorrhizeae oder Rückenwürzler. Die Samen der Rückenwürzler sind nicht flach, sondern gestreckt, eiförmig-länglich oder stielförmig.

Drittens liegen häufig beide Keimblätter hinter einander, so dass das äussere Keimblatt mit seiner Innenfläche (Oberseite) die Aussenfläche (Unterseite) des anderen deckt. In diesem Fall sind beide Keim-

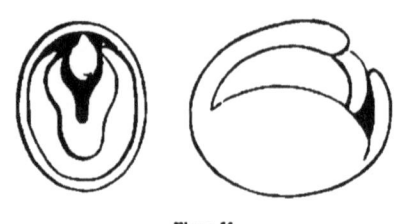

Figur 55.

Figur 56.　　　　　　Figur 57.

blätter dick, fleischig und der Länge nach vorwärts gefaltet (Fig. 55); die Radicula legt sich dann vor die offene Spalte der beiden Keimblätter. Man nennt die Radicula in diesem Fall einliegend und bestimmt danach die Gruppe der Orthoploceen, welche kugelige oder eiförmige, niemals flache oder sehr gestreckte Samen besitzt.

Bei einer vierten Gruppe ist der ganze Keim, wie nebenstehende Figur 56 zeigt, spiralig aufgerollt. Diese Gruppe heisst die der Spirolobeen.

Endlich fünftens ist bisweilen der Keim doppelt eingeknickt, wie vorstehende Figur 57 zeigt. Man nennt die Vertreter dieser Gruppe: Diplecolobeae.

Beispiele:

I. Pleurorhizeae. Spaltwürzler oder Flachwürzler. Same flach; Keimblätter flach an einander liegend; Radicula vor der Spalte der Keimblätter.

Trib. 1. *Arabideae* (Pleurorhizeae Siliquosae). Kapsel lang, 2klappig, 2fächerig.

Gatt. Arabis L. Klappen 1nervig, flach; Samen in jedem Fach 1reihig.

Gatt. Nasturtium L. Klappen nervenlos oder nur am Grunde schwach 1nervig, gewölbt; Samen in jedem Fach ungleich 2reihig.

Gatt. Barbaraea L. Klappen 1nervig, gekielt; Samen in jedem Fach 1reihig.

Gatt. Cardamine L. Klappen nervenlos; flach; Samen in jedem Fach 1reihig.

Gatt. Cheiranthus L. Zwei äussere Kelchblätter am Grunde sackförmig; Klappen 1nervig, gekielt; Samen in jedem Fach 1reihig.

Gatt. Turritis L. Klappen 1nervig, gewölbt; Samen in jedem Fach 2reihig.

Gatt. Dentaria L. Klappen breit, nervenlos, zurückrollend; Samen in jedem Fach 1reihig.

Gatt. Matthiola L. Kapsel cylindrisch oder wenig flach gedrückt, nervenlos, durch die auswachsenden Mündungslappen 1—2hörnig; Samen in jedem Fach 1reihig.

Trib. 2. Alyssineae (Pleurorhizeae, Siliculosae, Latiseptae). Kapsel kurz, 2klappig, mit breiter Scheidewand.

Gatt. Alyssum L. Fruchtfächer 1—4samig; Staubblätter alle oder theilweis am Grunde gezähnt.

Gatt. Cochlearia L. Frucht fast stielrund; Klappen aufgeblasen; Same körnig rauh; Staubblätter zahnlos.

Gatt. Farsetia R. Br. Fruchtfächer 6- bis mehrsamig; Staubblätter alle oder theilweis am Grund gezähnt oder geflügelt.

Gatt. Vesicaria Lam. Frucht kugelig, aufgeblasen; Fächer 6- bis mehrsamig; Staubblätter am Grund nach innen mit höckerartigem Zahn.

Gatt. Lobularia Desv. Kapsel flach; Fächer 1samig; Staubblätter flügellos, zahnlos.

Gatt. Lunaria L. Kapsel ganz platt, mehrsamig, auf verlängertem Fruchtträger; Samenträger lang, mit der Scheidewand verwachsen; Same stark geflügelt; Staubblätter flügellos, zahnlos.

Gatt. Clypeola L. Kapsel kreisrund, platt, 1fächerig, 1samig; Staubblätter geflügelt, gezähnt.

Gatt. Peltaria L. Kapsel durch Fehlschlagen 1fächerig, 1samig, platt; Staubblätter zahnlos.

Gatt. Petrocallis Br. Kapsel eirund, flach, 2fächerig, ohne Fruchtträger; Fächer 2samig; Staubblätter zahnlos; sonst wie Lunaria.

Gatt. Draba L. Kapsel flach, 2fächerig, vielsamig, ohne Fruchtträger; Samenträger frei; Staubblätter zahnlos.

Trib. 3. Thlaspideae (Pleurorhizeae, Siliculosae, Angustiseptae). Kapseln kurz, 2klappig, mit schmaler Scheidewand.

Gatt. Thlaspi L. Frucht oben ausgerandet, flach, geflügelt; Fächer 2- bis mehrsamig; Kelch aufrecht; Staubblätter ohne Anhängsel.

Gatt. Teesdalea R. Br. Fruchtfächer 2samig; Kelch abstehend; Staubblätter mit Anhängsel.

Gatt. Iberis L. Frucht flachgedrückt, rundlich-eiförmig, flügelig-gekielt; Fächer 1samig; Kelch aufrecht; Staubblätter ungezähnt.

Gatt. Biscutella L. Frucht ganz platt, flügelig, berandet; Fächer kreisförmig, 1samig; Kelch aufrecht.

Trib. 4. Euklidieae (Pleurorhizeae, Siliculosae, Nucumentaceae). Zweifächerige, 2samige Schliessfrucht.

Gatt. Euklidium R. Br. Frucht fast kugelig, durch den dicken kegelförmigen Staubweg verlängert, 2furchig.

12*

Trib. 5. Cakilineae (Pleurorhizeae, Siliculosae, Lomentaceae).
Frucht kurz, 2gliedrig, nicht aufspringend.

Gatt. Cakile Tourn. Frucht stumpf 2schneidig; oberes Glied schwach abgeplattet, mit aufrechtem Samen, unteres mit hangendem Samen.

II. Notorrhizeae. Rückenwürzler oder Langsamige. Keimblätter gestreckt, dick, mit der Innenfläche an einander liegend; Radicula auf dem Rücken des einen Keimblatts; Same mehr oder weniger gestreckt, nicht flach.

Trib. 6. Sisymbreae (Notorrhizeae, Siliquosae). Langgestreckte 2klappige, 2fächerige Kapsel.

Gatt. Sisymbrium L. Fruchtklappen gewölbt, 3nervig; Samen in jedem Fach 1reihig; Staubwegmündung stumpf oder ausgerandet.

Gatt. Hesperis L. Frucht 4kantig, mit nervigen Klappen; Staubwegmündung breit 2lappig, aufrecht.

Gatt. Malcolmia R. Br. Frucht stielrund oder schwach 4kantig, mit 2lappiger kugeliger Mündung; Klappen 3nervig; Samen in jedem Fach 1reihig.

Gatt. Hugueninia Rchb. Frucht 2schneidig; Klappen 1nervig; Staubwegmündung stumpf; Samen in jedem Fach 1reihig.

Gatt. Braya Sternb. Frucht stielrund, auf jeder Klappe zart 1nervig; Samen in jedem Fach 2reihig.

Gatt. Erysimum L. Frucht lineal, 4kantig, beiderseits 1nervig, mit stumpfer oder ausgerandeter Mündung; Samen in jedem Fach 1reihig.

Gatt. Syrenia Andr. Frucht 4kantig; Klappen 1nervig; Samen in jedem Fach 2reihig; Staubwegmündung tief 2theilig.

Trib. 7. Camelineae (Notorrhizeae, Siliculosae, Latiseptae). Kurze 2klappige, 2fächerige Kapsel mit breiter Scheidewand; meist stark gedunsen.

Gatt. Camelina Crantz. Frucht kugelig-birnförmig, mit vielsamigen Fächern; Staubweg abfällig.

Trib. 8. Lepidineae (Notorrhizeae, Siliculosae, Angustiseptae). Kapsel kurz, 2klappig, mit schmaler Scheidewand.

Gatt. Lepidium L. Frucht eiförmig-rundlich; Fächer 1samig; Seiten flügelig gekielt; Kronblätter gleichgestaltet.

Gatt. Capsella Med. Fächer mehrsamig; Frucht flügellos, oben gestutzt oder ausgerandet.

Gatt. Hutchinsia R. Br. Fächer 2samig; Frucht flügellos, rundlich-länglich.

Gatt. Aethionema R. Br. Frucht eirund, flach; Fächer 2samig; Klappen geflügelt; längere Staubblätter an einer Seite geflügelt.

Trib. 9. Isatideae (Notorrhizeae, Nucumentaceae). Einsamige Schliessfrucht.

Gatt. Isatis L. Frucht 1 fächerig, flach, geflügelt.

Gatt. Myagrum L. Frucht 3 fächerig, birnförmig, die 2 oberen Fächer leer.

Gatt. Neslia Desv. Frucht kugelig, 1 fächerig.

III. Orthoploceae. Kugelsamige. Keimblätter um den Mittelnerven vorwärts gefaltet, hinter einander liegend; Radicula in der Falte des vorderen Keimblattes; Same kugelig oder eirund.

Trib. 10. Brassiceae (Orthoploceae, Siliquosae). Frucht eine 2 klappige, lange Kapsel.

Gatt. Brassica L. Frucht länglich-lineal, mit gewölbten, 1 nervigen Klappen; Same 1 reihig, kugelig.

Gatt. Sinapis L. (c. p.) Fruchtklappen 3—5 nervig; sonst wie vor.

Gatt. Diplotaxis D. C. Klappen 1 nervig; Samen 2 reihig.

Gatt. Erucastrum Sch. Sp. Samen eiförmig-länglich; sonst wie Brassica.

Gatt. Eruca D. C. Samen 2 reihig, kugelig; Kapsel lineal-länglich; sonst wie Brassica.

Trib. 11. Zilleae (Orthoploceae, Nucumentaceae). Einsamige Schliessfrucht.

Gatt. Calepina Desv. Frucht kugelig-eirund.

Trib. 12. Raphaneae (Orthoploceae, Lomentaceae). Gliederfrüchte oder zwischen je 2 Samen gliederförmig eingeschnürte Schliessfrüchte.

Gatt. Raphanus L. Frucht langgestreckt; meist nicht zerfallend, vielsamig.

Gatt. Crambe L. Frucht 2 gliedrig, unteres Glied stielförmig, unfruchtbar, oberes kugelig, 1 samig.

Gatt. Rapistrum Boerh. Frucht 2 gliedrig, 2 samig.

IV. Spirolobeae. Keim spiralig aufgerollt.

Trib. 13. Buniadeae. Schliessfrüchte.

Gatt. Bunias L. Schliessfrucht 2- oder 4 samig.

V. Diplecolobeae. Keimblätter doppelt eingeknickt; Radicula überliegend.

Trib. 14. Senebiereae. Scheidewand schmal.

Gatt. Senebiera Pers. Früchte abgeplattet, ausgerandet, fast 2 knöpfig. 2 fächerig, Fächer 1 samig.

Trib. 15. Subularieae. Scheidewand breit.

Gatt. Subularia L. Früchte länglich-eirund, schwach zusammengedrückt; Fächer 4 samig; Klappen faltig gekielt.

Familie 76.   Polygaleae.

Ein- bis mehrjährige, oft holzige Pflanzen mit meist wendelständigen einfachen ungetheilten nebenblattlosen Blättern.

Hypogynische Kelchpflanzen mit mehr oder weniger · verwickelt symmetrischen Zwitterblüthen.

Typus: 4, 4, 2×4, 2.

Kelch und Krone sind zusammen 8 blättrig und entstehen aus 2 viergliedrigen Wirteln, aber durch Verschiebung erscheint der Kelch oft 5- oder 3 blättrig; 3 Blätter sind fast gleich und bilden den äusseren Wirtel, die 2 folgenden sind grösser, meist farbig, oft kronenartig, sie heissen die Flügel; das unterste Kronblatt ist oft kahnförmig gestaltet und heisst das Schiffchen; die Staubblätter bilden meist 2 unten zu einer Halbröhre vereinigte Bündel oder sie sind frei; Antheren meist 1 kammerig, oben mit einem Loch aufspringend; Carpell 2 blättrig, 2- oder 1 fächerig, im ersten Fall mit einem oberen und einem unteren Blatt; Samenknospen meist 2, seltner mehre, vom inneren Fachwinkel oder von der Wand, stets vom Carpellblattrand herabhangend, umgekehrt, mit 2 Integumenten; Staubweg paracarp; meist fachspaltige Kapsel, bisweilen Steinfrucht oder geflügelte Schliessfrucht; Samen mit oder ohne Eiweiss, mit gradem axilem Keim.

Fast über die ganze Erde verbreitet, besonders häufig am Cap und in Südamerika.

Officinell ist die Rad. Ratanhiae von Krameria triandra R. P. und anderen Arten, ferner Radix Senegae von der Nordamerikanischen: Polygala Senega L. und Herba Polygalae von Polygala amara L.

Beispiele:

Gatt. Krameria R. P. Kelchblätter und Kronblätter paarweise gleichgestaltet; Staubblätter frei, Carpell 1 fächerig, Frucht 2 samig.

Gatt. Polygala L. Blume mit Flügeln und Schiffchen, das Schiffchen am Ende fein zerschlitzt; Staubblätter unten in einen Halbkanal verbunden, oben 2 Bündel bildend, nur die Antheren frei; Kapsel 2 fächerig, flach, fachspaltig, 2 samig; Samen am Grund vom 4 zähnigen Samenmantel umfasst.

Familie 77.   Acerineae.

Meist baumartige Holzpflanzen mit gestielten opponirten handnervigen nebenblattlosen Blättern.

Hypogynische Kelchpflanzen mit einfach symmetrischen monoklinischen oder unächt diklinischen Blüthen.

Typus: 4—5, 4—5, 4—12, 2.

Kelch und Krone dachig, abfällig, dialyphyll; Krone bisweilen fehlend; Staubblätter meist 8, 2kammerig, nach innen aufspringend; Carpell syncarp, 2fächerig, flach, eingeschnürt und ausgerandet, mit paracarpem Staubweg; Samenknospen paarweis im inneren Fachwinkel angeheftet, hangend, campylotrop; Spaltfrucht 2theilig, 2flügelig, 2- oder 4samig; Samen aufsteigend, eiweisslos, mit gefaltetem oder aufgerolltem Keim und grossen blattartigen Cotyledonen.

Centrum: Nordamerika; sie verbreiten sich überhaupt nur in gemässigten Klimaten der nördlichen Hemisphäre.

Wegen des hohen Zuckergehalts wird der Zuckerahorn (Acer saccharinum L.) in Amerika sehr wichtig.

Beispiel:

Gatt. Acer L. Blüthen unächt diklinisch; Kronblätter klein; Spaltfrucht 2samig.

Familie 78. Oleaceae.

Holzpflanzen mit opponirten nebenlattlosen Blättern.

Hypogynische Kelchpflanzen mit androgynischen, seltner dioecischen Blüthen; Kelch 4blättrig, gamosepal; Krone 4blättrig, meist stark, bisweilen nur am Grunde gamopetal, bisweilen ganz fehlend; Staubblätter 2, die Filamente mit der Kronröhre verbunden, 2kammerig, nach innen aufspringend; Carpellblätter 2, mit den Staubblättern wechselnd, syncarp, mit 2 Samenknospen, welche von den Carpellblatträndern in die Fächer herabhangen, selten 3 oder mehr Samenknospen; Samenknospen umgekehrt; Staubweg paracarp, 2lappig.

Typus: $\widehat{2} \times \widehat{2}, \widehat{2} \times \widehat{2}, 2, 2.$

Frucht sehr verschiedenartig: meist 2fächerig, 4samig, bisweilen 1fächerig, 1- oder 2samig, oder 2fächerig, 2samig, Beere, Steinbeere, fachspaltige Kapsel oder Schliessfrucht.

Die Oleaceen sind am häufigsten in den gemässigt warmen Gegenden der nördlichen Hemisphäre, doch kommen sie zerstreut auch zwischen den Wendekreisen und einzeln in der südlichen gemässigten Zone vor.

Wichtig ist der Oelbaum: Olea europaea L. durch das Oel seiner Steinbeeren; die Eschen, namentlich die Mannaeschen: Fraxinus Ornus L. zeichnen sich durch Mannitgehalt der Rinde aus.

Beispiele:

Gatt. Olea L. Kelch 4zähnig, Krone 4spaltig; Steinbeere 1fächerig, 1—2samig.

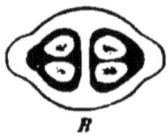

Gatt. Fraxinus L. Kelch 4theilig; Krone 2×2theilig oder fehlend; Schliessfrucht 2fächerig, 2samig oder 1fächerig, 1samig, geflügelt.

Gatt. Syringa L. Kelch 4lappig; Krone röhrig-trichterig mit 4lappigem Saum; Kapsel 2fächerig, 4samig.

Gatt. Ligustrum L. Kelch 4lappig; Krone röhrig-trichterig mit 4lappigem Saum; Beere 4samig.

Hierher scheint auch die in Asien und Nordafrika verbreitete Gattung Salvadora zu gehören. Sie stimmt ganz überein mit den Oleaceen im Typus, mit Ausnahme der Staubblätter, welche

Figur 68. Fruchtknoten von Fraxinus Ornus L. *A* im Längsschnitt, man sieht in jedem Fach eine hangende Samenknospe. *B* im Querschnitt, wo in jedem Fach 2 Samenknospen neben einander sichtbar werden.

zu 2×2 auftreten. Das Carpell hat 2 zweiknospige Fächer; die Blätter sind opponirt. Die Gattung unterscheidet sich wesentlich nur durch das Vorhandensein kleiner Nebenblätter und durch fast basalständige aufsteigende Samenknospen.

Familie 79.   Pittosporeae.

Holzpflanzen mit wendelständigen einfachen lederigen immergrünen nebenblattlosen Blättern.

Hypogynische Kelchpflanzen mit einfach symmetrischen Zwitterblüthen.

Typus: 5, 5, 5, 2—5.

Kelch bisweilen schwach gamosepal, meist dialysepal, dachig, abfällig; Krone dialypetal, dachig, abfällig; Staubblätter 2kammerig, nach innen aufspringend; Carpell 2blättrig und syncarp oder 2—5blättrig und paracarp mit stark eingerollten Carpellblatträndern, die Samenknospen stets am Carpellblattrand angeheftet, im ersten Fall im inneren Fachwinkel, bei paracarper Anlage an den wandständigen Vorsprüngen, also stets 2reihig, anatrop; Kapselfrucht fachspaltig mit in der Mitte der Klappen stehender Placenta oder Beerenfrucht; Same mit kleinem Keim am Grunde des fleischigen Albumen.

. Centrum: Das mittle und südliche Australien, ausserdem in warmen Gegenden zerstreut.

Nahe verwandt sind die Gattungen Cliftonia und Cyrilla mit grossem axilem Keim.

Familie 80. Jasmineae.

Meist schlingende Holzpflanzen mit nebenblattlosen Blättern.

Hypogynische Kelchpflanzen mit einfach symmetrischen Zwitterblüthen.

Typus: $\widehat{5-8}$, $\widehat{4-6}$, 2, 2.

Kelch bleibend; Krone dachig, abfällig, röhrig; Staubblätter mit der Krone verbunden, nur die Antheren frei, 2 kammerig, nach innen aufspringend; Carpell syncarp mit kurzem paracarpem Staubweg; Fächer 1—2 knospig; Samenknospen aufsteigend, anatrop; Beere oder 2 fächerige scheidewandspaltige Kapsel; Samen mit zuletzt schwindendem Eiweiss, mit gradem Keim.

Im wärmeren Asien, sonst sehr vereinzelt in warmen Klimaten.

Aus den wohlriechenden Blumen von Jasminum sambac L. in Ostindien und J. grandiflorum L. in Spanien bereitet man das sehr wohlriechende Jasminöl.

Gatt. Jasminum L. Beere 1—2 samig, 1 fächerig.

Familie 81. Gentianeae.

Sehr verschiedene, meist krautige, Pflanzen mit wirtelständigen, selten wendelständigen einfachen nebenblattlosen Blättern.

Hypogynische Kelchpflanzen mit einfach symmetrischen Zwitterblüthen.

Typus: $\widehat{4-10}$, $\widehat{4-10}$, 4—10, 2.

Kelch bleibend; Krone abfällig oder anwelkend, regenschirmfaltig; Staubblätter der Krone eingefügt, mit den Kronblättern wechselnd, selten unten unter sich verbunden, 2 kammerig, nach innen bisweilen nur an der Spitze aufspringend; Carpell 2 blättrig, die Carpellblätter schwach oder stärker eingerollt bis zur Fachbildung; daher die Samenknospen entweder an 2 gegenüberliegenden doppelten wandständigen oder vorspringenden Placenten oder in den inneren Fachwinkeln; Staubweg paracarp, oft verschwindend kurz, mit 2 lappiger Mündung; Samenknospen zahlreich, anatrop; Kapsel 2 klappig, mit randständigen Samenreihen oder von den Samenträgern sich ablösend, selten beerenartig; Samen mit kleinem Embryo am Grunde des reichlichen Albumen.

Zerstreut über die ganze Erde, aber in wärmeren Ländern in bedeutenderer Meereshöhe.

Officinell ist Radix Gentianae von Gentiana lutea L., G. punctata L., G. purpurea L., G. pannonica Scop., ferner Herba Centauri minoris von

Erythraea centaurium Pers., Herba trifolii febrini von Menyanthes tri-
foliata L., obs.

Trib. 1. Eugentianeae. Blätter wirtelständig; Krone in der Knospe
links gedreht und regenschirmfaltig; Landpflanzen.

Gatt. Gentiana L. Krone cylindrisch-glockig; Staubwegmündung
2 lappig; Kapsel 1 fächerig.

Gatt. Erythraea Rich. Krone röhrig-trichterförmig; Kapsel 2 fächerig.

Gatt. Lomatogonium A. Br. Krone radförmig; Staubweg sehr kurz
mit einfacher Mündung; Kapsel 1 fächerig.

Gatt. Swertia L. Krone radförmig, an der Basis der 5 Lappen
je 2 gefranzte Honiggrübchen tragend; Staubweg sehr kurz, mit einfacher Mündung; Kapsel 1 fächerig.

Gatt. Cicendia Ad. Kapsel halb 2 fächerig; Staubweg kopfig.

Trib. 2. Menyantheae. Blätter wendelständig; Fruchtknoten auf
drüsigem oder schuppigem Stempelträger; Sumpf- und Wasserpflanzen.

Gatt. Menyanthes L. Krone trichterig; Saum 5 theilig, nach innen
bärtig; Staubweg kurz 2 lappig; Stempelträger gewimpert, ringförmig.

Gatt. Limnanthemum Gmel. Fruchtknotenträger drüsig.

Familie 82. Hydrophylleae.

Krautige 1- bis mehrjährige Pflanzen mit wendelständigen nebenblattlosen Blättern.

Hypogynische Kelchpflanzen mit einfach symmetrischen
Zwitterblüthen.

Typus: $\widehat{5}$, $\widehat{5}$, 5, 2.

Kelch bleibend, dachig; Krone abfällig, dachig, an einer ringförmigen
Verdickung des Blüthenstielchens inserirt; Staubblätter mit den Kronblättern wechselnd, wenigstens am Grunde mit ihnen verbunden; Antheren 2 kammerig, nach innen aufspringend, versatil; Carpell paracarp,
2 blättrig, die Carpellblattränder mehr oder weniger eingerollt, nach
innen vorspringend und schmälere oder breitere Placenten bildend;
Staubweg paracarp mit 2 lappiger Mündung; Samenknospen 2 oder
mehre an jeder Placenta, hemianatrop; Kapsel 2 klappig, fachspaltig
mit mittelständiger Placenta auf jeder Klappe oder die Klappen von
der Placenta sich ablösend; Samen in grösserer oder kleiner Anzahl,
mit gradem Keim im reichlichen Albumen.

Centrum: Nordamerika.

Zahlreiche Arten der Gattungen: Phacelia, Nemophila, Eutoca u. a.
sind beliebte Zierpflanzen unserer Gärten.

Familie 83. Hydroleaceae.

Krautige oder verholzende Pflanzen mit wendelständigen nebenblattlosen Blättern.

Hypogynische Kelchpflanzen mit einfach symmetrischen Zwitterblüthen.

Typus: $\widehat{5}, \widehat{5}, 5, 2.$

Krone dachig; Staubblätter mit den Kronblättern abwechselnd, 2 kammerig, nach innen aufspringend; Carpell 2 blättrig, der Anlage nach paracarp, durch Einrollen der Karpellblätter mehr oder weniger vollständig gefächert; Samenknospen zahlreich, an den Carpellblatträndern seitlich oder hangend angeheftet; die Carpellränder entweder wandständige oder fachwinkelständige Placenten bildend; Staubwege apocarp; fachspaltige oder scheidewandspaltige Kapsel; Samen zahlreich, klein, mit gradem Embryo, axil im geringen fleischigen Albumen.

Die kleine Familie lebt hauptsächlich im tropischen und gemässigt warmen Amerika, nur die Gattung Hydrolea findet sich in heissen Gegenden der östlichen Hemisphäre.

Familie 84. Apocyneae.

Meist milchsaftführende Holzpflanzen mit meist wirtelständigen einfachen ungetheilten nebenblattlossen Blättern.

Hypogynische Kelchpflanzen mit einfach symmetrischen Zwitterblüthen.

Typus: $\widehat{5-4}, \widehat{5-4}, 5-4, 2.$

Kelch bleibend; Krone abfällig; Staubblätter mit der Krone verbunden und mit ihren Abschnitten wechselnd, von der Einfügungsstelle meist gegen das Gynaeceum gebogen, mit 2 kammerigen, nach innen aufspringenden Antheren mit körnigem Pollen, nicht zu Pollinodien verklebt; Carpell 2 blättrig, apocarp oder im Fruchtknoten 2 fächerig syncarp, seltner durch Fehlschlagen 1 fächerig, mit nur an der Basis apocarpen Staubwegen, oben paracarp, hier einen scheibenförmigen kreisrunden Mündungskörper bildend, dessen Mündung geschlossen, statt derselben 5 falsche Mündungen an der Scheibe, mittelst welcher der Pollen in den Staubwegkanal hinabsteigt; Samenknospen meist zahlreich, anatrop oder hemi-anatrop; Schlauchfrucht, Kapsel, Beere oder Steinfrucht.

Tropische Familie mit wenigen Ausläufern in die gemässigten Zonen.

Gatt. Apocynum L. Krone glockig, im Schlund mit 5 kleinen Wölbschuppen; Staubweg sehr kurz; Samen mit haarschopfigem Arillus.

Gatt. Vinca L. Krone tellerförmig mit einseitig schiefen Abschnitten und nach oben trichteriger Röhre; Staubweg lang, abfällig; Samen ohne Arillus.

Gatt. Nerium L. Krone wie bei Vinca, aber am Schlund mit 5 Wölbschuppen; Staubweg lang; Same mit Haarschopf.

Die Familie ist reich an Kautschuk führenden Milchsäften. Dafür ausgebeutet werden hauptsächlich die Gattungen Collophora und Hancornia in Brasilien, Vahea auf Madagascar, Urceola auf den Indischen Inseln.

Familie 85.   Asclepiadeae.

Meist Holzpflanzen mit wirtelständigen nebenblattlosen Blättern.

Hypogynische Kelchpflanzen mit einfach symmetrischen Zwitterblüthen.

Typus: $\widehat{5}$, $\widehat{5}$, 5, 2.

Kelch bleibend; Krone abfällig; Staubblätter mit den Kronblättern wechselnd, mit der Krone verbunden, 2kammerig, nach innen gerichtet; Connectiv mit sehr verschieden gestalteten Fortsätzen versehen, auch das Filament auf dem Rücken meist verschiedenartige Fortsätze tragend; Pollen in eine keulige Masse verklebt, je einer Antherenkammer entsprechend, am spitzen Ende paarweise mit einer Stelle des Staubwegs (Halter) verklebend; Carpell 2blättrig, mehr oder weniger vollständig apocarp mit unten apocarpen Staubwegen, am oberen Ende dicht unter der Mündung paracarp; die Staubwegmündung am Ende eines dicken fleischigen abgerundet 5kantigen Mündungskörpers geschlossen, statt dessen an den 5 Seiten des Mündungskörpers 5 Kanäle (falsche Mündungen), welche den Pollenschlauch in den Staubwegkanal leiten; Samenknospen zahlreich an der Ventralseite an den eingerollten Carpellblatträndern befestigt, anatrop, hangend; Schläuche, an der Ventralseite aufspringend; Samen mit seidigem Arillus, zahlreich; Keim axil in dem meist reichlichen Endosperm.

Centrum: Tropische und subtropische Zonen.

Die Familie ist wichtig durch ihre Milchsäfte, welche purgirende, vomitive und schweisstreibende Eigenschaften haben.

Gatt. Cynanchum R. Br. Krone radförmig; Staubblätter zu einem schildförmigen, fleischigen 5—10lappigen Kranz verbunden; Früchte aufgeblasen.

Familie 86. Loganiaceae.

Meist Holzpflanzen mit wirtelständigen mit Nebenblättern versehenen Blättern.

Hypogynische Kelchpflanzen mit einfach symmetrischen Zwitterblüthen.

Typus: 4—5, $\widehat{4—10}$, 4—10, 2.

Kelch dialysepal oder gamosepal, dachig; Krone gamopetal; Staubblätter mit der Krone verbunden, 2kammerig, nach innen aufspringend;

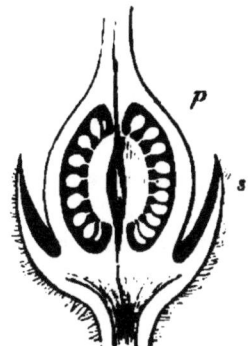

Carpell 2blättrig, syncarp, bisweilen durch weiteres Einrollen 4fächerig; Samenknospen selten einzeln im Fach, meist in grosser Anzahl an den eingerollten Carpellblatträndern in den inneren Fachwinkeln, anatrop oder hemi-anatrop (campylotrop?); Staubweg paracarp; scheidewandspaltige oder scheidewandlösende Kapsel, Beere, Steinfrucht; Samen mit gradem axilem oder basalem Keim; Endosperm meist geschwunden, eine spaltenförmige Höhlung bildend, Perisperm hornartig oder fleischig; Samen häufig behaart.

Figur 59. Carpell von Strychnos im Längsschnitt. s = Kelch, p = die durch die eingerollten Carpellblattränder gebildete eine falsche Columella darstellende Placenta.

Eine fast ganz tropische Familie, deren Vertreter meist sehr giftige Eigenschaften besitzen.

Arten von Strychnos liefern die furchtbaren Pfeilgifte der Eingeborenen Javas und Brasiliens. Strychnos nux vomica L., ein Baum Ostindiens, ist bekannt durch die Krähenaugen (Nuces vomicae, die Samen); Ignatia amara L. auf Manila liefert in ihren Samen die früher so angesehenen Ignatiusbohnen (Fabae St. Ignatii).

Familie 87. Solaneae.

Einjährige oder dauernde, nicht selten holzige Pflanzen mit wendelständigen einfachen nebenblattlosen Blättern.

Hypogynische Kelchpflanzen mit einfach symmetrischen Zwitterblüthen.

Typus: $\widehat{5}$, $\widehat{5}$, 5, 2.

Kelch selten 4- oder 6theilig, meist 5theilig, sehr häufig theilweis oder ganz abgeworfen*); Krone selten 4- oder 6theilig, meist

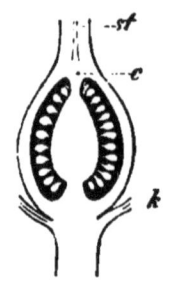

5theilig, abfällig, wie ein Regenschirm gefaltet; Staubblätter meist 5, mit den Kronblättern abwechselnd, 2kammerig, nach innen
aufspringend, seltner mit Poren oder kurzen
Spalten; Carpell 2blättrig, syncarp; die 2 Carpellblätter rechts und links stehend,
daher die Fächer gleich ausgebildet, bisweilen
durch weiteres Einrollen die Fruchtanlage im
unteren Theil 4fächerig; Samenknospen meist
in grosser Anzahl an den eingerollten Carpellblatträndern, also in den inneren Fachwinkeln
angeheftet, campylotrop; Staubweg paracarp,
am Grunde nicht eingesenkt; Kapsel, Deckelfrucht oder Beere; Samen meist zahlreich mit

Figur 60. Fruchtknoten von Hyoscyamus im Längschnitt. *c* — die
zur falschen Mittelsäule verdickten
Carpellblattränder, mit den Samenknospen, *sf* — die Griffelbasis, *k* — die
abgeschnittene hypogynische Blume.

campylotropem Keim im fleischigen Endosperm.

Eine eigentlich tropische Familie, welche sich nur in einzelnen
Formen nach Norden verliert.

Trib. 1. Nicotianeae. Kapsel 2fächerig, scheidewandspaltig.

Gatt. Nicotiana Tourn. Krone röhrig-glockig mit 5lappigem Saum;
Kelch bleibend; Kapsel zuletzt 4zähnig; Kelch, Aussenseite der Krone
und Filamente drüsenhaarig.

Trib. 2. Daturear. Kapsel oder Beere unächt 4fächerig.

Gatt. Datura L. Kelch von der bleibenden zurückklappenden verholzenden Basis abfallend; Krone trichterförmig.

Trib. 3. Hyoscyameae. Deckelfrucht.

Gatt. Hyoscyamus L. Deckelfrucht krugförmig, unten bauchig,
oben verengt, mit kleinem Deckel; Krone trichterig.

Gatt. Scopolina Schult. Deckelfrucht fast kugelig, mit hohem
Deckel; Krone röhrig-glockig.

Trib. 4. Eusolaneae. Beere 2fächerig.

Gatt. Lycium L. Krone tellerförmig, mit 5theiligem Saum;
Staubblätter an der Einfügungsstelle behaart.

Gatt. Solanum L. Krone radförmig, mit 5lappigem 5spaltigem
Saum; Staubblätter mit 2 Poren aufspringend.

Gatt. Physalis L. Beere vom aufgeblasenen Kelch umschlossen;
Staubblätter mit Spalten aufspringend; sonst wie Solanum.

---

*) Es ist sehr merkwürdig, wie in einem Buch von solcher Ausführlichkeit wie Maout
und Decaisne (Traité général de Botanique, Paris 1868) der Kelch als bleibend „per-
sistant" für die ganze Familie bezeichnet werden kann.

Gatt. Atropa L. Krone glockig; Staubblätter an der Basis durch Haare den Schlund schliessend.

Die Cestrineen, welche sich nur durch den fast graden Keim und die halbgekrümmte oder hemi-anatrope Samenknospe unterscheiden, sind als Tribus mit den Solaneen zu vereinigen. Sie sind in unseren Gewächshäusern durch den schönblumigen Habrothamnus und die übelriechenden Blumen der Cestrum-Arten vertreten. Auch die Gattung Columellia mit anatroper Samenknospe und gewundenen gekuppelten Antherenfächern gehört hierher. Sie wird mit den Cestrineen zu vereinigen sein.

Das Hauptkennzeichen der Solaneen gründet sich auf die Stellung der Carpidia (rechts und links, nicht oben und unten in der Blüthe). Darin stimmen sie völlig mit den Cestrineen und mit Columellia überein zum Unterschied von den Scrophularineen, Labiaten und allen ihren Verwandten. Seltsamerweise haben Maout und Decaisno (a. a. O. S. 182) dieses Verhältniss völlig verkannt, obgleich es schon von Endlicher durchaus richtig dargestellt wurde.

Familie 88. Convolvulaceae.

Pflanzen mit Rhizomen oder holzigen Stämmen, bisweilen mit rübenförmigem Caudex, seltner 1jährig, meist schlingend, mit wendelständigen nebenblattlosen Blättern.

Typus: $\widehat{5}, \widehat{5}, 5, 2$.

Kelch fast bis zur Basis getheilt, bleibend, bisweilen auswachsend; Krone abfällig, regenschirmfaltig; Staubblätter am Grunde mit den Kronblättern verbunden, 2kammerig, nach innen aufspringend, mit unten verbreiteten, nach oben pfriemlich zugespitzten Filamenten; Carpell 2blättrig, der Anlage nach 2fächerig, bisweilen durch unvollkommenes Einrollen 1fächerig, oder häufiger durch weiteres Einrollen 3—4fächerig; Samenknospen einzeln oder paarweise in jedem Fach, anatrop, auf einem kurzen mit den Carpellblatträndern verbundenen Mittelsäulchen inserirt, aufrecht; Staubweg paracarp, bisweilen mehr oder weniger eingesenkt, am Ende meist mit 2lappiger Mündung; scheidewandlösende Kapsel, Deckelfrucht oder Beere; Samen aufrecht, mehr oder weniger gekrümmt, in geringem Albumen; Cotyledonen gefaltet, bisweilen fehlend, dann der Keim spiralig aufgerollt.

Centrum: Die Tropengegenden; nach den Polen hin rasch an Artenzahl abnehmend.

Viele knollige Caudices der Gattung Ipomoea haben purgirende Harze, namentlich: Ipomoea purga Wend. in Mexico. Convolvulus

Figur 61. Pistill von Convolvulus im
Längsschnitt, p = Blüthenstiel, f =
Stempelträger, c = Fruchtknoten,
st = der paracarpe Griffel, g =
Samenknospe.

Scammonia L. u. a. A. des Orients liefern
das Scammonium. Arten von Batatas enthalten in ihren Knollen grosse Mengen von
Stärkemehl und werden daher genossen.

Gatt. Convolvulus L. Krone trichterförmig; Kapsel 2—4 fächerig; Fächer 2 samig.

Gatt. Cuscuta L. Krone glockig oder
krugförmig; Deckelfrucht. Schmarotzergewächse,
auf den Stengeln und Wurzeln anderer Pflanzen
lebend.

Familie 89. Scrophularineae.

Sehr verschiedenartige Pflanzen mit nebenblattlosen Blättern.

Hypogynische Kelchpflanzen mit verwickelt symmetrischen
Zwitterblüthen.

Typus: $\widehat{5}, \widehat{5}, 5, 2$.

Kelch und Krone gamophyll, mehr oder weniger verwickelt symmetrisch, der Kelch meist bleibend, die Krone meist abfällig, der Kelch

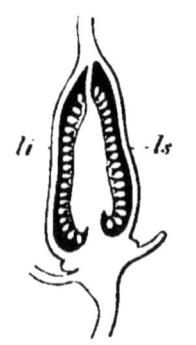

Figur 62. Carpell von Digitalis im
Längsschnitt. ls das obere, kleinere
Fruchtknotenfach, li das untere
grössere Fach.

mit 3 zähliger, die Krone mit 2 zähliger Oberlippe, bei der Unterlippe umgekehrt; Staubblätter meist didynamisch, indem das oberste
fehlschlägt, bisweilen schlagen 3 obere fehl
und die Blüthe ist 2 männig, selten kommen
alle 5 Staubblätter zu vollkommener Entwickelung; Antheren 2 kammerig, nach innen aufspringend, schildstielig angeheftet an meist
langen Filamenten, welche mehr oder weniger
mit der Krone verbunden sind; Carpellblätter 2,
oben und unten in der Blüthe stehend, daher
ungleich, das obere kleiner und höher inscrirt,
syncarp, also der Fruchtknoten der Anlage
nach 2 fächerig; Fächer meist vielsamig; Staub-
weg paracap, an der Basis nicht eingesenkt, am Ende meist 2 lappig,
die Lappen nach oben und unten gerichtet; Samenknospen anatrop,
seltner hemi-anatrop; Frucht eine fachspaltige oder scheidewandspaltige
Kapsel, eine Streubüchse; seltner Beere. Samen meist an den eingerollten Carpellblatträndern im Fachwinkel zahlreich; Keim gerade oder
schwach gekrümmt, axil im fleischigen oder hornigen Endosperm.

Die Familie verbreitet sich von den Tropengegenden aus fast über die ganze Erde.

Trib. 1. Verbasceae. Schwach verwickelt symmetrisch; Krone radförmig-kugelig; Staubblätter 2 oder 5, gekuppelt; Kapsel 2klappig, scheidewandspaltig.

Gatt. Verbascum L. Krone radförmig oder schüsselförmig, mit ungleichem 5lappigem Saum; Staubblätter 5, ungleich; Kapsel an der Spitze 2klappig.

Gatt. Scrophularia L. Kronröhre kugelig-krugförmig mit 2lippigem Saum; Staubblätter 4, didynamisch, bisweilen ein Rudiment des fünften vorhanden; Kapsel 2klappig.

Trib. 2. Antirrhineae. Krone 2lippig, rachenförmig oder maskirt; Staubblätter 4, didynamisch, mit paarweis genäherten Antheren; Kapsel 2fächerig, 2klappig, Klappen oft gespalten, bisweilen Deckelfrucht oder Streubüchse.

Gatt. Antirrhinum L. (e. p.) Krone rachenförmig, vollkommen maskirt, die Röhre nach unten sackförmig erweitert, nicht gespornt; Streubüchse am Ende mit 3 Löchern aufspringend.

Gatt. Linaria Tourn. Krone rachenförmig, vollkommen maskirt, nach unten gespornt; Kapsel an der Spitze 2klappig, scheidewandlösend, die Klappen ganz oder 3spaltig.

Gatt. Anarrhinum Desf. Krone mit cylindrischer Röhre, 2lippig, offen; sonst wie Linaria.

Gatt. Paederota L. Krone röhrig, 2lippig, schwach geöffnet; Staubblätter 4, aufsteigend, die Krone überragend; Kapsel 2fächerig, 4klappig, ausgerandet.

Gatt. Wulfenia Jacq. Krone rachenförmig, offen; Staubblätter 4, die Krone nicht überragend; Kapsel 2fächerig.

Gatt. Lindernia L. Fruchtknoten durch unvollkommenes Einrollen 1fächerig; Krone rachenförmig; Saum klein, 2lippig; Schlund bärtig; Kapsel 1fächerig, 2klappig.

Trib. 3. Veroniceae. Krone rad-trichterförmig oder schwach 2lippig; Staubblätter 4, fast von gleicher Länge, oder 2; Kapsel fachspaltig, bisweilen zugleich scheidewandlösend.

Gatt. Veronica L. Krone radförmig, 4spaltig, der oberste Abschnitt grösser; Staubblätter 2; Kapsel ausgerandet.

Gatt. Erinus L. Krone tellerförmig mit langer Röhre; Saum flach, 5spaltig; Staubblätter 4, in der Kronröhre eingeschlossen; Kapsel zuletzt 4klappig.

Gatt. Limosella L. Krone kurz trichterig, 5spaltig; Staubblätter 4; Fruchtknoten 1fächerig, an der Basis 2fächerig; Samenträger frei.

Trib. 4. Gratioleae. Krone röhrig, offen, mit 2 lippigem oder fast einfach symmetrischem Saum; Staubblätter 2 oder 4; Kapsel 2klappig, fachspaltig, scheidewandspaltig oder scheidewandlösend.

Gatt. Gratiola R. Br. Staubblätter 2 mit 2 Nebenstaubfäden; Kapsel fachspaltig.

Trib. 5. Digitaleae. Krone glockig, gebogen, mit undeutlich 2lippigem Saum; Staubblätter 4, didynamisch, bisweilen 5; Kapsel scheidewandlösend.

Gatt. Digitalis L. Staubblätter gebogen: Oberlippe der Krone ausgerandet, Unterlippe 3lappig.

Trib. 6. Rhinantheae. Krone 2lippig, meist maskirt, Oberlippe hohl; Kapsel fachspaltig, meist armsamig.

Gatt. Tozzia L. Kelch 4—5zähnig; Krone oben trichterig, 2lippig; Oberlippe gespalten.

Gatt. Melampyrum L. Kelch lang pfriemlich 4zähnig; Krone langröhrig; Oberlippe mit zurückgeschlagenem Rand; Mittellappen der Unterlippe 3zähnig, 2buckelig mit umgeschlagenen Seitenlappen; Frucht 2—4samig.

Gatt. Pedicularis L. Kelch bauchig, 5zähnig; Kronenoberlippe flachgedrückt, helmig; Unterlippe gleichförmig 3lappig; Samen mehre in jedem Fach; Blumen roth.

Gatt. Rhinanthus L. Kelch aufgeblasen, 4zähnig; Samen geflügelt: Blumen gelb; sonst wie vor.

Gatt. Bartsia L. Kelch glockig, 4spaltig; Kronenoberlippe ganz; Staubblätter behaart, mit Endspitze; Samen auf einer Seite 3flügelig.

Gatt. Trixago Lk. Kelch glockig, 4spaltig; Kronenoberlippe halbstielrund; Staubblätter nicht hervortretend; Kapsel geschnäbelt, aufgeblasen; Samen gerippt, ungeflügelt.

Gatt. Euphrasia L. Kelch röhrig, 2lippig, 4zähnig; Krone 2lippig, offen; Oberlippe zurückgebogen; Unterlippe 3lappig; die 3 oberen Staubblätter an der Spitze behaart; Same gerippt, ungeflügelt.

Als Tribus gehören hierher die Bignoniaceen, eine tropische, meist aus Schlingpflanzen bestehende Abtheilung, ebenso die Sesameen: dagegen sind die Gesneriaceen wegen ihres paracarpen Fruchtknotens mit den Orobancheen in eine Familie zu vereinigen. Auch die Acanthaceen sind als Tribus mit den Scrophularineen zu vereinigen, denn sie sind nur durch das fehlende Endosperm von ihnen getrennt.

Nutzpflanzen enthält die Familie nur wenige. Officinell sind: Flores Verbasci von Verbascum Thapsus L., V. thapsiforme Schrad. und V. phlomoides L., Herba Linariae von Linaria officinalis L., Herba Veronicae von Veronica officinalis L., obs., H. Gratiolae von Gratiola

officinalis L., II. Digitalis und Semen Digitalis von Digitalis purpurea L., Herba Euphrasiae von Euphrasia officinalis L. obs.

Familie 90. Orobancheae.

Auf Wurzeln anderer Pflanzen lebende chlorophyllfreie meist saftreiche 1- bis mehrjährige Parasiten mit kleinen schuppigen farblosen
oder farbigen stets chlorophyllfreien Blättern.

Hypogynische Kelchpflanzen mit verwickelt symmetrischen
Zwitterblüthen.

Typus: 5, 5, 5, 2.

Kelch und Krone anwelkend, dachig, mehr oder weniger deutlich
2 lippig; Staubblätter durch Fehlschlagen des obersten didynamisch,
2 kammerig, nach innen aufspringend, selten gekuppelt, mit der Krone
verbunden; Carpellblätter 2, oben und unten ·in der Blüthe stehend,
paracarp, meist von einem einseitig ringförmigen Stempelträger gestützt;
Samenknospen anatrop, meist zahlreich an den eingerollten Carpellblatträndern, welche als je 2 Placenten mehr oder weniger weit in's
Innere des Fruchtknotens vorspringen und zurückrollen; Staubweg paracarp; Kapsel 1 fächerig oder durch starkes Vorspringen der Carpellblattränder fast 2 fächerig, 2 klappig; Samen klein mit kleinem fast
kugeligem Keim, basal im Endosperm.

Mässig warme Gegenden der nördlichen Hemisphäre.

Gatt. Orobanche L. Kelch 2 lappig; Krone rachenförmig; Oberlippe
2 lappig; Kapsel 2 klappig, Klappen oben und unten verbunden; Blüthe
von einem einzigen Deckblatt gestützt.

Gatt. Phelipaea C. A. M. Kelch 3—6 zähnig; Krone rachenförmig;
Kapsel halb 2 klappig; auf jeder Seite des Deckblattes ein kleineres.

Gatt. Lathraea L. Kelch glockig, 4 lappig; Krone 2 lippig, mit
ungetheilter Oberlippe, abfällig; Kapsel 2 klappig.

Die Gesneriaceen, eine vorwiegend tropische Abtheilung, unterscheiden sich wesentlich von den Orobancheen nur durch den Samen
ohne Endosperm und das chlorophyllführende assimilirende Gewebe.
Zu den Gesneriaceen gehört auch die Gattung Ramondia.

Familie 91. Selagineae.

Krautige oder halbholzige Pflanzen mit wendelständigen nebenblattlosen einfachen ungetheilten Blättern.

Hypogynische Kelchpflanzen mit mehr oder weniger verwickelt symmetrischen Zwitterblüthen.

13*

Typus: $\overline{5}$, $\overline{5}$, 5, 2.

Kelch bleibend, 3—5lappig oder 2theilig; Krone dachig, 4- bis
5lappig, 1lippig oder 2lippig; Staubblätter mit den Kronblättern
wechselnd, meist didynamisch, das oberste verkümmert, bisweilen 3 fehlgeschlagen, mit langgestielten gekuppelten Antheren; Carpell 2blättrig,
syncarp, die Blätter oben und unten in der Blüthe stehend; Fächer
1knospig; Samenknospen hangend, anatrop; Staubweg paracarp mit einfacher Mündung; Frucht 2theilig, oft ungleich gross oder das eine Fach
verkümmernd; Samen mit gradem antitropem Keim, axil im fleischigen
Albumen.

Die aus wenigen Gattungen bestehende Familie bewohnt ausschliesslich das Capland. Arten der Gattung Hebenstreitia halten
bei uns im Freien aus.

Familie 92. Myoporineae.

Holzpflanzen mit einfachen ungetheilten nebenblattlosen Blättern.

Hypogynische Kelchpflanzen mit schwächer oder stärker
verwickelt symmetrischen Zwitterblüthen.

Typus: $\overline{5}$, $\overline{5}$, 5, 2.

Kelch bleibend, 5lappig; Krone 5lappig oder 2lippig, dachig; von
den 5 Staubblättern das oberste fehlgeschlagen, die übrigen gleichlang,
2kammerig, gekuppelt; Carpell 2blättrig, 2fächerig; Fächer oben und
unten in der Blüthe stehend, 2—4knospig, bisweilen das Carpell durch
weiteres Einrollen 4fächerig; Samenknospen hangend; Staubweg paracarp mit ausgerandeter oder 2lappiger Mündung; Steinbeere mit 2- oder
4fächerigem Stein; Samen mit antitropem axilem Keim im schwach
entwickelten fleischigen Albumen.

Centrum: Australien und die oceanischen Inseln.

Familie 93. Globularieae.

Meist Holzpflanzen mit wendelständigen einfachen ungetheilten
nebenblattlosen Blättern.

Hypogynische Kelchpflanzen mit verwickelt symmetrischen
Zwitterblüthen.

Typus: $\overline{5}$, $\overline{5}$, 5, 2.

Kelch mehr oder weniger verwickelt symmetrisch, mit 3blättriger
Oberlippe, 2blättriger Unterlippe, oft die Ungleichheit kaum merklich;

Krone 2 lippig; Oberlippe 2 blättrig; Unterlippe 3 blättrig, häufig die Krone 1 lippig oder die Oberlippe ganz; von den 5 Staubblättern das oberste fehlgeschlagen, die übrigen didynamisch; Antheren versatil, gekuppelt; Carpell 2 blättrig, durch Fehlschlagen 1 fächerig mit paracarpem Staubweg und meist 2 lappiger Mündung; Samenknospe einzeln, hangend, anatrop; Schliessfrucht vom Kelch umfasst, durch den Rest des abfälligen Staubwegs gekrönt; Same mit gradem antitropem Embryo, axil im fleischigen Albumen.

Die kleine aus einer Gattung bestehende Familie ist fast auf alpine und subalpine Gegenden Europas beschränkt.

Gatt. Globularia L. Blust kugelig.

Familie 94. Labiatae.

Ein- bis mehrjährige oder niedrige Holzpflanzen mit nebenblattlosen wirtelständigen Blättern.

Hypogynische Kelchpflanzen mit verwickelt symmetrischen Zwitterblüthen.

Typus: $\widehat{5}$, $\widehat{5}$, 5, 2.

Kelch bleibend, mehr oder weniger verwickelt symmetrisch, mit 3 blättriger Oberlippe und 2 blättriger Unterlippe; bei der Krone umgekehrt, die Oberlippe 2 blättrig, die Unterlippe 3 blättrig; von den 5 Staubblättern stets das oberste, bisweilen die 3 obersten fehlschlagend, in der Regel 4 didynamische Staubblätter ausgebildet, mit der Kronröhre verbunden; Antheren auf meist langen Filamenten, 2 kammerig, nach innen aufspringend; Carpell 2 blättrig, durch transversale Einrollung 4 fächerig, durch longitudinale Einrollung der paracarpo am Ende 2 lappige Staubweg tief zwischen den Carpelllappen eingesenkt; Samenknospen 4, je eine im Fach, auf dem angeschwollenen Blüthenstielchen befestigt, anatrop; 4 theilige Spaltfrucht; Staubweg abfällig; Samen aufrecht mit gradem, sehr selten gekrümmtem meist eiweisslosem Samen.

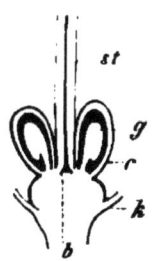

Figur 63. Fruchtknoten von Thymus im Längsschnitt. *st* = der untere Theil des Staubwegs, der bei *b* durch Abwärtsbiegung der Carpellblätter (c) von diesen aus aufwärts steigt; *g* = die basalen Samenknospen, *k* = die hypogynische Kelchbasis.

Centrum: Nördliche gemässigte Zone der östlichen Hemisphäre; sonst zerstreut.

Trib. 1. Ocimoideae. Fruchtkelch offen oder durch Zähne geschlossen; Krone 2 lippig, ohne Haarkranz; Staubblätter 2 oder 4, gekuppelt, nach vorn gebogen.

Gatt. Ocimum L. Fruchtkelch offen, mit ganzer Oberlippe und 4zähniger Unterlippe; bei der Krone umgekehrt; Staubblätter hervortretend, gebogen

Gatt. Lavandula L. Fruchtkelch geschlossen, schwach gezähnt; Staubblätter in der Kronröhre eingeschlossen.

Trib. 2. Menthoideae. Fruchtkelch fast einfach symmetrisch, offen oder durch Haare geschlossen; Krone offen, glockig-trichterig, fast einfach symmetrisch, 4—5lappig; Staubblätter grade, divergirend, meist 4.

Gatt. Mentha L. Fruchtkelch kahl; Krone trichterig, 4spaltig; Staubblätter 4.

Gatt. Pulegium Mill. Fruchtkelch durch Haare geschlossen; Krone plötzlich erweitert; Staubblätter 4.

Gatt. Lycopus L. Fruchtkelch offen, 5theilig; Krone röhrig, 4spaltig, am Schlund behaart; Staubblätter 2, mit 2 Staminodien.

Gatt. Elsholtzia W. Fruchtkelch offen, 5zähnig; Krone 4spaltig, kahl, Staubblätter 4.

Trib. 3. Monardeae. Fruchtkelch offen, 2lippig; Krone deutlich 2lippig; Staubblätter aufsteigend, die oberen sehr kurz, verkümmert oder fehlgeschlagen, nur die 2 unteren stark entwickelt, aber oft halbseitig; Kronröhre mit oder ohne Haarkranz.

Gatt. Salvia L. Kronoberlippe helmförmig, Röhre mit Haarkranz; obere Staubblätter fehlgeschlagen, untere mit langem Connectiv, halbseitig.

Gatt. Rosmarinus L. Kronoberlippe flach, kurz, aufrecht, 2lappig; sonst wie Salvia.

Trib. 4. Satureineae. Fruchtkelch ungleich 5zähnig, bisweilen 2lippig, bisweilen durch Haare, niemals durch die Zähne geschlossen; Krone 2lippig, ohne Haarkranz; Staubblätter 4, divergirend oder convergirend, grade.

Gatt. Origanum L. Fruchtkelch durch Haare geschlossen; Staubblätter divergirend; Scheinwirtel reichblüthig, kopfig, zusammengedrängt, in den Achseln von Deckblättern; beblätterte Zweige in den Blattachseln fehlend.

Gatt. Thymus L. Fruchtkelch durch Haare geschlossen; Staubblätter divergirend; Scheinwirtel kopfig zusammengedrängt, ohne Deckblätter, blos in den Achseln von Stützblättern; beblätterte Zweige in den Blattachseln vorhanden.

Gatt. Satureja L. Fruchtkelch kahl; Staubblätter convergirend, mit paarweis zusammenneigenden Antheren; Scheinwirtel armblüthig in den Achseln von Stützblättern; beblätterte Zweige in den Blattachseln.

Gatt. Calamintha Mönch. Fruchtkelch meist kahl, bisweilen mit Haarkranz, 2lippig; beblätterte Zweige in den Blattachseln fehlen; sonst wie Satureja.

Gatt. Clinopodium L. Scheinwirtel zu einem endständigen von einer borstlichen Hülle umgebenen Köpfchen zusammengedrängt; sonst wie Calamintha.

Trib. 5. Melissineae. Fruchtkelch 2lippig, offen; Krone 2lippig, mit oder ohne Haarkranz; Staubblätter parallel unter der Oberlippe nach vorn gebogen, zuletzt paarweis zusammengeneigt.

Gatt. Melissa L. Staubblätter nicht verklebt; Kronröhre ohne Haarkranz.

Gatt. Horminum L. Antheren paarweis verklebt; Kronröhre mit Haarkranz.

Trib. 6. Nepeteae. Fruchtkelch offen; Krone 2lippig; Röhre nach oben trichterig erweitert, nach der Unterlippe vorgezogen, von der Seite flachgedrückt, ohne Haarkranz; Staubblätter unter der Oberlippe nach vorn gebogen, zuletzt paarweis genähert.

Gatt. Nepeta L. Mittellappen der Unterlippe beckenförmig ausgehöhlt, vorgezogen; Staubblätter zuletzt auswärts gebogen; Oberlippe flach.

Gatt. Glechoma L. Mittellappen der Unterlippe flach, ausgerandet; Staubblätter zuletzt paarweis gekreuzt; Oberlippe flach.

Gatt. Dracocephalum L. Mittellappen der Unterlippe herzförmig; Staubblätter zuletzt nach vorn gebogen; Oberlippe gewölbt.

Trib. 7. Stachydeae. Fruchtkelch offen, ungleich 5zähnig; Krone 2lippig, meist mit Haarkranz; Staubblätter parallel, oben paarweis genähert und nach vorn gebogen.

Gatt. Melittis L. Oberlippe fast flach; Unterlippe fast gleichmässig 3lappig mit eirundem Mittellappen; Röhre ohne Haarkranz; Staubblätter zuletzt paarweis sich kreuzend.

Gatt. Lamium L. Oberlippe helmförmig; Seitenlappen der Unterlippe zu einem Zähnchen verkümmert; Röhre mit Haarkranz; Staubblätter nicht auswärts rollend.

Gatt. Galeobdolon Huds. Seitenlappen der Unterlippe wie der Mittellappen spitz; sonst wie Lamium.

Gatt. Galeopsis L. Unterlippe 3lappig, am Grunde beiderseits mit einem spitzen hohlen Zahn; Staubblätter 2klappig aufspringend; sonst wie Lamium.

Gatt. Stachys L. Oberlippe hohl; Unterlippe 3lappig mit grösserem herzförmigem Mittellappen; Röhre mit Haarkranz; äussere Staubblätter zuletzt nach aussen gerollt; Frucht oben abgerundet.

Gatt. Betonica L. Kronröhre ohne Haarkranz; Staubblätter nicht auswärts rollend; Blust kopfig-ährig, von 2 grossen Stützblättern gestützt; sonst wie Stachys.

Gatt. Sideritis L. Staubblätter in der Kronröhre eingeschlossen; sonst wie Stachys.

Gatt. Marrubium L. Oberlippe tief 2spaltig; Staubblätter in der Kronröhre eingeschlossen; Frucht oben flach 3eckig; sonst wie Stachys.

Gatt. Ballota L. Staubblätter nach dem Verblühen grade; sonst wie Stachys.

Gatt. Leonurus L. Unterlippe schmal 3lappig; Oberlippe gewölbt; Frucht oben flach 3eckig; sonst wie Stachys.

Gatt. Chaiturus Host. Frucht oben flach 3eckig; Blust nicht ährig; sonst wie Betonica.

Gatt. Phlomis L. Oberlippe stark gewölbt, gegen die 3lappige Unterlippe geneigt; Kronröhre mit Haarkranz; Staubblätter nicht auswärts rollend; Frucht oben gestutzt.

Trib. 8. Scutellarineae. Fruchtkelch 2lippig, geschlossen; Krone 2lippig; Staubblätter 4, unter der Oberlippe parallel nach vorn gebogen, paarweis genähert.

Gatt. Scutellaria L. Kelch mit spornartigem Anhängsel und ganzrandigen Lippen.

Gatt. Prunella L. Kelch ohne Anhängsel, mit 3zähniger Oberlippe und 2zähniger Unterlippe.

Trib. 9. Prasieae. Fruchtkelch 2lippig, offen; Krone 2lippig, mit Haarkranz; Steinfrucht; Staubblätter unter der Oberlippe parallel.

Gatt. Prasium L. Kronoberlippe gewölbt.

Trib. 10. Ajugoideae. Fruchtkelch fast einfach symmetrisch, offen; Kronenoberlippe fehlend oder bis in die Röhre gespalten; Staubblätter parallel aus der Spalte der Oberlippe hervortretend.

Gatt. Ajuga L. Krone anwelkend, mit Haarkranz; Oberlippe kurz 2lappig.

Gatt. Teucrium L. Krone abfällig, ohne Haarkranz; Oberlippe tief 2spaltig.

Die Familie ist ausgezeichnet durch ihre ätherischen Oele, durch welche sie theils für Parfümeriezwecke, theils für die Medicin wichtig wird.

Als Küchenkräuter dienen: Herba Basilici von Ocimum basilicum L., aus dem Orient stammend, Herba Thymi von Thymus vulgaris L., Herba Saturejae von Satureja hortensis L., Origanum majorana L.

Ausserdem sind officinell: Flores Lavandulae von Lavandula spica D. C., Herba Menthae piperitae L., Herba Menthae crispae L. und M. crispae L., Herba Pulegii von Pulegium vulgare Mill., Herba Salviae von Salvia officinalis L., Herba Rorismarini von Rosmarinus officinalis L., H. Origani von Origanum vulgare L., H. Serpylli von Thymus Serpyllum L., H. Melissae von Melissa officinalis L., H. Prunellae von Pr. grandiflora Jacq. und P. vulgaris L., Flores Lamii von Lamium album L., Herba Galeopsidis von Galeopsis ochroleuca Lam., Herba Marrubii von Marrubium vulgare L., Herba Ballotae lanatae von Leonurus lanatus Spr.

Familie 95. Verbenaceae (incl. Stilbaceae).

Holzige oder krautige Pflanzen mit nebenblattlosen Blättern.

Hypogynische Kelchpflanzen mit mehr oder weniger verwickelt symmetrischen Zwitterblüthen.

Typus: $\widehat{5}, \widehat{5}, 5, 2$ s. 4.

Kelch bleibend, 5lappig; Krone dachig, mehr oder weniger ungleich 4—5lappig; Staubblätter selten alle 5 entwickelt, meist 4 didynamische, bisweilen nur 2, bei den Stilbaceen die 4 Staubblätter gleich lang; Antheren 2kammerig, nach innen aufspringend; Carpell 2- oder 4blättrig, 2- bis 4- oder 8fächerig durch Einrollen der Carpidia, mit paracarpem meist ungelapptem Staubweg; Beere, Steinbeere, fachspaltige Kapsel oder 1samige aufgeblasene Schliessfrucht; Samen einzeln in jedem Fach; Keim eiweisslos, mit geringem oder grösserem Albumen, grade.

Hauptsächlich verbreitet in den Tropengegenden, von da gegen die Pole rasch abnehmend.

Gatt. Verbena L. Frucht 4steinig, zerfallend.

Gatt. Vitex L. Steinbeere 4steinig.

Die Familie liefert zahlreiche Zierpflanzen in den Gattungen: Lantana, Clerodendron, Volkameria, Lippia u. s. w.

Familie 96. Polemoniaceae.

Meist krautige, seltner Holzpflanzen mit wendelständigen nebenblattlosen Blättern.

Hypogynische Kelchpflanzen mit einfach symmetrischen Zwitterblüthen.

Typus: $\widehat{5}, \widehat{5}, 5, 3$ s. 5.

Kelch bleibend; Krone abfällig; Staubblätter mit der Krone verbunden, mit den Kronblättern wechselnd, 2kammerig, nach innen aufspringend; Carpell am Grunde von einer ringförmigen Verdickung des Blüthenstielchens umgeben, 3- oder 5blättrig, syncarp mit paracarpem Staubweg und 3- oder 5lappiger Mündung; Samenknospen in den inneren Fachwinkeln an den eingerollten Carpellblatträndern angeheftet, einzeln und anatrop oder zahlreich und hemianatrop; fachspaltige Kapsel, die Samenträger auf der Mitte der Klappen stehend; Samen mit gradem oder wenig gekrümmtem Keim, axil im fleischigen Albumen.

Centrum: Gemässigte Klimate Amerika's, nur wenige in der östlichen Hemisphäre. Die Gattungen Polemonium, Phlox, Gilia Cobaea u. a. liefern beliebte Garten-Zierpflanzen.

Familie 97. Nolanaceae.

Krautige oder verholzende Pflanzen mit einfachen ungetheilten nebenblattlosen wendelständigen Blättern.

Hypogynische Kelchpflanzen mit einfach symmetrischen Zwitterblüthen.

Typus: $\overline{5}$, $\widehat{\overline{5}}$, 5, 1—6.

Kelch bleibend; Krone 5—10lappig; Staubblätter mit der Krone verbunden, 2kammerig, nach innen aufspringend; Carpell syncarp mit paracarpem Staubwege, 1—6blättrig, 1—6fächerig, auf einer Anschwellung des Blüthenstiels befestigt; Fächer 1knospig; Samenknospe campylotrop?, auf dom angeschwollenen Blüthenstielchen angeheftet; steinartige einsamige Spaltfrüchte; Staubweg tief eingesenkt durch Abwärtsfaltung der Carpellblätter; Same mit fleischigem Albumen und ringförmig oder spiralig gewundenem Keim.

Die den Labiaten und Boragineen verwandte Gruppe besteht nur aus der in Chili und Peru verbreiteten Gattung Nolana.

Familie 98. Cordiaceae.

Holzpflanzen mit wendelständigen nebenblattlosen einfachen bleibenden Blättern.

Hypogynische Kelchpflanzen mit einfach symmetrischen monoklinischen oder diklinischen Blüthen.

Kelch bleibend oder auswachsend, 4—5theilig; Krone mit meist 5spaltigem Saum; Staubblätter 2kammerig, nach innen aufspringend; Carpell 4—8blättrig, syncarp mit paracarpem Staubweg; Fächer 1knospig; Samenknospen anatrop, haugend oder aufrecht, in den inneren Fachwinkeln am Carpellrand befestigt; Staubweg nicht eingesenkt, am Ende 2theilig oder doppelt 2theilig; 4—8fächerige 1steinige oder durch Fehlschlagen 1fächerige Steinfrucht; Same eiweisslos mit gradem Keim. Die kleine Familie ist ganz tropisch.

Familie 99. Boragineae.

Sehr verschiedene Pflanzen mit nebenblattlosen und einfachen ungetheilten Blättern.

Hypogynische Kelchpflanzen mit meist einfach symmetrischen meist monoklinischen Blüthen.

Typus: $\overline{5}$, $\widehat{5}$, $\overline{5}$, 2.

Blüthen in centripetalen in der Knospe aufgerollten einseitswendigen Blusten; Kelch bleibend; Krone abfällig, oft am Schlund mit Wölbschuppen, Haaren oder Auftreibungen versehen; Staubblätter mit der Krone verbunden, alle 5 ausgebildet, 2kammerig, nach innen aufspringend; Carpell 2blättrig; Blätter rechts und links in der Blüthe stehend?; durch transversale Einrollung 4fächerig syncarp, häufig der paracarpe Staubweg durch longitudinale Faltung eingesenkt; Samenknospen anatrop, einzeln in den 4 Fächern, hangend, an den Carpellblättern in den inneren Fachwinkeln angeheftet oder bei starker Einsenkung des Staubwegs fast grundständig; Carpell auf dem ringförmig angeschwollenen Blüthenstiel befestigt und bisweilen schwach von demselben umfasst; 4 sich trennende Spaltfrüchte oder eine 4fächerige Steinfrucht; Same eiweisslos oder mit geringem Eiweiss; Keim gerade oder schwach gekrümmt.

Die Familie ist am häufigsten in gemässigten Klimaten verbreitet, besonders in Mittelasien und in der Mittelmeerregion. Nur die Ehretiaceen sind grösstentheils tropisch.

Sectio 1. Ehretiaceae. Staubweg nicht eingesenkt.

Gatt. Heliotropium L. Krone trichterig mit faltigem 5spaltigem Saum, ohne Wölbschuppen.

Sectio 2. Euboragineae. Staubweg eingesenkt.

Trib. 1. Cynoglosseae. Spaltfrüchte mit dem verholzenden Staubweg verbunden.

Gatt. Asperugo L. Spaltfrüchte flachgedrückt, vom auswachsenden flachen Fruchtkelch umschlossen, mit flachen spitzen Plättchen bedeckt; Schlund der Krone durch stumpfe Wölbschuppen geschlossen.

Gatt. Echinospermum Swtz. Spaltfrüchte 3kantig, am Rande weichstachelig, sonst wie Asperugo.

Gatt. Cynoglossum L. Spaltfrüchte flach abgedacht, stachelig, berandet, unten ausgehöhlt; Kronenschlund durch stumpfe Wölbschuppen verengt.

Gatt. Omphalodes Tourn. Spaltfrüchte oben ausgehöhlt, mit eingerolltem, gezähnten Rande; sonst wie Cynoglossum.

Trib. 2. Anchuseae. Spaltfrüchte auf einem verdickten Stempelträger inserirt, nach unten ausgehöhlt, nicht mit dem Staubweg verbunden.

Gatt. Borago L. Spaltfrüchte eiförmig, aufrecht, nach innen mit schwachem aber scharfem Flügel versehen, zart längsrippig mit kurz-

stacheligen Rippen; Kelch tief 5spaltig, anfangs abstehend, nach dem
Verblühen zusammenschliessend; Krone radförmig, mit 5 kurzen stumpfen Wölbschuppen; Filamente unten fleischig, verdickt, nach oben und
aussen einen stielförmigen Fortsatz tragend.

Gatt. Anchusa L. Spaltfrüchte an der ringförmigen Aushöhlung
faltig gerieft; Krone trichterförmig mit aufrechter Röhre; Schlund
durch stumpfe Wölbschuppen geschlossen.

Gatt. Lycopsis L. Kronenröhre aufgeblasen und unter dem Schlund
eingeschnürt, oft gebogen mit schiefem Saum; sonst wie Anchusa.

Gatt. Nonnea Med. Schlund nicht verengt, bärtig, übrigens offen;
sonst wie Anchusa.

Gatt. Symphytum L. Wölbschuppen spitz, pfriemlich, kegelig zusammengeneigt; Krone glockig; sonst wie Anchusa.

Trib. 3. Lithospermeae. Spaltfrüchte 4 oder 2, dem verdickten
Stempelträger inserirt, unten nicht ausgehöhlt, mit ebenem oder schwach
gewölbtem Grund aufsitzend, nicht mit dem Staubweg verbunden.

Gatt. Onosma L. Spaltfrüchte 4, mit 3eckiger Basis aufsitzend;
Krone cylindrisch-glockig, ohne Wölbschuppen; Staubblätter monadelphisch.

Gatt. Cerinthe L. Spaltfrüchte 2, 2fächerig, mit kreisförmiger
Basis aufsitzend; sonst wie Onosma.

Gatt. Echium L. Spaltfrüchte 4, mit 3eckiger Basis aufsitzend;
Krone glockig-trichterig, ohne Wölbschuppen; Staubblätter nicht monadelphisch.

Gatt. Pulmonaria L. Kelch 5zähnig; Spaltfrüchte an der Basis
flach; Krone cylindrisch-trichterig, mit behaartem Schlund, ohne Wölbschuppen; Staubblätter nicht monadelphisch.

Gatt. Myosotis L. Spaltfrüchte vorn gewölbt, hinten stumpf gekielt, mit schmaler Basis aufsitzend; Krone trichterig-tellerförmig; Schlund
durch kahle stumpfe Wölbschuppen verengt.

Gatt. Eritrichium Schrad. Spaltfrüchte 3kantig, vorn abgeflacht;
sonst wie Myosotis.

Gatt. Lithospermum L. Kelch 5theilig; Spaltfrüchte eirund,
glatt, glänzend, sehr hart; Schlund der Krone verengt.

Die Familie enthält nur wenige Nutzpflanzen. Als Küchenkraut
wird benutzt: Borago officinalis L. Wegen des schönen rothen Farb-
stoffs ist bekannt und officinell: Alkanna tinctoria L.; die übrigen Dro-
guen aus der Familie sind fast alle obsolet; es sind: Herba Pulmonariae
von Pulmonaria officinalis L., Fructus Lithospermi oder Semen Milii
solis von Lithospermum officinale L., Radix Buglossi von Anchusa officinalis L., Rad. Symphyti s. Consolidae maioris von Symphytum officinale L., Rad. Cynoglossi von Cynoglossum officinale L.

Familie 100. Primulaceae.

Meist krautige Pflanzen mit nebenblattlosen meist wirtelständigen Blättern.

Hypogynische Kelchpflanzen mit einfach symmetrischen Zwitterblüthen.

Typus: $\widehat{5}$, $\widehat{5}$, 5, 5.

Blüthen selten 3—7zählig; Staubblätter vor den Kronblättern inserirt, 2kammerig, nach innen aufspringend, bisweilen mit einer gleichen Anzahl Staminodien abwechselnd, stets mehr oder weniger mit der Krone verbunden; Carpell paracarp mit paracarpem Staubweg mit knopfiger oder einfacher Mündung; Samenknospen hemi-anatrop oder selten anatrop, auf dem ganz freien centralen kürzeren oder längeren meist kugeligen Samenträger in meist grosser Zahl angeheftet; Kapsel, mit Zähnen oder Klappen aufspringend, oder Deckelfrucht; Samen mit gradem axilem Keime im fleischigen Eiweiss.

Centrum: Die nördliche gemässigte Zone, besonders in der östlichen Hemisphäre, vor allem in alpinen Regionen.

Gatt. Primula L. Kapsel mit zurückrollenden Zähnen aufspringend; Zähne gespalten; Krone röhrig, nach oben erweitert mit ausgebreitetem Saum.

Gatt. Trientalis L. Kapsel bis zur Basis 7klappig; Krone radförmig mit 7theiligem Saum; Staubblätter 7, nach aussen rollend.

Gatt. Lysimachia L. Kapsel 5klappig; Krone radförmig, 5spaltig; Staubblätter 5 oder ausserdem 5 Staminodien.

Gatt. Anagallis L. Deckelfrucht vielsamig; Krone radförmig mit 5theiligem Saum.

Gatt. Centunculus L. Deckelfrucht vielsamig; Krone kugelig mit 4theiligem Saum; Typus: $\widehat{4}$, $\widehat{4}$, 4, 4.

Gatt. Androsace L. Kronröhre eiförmig, oben plötzlich verengt, mit 5theiligem Saum, mit 5 Wölbschuppen besetzt; sonst wie Primula.

Gatt. Hottonia L. Kelch 5theilig; Samenknospen anatrop; sonst wie Primula. Wasserpflanzen.

Gatt. Cortusa L. Staubblätter ringförmig verbunden; Kapsel 2klappig; Klappen gespalten.

Gatt. Soldanella L. Deckelfrucht, nach Ablösung des Deckels vielzähnig; Krone glockig trichterig mit 5spaltigem Saum und 7theiligen Abschnitten.

Gatt. Cyclamen L. Kronröhre kurz, glockig, mit 5theiligem zurückgeschlagenem Saum; sonst wie Primula.

Gatt. Samolus L. Kapsel 5klappig, unten mit dem Kelch verbunden; Krone kurz, glockig, mit 5theiligem Saum.

Gatt. Glaux L. Kapsel 5klappig, 5samig; Krone fehlend oder
radförmig trichterig.

Familie 101.   Myrsineae.

Holzpflanzen mit nebenblattlosen einfachen bleibenden lederigen
Blättern.

Hypogynische Kelchpflanzen mit einfach symmetrischen monoklinischen oder unächt diklinischen Blüthen.

Typus: $\widehat{4-5}$, $\widehat{4-5}$, 4—5, 4—5.

Krone bisweilen bis zur Basis getheilt, meist radförmig oder glockig;
Staubblätter vor den Kronblättern inserirt und mit der Krone vereinigt;
Carpell paracarp, mehrblättrig, mit paracarpem meist ungelapptem
Staubweg; Samenknospen meist zahlreich, an der freien centralen Placenta angeheftet; Beere oder Steinbeere durch Fehlschlagen 1samig
oder armsamig; Samen mit fleischigem oder hornigem Albumen, oft
mehrkeimig; Keim cylindrisch mit kleinen Cotyledonen, meist gebogen.

Heisse Gegenden Asiens und Amerikas, weit seltener in gemässigt
warmen Klimaten.

Die Arten von Myrsine, Ardisia', Theophrasta etc. sind beliebte
Zierpflanzen.

Familie 102.   Plumbagineae.

Krautige oder Holzpflanzen mit nebenblattlosen einfachen wendelständigen Blättern.

Hypogynische Kelchpflanzen mit einfach symmetrischen
Zwitterblüthen.

Typus: $\widehat{5}$, $\widehat{5}$, 5, 5.

Kelch bleibend, mehr oder weniger gamosepal; Krone dachig, mehr
oder weniger gamopetal; Staubblätter am Grund oder auf eine längere
Strecke mit der Krone verbunden, vor den Kronblättern iuserirt,
2kammerig, nach innen aufspringend; Carpell paracarp, mit paracarpem, in lange Lappen gespaltenem Staubweg, selten 3—4blättrig,
meist 5blättrig; die einzige Samenknospe anatrop, auf langem Knospenträger, welcher vom Blüthenstiel entspringt; Frucht vom Kelch umschlossen, als 5klappige Kapsel aufspringend oder schlauchartig und
unregelmässig zerreissend; Samen mit antitropem Embryo in geringem
mehligem Albumen.

Die Familie ist über die Erde zerstreut.

Gall. Statice L. Staubweg 5theilig; Schliessfrucht.

Gall. Plumbago L. Staubweg am Ende 5lappig; Kapsel an der Spitze 5klappig.

Familie 103. Utricularieae.

Sumpf- und Wasserpflanzen mit krautigen 1- bis mehrjährigen Caudices und nebenblattlosen einfachen Blättern.

Hypogynische Kelchpflanzen mit verwickelt symmetrischen Zwitterblüthen.

Typus: $\widehat{5}$, $\widehat{5}$, 2, 2.

Kelch 2lippig oder ungleich 5spaltig; Krone 2lippig, oft maskirt; Staubblätter an der Basis mit der Krone verbunden, convergirend, gekuppelt; Carpell paracarp, 2blättrig, mit kurzem paracarpem Staubweg und 2lippiger Mündung; Samenträger central, frei, kugelig, mit zahlreichen anatropen Samenknospen; Kapsel 2klappig oder unregelmässig aufspringend, vielsamig; Samen eiweisslos mit unentwickeltem Keim oder mit sehr kurzen Cotyledonen.

Hauptsächlich in Tropengegenden verbreitet, aber einzeln über die Erde zerstreut.

Gall. Pinguicula L. Kelch 2lippig, 5theilig; Krone offen.

Gall. Utricularia L. Kelch 2theilig; Krone maskirt.

Familie 104. Plantagineae.

Ein- bis mehrjährige Pflanzen mit Caudex mit einfachen sitzenden nebenblattlosen Blättern.

Hypogynische Kelchpfanzen mit einfach symmetrischen monoklinischen oder diklinischen Blüthen.

Typus: $\widehat{4}$, $\widehat{4}$, 4, 2.

Von den Kelchblättern schlägt häufig das oberste, dem Pedunculus anliegende, fehl; Krone dachig, wie der Kelch, meist klein und unscheinbar, bisweilen verwickelt symmetrisch (Bougueria), stets röhrig mit ausgebreitetem Saum; Staubblätter mit den Kronblättern wechselnd, mit sehr langen Filamenten, pfeilförmig, versatil; Carpell 2blättrig, rein paracarp (Littorella, Bougueria) oder durch Einrollen 2- oder 4fächerig; die paracarpe Frucht umschliesst eine einzige grundständige campylotrope Samenknospe, die syncarpe Frucht dagegen besitzt eine centrale mit den eingerollten Carpellblättern verwachsene Placenta und 1—8knospige Fächer; in diesem Fall sind die Samenknospen in der

Mitte an der Placenta befestigt; Frucht eine 1 samige Schliessfrucht oder 2—8 samige Deckelfrucht; Same mit fleischigem Endosperm; meist mit quellbarer Testa, mit gradem axilem Keim.

Gatt. Plantago L. Deckelfrucht; Blüthen monoklinisch.

Gatt. Littorella L. Einsamige Schliessfrucht; Blüthen monoecisch; ♀ Kelch ungleich 3 lappig; ♀ Krone einfach symmetrisch, krugförmig, 3—4 zähnig; ♂ Staubblätter 4.

Die nur aus 3 Gattungen bestehende Familie liebt salzhaltige Orte. Sie ist zerstreut in gemässigten Klimaten, besonders in Europa und Nordamerika. In heissen Gegenden zieht sie sich auf die Gebirge zurück.

Familie 105.　Ericeae.

Hypogynische oder bisweilen epigynische Kelchpflanzen mit meist einfach symmetrischen Zwitterblüthen.

Typus. 4—6, 4—6, (1—2) × 4—6, 3—6.

Kelch gamosepal, tief getheilt, seltner dialysepal; Krone gamopetal, seltner dialypetal; Staubblätter 2 kammerig, mit Poren, selten mit Spalten oder Klappen aufspringend,

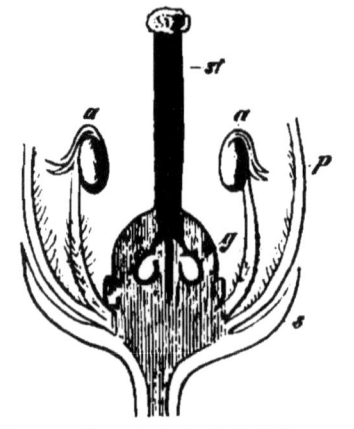

Figur 64. Längschnitt durch die Blüthe von Arctostaphylos. *g* = die am Mittelsäulchen [an]gehefteten Samenknospen, *st* = der paracarpe Staubweg. *a* = die geschwänzten lochförmig aufspringenden Antheren, *p* = die Kronenbasis, *s* = der Kelch.

meist frei, selten mit der Krone verbunden (Diapensiaceae); Carpell mit centralem nach der Zahl der Carpidia gelapptem und mit den eingerollten Carpellblättern verwachsenem Mittelsäulchen, aus paracarper Anlage durch Einrollung gefächert (unächt syncarp), mit paracarpem Staubweg; Samenknospen meist zahlreich an den Vorsprüngen des Mittelsäulchens angeheftet, anatrop, selten die Fächer armknospig oder 1 knospig; Kapsel, deren Carpelle sich von der stehenbleibenden Columella ablösen, Beere oder Steinbeere; Samen an der Columella befestigt, meist klein und zahlreich, mit gradem cylindrischen Keim, axil im fleischigen Albumen.

Ueber die ganze Erde zerstreut, vorzugsweise in alpinen und subarktischen Gegenden, auf Steppen, in Mooren etc.

Trib 1. Ericineae. Knospen ohne Deckschuppen; Krone anwelkend; fachspaltige oder scheidewandspaltige Kapsel.

Gatt. Erica L. Kapsel 4fächerig, fachspaltig: Kelch 4blättrig, kleiner als die 4spaltige-4zähnige anwelkende Krone.

Gatt. Calluna Salisb. Kapsel 4fächerig, scheidewandlösend; Scheidewände mit dem Mittelsäulchen verbunden: Kelch 4blättrig, grösser als die 4spaltige-4zähnige anwelkende Krone.

Trib 2. Rhodoraceae. Knospen mit Deckschuppen; Krone abfällig; fachspaltige oder scheidewandspaltige Kapsel.

Gatt. Andromeda L. Kapsel 5fächerig, 5klappig; Krone glockig.

Gatt. Rhododendron L. Kapsel 5klappig, 5fächerig; Krone trichterförmig oder radförmig, 5lappig; Staubblätter 2×5, mit kurzen Löchern aufspringend.

Gatt. Azalea L. Kapsel 4klappig, 4fächerig; Krone trichterigglockig, 5lappig; Staubblätter 5, mit längeren Spalten aufspringend.

Gatt. Ledum L. Kapsel 5fächerig, 5klappig, scheidewandlösend; Kelch 5zähnig; Krone 5blättrig; Staubblätter am Rande eines Fruchtknotenträgers inserirt.

Trib. 3. Vaccinieae. Blüthe epigynisch, Beerenfrucht oder Steinbeere, sonst wie die Ericineen.

Gatt. Vaccinium L. Krone krugförmig-glockig; Beerenfrucht, von der Narbe der abgefallenen Kelch und Krone gekrönt.

Trib. 4. Diapensiaceae. Staubblätter mit der Krone verbunden, mit Spalten aufspringend; Kapsel 3fächerig, fachspaltig.

Die kleine Abtheilung besteht nur aus zwei Gattungen: Diapensia und Pyxidanthera.

Trib. 5. Epacrideae. Antheren mit 2 Längsspalten aufspringend; sonst wie die Ericineen.

Diese Gruppe vertritt die Ericineen in Australien und einigen oceanischen Inselgruppen.

Trib. 6. Pirolaceae. Samen eiweisslos, von einer grossen zelligen Hülle umgeben; Keim ohne Gliederung, ein blosser Zellgewebskörper; sonst wie die Rhodoraceen.

Gatt. Pirola L., (e. p.) Blüthe ohne Stempelträger.

Gatt. Chimophila Pursh. Carpell auf einem drüsigen napfförmigen Stempelträger.

Trib. 7 Monotropeae. Chlorophyllfreie Parasiten; sonst wie die Pirolaceen.

Gatt. Monotropa L. Staubwegmündung trichterig.

Nutzpflanzen enthalten die Ericeen nur wenige. Die Beeren der meisten Vaccineen sind essbar, so die Heidelbeeren (Vaccinium myrtillus L.), die Preisselbeeren (V. vitisidaea L.), die Moosbeeren (V. oxycoccos L.) und die Sumpfbeeren (V. uliginosum L.).

Als officinell werden angesehen die Blätter von Arctostaphylos officinalis U. A. G., von Chimophila umbellata Pursh., von Ledum palustre L. und früher von Rhododendron chrysanthum L. sowie auch von R. ferrugineum L. und R hirsutum L.

Familie 106.   Lardizabaleae.

Meist holzige Schlingpflanzen mit wendelständigen zusammengesetzten Blättern ohne Nebenblätter.

Hypogynische Kelchpflanzen mit einfach symmetrischen diklinischen oder polygamischen Blüthen.

Typus: 2×3, 2×3, 2×3, $2 - \infty$.

Kelch seltner 3blättrig; Staubblätter vor den Kronblättern stehend, nach aussen aufspringend, 2kammerig; die männlichen Blüthen mit rudimentären Carpellen, ebenso die weiblichen mit rudimentären Staubblättern; Carpellblätter 3—9, völlig apocarp, meist vielknospig; Samenknospen anatrop oder campylotrop, entweder wandständig am eingerollten Carpellblattrand, also 2reihig angeheftet, oder in Vertiefungen der Wand über dieselbe vertheilt; Staubwege meist sehr kurz; Frucht beerenartig, oder schlauchförmig aufspringend; Samen vom fleischig werdenden Pericarp umhüllt, mit kleinem basalem Keim im grossen Eiweiss.

Die Familie lebt hauptsächlich im tropischen und subtropischen Asien, weniger in Amerika.

Es gehört hierher die in Gärten so beliebte Schlingpflanze: Akebia quinata Hort. Angl. mit schönen violetten Blumen, welche der Reisende Fortune in China entdeckte.

Familie 107.   Menispermeae.

Schlingende Sträucher, oder Rhizompflanzen mit schlingenden Zweigen, mit nebenblattlosen einfachen, handnervigen wendelständigen Blättern.

Figur 65. Längsschnitt durch die Frucht von Cocculus. a = Anheftungspunkt. st Griffelnarbe; hier ist die Doppelfalte des Pericarps (c), welche weit nach innen vorspringt und um welche sich das Endosperm (e) mit dem Keim (k) herumbiegt.

Hypogynische Kelchpflanzen mit einfach symmetrischen meist diklinischen Blüthen.

Zahlenverhältnisse sehr verschieden. Staubblätter bisweilen monadelphisch, meistens frei. mit 1—2kammerigen, meist nach aussen aufspringenden Antheren; Carpell 1—12blättrig. völlig apocarp, mit meist kurzen Staubwegen und nach innen geöffneten Mündungslappen: Samenknospe in jedem Carpellblatt einzeln, im inneren Winkel am eingerollten Carpellblattrand befestigt, campylotrop oder seltner hemi-anatrop; Frucht steinbeerenartig, einzeln oder mehre beisammen, mehr oder weniger campylotrop, Anheftungspunkt und Griffelende nahe beisammen; an diesem Punkt springt das Pericarp nach innen mehr oder weniger stark vor und, wie vorstehende Figur zeigt, biegt sich das Endosperm mit dem Keim herum.

Centrum: Zwischen den Wendekreisen, nach Norden sich rasch verlierend; in Europa fehlen sie ganz.

Officinell sind: Radix Colombo von Cocculus palmatus D. C. und die Kokkelskörner (Drupa cocculi), die Frucht von Anamirta cocculus W. et A.

Familie 108. Erythroxyleae.

Holzpflanzen mit meist wendelständigen, einfachen, ungetheilten, fiedernervigen mit Nebenblättern versehenen Blättern.

Hypogynische Kelchpflanzen mit einfach symmetrischen Zwitterblüthen.

Typus: $\widehat{5}$, 5, 2$\widehat{\times}$5, 3.

Kelch mehr oder weniger gamosepal, bleibend, dachig; Krone dialypetal, dachig und bisweilen gedreht; Staubblätter eine kurze Röhre bildend, 2kammerig, nach innen aufspringend; Carpell 3blättrig oder durch Fehlschlagen 2blättrig, syncarp, mit 3 apocarpen, bisweilen unten syncarpen Staubwegen; Samenknospen einzeln in jedem Fach, im inneren Fachwinkel am eingerollten Carpell herabhangend, anatrop; Steinfrucht durch Fehlschlagen 1fächerig, 1samig; Same mit gradem Keim im geringen Eiweiss.

Die Familie lebt ausschliesslich zwischen den Wendekreisen.

Officinell sind die Blätter von Erythroxylon coca Lam., welche von den südamerikanischen Eingeborenen als nervenstärkendes Mittel gekaut werden.

Familie 109. Phytolacceae (incl. Petiveriaceae).

Mit Caudex versehene Stauden oder Halbsträucher.

Hypogynische Kelchpflanzen mit einfach symmetrischen androgynischen oder selten dioecischen Blüthen; Kelch 4—5zählig, dialysepal oder sehr schwach gamosepal; Krone meist fehlgeschlagen, wenn vorhanden, mit dem Kelch wechselständig; Staubblätter in der Anzahl der Kelchblätter oder zahlreich, mit entwickelten Filamenten, 2kammerig, nach innen aufspringend; Carpell vielblättrig, sehr selten einblättrig und dann seitlich, im ersten Fall auf einem als Mittel-

säulchen vortretenden Stempelträger angeheftet, syncarp oder apocarp.
die Fächer meist einknospig; Samenknospen grundständig, campylotrop,
selten hemi-anatrop; Staubwege völlig apocarp oder an der Basis verbunden (bei syncarpem Fruchtknoten); Frucht beerenartig oder
Spaltfrucht, seltener Schliessfrucht; Keim meist das Eiweiss campylotrop umfassend, selten grade, ohne Eiweiss oder mit sehr geringem
Eiweiss.

Wärmere Gegenden beider Hemisphären, besonders Amerika's. Das
purpurrothe Pericarp von Phytolacca decandra L. aus Nordamerika wird
als Farbstoff zum Fälschen des Rothweins und die Blätter mehrer Arten
als Gemüse benutzt.

Familie 110. Euphorbiaceae.

Bäume, Sträucher, Stauden oder Pflanzen mit einfacher Periode,
häufig Milchsäfte führend, mit diklinischen monoecischen oder dioecischen Blüthen, in der Regel das entgegengesetzte Geschlecht unvollkommen ausgebildet; mit meist gamosepalem, häufig fehlendem hypo-
gynischem Kelch und dialypetaler häufig fehlender Krone. Kelch und
Krone 2- bis vielzählig; Staubblätter 1 bis viele, bisweilen mit der
Basis der Kelchblätter verbunden, 2kammerig, meist mit Spalten, seltner
mit Löchern aufspringend, oft gekuppelt, mit meist fleischigen Filamenten; Carpidia 2- bis mehre, syncarp, meist 3 und 3fächerig, mit
paracarpem Staubweg, welcher bisweilen ver-
schwindend kurz ist, und nach der Zahl der
Carpellblätter gelappter Mündung: Samenknospen 1 – 2 in jedem Fach, vom inneren
Winkel am eingerollten Carpellrand herabhangend, anatrop (s. Fig. 66) oder hemi-anatrop,
mit 2 Integumenten, deren äusseres am Mi-
cropyle-Ende eine starke Gewebewucherung
(d. Fig. 66) zeigt, welche später sich zu einem
warzenförmigen Keimdeckel ausbildet; 2—3-
oder mehrtheilige Spaltfrucht, die Schizocarpia häufig fachspaltig aufspringend; Fächer
1- oder 2samig; Samen hangend mit grossem

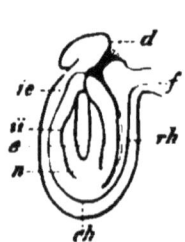

Figur 66. Die Samenknospe einer
Euphorbia: e ⊂ Embryosack, n ⊂
Knospenkern, rh ⊂ Chalaza oder
Knospengrund, ie ⊂ äusseres Integument, ii ⊂ inneres Integument, rh
— Raphe oder Samennabl, f ⊂ Fa-
niculus oder Knospenträger, d ⊂ der
angeschwollene Theil der Mündung,
später zum Keimdeckel werdend.

warzigen Keimdeckel, fleischigem, oft öligem Perisperm und meist
grossen Cotyledonen; Keim orthotrop (Rechtkeimer).

Zünfte:

Trib. 1. Euphorbieae. Blüthen monoecisch, ohne Kelch und
Krone; eine aus gestielten Staubblättern und einem centralen gestielten

Pistill gebildete Inflorescenz ist umgeben von einer mehrblättrigen Hülle; Fruchtknotenfächer 1 knospig.

Trib 2. *Acalypheae.* Blüthen monoecisch oder dioecisch; Blüthengruppen ohne Hülle, traubig und ährig geordnet; Blüthen mit Kelch, aber kronenlos; Fruchtknotenfächer 1 knospig.

Trib. 3. *Crotoneae.* Blüthen monoecisch, rispenständig, mit Kelch und Krone versehen; Fruchtknotenfächer 1 knospig.

Trib. 4. *Hippomaneae.* Blüthen monoecisch, einzeln oder in Gruppen in den Achseln von Deckblättern, in Aehren vereint, ohne Kelch und Krone und ohne Hülle; Fruchtknotenfächer 1 knospig.

Trib. 5. *Phyllantheae.* Staubblätter im Centrum der Blüthe; Fruchtknotenfächer 2 knospig.

Trib. 6. *Buxeae.* Staubblätter ein verkümmertes Pistill einschliessend, Fruchtknotenfächer 2 knospig.

Beispiele:

Trib 1. *Euphorbieae.*

Gatt. *Euphorbia L.* Hülle glockig, 8—10 zähnig, die Zähne abwechselnd nach innen und nach aussen geschlagen, mit drüsiger Oberfläche; männliche Blüthen 10 — ∞, ein Pistill umgebend, jede aus einem einzigen Staubblatt mit gestieltem Filament gebildet; Fruchtknoten 3 fächerig, 3 samig; Theilfrüchte fachspaltig, die Samen hervorschnellend.

Hierher gehört die früher officinelle Euphorbia lathyris L., welche in Südeuropa, schon in Süddeutschland, heimisch ist und die kleinen Springkörner (semina cataputiae minoris) lieferte; ferner mehre den Cacteen im Wuchs ähnliche afrikanische Arten, so z. B. E. officinarum L., E. antiquorum L., E. canariensis L. u. a. liefern ein scharfes Harz (Euphorbium off.).

Die Gattung Euphorbia L. zählt über 700 Arten.

Trib. 2. *Acalypheae.*

Gatt. *Mercurialis L.* Kelch 3 blättrig, 3 theilig; Staubblätter 9 bis 12; Fruchtknoten 2 fächerig, Spaltfrucht 2 theilig, nicht aufspringend. Die beiden in Mittel- und Norddeutschland heimischen Arten: Mercurialis perennis L. und M. annua L. wurden früher als officinell angesehen (Herba Mercurialis und Mercurialis montanae).

Trib. 3. *Crotoneae.*

Hierher gehört der Wunderbaum (Ricinus communis L.), in Südasien heimisch, welcher in seinem Perisperm das Ricinusöl liefert und dessen Samen als semina cataputiae maioris officinell waren; ferner eine Anzahl von Bäumen, welche in ihrem Milchsaft Cautschouk liefern, besonders Arten der Gattung Siphonia, andere Bäume liefern Stocklack, die Gattung Croton die officinelle Cascarilla (Croton eluteria Sw.)

von den Antillen, in einer verwandten Art die Cortex Copalche oder
Quina blanca (Croton pseudochina Schltd), in Mexico heimisch.   Die
officinellen Grana Tiglii oder Semina Tiglii stammen von Croton Tiglium
Ham., in Ostindien heimisch.   Sie liefern das Croton-Oel.   Von einer
andern Art stammen die echten Molukkenkörner, noch andere, südame-
rikanische Arten, liefern Drachenblut (sanguis Draconis).   Curcas pur-
gans Endl., in Amerika heimisch, liefert die früher officinellen semina
Curcas.   Aus der mehligen und saftigen Wurzel mehrer Arten der
Gattung Manihot bereiten die südamerikanischen Indianer ihr Pfeilgift
und gewinnen dabei das nahrhafte Cassabamehl, woraus sie das Cas-
sababrod bereiten.

Trib. 4. Hippomaneae.   Enthält mehre der giftigsten Gewächse,
so die südamerikanischen Bäume: Excoecaria agallocha L. und Hippo-
mane mancinella L.

Trib. 5. Phyllantheae.

Officinell waren früher die unter dem Namen Myrobalanen bekannten
Früchte von Emblica officinalis Gaertn., im südlichen Asien heimisch
(Myrobalani emblici).

Trib. 6. Buxeae.

Hierher gehört der wegen seines harten gelben Holzes so geschätzte,
in Südeuropa wildwachsende Buchsbaum (Buxus sempervirens L.), dessen
Holz und dessen Blätter früher officinell waren.

Die Euphorbiaceen sind eine grosse Familie, die sich vom Aequator
aus über die ganze Erde verbreitet, nach den Polen hin aber rasch in
der Artenzahl abnehmend, namentlich in Nordamerika.   Die Gattung
Euphorbia, welche den grössten Theil der Erde bewohnt, umfasst
allein über 700 Arten.   Fast alle Euphorbiaceen sind mehr oder
weniger giftig.

Familie III. Simarubeae (incl. Xanthoxyleae).

Holzpflanzen mit meist zusammengesetzten meist nebenblattlosen Blättern.

Hypogynische Kelchpflanzen mit einfach symmetrischen
(sehr selten verwickelt symmetrischen) diklinischen oder polygamischen
Blüthen.

Typus: $\widehat{3}-\widehat{5}$, $3-5$, $1-2\times(3-5)$, $1-5$.

Krone meist dialypetal; Staubblätter selten mehr als 10, 2kam-
merig, meist nach innen aufspringend; Carpell mehr oder weniger
apocarp, auf einem Stempelträger befestigt und durch denselben

über die äusseren Blumenwirtel emporgerückt, die Staubwege oft theilweise verwachsen, am Grunde mehr oder weniger abwärts gefaltet; Samenknospen 1—∞, anatrop, an den eingerollten Carpellblatträndern, also im inneren Fachwinkel, befestigt; Spaltfrucht mit meist 1samigen Schizocarpien, welche bisweilen nach innen aufspringen; Samen hangend, meist mit unbedeutendem, bisweilen mit grossem Eiweiss.

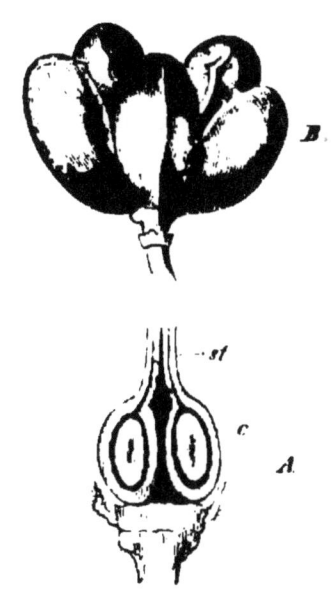

Centrum: Der Tropengürtel, welcher kaum überschritten wird.

Officinell sind: Quassia amara L. in Südamerika (Cortex und Lignum Quassiae Surinamensis), davon zu unterscheiden: Picraéna excelsa Ldl. (Cort. u. Lign. Quassiae Jamaicensis), ferner die Rinde von Arten der Gattung Simaruba, namentlich S. guyanensis Rich und S. amara Hayne (Cort. Simarubae).

Figur 67. Simaruba. *A* der Fruchtknoten im Längsschnitt. *sl* = die hier parallel laufenden aber für sich bestehenden Staubwege, *e* = der Fruchtknoten mit je einer hangenden Samenknospe im Fach. *B* die reife Frucht.

Familie 112.   Diosmeae.

Holzpflanzen von zierlichem strauchigem Wuchs mit meist einfachen, meist drüsig punktirten nebenblattlosen Blättern.

Hypogynische Kelchpflanzen mit einfach symmetrischen fast immer androgynischen Blüthen.

Typus: $\widehat{4—5}$, 4—5, 1—2×(4—5), 1—5.

Staubblätter 2kammerig, nach innen aufspringend, wenn 2 Wirtel vorhanden sind, so ist der innere kürzer oder unfruchtbar; Carpell auf einem mehr oder weniger entwickelten Stempelträger befestigt, 1—5blättrig, syncarp, aber die Fächer durch tiefe Abwärtsfaltung der Basis der apocarpen, oben verwachsenen Staubwege oben 1—5 Lappen bildend; Samenknospen 2 in jedem Fach, anatrop; Schlauchkapsel oder Spaltfrucht mit 1samigen Fächern; Samen mit oder ohne Eiweiss.

Centra: Südafrika, Australien und das tropische Amerika.

Die Arten der Afrikanischen Gattungen Barosma und Empleurum
liefern die Folia Bucco; von Galipea officinalis Hauk., in Südamerika
heimisch, stammt die ausser Gebrauch gekommene Cortex Angosturae.

Familie 113. Rutaceae.

Caudexpflanzen mit meist fiederig getheilten oder zusammengesetzten
nebenblattlosen oft drüsigen Blättern.

Hypogynische Kelchpflanzen mit meist einfach symmetrischen
Zwitterblüthen.

Typus: $\widehat{4-5}$, 4—5, 1—3 × (4—5), 2—5.

Kelch dachig; Krone dachig, bisweilen etwas verwickelt symmetrisch (Dictamnus); Staubblätter 2 kammerig, nach innen aufspringend;
Carpell 2—5 blättrig, syncarp, mit apo-
carpen mehr oder weniger an der Basis
eingesenkten, fast ganz mit einander
verwachsenen Staubwegen, auf einem drüsigen Stempelträger befestigt; Samenknospen
3 — ∞ in jedem Fach, am eingerollten Carpellblattrand im inneren Fachwinkel, also
2 reihig, hangend, anatrop oder hemi-anatrop;
Spaltfrucht oder fachspaltige Kapsel, welche
sich zugleich als Schlauchkapsel nach innen
öffnet, 2 — 5 fächerig, bisweilen fleischige
Schliessfrucht; Samen mit fleischigem Eiweiss, mehre in jedem Fach herabhangend
mit meist campylotropem Keim.

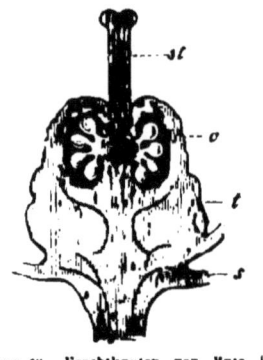

Figur 68. Fruchtknoten von Ruta im
Längsschnitt. *s* = der hypogyn. Kelch,
t = der drüsige Stempelträger, *c* = die
Carpellblätter, *sl* = die verbundenen aber
für sich röhrigen Staubwege.

Die Familie ist auf den nördlich-östlichen Erdquadranten und fast
ganz auf die nördliche gemässigte Zone beschränkt.

Beispiele:

Gatt. Ruta L.   Fachspaltige 4—5 fächerige, zugleich mit 4 bis
5 Spalten nach innen als Schlauchkapsel sich öffnende Kapsel.

Gatt. Dictamnus L.   Spaltfrüchte 5, 1—2 samig, zuletzt nach
innen als Schläuche aufspringend; Blume schwach verwickelt symmetrisch; Staubblätter gebogen.

Familie 114.   Zygophylleae (incl. Meliantheae).

Bäume, Sträucher oder Rhizompflanzen mit der Anlage nach opponirten zusammengesetzten drüsenlosen, mit Nebenblättern versehenen Blättern.

Hypogynische Kelchpflanzen mit einfach oder verwickelt symmetrischen Zwitterblüthen.

Typus: 4—5, 4—5, 1—2 × (4—5), 2—12.

Kelch dialysepal, selten schwach gamosepal; Staubblätter 2 kammerig, nach innen aufspringend; Stempelträger kurz oder fehlend; Carpell syncarp (auch im Staubweg?), 2—12 fächerig, mit 2 hangenden oder aufsteigenden umgekehrten Samenknospen; Staubweg bisweilen sehr kurz; Frucht eine scheidewandspaltige oder fachspaltige Kapsel, welche oft zugleich Spaltfrucht, oder Schlauchkapsel, mit 1- bis mehrsamigen Fächern; Samen meist mit hornigem Eiweiss und grünem Keim.

Verbreitet in wenigen Gattungen in subtropischen Gegenden beider Hemisphären.

Guajacum officinale L., auf den Antillen heimisch, liefert das für die Technik wie für die Medicin wichtige Guajakholz (Lignum Guajaci).

Beispiel:

Gatt. Tribulus L. Staubwege kurz mit halbkugeliger 5 strahliger Mündung; Spaltfrüchte 5.

Hierher gehören auch die Gattungen Melianthus und Bersama, welche sich durch verwickelt symmetrische Blüthen und schwache Scheibenbildung unterscheiden.

Familie 115.   Clusiaceae (incl. Canellaceae).

Holzpflanzen mit opponirten oder mehrzähligen selten mit Nebenblättern versehenen Blättern.

Hypogynische Kelchpflanzen mit einfach symmetrischen Zwitterblüthen oder unächt diklinisch.

Typus: 2—6—∞, 2—6—∞, 2—6—∞, 2—∞.

Kelch dialysepal, seltner schwach gamosepal; Krone dialypetal, auf einem Kronenträger befestigt; Staubblätter selten in gleicher oder doppelter Zahl wie die Kronblätter, meist zahlreich, meist in verschiedener Form vereinigt, mit 2 kammerigen, selten 1 kammerigen, nach aussen oder innen, selten mit einem Porus aufspringenden Antheren; Carpell meist auf einem scheibenförmigen Stempelträger befestigt, syncarp, mit 1—∞ Samenknospen in den inneren Fachwinkeln an den eingerollten Carpellblatträndern; Staubweg paracarp, oft verschwindend kurz, mit schildförmiger oder kegelförmiger aus den zurückgeklappten Mündungslappen gebildeter Mündung; Samenknospen anatrop; Schliessfrucht, Steinfrucht, Beere, bisweilen scheidewandspaltig aufspringend; Same eiweisslos mit gradem Keim (nur bei Canellaceen mit Eiweiss und gekrümmtem Keim).

Fast nur zwischen den Wendekreisen.

Wichtig ist der gelbe Farbstoff, welchen das in der Rinde der Gattungen Garcinia, Stalagmites und Hebradendron enthaltene Gummiharz liefert (Gummi guttae). Ferner ist das Harz der Arten von Calophyllum unter dem Namen Tacamahaca bekannt.

Familie 116.   Hypericineae.

Pflanzen mit Caudex oder holzig, seltner einjährig, mit wirtelständigen einfachen fiedernervigen meist drüsig punktirten nebenblattlosen Blättern.

Hypogynische Kelchpflanzen mit einfach symmetrischen Zwitterblüthen.

Typus: $\widehat{5-4}$, 5—4, $\infty \times (5-4)$, 3—5.

Kelch gamosepal, bleibend; Krone dialypetal; Staubblätter je nach der Zahl der Carpellblätter in 3 oder 5 Bündel verwachsen, mit kurzen 2kammerigen Antheren, nach innen aufspringend; Carpell syncarp, 3- oder 5fächerig oder durch unvollständiges Einrollen der Carpellblätter paracarp mit 3 oder 5 vorspringenden Samenträgern; Samenknospen meist zahlreich an den eingerollten Carpellblatträndern befestigt, anatrop; Staubwege apocarp, bisweilen syncarp; einfächerige, meist 3- oder 5fächerige scheidewandspaltige oder fachspaltige, meist zugleich als Schlauchkapsel nach innen sich öffnende Kapsel, seltner beerenartig; Samen eiweisslos, meist mit gradem Keim, meist zahlreich,

Wärmere und gemässigte Klimate.

Arten der Gattung Vismia liefern das amerikanische Gummi-Gutti. Officinell war früher: Hypericum perforatum L.

Beispiele:

Gatt. Hypericum L. Frucht 3- oder 5fächerig, kapselartig, scheidewandspaltig und schlauchförmig.

Gatt. Androsaemum All. Frucht 1fächerig, beerenartig.

Familie 117.   Ternstroemiaceae (incl. Marcgraviaceae).

Holzpflanzen mit bleibenden glänzenden einfachen meist nebenblattlosen Blättern.

Hypogynische Kelchpflanzen mit einfach symmetrischen Zwitterblüthen.

Typus: 5, 5, $(1-\infty) \times 5$, 2—∞.

Kelch bisweilen 4—7blättrig, meist dialysepal; Krone bisweilen 4—9blättrig, meist dialypetal; Staubblätter meist zahlreich, 2kammerig, mit Spalten aufspringend, seltner mit endständigen Löchern, meist im unteren Theil in bandförmige Bündel vereinigt, seltner nur in Gruppen geordnet oder an der Basis mit der Krone verbunden; Carpell syncarp mit apocarpen oder syncarpen Staubwegen; Samenknospen 2 — ∞ im Fach, im inneren Fachwinkel an den eingerollten Carpellblatträndern befestigt, hangend oder seitlich angeheftet, anatrop, campylotrop oder hemianatrop; Schliessfrucht, fachspaltige oder scheidewandspaltige Kapsel; Samen in geringer oder grosser Anzahl, mit grossem oder kleinem Eiweiss oder eiweisslos, mit gradem, gebogenem oder aufgerolltem Keim.

Verbreitet in den wärmeren Gegenden Amerikas und Ostasiens.

Von grosser Wichtigkeit wegen des Thees, der Blätter von Thea chinensis Sims., einem zierlichen Strauch in China und Japan.

Familie 118. Empetreae.

Niedrige zwerghafte ästige Sträucher mit wendelständigen immergrünen ganzen und ganzrandigen einfachen kleinen nebenblattlosen Blättern.

Hypogynische Kelchpflanzen mit einfach symmetrischen dioecischen oder polygamischen Blüthen; Sepala 2—3, dialysepal, mit dachiger Knospenlage; Petala gleichzählig, kurz gestielt, bleibend; Stamina gleichzählig mit fadenförmigen Filamenten, frei, nach der Verstäubung stehen bleibend; Antheren 2 kammerig, mit Spalten nach aussen aufspringend; Pistill auf fleischigem Stempelträger, 2- bis 9 blättrig, 2—9 fächerig, syncarp; Fächer 1 knospig; Samenknospen am Carpellblattrand im inneren Fachwinkel aufsteigend (s. Fig. 69), anatrop; Staubweg paracarp, kurz, mit zerschlitzter Mündung; 2—9 steinige Steinbeere mit 1 samigen harten Steinen; Samen mit grossem Eiweiss, gradem axilem Keim (Rechtkeimer).

Fig. 69. Blüthe von Empetrum im Längschnitt, c ⸗ der Fruchtknoten, l ⸗ die Mündungslappen, s ⸗ die Staubblätter, a ⸗ der abgeschnittene Kelch, p ⸗ die Blumenbasis.

Die wenigen Formen dieser Familie sind zerstreut in der arktischen und alpinen Region Europas, Nordamerikas und der Südspitze von Amerika.

Die einzige Vertreterin der Familie in Mitteleuropa ist die Moosbeere: Empetrum nigrum L., welche auf den nordischen Heiden sowie in alpinen und subalpinen Gegenden verbreitet ist.

Familie 119. Ochnaceae.

Holzpflanzen mit wendelständigen Blättern mit Nebenblättern.

Hypogynische Kelchpflanzen mit einfach symmetrischen Zwitterblüthen.

Kelch 4—5blättrig, dachig, dialysepal; Krone 3- bis 5- oder
10blättrig, abfällig; Staubblätter 4—∞, frei, meist mit Löchern aufspringend; Carpell 2—10blättrig, 2—10fächerig oder unvollständig
eingerollt, so dass die Fruchtanlage paracarp erscheint; Staubweg stets
paracarp, durch Abwärtsbiegung der Carpellblätter fast grundständig,
mit nach der Zahl der Carpellblätter gelappter Mündung; Samenknospen in sehr verschiedener Anzahl, 1—∞ im Fach, anatrop; stein-
harte Spaltfrüchte, 1—∞theilig, die Fächer 1—10samig oder 2- bis
4lappige 1—4samige Schliessfrüchte, bisweilen 1fächerige oder 2- bis
5fächerige scheidewandspaltige Kapsel; Samen meist mit gradem, seltner
schwach gekrümmtem Keim, eiweisslos oder mit fleischigem Eiweiss.

Die Familie ist auf den Tropengürtel beschränkt.

Familie 120.   Tiliaceae.

Meist Holzpflanzen mit meist wendelständigen Blättern mit meist
hinfälligen Nebenblättern.

Hypogynische Kelchpflanzen mit einfach symmetrischen
Zwitterblüthen.

Typus: 5, 5, $(2—∞) \times 5$, 2—10.

Blume bisweilen 3—4zählig; Sepala frei oder gamosepal; Staubblätter in Gruppen oder Bündel vereinigt; Antheren 2kammerig, nach
innen aufspringend, bisweilen gekuppelt;
Carpell syncarp mit paracarpem Staubweg;
Samenknospen im inneren Winkel der
Fächer an den eingerollten Carpellblatträndern angeheftet, einzeln bis zahlreich in
jedem Fach, anatrop oder hemi-anatrop;
Frucht durch Fehlschlagen 1fächerig, 1samig,
bisweilen mehrfächerig, Schliessfrucht, Steinfrucht, Beere oder Spaltfrucht, seltner fachspaltig oder scheidewandspaltig, mit 1sami-
gen oder mehrsamigen Fächern; Samen
meist mit fleischigem Eiweiss, seltner
eiweisslos.

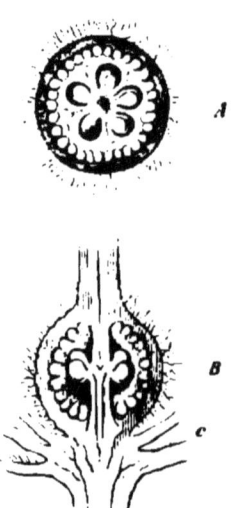

Centrum: zwischen den Wendekreisen;
wenige bewohnen die nördliche gemässigte,
noch weniger die südliche gemässigte Zone.

Beispiel:

Gatt. Tilia L. Blüthe 5zählig; Staubblätter zahlreich, in 5 Gruppen vereinigt;

Fruchtknoten 5fächerig; Fächer 2knospig; Schliessfrucht 1fächerig, 1—2samig; Blust von einem mit dem Pedunculus verwachsenen Deckblatt gestützt.

Familie 121. Aurantiaceae.

Holzpflanzen, mit Drüsen in Rinde, Blättern, Blüthentheilen und Fruchtschale, welche ätherische Oele führen, mit bleibenden nebenblattlosen lederigen zusammengesetzten oder durch Fehlschlagen einfachen Blättern.

Schwach perigynische Kelchpflanzen mit einfach symmetrischen Zwitterblüthen.

Typus: $\overbrace{3-5}$, 4—5, (2—3)×4—5, 5 — ∞.

Kelch gamosepal, dachig, anwelkend; Krone dialypetal oder am Grunde verbunden, dachig, anwelkend, mit dem Kelch und den Staubblättern auf der kurzen fleischigen Scheibe inserirt; Staubblätter in bandförmige Bündel gruppenweise oder sämmtlich in eine kürzere oder längere Röhre vereint, selten fast frei, 2kammerig, nach innen aufspringend; Carpell auf kurzem fleischigen Stempelträger inserirt, syncarp; Samenknospen anatrop, einzeln, paarweis oder zahlreich in jedem Fach im inneren Winkel am eingerollten Carpellrand befestigt; Staubweg paracarp, fleischig; Frucht eine sehr saftige oder lederige Beere, deren Fächer von den stark geschwollenen Carpellblättern völlig ausgefüllt werden, so dass sie die Samen fest einschliessen; Same eiweisslos, mit gradem Keim und grossen Cotyledonen.

Die ganze Familie gehört dem wärmeren Asien an.

Es gehören dahin die Orange: Citrus aurantium L., die Limonie (fälschlich Citrone genannt): Citrus limonum L., die Citrone: Citrus limetta Hayne.

Familie 122. Meliaceae (incl. Dipterocarpeae, Cedreleae).

Holzpflanzen mit nebenblattlosen wendelständigen einfachen meist fiederförmig getheilten Blättern.

Hypogynische Kelchpflanzen mit einfach symmetrischen meist monoklinischen, seltner unächt diklinischen Blüthen.

Typus: $\overbrace{4-5}$, 4—5, (1—2)×$\overbrace{4-5}$, 3—5.

Krone dialypetal, bisweilen in abweichender Zahl (3—7blättrig); Staubblätter 2kammerig, nach innen aufspringend, mit der Krone auf einem scheibenförmigen Kronenträger angeheftet, bisweilen in grösserer

Anzahl, stets mit den Filamenten zu einer Röhre verbunden; Carpell syncarp mit paracarpem Staubweg, meist 3—5 fächerig mit 2 knospigen, seltner 1- bis mehrknospigen Fächern; Samenknospen umgekehrt; Staubweg am Ende in eine kegelförmige oder scheibenförmige grosse Mündung ausgebreitet; Beerenfrucht, Steinfrucht, fachspaltige oder scheidewandspaltige Kapsel, stets gefächert; Samen mit oder ohne Eiweiss mit fleischigen Cotyledonen.

Nur in heissen Erdstrichen, die Wendekreise wenig überschreitend. Officinell sind: Soymida febrifuga A. Juss. (cort. Soymidae) in Ostindien; Cedrela febrifuga L. auf Java, beide als Surrogat für die Chinarinde benutzt; Dryobalanops camphora Colebr., auf Borneo und Sumatra, liefert den Sumatra-Campher; Shorea robusta Roxb. in Ostindien eine Art Dammarharz; Vateria indica L. an der Malabarküste eine Sorte Copallack. Von Swietenia mahagoni L. in Südamerika stammt das werthvolle Mahagoniholz.

Familie 123.   Oxalideae.

Pflanzen mit knolligen, zwiebelförmigen oder kriechenden Rhizomen, bisweilen einjährig, seltner holzig, mit reizbaren zusammengesetzten nebenblattlosen Blättern.

Hypogynische Kelchpflanzen mit einfach symmetrischen Zwitterblüthen.

Typus: 5, 5, 2×5, 5.

Kelch, Krone und Androeceum bisweilen gamophyll; Petala meist genagelt; Staubblätter stets an der Basis verbunden, der äussere Wirtel kürzer; Antheren 2 kammerig, nach innen aufspringend; Carpell 5 blättrig, syncarp mit apocarpen zusammengeneigten Staubwegen, oben spreizend, 1 — ∞ knospig; Samenknospen anatrop, am eingerollten Carpellblattrand im inneren Fachwinkel hangend; fachspaltige Kapsel oder 5 fächerige Beere; Samen hangend mit reichlichem Endosperm und gradem axilem Keim.

Centra: Südafrika, aequatoriales und subtropisches Amerika; in der kalten Zone fehlend.

Beispiel:

Gatt. Oxalis L.   Rhizom kurzgliedrig oder ungegliedert; gestreckte fachspaltige vielsamige Kapsel.

Familie 124.   Lineae.

Einjährige oder mit einem Caudex überwinternde Pflanzen, seltner Holzgewächse, mit einfachen nebenblattlosen ganzrandigen Blättern.

Hypogynische Kelchpflanzen mit einfach symmetrischen Zwitterblüthen.

Typus: 4—5, 4—5, 2×4—5, 3—5.

Petala genagelt, hinfällig, mit gedrehter Knospenlage; Staubblätter einen äusseren 4—5zähligen kürzeren mit den Kronblättern abwechselnden und einen längeren inneren meist sterilen Wirtel bildend; Antheren 2kammerig, nach innen aufspringend; Carpell syncarp mit apocarpen spreizenden Staubwegen, die Fächer durch eine von der Aussenwand nach innen vorspringende unvollständige Scheidewand unvollkommen septirt, jedes Fach 2knospig; Samenknospen im inneren Fachwinkel an den eingerollten Carpellblatträndern befestigt, anatrop, hangend; Kapsel fachspaltig mit hangenden flachen Samen, in jedem Fach 2; Samen mit stark quellender Testa, meist reichlichem Perisperm und gradem Keim. Gemässigte Zonen.

Beispiele:

Gatt. Linum L. Blüthe 5zählig.
Gatt. Radiola Gmel. Blüthe 4zählig.

Familie 125. Balsamineae.

Meist einjährige, sehr saftige, seltner verholzende Pflanzen mit nebenblattlosen Blättern.

Hypogynische Kelchpflanzen mit verwickelt symmetrischen Zwitterblüthen.

Typus: 5, 5, 5, 5.

Kelch schwach gamosepal, gespornt, wie die Krone bisweilen durch Fehlschlagen oder Verwachsen 3blättrig; Antheren 2kammerig, nach innen aufspringend, über dem Gynaeceum zusammengeneigt und bisweilen verbunden; Carpell vollständig syncarp, um eine säulenförmige Verlängerung des Blüthenstiels gruppirt, in jedem Fach mit $2-\infty$ im inneren Winkel an den eingerollten Carpellblatträndern befestigten anatropen hangenden Samenknospen; 5theilige Spaltfrucht, entweder steinartig oder saftig und im letzten Fall vom Mittelsäulchen elastisch abrollend, indem die Fächer sich unten ablösen und zugleich, fachspaltig aufspringend, die Samen fortschnellen; Staubwege oben verbunden oder 5lappig; Samen hängend, eiweisslos, mit gradem Keim.

Centrum: Ostindien, überhaupt wärmere Erdstriche.

Beispiel:

Gatt. Impatiens L. Früchte nach innen abrollend.

Familie 126.　Geraniaceae.

Saftige Holzpflanzen, oder mit Caudex überwinternd, oder 1jährig, mit Nebenblättern und handnervigen oder fiedernervigen Blättern.

Hypogynische Kelchpflanzen mit einfach oder verwickelt symmetrischen Zwitterblüthen.

Typus: 5, 5, $(1 - 3) \times 5$, 5.

Kelch bleibend, bisweilen schwach gamosepal; Krone dialypetal, hinfällig; Staubblätter selten in 3zähligen Bündeln auftretend, meist in 2 fünfzähligen Wirteln, von denen nicht selten der eine steril, 2kammerig, nach innen aufspringend; Carpell völlig syncarp, an einem als Fortsetzung des Blüthenstielchens zwischen den Carpellblättern bis hoch zwischen die Staubwege hinaufwachsenden Mittelsäulchen angeheftet, mit 2knospigen Fächern; Samenknospen hemi-anatrop, an den eingerollten Carpellblatträndern im inneren Fachwinkel angeheftet; Spaltfrucht, deren 5 Fächer sich von unten nach oben vom Mittelsäulchen abrollen oder abdrehen und meist gleichzeitig oder nachträglich in der Mitte der Rückenseite (Aussenseite) aufspringen, jedes Fach 1samig; Frucht durch die auswachsenden Staubwege geschnäbelt; Same eiweisslos, mit campylotropem Keim.

Die Familie ist am reichsten vertreten im südlichen Afrika; übrigens vorzugsweise in gemässigt warmen Klimaten zerstreut.

Beispiele:

Gatt. Pelargonium L. Früchte von unten her spiralig abrollend; Samen mit seidigem Arillus; Blume gespornt.

Gatt. Geranium L. Früchte von unten her spiralig abrollend; Samen ohne Samenmantel; Blume einfach symmetrisch.

Gatt. Erodium L. Hérit. Früchte transversal abgedreht; Samen ohne Samenmantel; Blume einfach symmetrisch.

Familie 127.　Malvaceae.

Einjährige oder Caudexpflanzen oder Holzpflanzen, mit wendelständigen meist handnervigen, häufig sternhaarigen Blättern mit Nebenblättern.

Hypogynische Kelchpflanzen mit einfach symmetrischen Zwitterblüthen.

Typus: $\widehat{5}$, $\widehat{5}$. ∞, $2 - \infty$.

Der Kelch gewöhnlich von einem aus Deckblättern entstandenen 3 bis mehrblättrigen Aussenkelch umgeben, mehr oder weniger gamosepal bleibend; Krone gamopetal, am Grunde mit der Basis des

Androceums vereinigt, mit demselben sich ablösend, Staubblätter in eine Röhre verbunden, welche das Gynaeceum völlig einschliesst, gekuppelt;

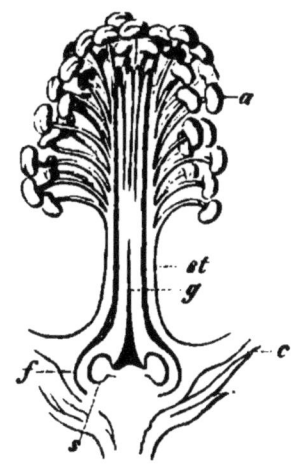

Figur 71. Blüthe von Althaea im Längsschnitt. c = der abgeschnittene hypogyn. Kelch, p die Basis des Perigons, mit den Staubblättern verbunden; st = die Röhre der Staubblätter mit den gekuppelten Antheren (a). g — die Staubwege, unten in den Fruchtknoten (f) übergehend, s — eine Samenknospe, am gewölbten Blüthenboden angeheftet.

Carpell entweder nur 2- bis 5 blättrig und mehrknospig in jedem Fach, oder vielblättrig und je 1knospig; die Carpellblätter stehen auf einem sehr kurzen und dicken Stempelträger; sind die Fächer 1knospig, so stehen die Samenknospen am Stempelträger seitlich angeheftet, sind sie dagegen mehrknospig, so stehen sie an den Carpellblatträndern im inneren Fachwinkel; die Staubblätter sowohl wie die Carpellblätter sind am oberen Ende frei; die Staubwege sind zu einer langen Säule syncarp verbunden, nur an der Spitze frei; Samenknospen campylotrop, hemianatrop oder anatrop; vieltheilige Spaltfrucht, vom Mittelsäulchen sich ablösend, mit 1 samigen Fächern, oder Kapselfrucht, fachspaltig oder scheidewandspaltig aufspringend, seltner die Frucht beerenartig; Samen mit geringem Eiweiss und mehr oder weniger gekrümmten Cotyledonen.

Beispiele:

Gatt. Malva L. Aussenkelch 3 blättrig; Innenkelch 5 spaltig; Spaltfrucht vieltheilig.

Gatt. Althaea L. Aussenkelch 6- bis 9 spaltig; Spaltfrucht vieltheilig.

Gatt. Lavatera L. Aussenkelch 3 spaltig; Spaltfrucht vieltheilig.

Gatt. Hibiscus L. Aussenkelch vieltheilig; Kapsel 5 fächerig.

Gatt. Abutilon Gaertn. Kelch einfach, 5 theilig; Frucht vielfächerig, Fächer 3 samig.

Die Malvaceen sind sehr wichtig wegen des Samenmantels mehrer Arten von Gossypium, welcher die Baumwolle liefert. Officinell ist: Althaea officinalis L. (Radix et Herba Althaeae), Malva silvestris L. (Herba et Flores Malvae maioris), Malva rotundifolia L. (Herba et flores Malvae minoris). Die Blumenkronen der sogenannten Stockrose: Althaea rosea Cav., welche aus dem Orient in unsere Gärten eingewandert ist, dienen als Färbemittel bei der Weinfabrikation und in den Officinen.

Familie 128. Sterculiaceae (incl. Büttneriaceae).

Meist grosse Bäume von malvenähnlichem Habitus mit schraubenständigen meist mit Nebenblättern versehenen Blättern.

Hypogynische Kelchpflanzen mit einfach symmetrischen Zwitterblüthen.

Typus: 5, 5, $(1 - \infty) \times 5$, 5 — 4.

Kelch fast dialysepal oder mehr oder weniger gamosepal und dann oft nur 3—4theilig; Krone bisweilen 0, übrigens dialypetal, aber häufig an der Basis mit dem Androceum verbunden: Staubblätter mit dem unteren Theil der Filamente zu einer sehr verschieden gestalteten Röhre verbunden, mit 5 bis zahlreichen Antheren, oft mit Staminodien (Nebenstaubfäden) gemischt, seltner fast frei, 2kammerig, mit 2 Spalten nach aussen aufspringend, äusserst selten zuletzt gekuppelt, dagegen häufig mit stark spreizenden, je ein 4fächeriges Blättchen darstellenden Antheren: Carpell ohne Stempelträger oder derselbe ist sehr kurz, meist syncarp mit mehr oder weniger apocarpen Staubwegen, selten das ganze Carpell apocarp; Samenknospen in jedem Fach 1 — ∞, am eingerollten Carpellblattrand im inneren Fachwinkel befestigt, anatrop oder hemianatrop, selten orthotrop: Frucht eine vielsamige Beere, fachspaltige Kapsel, Schlauchkapsel oder Schliessfrucht, meist mit reichlichem Eiweiss und mit gradem oder gekrümmtem Keim.

Die Familie bewohnt nur die wärmeren Gegenden der Erde.

Wichtig sind besonders die in Mexiko und Südamerika verbreiteten Cacao-Bäume, Vertreter der Gattung Theobroma L.

Familie 129. Ebenaceae.

Holzpflanzen mit meist sehr hartem Holz, mit einfachen lederigen bleibenden nebenblattlosen wendelständigen Blättern.

Hypogynische Kelchpflanzen mit einfach symmetrischen dioecischen, selten monoklinischen Blüthen.

Typus: 3—6, 3—6, $(1-4) \times 3$--6, 3 — ∞.

Kelch bleibend; Krone abfällig, dachig, krugförmig, meist nach aussen behaart: Staubblätter 2kammerig, nach innen aufspringend, meist an der Basis mit der Krone verbunden; Carpell syncarp, meist mit apocarpen Staubwegen, selten nur ein paracarper Staubweg; Samenknospen einzeln oder paarweise im inneren Fachwinkel an den Carpellblatträndern angeheftet, hangend, anatrop: armsamige Beere; Samen mit axilem Keim im hornigen Eiweiss.

Heisse Erdstriche.

Die Familie ist bekannt durch das Ebenholz von Diospyros ebenum Retz., D. melanoxylon Roxb. u. a. A. in Asien. Die Früchte von Diospyros lotus L. sind essbar.

Gatt. Diospyros L. Beere 8—12 fächerig.

Familie 130. Sapotaceae.

Holzpflanzen mit Milchsäften, mit nebenblattlosen einfachen ungetheilten wendelständigen Blättern.

Hypogynische Kelchpflanzen mit einfach symmetrischen Zwitterblüthen.

Typus: $\widehat{4-8}$, $\widehat{4-8}$, $(1-\alpha) \times 4-8$, $5-\infty$.

Staubblätter mit der Krone verbunden, oft mit Staminodien gemengt, 2 kammerig, meist nach aussen aufspringend; Carpell syncarp, mit 1 knospigen Fächern; Samenknospen anatrop, am eingerollten Carpellblattrand im inneren Fachwinkel nahe am Grunde aufsteigend angeheftet; 1- bis mehrfächerige Beere mit steinharten Samen; Samen mit geringem Albumen und grossem Keim.

Tropische und subtropische Zonen.

Die Früchte vieler Arten sind essbar; so z. B. von Achras, Chrysophyllum und Lucuma in Amerika, von Bassia und Imbricaria in Asien Die Gattungen Sideroxylon und Argania liefern sehr harte Hölzer. Von Isonandra stammt die Guttapercha.

Familie 131. Malpighiaceae.

Meist stark behaarte mit anliegenden Haaren oder mit Brennhaaren bedeckte Holzpflanzen, mit bleibenden wirtelständigen mit Nebenblättern versehenen Blättern.

Hypogynische Kelchpflanzen mit einfach symmetrischen monoklinischen oder unächt diklinischen Blüthen.

Typus: $\widehat{5}$, 5, 2×5, 3.

Blüthe bisweilen mit schwach entwickeltem Discus; Staubblätter häufig mit Nebenstaubfäden abwechselnd; Antheren 2 kammerig, nach innen aufspringend; Carpell meist 3 blättrig, seltner 2 blättrig, syncarp, bisweilen im oberen Theil apocarp, fast immer mit apocarpen Staubwegen; Samenknospen einzeln im inneren Fachwinkel am Carpellblattrand hangend; Frucht 3 fächerig (seltner 1—2 fächerig); Fächer 1 samig; Beere, Steinbeere, holzige Schliessfrucht oder geflügelte Spaltfrucht; Samen eiweisslos, hangend mit gradem oder campylotropem Keim.

Centrum: das tropische Südamerika; weit seltner sind sie im tropisschen Asien und Afrika.

Die Malpighien und Banisterien sind eine Zierde des tropischen Urwaldes. **15***

Familie 132.   Limnantheae.

Einjährige Pflanzen mit wendelständigen nebenblattlosen Blättern. **Schwach perigynische Kelchpflanzen** mit einfach symmetrischen **Zwitterblüthen**.

Typus: 5 s. 3, 5 s. 3, 2 × (5 s. 3), 5 s. 3.

Antheren 2kammerig, nach innen aufspringend; Carpell im Fruchtknoten fast völlig apocarp, nur an der Basis schwach syncarp, mit einfachem paracarpem durch Abwärtsfalten der Carpellblätter grundständigem centralem Staubweg, am Ende mit 5 oder 3 Mündungslappen; Samenknospen grundständig. anatrop, aufsteigend, einzeln in jedem Fach; 5- oder 3theilige Spaltfrucht mit 1samigen Fächern; Samen grade, aufrecht, eiweisslos, mit gradem Keim.

Diese den Tropaeoleen sehr ähnliche Familie ist in wenigen Gattungen durch das gemässigt warme Nordamerika verbreitet.

Familie 133.   Tropaeoleae.

Saftreiche einjährige oder mit knolligem Caudex überwinternde Pflanzen mit langgestielten schildstieligen nebenblattlosen wendelständigen Blättern. **Schwach perigynische Kelchpflanzen** mit verwickelt symmetrischen **Zwitterblüthen**.

Typus: $\widehat{5}$, $\widehat{5}$, 2 × 5, 3.

Blume fast 2lippig mit 2 Kelchblättern nach oben, 3 nach unten (Veilchen- oder Papilionaceen-Symmetrie), die Unterlippe an der Basis in einen Sporn verlängert, Kronblätter sehr ungleich, frei; Staubblätter frei, ungleich und gebogen, 2kammerig. nach innen aufspringend, in der Regel nur 8 ausgebildet; Carpell tief 3lappig, 3fächerig, mit tief eingesenktem paracarpem Staubweg; Fächer 1knospig; Samenknospe hangend, anatrop, am oberen Ende im inneren Fachwinkel am eingerollten Carpellblatt befestigt; 3theilige Spaltfrucht mit 1samigen Schizocarpien; Same eiweisslos, grade, mit fleischigen Cotyledonen.

Die einzige Gattung Tropaeolum bewohnt das wärmere Amerika.

Familie 134.   Sapindaceae (incl. Hippocastaneae).

Meist holzige, selten krautige Pflanzen mit meist zusammengesetzten wendelständigen oder opponirten, mit Nebenblättern versehenen oder nebenblattlosen Blättern.

Perigynische Kelchpflanzen mit verwickelt symmetrischen monoklinischen oder unächt diklinischen Blüthen.

Typus: $\overline{5}$, 5, 2×5, 3.

Discus meist nur schwach entwickelt; Kelch mehr oder weniger gamosepal, mit ungleichen Abschnitten; Krone dialypetal, ungleich; Staubblätter selten alle 10 ausgebildet, meist mehre fehlgeschlagen, bisweilen mehr als 10, stets nach unten gebogen, höchstens an der Basis schwach verbunden, 2kammerig, nach innen aufspringend; Carpell syncarp, 3fächerig, selten 2- oder 4fächerig; Samenknospen anatrop oder campylotrop, $1-\infty$ im inneren Fachwinkel an den eingerollten Carpellblatträndern befestigt; Staubweg paracarp; Kapsel, geflügelte Schliessfrucht, Beere oder Steinbeere, meist 3fächerig, bisweilen durch Fehlschlagen $1-2$fächerig; Samen eiweisslos mit grossen meist gefalteten Cotyledonen und meist gekrümmtem Keim.

Die Familie hat ihr Centrum in Amerika, sie kommt nördlich vom Wendekreis des Krebses nur sehr spärlich vor (nur Xanthoceras und einige Hippocastaneen).

Die Hippocastaneen sind ganz auf Amerika beschränkt mit einziger Ausnahme der Rosskastanie (Aesculus hippocastanum L.), welche in Asien heimisch ist.

Von Nutzpflanzen sind zu erwähnen: der Seifenbaum der Antillen (Sapindus Saponaria L.), dessen Rinde von den Eingeborenen als Seife benutzt wird, die Gattung Nephelium im tropischen Asien, welche in mehren Arten die bei den Chinesen so beliebten Litschi-Früchte liefert, die Paullinia sorbilis in Südamerika, aus welcher die Pasta guarana gewonnen wird.

Beispiel:

Gatt. Aesculus L. Staubblätter 7; Frucht lederartig, stachelig, fachspaltig in 3 Klappen zerfallend, welche auf der Mitte die Scheidewand tragen, 3samig oder durch Fehlschlagen $1-2$samig, bisweilen $4-6$samig.

Familie 135. Terebinthaceae (Anacardiaceae, Burseraceae).

Holzpflanzen mit oft giftigen Milchsäften, mit meist wendelständigen nebenblattlosen Blättern.

Perigynische Kelchpflanzen mit unscheinbaren einfach symmetrischen monoklinischen oder unächt diklinischen Blüthen.

Typus: $\widehat{3-5}$, $3-5$, $(1-2)\times3-5$, $1-6$.

Kelch gamosepal; Scheibe ringförmig oder flach schüsselförmig; Krone dialypetal, bisweilen fehlschlagend; Staubblätter bisweilen in grösserer Anzahl, auf dem Rand der Scheibe inserirt, 2 kammerig, nach innen aufspringend; Carpell monocarp*) und dann einseitig entwickelt oder syncarp (in diesem Fall alle Fächer fruchtbar) oder endlich apocarp mit nur einem fruchtbaren Carpellblatt; Samenknospen in jedem Fach einzeln, im inneren Fachwinkel vom eingerollten Carpellrand herabhangend oder seitlich angeheftet, seltner auf besonderem, vom unteren Theil des Carpellblatts aufsteigendem Träger, anatrop oder mehr oder weniger campylotrop; Staubweg bei 1 fächerigem oder syncarpem Fruchtknoten paracarp, oben gelappt, nur bei apocarpem Fruchtknoten ebenfalls apocarp; Frucht häufig am Grunde ringförmig oder schüsselförmig, von der Scheibe umfasst oder mehr oder weniger eingehüllt; Steinfrucht oder Schliessfrucht, mit einem eiweisslosen Samen.

Figur 72. Fruchtknoten von Pistacia, im Längsschnitt. *p* = der perigynische Kelch, *g* = der Fruchtknoten, *l* = Mündungslappen, *ym* = Samenknospe.

Centrum: Der Tropengürtel, nach Norden sehr rasch abnehmend, spärlich auf der südlichen Hemisphäre, in Australien noch nicht aufgefunden.

Die Familie liefert zahlreiche wichtige Harze, so das Mastix von Pistacia lentiscus L. in der Mittelmeerregion, Cyprischen Terpenthin von Pistacia terebinthus L., Südeuropa bis Nordafrika, die berühmten chinesischen Firnisse werden gewonnen von Melanorrhoea usitatissima Wallich, Stagmaria verniciflua Jacq. und Augia chinensis Lour., Boswellia serrata Roxb. liefert den ächten Weihrauch (Olibanum). Arten von Balsamodendron (B. kataf Kth., B. myrrha Nees. ab Es u. a.), in Arabien heimisch, liefern die Myrrha; Balsamodendron africanum Arnott das Bdellium, Balsamodendron gileadense Nees. den Mekkabalsam, Icica icicariba D. C. in Brasilien das Elemi, Arten von Elaphrium einige Sorten des Tacamahaca u. s. w.

Die grünen Samen von Pistacia vera D. C., aus Persien und Syrien stammend, in Südeuropa cultivirt, sind essbar; die Blätter der nordamerikanischen Arten Rhus toxicodendron L. und Rhus radicans L. waren früher officinell als Folia toxicodendri; die Blätter der am

---

*) Strenge genommen ist auch das 1knospige Carpell, wie z. B. bei Pistacia, mehrblättrig und paracarp, daher der paracarpe, oben gelappte Staubweg, auch bei syncarpem Fruchtknoten ist der untere Theil des Staubwegs paracarp.

Mittelmeer wachsenden Rhus coriaria L. sind ein geschätztes Gerbe-
mittel für feine Ledersorten (Maroquin), die Früchte und Blüthen des
Essigbaums: Rhus typhinum L. in Nordamerika werden daselbst als
Würze des Essigs verwerthet; die Gattung Coriaria, die wohl in
diese Familie zu zählen ist, enthält die Tintenpflanze von Neu-
Granada (Coriaria thymifolia, Tschantschi), mit den Blättern von Coriaria
myrtifolia L. sollen die Sennesblätter gefälscht werden; Anacardium
occidentale L. im wärmeren Amerika liefert die sogenannten west-
indischen Elephantenläuse in ihren Steinfrüchten, ebenso Semecarpus
anardium L. die ostindischen Elephantenläuse.

Beispiele:

Gatt. Pistacia L. Blüthen unächt dioecisch; Kelch der weiblichen
Blüthe 3—4spaltig; Same grundständig.

Gatt. Rhus L. Kelch 5spaltig; Same auf langem Samenträger.

Familie 136. Ampelideae.

Meist schlingende Holzpflanzen mit einfachen fiedernervigen oder
handnervigen meist mit Nebenblättern versehenen Blättern.

Perigynische Kelchpflanzen mit einfach symmetrischen monoklinischen oder unächt diklinischen Blüthen.

Typus: $\widehat{4-5}$, 4—5, 4—5, 2 (3—6).

Discus meist schwach entwickelt, schüsselförmig; Kelch ganzrandig
oder 4—5zähnig, stets unbedeutend entwickelt; Krone dialypetal, aber

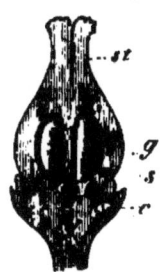

Figur 75. Fruchtknoten von Vitis
im Langsschnitt. c = Discus mit
dem Kelchrand, g = Fruchtknoten,
st = der kurze Griffel, s = die Samenknospen.

häufig am Ende oder am Grunde kappen-
förmig vereint, abfällig, klappig; Staubblätter
2kammerig nach innen aufspringend, vor den
Kronblättern inserirt; Carpell meist 2blättrig,
2fächerig, mit 2knospigen Fächern, bisweilen
3—6blättrig, 3—6fächerig mit 1knospigen
Fächern; Samenknospen aufrecht oder aufsteigend, grundständig, anatrop; Staubweg
paracarp, kurz oder fast fehlend, mit schildförmiger oder kopfiger Mündung; Beere 2fächerig
mit 2samigen Fächern oder 3—6fächerig mit
1samigen Fächern, die Fächer zuletzt vom
saftigen Pericarp ausgefüllt; Same mit hornigem Albumen und grundständigem kleinem Keim.

Tropische und gemässigt warme Gegenden, besonders in Amerika.

Der Wein wird von drei Arten der Gattung Vitis gewonnen.
Vitis silvestris L., an Flussufern und in Waldungen Deutschlands, des
Elsass, Neapels, Siciliens, Spaniens, des südlichen Russland etc. ver-

wildert, liefert kleine kugelige säuerliche Beeren. **Vitis vinifera L.** wird am häufigsten in Mitteleuropa in der Nähe der nördlichen Weingrenze cultivirt. Seine Beeren sind grösser, kugelig und süss. Wild kommt er in Asien und Nordafrika vor. **Vitis Rumphii Dierbach** mit langen grossen sehr süssen spätreifen Beeren, auf Java und Amboina heimisch, liefert die südlicheren feurigen Weine.

Gatt. Vitis L. Beere 2 fächerig, 4 samig; Krone 5 blättrig; Petala unten frei, oben kuppelförmig verwachsen.

Gatt. Ampelopsis Mich. Petala am Ende frei, kahnförmig, unten ringförmig verbunden; sonst wie vor.

Familie 137. Aquifoliaceae.

Holzpflanzen mit nebenblattlosen glänzenden einfachen Blättern.

Perigynische Kelchpflanzen mit einfach symmetrischen monoklinischen oder selten unächt diklinischen Blüthen.

Typus: $\widehat{4-6}$, 4—6, 4—6, 2 — ∞.

Kelch bleibend; Kronblätter meist frei, dachig, abfällig; Staubblätter 2 kammerig, nach innen aufspringend; Carpell syncarp, 2- bis mehrfächerig, griffellos, mit gelappter Mündung; Samenknospen einzeln in jedem Fach, anatrop, im inneren Winkel am eingerollten Carpellblattrand herabhangend; Steinbeere 2 — ∞ steinig; Steine holzig oder beinhart, einsamig; Same mit grossem fleischigem Eiweiss und kleinem gradem Keim am oberen Ende.

Centra: Amerika, Cap, sonst zerstreut.

Gatt. Ilex L. Typus: $\widehat{4-5}$, $\widehat{4-5}$, 4—5, 4—5; Blüthen polygamisch.

Familie 138. Celastrineae.

Holzpflanzen mit hinfälligen Nebenblättern.

Perigynische Kelchpflanzen mit einfach symmetrischen monoklinischen oder unächt diklinischen Blüthen.

Typus: $\widehat{4-5}$, 4—5, 4—5, 2—5.

Kelch bleibend gamosepal, auf tellerförmigem Discus inserirt, dachig; Krone dialypetal, abfällig, dachig; Staubblätter 2 kammerig, nach innen aufspringend; Carpell mehr oder weniger dem Discus eingesenkt, syncarp (mit paracarpem Staubweg?), 2—5 fächerig; Samenknospen meist paarweis in jedem Fach, seltner mehre, anatrop; Frucht 2- bis 5 fächerig, Fächer meist 1 samig, Steinfrucht oder geflügelte Schliessfrucht oder fachspaltige Kapsel mit dem Samenträger auf der Mitte der Klappe; Samen meist mit fleischigem Arillus, mit gradem Keim, axil im fleischigen Albumen.

Tropische, subtropische Zonen und nördliche gemässigte Zone.

Gatt. Evonymus L. Krone ausgebreitet 5blättrig; Kapsel 4- bis 5fächerig, 4—5lappig.

Familie 139.   Staphyleaceae.

Holzpflanzen mit fiederig zusammengesetzten mit Nebenblättern versehenen Blättern.

Perigynische Kelchpflanzen mit einfach symmetrischen monoklinischen oder unächt diklinischen Blüthen.

Typus: $\widehat{5}$, $\widehat{5}$, 5, 2—3.

Kelch gamosepal, dachig, auf tellerförmigem Discus inserirt; Staubblätter 2kammerig, nach innen aufspringend; Carpell 2- bis 3blättrig, unten gefächert, oben apocarp mit apocarpen Staubwegen; Samenknospen mehre an den eingerollten Carpellblatträndern befestigt, also in den inneren Fachwinkeln, abstehend oder aufsteigend, anatrop; Schlauchkapsel oder Beere mit armsamigen Fächern; Samen kugelig mit beinharter Testa, ohne Arillus, mit gradem axilem Keim im schwach entwickelten Albumen.

Sehr zerstreut in der nördlichen Hemisphäre.

Gatt. Staphylea L. Krone glockig: Schlauchkapsel stark aufgeblasen, 2—3lappig; Fächer 1—3samig.

Familie 140.   Rhamneae.

Holzpflanzen mit einfachen ungetheilten abfälligen, meist mit Nebenblättern versehenen Blättern.

Perigynische Kelchpflanzen mit einfach symmetrischen monoklinischen oder unächt dikliuischen Blüthen.

Typus: $\widehat{4}$—$\widehat{5}$, 4—5, 4—5, 2—4.

Discus tellerförmig oder becherförmig, bisweilen die Basis des Carpells umfassend; Blume unscheinbar, Kelch gamosepal, klappig; Krone dialypetal, klappig; Staubblätter 2kammerig, nach innen aufspringend, bisweilen gekuppelt; Carpell 2—4blättrig, 2—4fächerig; Fächer 1knospig, seltner 2knospig; Samenknospen anatrop, aufrecht, grundständig; Staubwege unten syncarp, gegen das Ende apocarp; 2—4fächerige Steinbeere oder Spaltfrucht, seltner durch Fehlschlagen 1fächerig, bisweilen die Spaltfrucht nach innen wie eine Schlauchkapsel aufspringend; Samen einzeln im Fach, aufrecht, mit geringem Albumen oder eiweisslos, mit grossem gradem Keim.

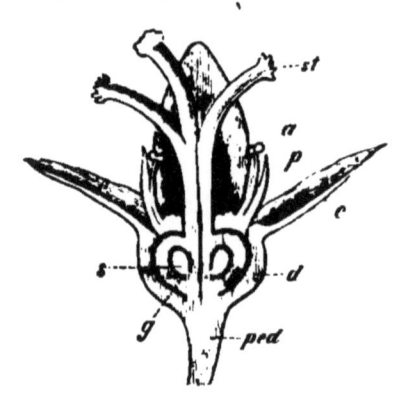

Am häufigsten in den gemässigten und mässig warmen Gegenden, im Tropengürtel selten, der kalten Zone fehlend.

Officinell ist die Rinde von Rhamnus frangula L. Von Zizyphus-Arten, besonders Z. vulgaris Lam. und Z. lotus Lam. stammen die Iujuben oder Brustbeeren. Die Beeren von Rhamnus cathartica L., R. tinctoria W. K., Rh. infectoria L., Rh. saxatilis L. enthalten einen gelben Farbstoff (Baccae spinae cervinae, Kreuzbeeren, Gelbbeeren, Graines d'Avignon).

Figur 74. Perigyn. Blüthe von Rhamnus im Längsschnitt. ped = Blüthenstielchen, d = Discus mit dem Kelch (c), p = Kronenblätter, d = Staubblätter, st = apocarpe Enden der Staubwege, g = Fruchtknoten, s = Samenknospen.

Gatt. Rhamnus L. Steinbeere 2—4steinig; Kelch vom Discus abfallend.

Gatt. Zizyphus Tourn. Steinfrucht mit einem nicht zerfallenden 2—3fächerigen löcherigen oben spitzen Stein.

Gatt. Paliurus Tourn. Schliessfrucht trocken, 3fächerig, 3samig, geflügelt.

Familie 141. Styraceae.

Holzpflanzen mit einfachen wendelständigen nebenblattlosen Blättern.

Perigynische Kelchpflanzen mit einfach symmetrischen Zwitterblüthen.

Typus: $\widehat{4—5}$, 3—7, (2—4) × 3—7, 2—5.

Kelch gamosepal; Krone nur sehr schwach gamopetal; Staubblätter an der Basis mit der Krone verbunden, übrigens frei oder in Gruppen vereinigt, 2kammerig, nach innen aufspringend; Carpell 2—5blättrig, syncarp, mehr oder weniger mit dem Discus verbunden, mit paracarpem Staubweg; Samenknospen 2 — ∞ in jedem Fach, im inneren Fachwinkel an den eingerollten Carpellblatträndern angeheftet, anatrop; Steinbeere meist durch Fehlschlagen 1steinig, seltner 2—5steinig, die Fächer meist 1samig; Same mit axilem gradem Keim im fleischigen Eiweiss.

Tropisches und subtropisches Amerika und Asien.

Styrax benzoin Dr. auf den Molukken liefert das Benzoëharz und St. officinalis L. den Storax solidus.

Familie 142. Philadelpheae.

Holzpflanzen mit 2zähligen ganzen einfachen nebenblattlosen Blättern. Mehr oder weniger epigynische Kelchpflanzen mit einfach symmetrischen Zwitterblüthen.

Typus: $\widehat{3-10}$, 3—10, (2—3) $\times$ 3—10, 3—10.

Staubblätter 2kammerig, nach innen aufspringend; Carpell halb oder ganz unterständig, syncarp mit mehr oder weniger apocarpen Staubwegen; Samenknospen zahlreich, anatrop, aufsteigend bis hangend, an den sehr stark ins Fach zurückgerollten Carpellblatträndern, also an in den inneren Fachwinkeln vorspringenden Placenten angeheftet; Kapsel 3—10fächerig, fachspaltig oder scheidewandspaltig aufspringend, von einem Staubwegpolster gekrönt; Samen meist zahlreich, mit gradem Keim im Centrum des fleischigen Eiweisses.

Hauptsächlich im wärmeren Asien heimisch, auch im südlichen Europa.

Familie 143. Rafflesiaceae.

Auf Wurzeln und Zweigen dikotylischer Gewächse parasitisch lebende Pflanzen mit einfach symmetrischen meist diklinischen Blüthen, meist mit einfachem gamophyllem epigynischem, bisweilen nur im unteren Theil mit dem Carpell verwachsendem Perigon, selten ausserdem mit 4blättriger dialypetaler Krone; Staubblätter zahlreich, in 1 bis mehren Wirteln, mit einer Staubblattsäule verwachsen, nur in den Zwitterblüthen (Hydnora) ringförmig verbunden, mit Spalten oder Poren aufspringend, 1—2kammerig; Carpellblätter 3—$\propto$, paracarp, mit mehr oder weniger nach innen vorspringenden Rändern, welche bei Apodanthe, kaum vorspringend, die ganze Wand als Placenten bedecken; bei Cytinus im oberen Theil der Frucht zu 8—16 Fächern fast zusammenstossen und an zahlreichen Verzweigungen dieser Fachwände die Samenknospen tragen, bei Hydnora von oben in die rein paracarpe Fruchthöhle als Placenten herabhangen und bei Rafflesia und Verwandten Vorsprünge bilden, welche unvollständige Scheidewände darstellen; Samenknospen sehr zahlreich, orthotrop oder hemianatrop; Staubweg meist sehr kurz, paracarp; vielsamige Steinfrucht; Samen mit oder ohne Eiweiss mit unentwickeltem Keim.

Die Vertreter dieser merkwürdigen Schmarotzerfamilie sind über die wärmeren Gegenden der Erde zerstreut.

Familie 144. Nepentheae.

Niederliegende oder rankende Halbsträucher mit wendelständigen an ihren Enden an langen stielförmigen Verdünnungen kannenförmige Fortsätze tragenden Blättern.

Hypogynische Perigonpflanzen mit einfach symmetrischen dioecischen Blüthen mit 4blättrigem Perigon. Staubblätter meist 16, die Filamente zu einer centralen Mittelsäule verbunden, Antheren 2kammerig, fortlaufend, mit Spalten nach aussen aufspringend; Carpell 4blättrig, dem Perigon opponirt, durch völliges Einrollen der Ränder vierfächerig; Samenknospen zahlreich, anatrop in den inneren Fachwinkeln an den eingerollten Carpellblatträndern angeheftet*); Stylus fehlt, statt dessen eine fleischige schwach 4lappige Mündung; fachspaltige 4klappige Kapsel, in der Mitte zerreissend, so dass jede Klappe in der Mitte eine vielsamige Placenta trägt; grosses Eiweiss und grosser axiler orthotroper und grader Keim.

Einzige Gattung: Nepenthes L.

Dieselbe ist im südlichen Asien und auf Madagascar verbreitet, bekannt als „Kannenpflanzen", da die blattständigen Kannen sich zeitweilig mit Wasser füllen.

Familie 145.   Datisceae.

Bäume oder krautige Pflanzen mit nebenblattlosen unpaarig gefiederten oder fingernervigen Blättern; epigynische Perigonpflanzen mit einfach symmetrischen zwitterigen, dioecischen oder polygamischen unscheinbaren Blüthen; Perigon der weiblichen und der Zwitterblüthen oberständig, stets 3—9blättrig, gamophyll; Staubblätter in den Zwitterblüthen den Perigonblättern gleichzählig; Antheren 2kammerig, nach aussen aufspringend; Pistill paracarp, Carpidia in der Zahl der Phylla und ihnen opponirt, schwach eingerollt und an den eingerollten Rändern die zahlreichen Samenknospen tragend, welche also an wandständigen mit den Perigonblättern abwechselnden Placenten stehen; Mündungslappen in der Zahl der Carpellblätter meist 2lappig; Samenknospen anatrop; mit Klappen aufspringende vielsamige 1fächerige Kapsel; schwach entwickeltes Eiweiss; grosser Keim mit kurzen Cotyledonen und grosser radicula.

Die kleine Familie besteht nur aus 3 Arten, die sich in 3 Gattungen vertheilen. Datisca findet sich im westlichen Asien, Tetrameles auf Java und Tricerastes in Californien.

Familie 146.   Begoniaceae.

Saftige Sträucher, Halbsträucher oder Rhizompflanzen mit wendelständigen gestielten, schildstieligen oder handnervigen, seltner fiedernervigen,

---

*) Die Faltung der Carpellblätter scheint dieselbe zu sein wie bei Begoniaceen, Cucurbitaceen, Aristolochiaceen.

meist ungleichseitigen saftigen Blättern, mit freien Nebenblättern; epigynische monoecische Perigonpflanzen mit einfach symmetrischen Blüthen, in
cymatischen Blusten; männliche Blüthe mit 2×2 zähligem oder mehrzähli-
gem kronenartigem Perigon, seltner ohne Perigon mit zahlreichen centralen
bisweilen monadelphischen 2 kammerigen nach aussen aufspringenden, seltner mit Löchern sich öffnenden Staubblättern; weibliche Blüthe mit meist
2 theiligem, bisweilen mehrtheiligem Perigon mit dachiger Knospenlage;
Pistill meist 3 blättrig, der Anlage nach paracarp, meistens jedoch durch
die völlig eingerollten, in der Mitte
zusammenstossenden und von dort-
her wieder zurückgerollten Carpellblätter 3 fächerig, seltner mehrfächerig (s. die Abbild.); die zahlreichen Samenknospen sitzen daher
scheinbar an centralen weit nach
aussen vorspringenden Placenten,
in der That an den weit zurückgerollten Carpellblatträndern, daher
an Placenten in der doppelten Zahl
der Carpellblätter; Samenknospen
anatrop; Staubwegmündung fädlich
gespalten, auf kurzem Staubweg;

Figur 76. Fruchtknoten einer Begonia im Querschnitt.
Die 3 Carpellblätter stossen in der Mitte zusammen
und laufen dann mit beiden Rändern rückwärts ins
Fach hinein, so dass die Samenknospen an 6 scheinbar
vom Centrum entspringenden Placenten stehen.

Kapsel, seltner Beere, 3- (seltner 1- bis mehr-) fächerig, die Kapsel
fachspaltig aufspringend; grosser axiler Keim mit kurzen Cotyledonen
und langer Radicula, in unbedeutendem Eiweiss.

Eine an Gattungen arme fast ganz aequatoriale und tropische
Familie, am häufigsten im tropischen Amerika, demnächst in Asien,
selten in Afrika, ganz fehlend in Australien und Europa. Die Gattung
Begonia umfasst eine grosse Zahl von Arten.

Familie 147. Aristolochiaceae.

Kriechende oder schlingende Holzpflanzen mit schraubenständigen
Blättern.

Epigynische Perigonpflanzen mit einfach oder verwickelt symmetrischen Zwitterblüthen; mit 3 blättrigem Perigon, welches einfach symmetrisch 3 lappig, oder röhrig, 1—2 lippig ist; Staubblätter 3, 6, 9, 12
oder mehre, epigynisch, mit dem untern Theil der fleischigen Filamente oder mit den ganzen Antheren mit dem Gynaeceum verwachsen
(s. Fig. 76 A.), 2 kammerig, nach aussen aufspringend; Carpell meist
6 blättrig, seltner mehrblättrig oder 4 blättrig, mit stark nach innen
gerollten Rändern (Fig. 76 B.), welche sich beiderseits ankerförmig

zurückbiegen und an den umgebogenen Rändern die zahlreichen Samenknospen tragen, also die Frucht der Anlage nach stets paracarp
und 1 fächerig,*) bisweilen
aber durch mehr oder minder
vollständiges Verwachsen der
Ränder unächt gefächert; Samenknospen anatrop; Staubweg kaum vorhanden, so-
fort in 3 oder 6 Lappen nach
aussen gerollt; fachspaltige
und oft zugleich scheidewandspaltige Kapsel, seltner beerenartig; Samen meist zahlreich,
platt mit reichlichem Perisperm und kleinem Keim.

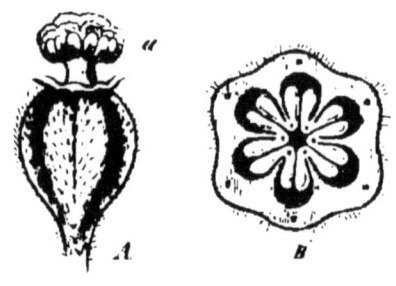

Fig. 78. Gynaeceum einer Aristolochia. A. von der Seite
gesehen, nach Entfernung des oberständigen Perigons, mit
den angewachsenen epigynischen Antheren (a), bei B im
Querschnitt. Man sieht die ankerförmig weit nach innen
vorspringenden Placenten.

Die aus wenigen Gattungen bestehende Familie ist hauptsächlich
im tropischen Amerika verbreitet, seltner in Asien und Afrika, einzelne
rücken ziemlich weit nach Norden vor, jenseits des südlichen Wende-
kreises fehlen sie ganz.

Beispiele:

Gatt. Asarum L. Perigon glockig; Staubblätter 12, grösstentheils
frei, mit verlängertem Connectiv; Kapsel unächt 6fächerig.

Gatt. Aristolochia L. Perigon röhrig, verwickelt symmetrisch;
Staubblätter 6, ganz angewachsen, ohne verlängertes Connectiv; Kapsel
unvollständig 6fächerig.

Von Asarum europaeum L. galt früher das kriechende Rhizom
als officinell.

Officinell sind die unterirdischen Rhizome mehrer nordamerika-
nischer Arten von Aristolochia, so z. B. A. serpentaria L., A. officinalis
Nees (rad. Serpentariae virginianae), ferner galten früher die knolligen
Rhizome von A. longa L., A. rotunda L. und A. pallida L., im südlichen Europa wild vorkommend, als officinell.

Familie 148.   Cucurbitaceae.

Pflanzen mit einfacher Periode oder mit knolligen Caudices, seltner
Halbsträucher, mit saftigen kletternden oder kriechenden Stengeln, mit
wendelständigen gestielten handnervigen Blättern und blattgegenständigen Ranken.

*) Nicht, wie in so vielen Floren und Handbüchern zu lesen „6fächerig."

Epigynische meist diklinische Kelchpflanzen mit meist einfach symmetrischen Blüthen.

Typus: $\widehat{5}$, $\widehat{5}$, $\widehat{5}$ (selten 3 s. 2), 1, 3 s. 5.

Kelch oberständig gamosepal, 5zähnig-5lappig; Krone oberständig gamopetal, radförmig, glockig oder trichterig, bei Thladiantha schwach verwickelt symmetrisch; Staubblätter an der Basis mit der Krone verbunden, in eine Säule verwachsen oder 2—3 Bündel bildend; Antheren nach aussen aufspringend, gekuppelt (s. Fig. 18), meistens S förmig gebogen, auf kurzen fleischigen Filamenten; Carpell selten 1 blättrig, meist 3—5 blättrig, mit den eingerollten Rändern mehr oder weniger nach innen vorspringend, oft beiderseits ankerförmig umgebogen und fast ins Centrum zurückgebogen; das Carpell also eigentlich einfächerig, scheinbar gefächert, bisweilen die Placenten in der Mitte verwachsend; paracarper kurzer Staubweg mit gelappter Mündung; Samenknospen meist zahlreich, bisweilen nur wenige, an den mehr oder weniger vorspringenden wandständigen von den Carpellblatträndern gebildeten, also in doppelter Zahl der Carpellblätter auftretenden meist bis in die Mitte vorspringenden und von hier aus ankerförmig zurückgebogenen Placenten befestigt (s. die Figur 77), anatrop; saftige oder schwammige Beere mit härterer äusserer Schale, bisweilen in verschiedener Weise aufspringend; Samen selten einzeln, meist zahlreich, meist abgeflacht, eiweisslos mit gradem Keim und grossen flachen Cotyledonen.

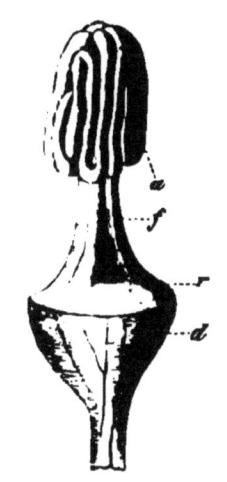

Figur 18. Männliche Blüthe von Cucurbita pepo L. d = unterständige Scheibe, r — der Rand der Scheibe, wo Kelch und Krone abgelöst sind, f — die Säule der verwachsenen Staubblätter, a — die Antheren.

Figur 77 zeigt den 3 blättrigen Fruchtknoten von Citrullus. p — die 3 ankerförmigen Samenträger.

Die grosse Familie ist auf die warmen Gegenden der Erde beschränkt. In gemässigten Klimaten tritt sie spärlich auf, in kalten fehlt sie ganz. Officinell sind die Coloquinten, die Früchte von Citrullus colocynthis Arnott, welche ein sehr bitteres Gewebe im Pericarp und den Placenten enthalten, ferner die Wurzeln der Zaunrüben: Bryonia alba L. und Br. dioica Jacq., ferner früher die Spritzgurken (Ecbalium officinarum L. C. Rich.); als

Speise dienen die Gurken (Cucumis sativus L., Asien), die Melonen (Cucumis melo L.) und zahlreiche Kürbisse der artenreichen Gattung Cucurbita L.

Familie 149. Loaseae.

Schlingende oder aufrechte nebenblattlose meist handnervige oder fiedernervige Pflanzen.

Perigynische, durch Verwachsen des Discus mit dem Carpell unächt epigynische Kelchpflanzen mit einfach symmetrischen Zwitterblüthen.

Typus: $\widehat{4-5}$, $(1-2) \times 4-5$, $(2-\infty) \times 4-5$, $3-5$.

Krone dialypetal, abfällig; Staubblätter meist theilweise unfruchtbar, zu 2—4 in Gruppen mit den inneren kleineren Kronblättern verbunden; Antheren 2 kammerig, nach innen aufspringend; Carpell 3- bis 5blättrig, paracarp, mit 3—5 wandständigen Samenträgern; Samenknospen meist zahlreich, hangend, anatrop; Staubweg einfach, paracarp; Kapselfrucht fachspaltig; Samen meist zahlreich mit gradem Keim im Centrum des fleischigen Albumen.

Mit Ausnahme der afrikanischen Gattung Fissenia leben alle Loaseen in Amerika.

Hierher gehören auch die Turneraceen, welche sich wesentlich von den Loaseen nur durch die 3 apocarpen Staubwege bei paracarpem Fruchtknoten unterscheiden.

Familie 150. Campanulaceae (incl. Lobeliaceae).

Ein- bis mehrjährige Gewächse mit einfachen nebenblattlosen Blättern.

Perigynische Kelchpflanzen mit einfach oder verwickelt symmetrischen Zwitterblüthen.

Typus: $\widehat{3-8}$, $\widehat{3-8}$, $3-8$, $2-8$.

Kelch auf einem mehr oder weniger unächt epigynischen mit den Carpellblättern verwachsenen Discus inserirt, meist 5blättrig, klappig; Krone anwelkend, klappig, auf ringförmig angeschwollenem Discus inserirt; Staubblätter meist frei von der Krone oder höchstens an der Basis mit ihr verbunden, mit nach unten sehr verbreiteten Filamenten, welche sich dem freien Theil des Carpells anlegen; Antheren 2 kammerig, nach innen aufspringend, bisweilen röhrenförmig verklebt oder verwachsen; Carpell mehr oder weniger unterständig, syncarp mit sehr stark rückwärts gerollten Blatträndern, welche im inneren Fachwinkel stehende Doppelplacenten bilden; Staubweg paracarp; Samenknospen zahlreich, anatrop; Frucht eine Streubüchse, welche mit Löchern oder Spalten oberhalb oder unterhalb des Kelchs aufspringt; Samen zahlreich, klein, mit geradem Keim und fleischigem Albumen.

Die Arten, deren Früchte innerhalb des Kelchs aufspringen, finden sich meist in der südlichen, die übrigen in der nördlichen gemässigten Zone.

Mehre Campanulaceen werden als Salatpflanzen verwendet.

Gatt. Campanula L. Krone glockig; 5lappig; Schlund durch die breiten Filamente geschlossen; Streubüchse unter dem Kelch mit 3 oder 5 Löchern aufspringend; Staubweg 3 oder 5lappig.

Gatt. Phyteuma L. Krone röhrig, die 5 linealen Abschnitte oben verwachsen; Staubweg 2—3lappig; Streubüchse unter dem Kelch mit 2—3 Löchern aufspringend.

Gatt. Jasione L. Blüthen kopfig, von Hüllblättern umgeben; Kronblätter sehr schmal 5spaltig, anfangs ganz; Staubweg mit 2lappiger Mündung, keulig; Kapsel 2fächerig mit einem Loch an der Spitze aufspringend.

Gatt. Edrajanthus Ad. DC. Kapsel 2—3fächerig, unregelmässig aufreissend, sonst wie Campanula.

Gatt. Adenophora F. Discus ganz oberständig, die Staubwegbasis röhrig umgebend; sonst wie Campanula.

Gatt. Prismatocarpus L. Her. Kapsel lineal-länglich; Krone radförmig; sonst wie Campanula.

Gatt. Wahlenbergia Schrad. Kapsel halb oberständig, an der Spitze fachspaltig aufspringend, 3—5fächerig.

Gatt. Lobelia L. Blüthen verwickelt symmetrisch; Staubblätter röhrig verklebt.

Die kleine Abtheilung der Goodeniaceen kann von den verwickelt symmetrischen Campanulaceen (Lobeliaceen) kaum getrennt werden.

Familie 151. Onagreae.

Meist krautige, seltner holzige Pflanzen, häufig im Wasser lebend, mit einfachen nebenblattlosen Blättern.

Epigynische oder perigynische Kelchpflanzen mit meist einfach symmetrischen monoklinischen oder unächt diklinischen Blüthen.

Typus: $\widehat{2-4}$, $\widehat{2-4}$, $(1-2)\times 2-4$, $1-4$.

Kelch und Krone mit klappiger Knospenlage, bisweilen beide oder der eine Wirtel fehlend, meist epigynisch, bisweilen perigynisch, indem

der Kelch eine lange Röhre bildet, an deren Schlund die petala und
Filamente inserirt sind; Staubblätter 2kammerig, nach innen aufspringend, bisweilen gekuppelt (Callitriche), in der einfachen oder doppelten
Anzahl der Petala, selten weniger, so z. B. bei Lopezia nur eins ausgebildet; Carpell 2- oder 4blättrig, seltner durch Abort 1blättrig, der
Anlage nach stets paracarp mit von den eingerollten Carpellblatträndern
gebildeten wandständigen Samenträgern, welche mehr oder weniger weit
vorspringen bis zur vollkommenen Fachbildung; im letzten Fall stehen
natürlich die Samenknospen in den inneren Fachwinkeln; Staubweg stets
paracarp, am Ende nach der Anzahl der Carpidia gelappt, selten sehr
kurz oder fast fehlend (Callitriche); Samenknospen anatrop oder selten
campylotrop (Callitriche), meist zahlreich, bisweilen einzeln oder wenige;
Frucht eine einfächerige oder fachspaltige Kapsel, vielsamig, bisweilen
eine vielsamige (Fuchsia) oder armsamige Beere oder eine 1samige oder
armsamige, gefächerte oder 1fächerige Schliessfrucht; Same meist eiweislos,
bisweilen mit fleischigem Eiweiss (nur bei Callitriche und den Haloragen), mit gradem Keim, nur bei Callitriche schwach gekrümmt.

Die Familie bewohnt vorzugsweise mässig warme Landstriche, nur
die Lythrarieen sind vorwiegend in heissen Gegenden vertreten.

Trib. 1. Oenothereae. Epigynische Blüthen, monoklinisch und einfach symmetrisch, selten verwickelt symmetrisch (Lopezia); Blüthen
meist mit dem Typus: 4, 4, 2×4, 4, selten die Wirtelglieder in
geringerer Zahl; Frucht meist als fachspaltige Kapsel aufspringend mit
wandständigen Samenträgern auf der Mitte der Klappen, unächt 2- oder
4fächerig, selten 1fächerig und armsamig, bisweilen beerenartig (Fuchsia),
äusserst selten schliessfruchtartig; Same eiweisslos mit gradem Keim.

Gatt. Oenothera L.
Typus: 4, 4, 2×4, 4.
Kelch auf dem epigynischen langröhrigen Discus inserirt und mit
demselben abfällig; Krone und Staubblätter am Rande des Discus inserirt; Staubweg lang, am Ende 4lappig; Kapsel vielsamig, fachspaltig,
unächt 4fächerig; Same ohne Arillus.

Gatt. Epilobium L. Röhre des Discus verschwindend kurz, dicht
über dem Fruchtknoten mit Kelch, Krone und Androceum abfallend;
Samen mit seidenhaarigem Arillus umhüllt; sonst wie Oenothera.

Gatt. Isnardia L. Röhre des Discus fehlend; Kelch bleibend,
Staubweg abfällig, fädlich, mit kopfiger Mündung; Kapseln unächt
4fächerig, fachspaltig, 4klappig, vielsamig.
Typus: 4, 4, 4, 4.

Gatt. Circaea L. Typus: $\widehat{2}$, 2, 2, 2; Fächer 1samig, unten aufspringend; Frucht unächt 2fächerig; sonst wie Isnardia.

Gatt. Trapa L. Typus $\widehat{4}$, 4, 4, 2.

Kelch in 2 oder 4 hornartige harte Fortsätze auswachsend; Discus halb epigynisch; Fruchtknoten unächt 2fächerig, 2knospig; Frucht durch Fehlschlagen 1fächerig, 1samig, steinhart, nicht aufspringend, geflügelt.

Trib. 2. Haloragcae. Meist Wasserpflanzen mit 1jährigen oder mehrjährigen Stämmen, mit wirtelständigen Blättern. Unscheinbare epigynische Blüthen.

Typus: $\widehat{4}$, 4, (1—4)×4, 1—4.

Krone bisweilen fehlschlagend; Staubblätter bisweilen bis auf ein einziges fehlschlagend; Frucht meist 2—4fächerig, nur bei Hippuris 1fächerig; in jedem Fach eine hangende Samenknospe; Frucht nussartig, 1—4fächerig, 1 bis mehrsamig; Staubweg sehr kurz, nach der Carpellzahl gelappt.

Gatt. Myriophyllum L. Unächt diklinisch.

Typus: 4, 4, 2×4, 4.

Steinfrucht 4steinig mit hangenden fast eiweislosen Samen.

Gatt. Ceratophyllum L. Unächt diklinisch. Kelch fehlend; Krone beim Männchen 12blättrig, beim Weibchen fehlend; Staubblätter 12 bis 16; Fruchtknoten 1fächerig, 1knospig; Samenknospe hangend; Schliessfrucht; Keim grade, mit 4 Cotyledonen.

Gatt. Callitriche L. Unächt diklinisch. Kelch fehlend; Krone 2blättrig; Staubblätter bis auf 1 fehlgeschlagen; Frucht 2fächerig, 4samig, zerfallend.

Gatt. Hippuris L. Monoklinisch. Kelch schwach 2lappig; Krone fehlt; Staubblatt einzeln; Fruchtknoten 1fächerig, 1knospig; Samenknospe hangend; Staubweg südlich, ungetheilt; Steinfrucht 1samig.

Trib. 3. Lythrarieae. Landpflanzen oder Sumpfpflanzen mit verholzenden oder rhizomartigen Stengeln, seltner 1jährig. Blätter meist wirtelständig.

Blüthen selten schwach verwickelt symmetrisch; perigynischer röhriger aus dem Kelch mit Krone und Androceum gebildeter Discus, an dessen Schlund die petala und stamina inserirt sind; Krone bisweilen fehlschlagend (Peplis); Blüthen sehr verschiedenzählig; Carpell 2—6blättrig, durch starkes Einrollen 2—6fächerig oder bei schwächerem Einrollen bisweilen 1fächerig, seltner 1blättrig und mit einem wand-

16*

ständigen Samenträger (Cryptotheca); Staubweg paracarp, mit einfacher oder kopfiger Mündung.

Gatt. Lythrum L. Discus röhrig, cylindrisch, mit 8—12 zahnförmigen Kelchlappen: Petala 4—6: Kapsel 2fächerig, vielsamig

Gatt. Peplis L. Discus glockig, mit 12 zahnförmigen Kelchlappen: Petala 6, oft fehlend: Staubblätter 6; Kapsel unächt 2fächerig, vielsamig.

Familie 152.   Stylidieae.

Krautige Pflanzen mit einfachen ungetheilten nebenblattlosen Blättern. Epigynische Kelchpflanzen mit verwickelt symmetrischen Zwitterblüthen.

Typus: $\widehat{5}$, $\widehat{5}$, 2, 2.

Kelch bleibend, meist 2lippig; Krone mit einem kleinen unteren (Lippe) und 4 grösseren Blättern auf kurzer Röhre, häufig mit dieser durch eine reizbare Gliederung verbunden: Staubblätter 2, auf einem drüsigen oberständigen Staubblattträger inserirt; die Filamente in ihrer ganzen Länge mit dem Staubweg verbunden, häufig reizbar; Antheren 2kammerig, die Staubwegmündung umfassend: Carpell 2blättrig, paracarp oder durch vollständiges Einrollen 2fächerig, mit paracarpem Staubweg; Samenknospen an den wandständigen oder centralen Carpellblatträndern befestigt, anatrop, aufsteigend; 1—2fächerige Kapsel mit zahlreichen kleinen Samen; Embryo klein, am Grunde des fleischigen Albumen.

Centrum: Das mittle und südliche Australien.

Familie 153.   Grossulariaceae.

Holzpflanzen mit nebenblattlosen wendelständigen handnervigen Blättern.

Epigynische Kelchpflanzen mit einfach symmetrischen monoklinischen oder unächt diklinischen Blüthen.

Typus: $\widehat{5}-\widehat{4}$, $\widehat{5}-\widehat{4}$, 5—4, 2—4.

Blüthenstiele gegliedert, von 2 Deckblättchen gestützt; Discus oberständig, röhrig, glockig oder krugförmig: Kelch und Krone anwelkend; Staubblätter 2kammerig, nach innen aufspringend. Carpell meist 2blättrig, paracarp, seltner 3—4blättrig, an den schwach eingerollten Carpellblatträndern die Samenknospen tragend; Samenknospen anatrop, meist zahlreich; Staubweg paracarp, nach der Zahl der Carpidia gelappt; Beere 1fächerig, das Fach von der saftigen Pulpa ganz

ausgefüllt; Frucht von der anwelkenden Blume gekrönt; Samen mit
kleinem gradem Keim am Grunde des hornartigen Endosperms.
Nördliche gemässigte Zone, besonders Nordamerika.
Einzige Gattung: Ribes L.

Familie 154.   Cacteae.

Holzpflanzen mit fleischigen meist mit Dornen (Blattdornen) be-
wehrten Stämmen; die Blätter meist fehlschlagend oder verkümmernd,
selten (Peireskia) vollkommen entwickelt, ohne Nebenblätter.

Epigynische Perigonpflanzen mit einfach symmetrischen
Zwitterblüthen.

Typus: ∞, ∞, $3 - \infty$.

Kelch und Krone meist nicht deutlich getrennt, gewöhnlich die
zahlreichen Deckblätter allmählig grösser werdend und in ein viel-
blättriges Perigon übergehend; oberständiges Perigon bald dialyphyll
bald gamophyll; Staubblätter 2kammerig, nach innen aufspringend;
Carpell 3- bis mehrblättrig, paracarp, mit von den eingerollten Carpellblättern gebildeten wandständigen Placenten; Staubweg paracarp, nach
der Zahl der Carpidia gelappt; Samenknospen zahlreich, anatrop; Beere
mit wandständigen Samenträgern, vom saftigen Fruchtfleisch ganz ausgefüllt, von der anwelkenden Blume gekrönt; Samen fast eiweisslos, grade
oder gekrümmt.

Fast nur in Amerika in der tropischen und subtropischen Zone.
In Afrika wurde eine Rhipsalis-Art an der Westküste entdeckt.

Auf Opuntia coccinellifera Mill., Op. Tuna Mill. und Op. Hernan-
desii Mill. wird die Cochenille gezüchtet.

Familie 155.   Melastomaceae (incl. Combretaceae).

Meist Holzpflanzen mit meist wirtelständigen einfachen nebenblattlosen Blättern.

Mehr oder weniger vollständig perigynische und durch Verwachsen
des Discus mit dem Carpell unächt epigynische Kelchpflanzen mit einfach symmetrischen meist monoklinischen Blüthen.

Typus: $3 - 6$, $3 - 6$, $(1 - \infty) \times 3 - 6$, $1 - \infty$.

Kelch gamosepal; Krone meist dialypetal; Staubblätter 2kammerig,
nach innen aufspringend oder am Ende mit einem oder zwei Poren
sich öffnend; Connectiv häufig verlängert; Discus bisweilen fast frei,
meist aber mehr oder weniger unächt epigynisch; Carpell paracarp oder

mehr oder weniger durch Einrollen der Carpellblätter gefächert, daher
die Samenknospen bald an wandständigen Placenten, bald in den
inneren Fachwiukeln, bald an vom inneren Fachwinkel in das Fach
vorspringenden Placenten; Samenknospen meist zahlreich, anatrop oder
hemi-anatrop; Staubweg immer paracarp, ohne gelappte Mündung;
Steinfrucht, Beere oder fachspaltige Kapsel, bei welcher entweder die
wandständige Placenta auf der Mitte der Klappe stehen bleibt, oder
die mittelständigen Placenten eine Columella bilden, von der sich die
Scheidewände ablösen; Samen meist zahlreich; bisweilen durch Fehlschlagen einzeln (Combretaceae); Same eiweisslos, mit gradem oder
gekrümmtem Keim.

Die Familie ist fast auf den Tropengürtel beschränkt, am häufigsten
in Amerika.

Ihre Begrenzung ist etwas unsicher, weil der Bau der Fruchtanlage
nicht genau genug bekannt. Vielleicht gehört hierher die sehr ungenau
untersuchte Gruppe der Napoleoneae. Ohne genaue Untersuchung des
Carpells lässt sich natürlich über ihre Stellung nichts Sicheres angeben.

Familie 156.   Myrtaceae.

Meist Holzpflanzen mit kleinen einfachen ungetheilten bleibenden
lederartigen nebenblattlosen Blättern.

Perigynische Kelchpflanzen mit einfach symmetrischen Zwitterblüthen.

Typus: 4—5, 4—5, ∞, 2—8.

Staubblätter 2 kammerig, nach innen aufspringend, bisweilen in
einfacher oder doppelter Anzahl der Kronblätter, meist zahlreich, mit
dem bleibenden oder abfälligen Kelch und der abfälligen bisweilen verkümmerten Krone auf einem krugförmigen die Carpelle noch fester als
bei den Pomaceen umschliessenden Discus angeheftet; Carpell 2- bis
vielblättrig, meist 5blättrig, syncarp mit paracarpem Staubweg und
einfacher oder knopfiger Mündung; die Carpellblätter bisweilen unvollständig eingerollt, dann ist der Fruchtknoten paracarp mit wandständigen vorspringenden Placenten oder die Einrollung ist sehr stark,
so dass die Samenknospen in den inneren Fachwinkeln oder an den
von der Berührungsstelle zurückgerollten Blatträndern in 2 Reihen angeheftet sind, also im letzten Fall an ankerförmig vorspringenden
zurückgerollten Placenten; Samenknospen meist zahlreich, selten einzeln,
anatrop; Frucht selten 1fächerig, 1samig, nussartig, oder mit Deckel
aufspringend, meist 2- bis mehrfächerig, beerenartig, steinfruchtartig
oder fachspaltige oder scheidewandspaltige Kapsel, indem der die Frucht

umschliessende Discus fleischig oder holzig wird; Same eiweisslos mit
gradem, gekrümmtem oder eingerolltem Keim.

Die Familie ist am häufigsten in warmen und gemässigten Gegenden der südlichen Hemisphäre, besonders in Amerika und Australien.

Die Abtheilung der Myrteen enthält ausser der bekannten Myrto
(Myrtus communis L.) den Gewürznelkenbaum: Caryophyllus aroma-
ticus L., auf den Molukken heimisch, den Pimentbaum: Eugenia
pimenta D. C. (Pimenta aromatica Kost.) auf den Antillen. Syzygium
caryophyllatum Gaertn. auf Ceylon liefert den Nelkenzimmet. Ausserdem besitzt die Abtheilung in den Gattungen Jambosa, Psidium
(Guayava-Früchte) im warmen Amerika sehr wohlschmeckende Früchte.
Die Myrteen haben zahlreiche freie Staubblätter, 2- bis mehrfächerige
Fruchtknoten mit meist zahlreichen Samenknospen, 2- bis vielfächerige
trockne oder saftige Beeren, mit meist durch Fehlschlagen 1 samigen
Fächern.

Die Leptospermeen, von den Myrteen unterschieden durch mona-
delphische oder polyadelphische, seltner freie Staubblätter, sowie durch
fach- oder scheidewandspaltige Kapseln, seltner gefächerte Schliessfrüchte, enthalten in der Gattung Eucalyptus L. die grössten Bäume
der Erde. Einige Arten erreichen eine Stammeshöhe von 150 Metern
und darüber. Die Gattung ist höchst nützlich durch ihr Holz, ausserdem sind officinell die Bätter von Eucalyptus globulus; Eucalyptus
resinifera Smith liefert das Australische Kino. Melaleuca cajeputi Roxb.,
auf den Molucken heimisch, liefert das Cajeputöl. Bei den Lecythideen
sind die Staubblätter monadelphisch in ein krugförmiges Gebilde verwachsen; das Carpell ist vielfächerig, vielknospig; die Frucht eine gefächerte Schliessfrucht oder bei der Gattung Lecythis einen Deckel ab-
werfend. Die Samen der Bertholletia excelsa H. B. kommen unter dem
Namen brasilianische Nüsse in den Handel; sie sind eine Hauptnahrung
für die Affen. Der Sapucaya-Baum: Lecythis ollaria hat eine grosse
holzige Deckelfrucht, beim Volk Affentopf genannt. ˉ Die Olinieen
(Olinia, Myrrhinium, Fenzlia) sind durch kein wesentliches Merkmal
von den Myrtaceen verschieden.

Familie 157. Leguminosae.

Pflanzen sehr verschiedener Form, mit Nebenblättern.

Perigynische Kelchpflanzen mit einfach oder verwickelt symmetrischen meist monoklinischen Blüthen.

Typus: $\overline{5}$, 5, 2×5 s. ∞, 1.

Kelch gamosepal, meist ungleich gelappt, bleibend; Krone dialypetal oder selten gamopetal, abfällig oder, wenn gamopetal, anwelkend;
Staubblätter entweder frei oder in eine Röhre vereint, welche bisweilen
aus 9 Staubblättern besteht und oben gespalten ist, jedoch vom 10ten
freien Staubblatt bedeckt; Antheren 2kammerig, nach innen mit Spalten,
selten oben mit 2 Löchern aufspringend; Carpell 1blättrig, einseitig
entwickelt und daher einem apocarpen Carpellblatt sehr ähnlich, die
untere oder Aussenseite mit starkem Mittelnerv, welcher in den Staubweg ausläuft, die obere Seite an den schwach eingerollten Carpellblatträndern die Samenknospen in geringer oder grösserer Zahl tragend;
Staubweg in einen einfachen nach oben (innen) offenen Lappen endigend,
bisweilen schwach 2lappig; Samenknospen umgekehrt oder gekrümmt;
Frucht eine 2klappige Kapsel, einfächerig oder unächt gefächert, oder
eine Schliessfrucht, 1- bis mehrsamig, häufig unächt gefächert, oder eine
in Glieder transversal zerfallende Theilfrucht; Same mit Keimdeckel,
eiweisslos, mit grossen blattartigen oder fleischigen Cotyledonen und
gradem oder gekrümmtem Keim.

Die Familie hat ihr Centrum am Aequator, verbreitet sich aber in
den Vertretern einiger Tribus über die ganze Erde. Es ist eine der
grössten aller Pflanzenfamilien. An Nutzpflanzen ist sie überreich.
Viele Viciean und Phascolean liefern in ihren fleischigen Cotyledonen
eine kräftige Nahrung für Menschen und Thiere, zahlreiche Loteen dienen
als Futterkräuter, mehre Tribus liefern officinelle Wurzeln, Kräuter
oder Blüthen, andere enthalten in ihren Früchten eine saure, zucker-
haltige, geniessbare Pulpa, noch andere sondern wichtige Gummiarten
ab, die Hölzer mehrer baumartiger Tribus enthalten wichtige Farbstoffe u. s. w.

Die einzelnen Nutzpflanzen erfordern eine besondere Besprechung.
Die Familie zerfällt in 3 Unterfamilien oder Sectionen:

Sectio I. Mimoseae.

Meist Holzpflanzen mit gefiederten sehr reizbaren bisweilen bis
auf den flachen Blattstiel verkümmerten Blättern.

Blüthen einfach symmetrisch; Kelch und Krone 4—5theilig, meist
gamophyll, bisweilen die Krone dialypetal; Staubblätter meist vielzählig mit meist ganz freien sehr langen Filamenten und kurzen rundlichen Antheren; Samenknospen anatrop; Frucht eine 2klappige Kapsel*)
oder eine quer durch unächte Scheidewände gefächerte Gliederfrucht;
Keim grade, mit einer Ausnahme (Fillaea) eiweisslos. Es gehört hier-

---

*) Die Gattung Affonsea mit mehren apocarpen Carpellen ist ganz atypisch und
gehört vielleicht nicht hierher.

her die grosse Gattung Acacia, die in zahlreichen Arten des nördlichen Afrika das Gummi arabicum liefert. Das Gummi Senegal stammt von Acacia verek. G. et P., die ostindische Acacia catechu W. liefert Catechu. Acacia jurema Mart., Acacia angico Mart. u. a. liefern verschiedene Sorten des Cortex adstringens brasiliensis.

Bekannt sind manche Mimosa-Arten wegen ihrer grossen Reizbarkeit, so z. B. Mimosa pudica L. und Mimosa sensitiva L. in Mexiko.

Sectio II. Caesalpinieae (incl. Swartzieae).

Holzpflanzen mit verwickelt symmetrischen Blüthen. Kelch gamosepal, ungleich 5theilig; Krone dialypetal, ungleich 5blättrig, Symmetrie der Violaceen, bisweilen schlagen mehre Petala fehl, bisweilen die ganze Krone; Staubblätter 10 oder weniger, meist frei, seltner monadelphisch, stets gebogen und ungleich; Samenknospen anatrop; Kapsel 2klappig oder oft durch unächte Scheidewände gefächerte Schliessfrucht; Keim grade.

In diese Section gehört eine ganze Anzahl von Arten, deren Holz lebhafte Farbstoffe führt; so z. B. Guilandina echinata Spr. in Brasilien, welche das Pernambukholz liefert. Das Brasilholz stammt von Caesalpinia brasiliensis L., hauptsächlich auf den Antillen verbreitet; das Holz von Caesalpinia sappan L. in Ostindien ist als Sappanholz bekannt; von Haematoxylon campechianum L. stammt das Campeche-Holz. Tamarindus indica L. liefert die mit angenehm säuerlicher Pulpa gefüllten Tamarinden-Früchte; in geringerem Quantum führen zahlreiche Früchte dieser Gruppe eine ähnliche Pulpa, so z. B. das lederig-holzige Pericarp des Johannisbrodbaums Ceratonia siliqua L. in der Mittelmeergegend. Arten von Copaifera liefern den Copaivbalsam (Südamerika). Arten der in Brasilien verbreiteten Gattung Hymenaea liefern Copallack; die grosse Gattung Cassia ist theils durch die Pulpa in den Schliessfrüchten (Cassia fistula L. u. a. A.), theils durch die Sennesblätter (Cassia obovata Collad., C. Schimperi Steud., C. lenitiva Bisch., C. medicinalis Bisch.) officinell. Die Cassia fistula wächst in Ostindien, C. medicinalis B. in Südasien, die übrigen genannten Arten hauptsächlich in Afrika.

Früher war in den Officinen in grossem Ansehen das Holz von Aloexylon agallochum Lour., unter dem Namen Aloëholz (lignum Aloës) aus Cochinchina eingeführt.

Beispiele:

Gatt. Ceratonia L. Krone fehlgeschlagen; Blüthen polygamisch; Frucht nicht aufspringend, vielsamig, mit gefächertem, in den Fächern mit süsser Pulpa versehenem Pericarp.

Gatt. Cercis L. Krone mit grossem oberen Kronblatt (vexillum), seitlichen Flügeln und 2 blättrigem Schiffchen (carina); Frucht vielsamig, aufspringend.

Sectio III. Papilionaceae.

Kelch ungleich 5theilig, oft 2lippig mit 2blättriger Oberlippe; Krone schmetterlingsblüthig (vexillum, 2 alae, carina), d. h. 2lippig mit 2blättriger Unterlippe (carina) und 3blättriger Oberlippe, bisweilen durch Fehlschlagen 1—4blättrig; Staubblätter monadelphisch, diadelphisch oder frei; Samenknospen campylotrop; Keim gekrümmt.

Trib. 1. Genisteae. Cotyledonen blattartig; Staubblätter (meist) monadelphisch; Blätter einfach oder gedreiet; meist Holzpflanzen; Frucht eine 2klappige Kapsel.

Gatt. Genista L. Staubweg an der Mündung nach innen (oben) abschüssig; Kelch 2lippig; Carina stumpf; Staubblätter abwechselnd kürzer und länger.

Gatt. Cytisus L. Staubweg an der Mündung nach aussen (unten) abschüssig; sonst wie vor.

Gatt. Sarothamnus L. Staubweg kreisförmig zusammengerollt, am Ende breiter, nach innen flach mit kleiner kopfiger Mündung.

Gatt. Spartium L. Staubweg pfriemlich, bartlos, mit länglicher schwammiger Mündung, nach innen abschüssig; Kelch tief gespalten, 1lippig, fast scheidig, an der Spitze rauschend und klein 5zähnig.

Gatt. Ulex L. Kelch tief 2theilig, 2lippig; Fahne ausgerandet; Krone kaum den Kelch überragend; Frucht klein, armsamig.

Gatt. Lupinus L. Staubweg pfriemlich, aufstrebend, mit kopfiger Mündung; Kelch tief 2lippig; Fahne am Ende zurückgeschlagen; Schiffchen geschnäbelt.

Gatt. Ononis L. Staubweg aufwärts gekrümmt, mit stumpfer Mündung; Kelch glockig, 5spaltig, zur Fruchtzeit offen; Carina lang pfriemlich geschnäbelt; Frucht gedunsen, armsamig.

Gatt. Anthyllis L. Staubweg aufsteigend, mit stumpfer Mündung; Fruchtkelch 5zähnig, unten aufgeblasen, oben verengt und geschlossen; Frucht meist 1samig.

Trib. 2. Trifolieae. Cotyledonen blattig; Staubblätter diadelphisch; Blätter gedreiet; Frucht 1fächerig

Gatt. Trifolium L. Krone gamopetal, röhrig, anwelkend; Staubblätter mit der Kronröhre vereint; Frucht eirund-länglich, 1—4samig, nicht oder mit einem Deckel aufspringend.

Gatt. Medicago L. Krone dialypetal, abfällig; Staubblattröhre frei; Frucht stark gebogen oder aufgerollt, nicht aufspringend, 1- bis vielsamig.

Gatt. Trigonella L. Krone dialypetal; Fruchtknoten grade; Frucht anfangs lineal, später sichelförmig gebogen, flach, 6- bis vielsamig, 2klappig aufspringend.

Gatt. Dorycnium Tourn Flügel vorn verbunden; Staubblätter abwechselnd am Ende breiter; Frucht 2klappig, armsamig, länglich, gedunsen.

Gatt. Melilotus Tourn. Krone dialypetal, abfällig; Staubblattröhre frei; Fruchtknoten grade; Frucht kugelig-länglich, 1—4samig, unvollständig aufspringend.

Gatt. Bonjeania Rchb. Flügel der Krone frei; Staubblätter abwechselnd am Ende breiter; Staubwegmündung kopfig; Frucht länglichlineal, 2klappig aufspringend.

Gatt. Lotus L. Krone dialypetal; Schiffchen geschnäbelt; Staubblätter abwechselnd am Ende breiter; Frucht lineal, 2klappig, vielsamig; Klappen sich abdrehend.

Trib. 3. Galegeae. Keimblätter blattartig; Blätter unpaarig gefiedert; Frucht 1fächerig, mit 2 Klappen aufspringend.

Gatt. Galega L. Kelch 5zähnig, anwelkend; Schiffchen stumpf; das 10te Staubblatt nur am Ende frei; Frucht lineal, fast stielrund, vielsamig.

Gatt. Glycyrrhiza L. Kelch 2lippig; Schiffchen spitz; oberes Staubblatt frei; Frucht eirund-länglich, 1—4samig.

Gatt. Colutea L. Kelch 5zähnig; Schiffchen kurz geschnäbelt; oberes Staubblatt frei; Früchte blasenförmig, vielsamig.

Trib. 4. Astragaleae. Cotyledonen blattartig; Blätter unpaarig gefiedert; Frucht durch den nach innen vorspringenden Mittelnerven und die eingerollten Carpellblattränder mehr oder weniger vollständig der Länge nach gefächert.

Gatt. Astragalus L. Carina stumpf; Frucht durch Einrollen der Rückennath vollständig oder unvollständig 2fächerig.

Gatt. Phaca L. Carina stumpf; Frucht durch Einrollen der Bauchnath unvollständig 2fächerig.

Gatt. Oxytropis D. C. Carina grannenförmig zugespitzt; Frucht aufgeblasen, nur schwach eingerollt.

Trib. 5. Hedysareae. Cotyledonen blattartig; Blätter unpaarig gefiedert; Frucht quer in Glieder abgeschnürt und meist zerfallend.

Subtrib. 1. Coronilleae. Blüthen doldenständig.

Gatt. Coronilla L. Kelch kurzglockig, 5zähnig, fast 2lippig; Frucht lang, grade oder schwach gebogen, mit 1samigen Gliedern, nicht zerfallend.

Gatt. Scorpiurus L. Frucht kreisförmig aufgerollt, 3—6gliedrig; sonst wie vor.

Gatt. Ornithopus L. Kelch langröhrig, 5 zähnig; Frucht flachgedrückt, in Glieder zerfallend.

Gatt. Hippocrepis L. Frucht flach, in oben hufeisenförmig ausgeschnittene 1 samige Glieder zerfallend.

Gatt. Securigera D. C. Frucht in 1 samige Glieder zerfallend, flach, fast grade, unächt querfächerig.

Subtrib. 2. Euhedysareae. Blüthen traubenständig.

Gatt. Hedysarum L. Frucht mehrgliedrig, mehrsamig.

Gatt. Onobrychis Tourn. Frucht 1 gliedrig, 1 samig.

Trib. 6. Vicieae. Cotyledonen fleischig, nicht über die Erde tretend; Blätter meist paarig gefiedert, mit endständiger Wickelranke oder Spitze; Frucht 1 fächerig, 2 klappig.

Gatt. Vicia L. Staubweg fädlich, am Ende nach aussen (unten) bärtig.

Gatt. Cicer L. Staubweg kahl; Frucht aufgeblasen, 2 samig; Blätter unpaarig gefiedert.

Gatt. Ervum L. Staubweg fädlich, gegen die Spitze ringsum behaart, nicht bärtig.

Gatt. Lathyrus L. Staubweg am Ende flach und nach innen (oben) bärtig; Blätter mit Wickelranke.

Gatt. Orobus L. Wickelranke zu einem Spitzchen verkümmert; sonst wie vor.

Gatt. Pisum L. Staubweg unten zusammengefaltet, doppelt gekielt, am Ende flach und bärtig.

Trib. 7. Phaseoleae. Keimblätter fleischig; Blätter 3 zählig (meist), mit Nebenblättchen versehen; Kapsel 1 fächerig, 2 klappig.

Gatt. Phaseolus L. Kelch 2 lippig; Carina mit Staubweg und Staubblattsäule schneckenförmig zusammengerollt.

Trib. 8. Dalbergieae. Cotyledonen fleischig; Staubblätter monadelphisch oder diadelphisch; Schliessfrucht, meist mit unächten Querwänden versehen; Blätter unpaarig gefiedert, bisweilen nur das Endglied ausgebildet.

Trib. 9. Sophoreae (incl. Podalyrieae). Cotyledonen blattartig; Staubblätter frei; Schliessfrucht oder 2 klappige Kapsel; Blätter unpaarig gefiedert, bisweilen nur das Endglied ausgebildet.

Von officinellen Pflanzen sind zu erwähnen:

1) Genisteae: Ononis spinosa L. und O. repens L. (rad. Ononidis), Genista tinctoria L. (herba Genistae, obs.) Anthyllis vulneraria L. (herba vulnerariae, obs.).

2) Trifolieae: Melilotus macrorrhiza Pers., M. officinalis Desr. (herba meliloti), Trigonella foenum graecum L. (sem. Trigonellae, obs.).

3) Galegeae: Glycyrrhiza glabra L. (rad. liquiritiae hispanicae).

4) Astragaleae: Astragalus verus Oliv. u. a A. (Gummi Traga-canthae).

5) Dalbergieae: Dipterix odorata Willd. Guyana (fabae de Tonco) Andira-Arten in Südamerika und Westindien liefern verschiedene nicht mehr gebräuchliche Arten von Cortex Geoffroyae; von Drepanocarpus senegalensis Nees ab Es. stammt das ächte Kino, von Pterocarpus draco L. im tropischen Amerika eine Sorte Drachenblut, ausserdem liefert diese Gattung schöne Farbehölzer, namentlich Pt. santalinus L. fil. auf Ceylon das rothe Santelholz.

6) Sophoreae: Myrospermum peruiferum D. C., wild in Mexiko und Südamerika, liefert den peruvianischen Balsam, M. toluiferum Spr. in Columbia den Tolubalsam. Die früher gebräuchliche Cortex Alcor-noco stammt von der in Südamerika heimischen: Bowdichia vir-gilioides H. et B.

Futterkräuter liefern besonders die Trifolieen in den Gattungen Trifolium, Medicago u. a., ausserdem viele Vicieen. Vom Menschen werden besonders die Samen und von manchen Varietäten auch die Fruchtschalen von Arten der Gattungen Ervum und Pisum als Nahrung benutzt, als Viehfutter können alle Vertreter der Gattungen Vicia, Lathyrus, Pisum, Ervum angesehen werden, sowohl frisch als getrocknet; die Samen von Vicia, Lathyrus und Ervum dienen als Futter für Tauben und andere Vögel.

Familie 158. Rosaceae.

Sehr verschiedenartige Pflanzen, meist mit bleibenden Nebenblättern und mit wendelständigen Blättern.

Perigynische Kelchpflanzen mit einfach symmetrischen meist monoklinischen Blüthen.

Typus: $\widehat{5-4}$, 5—4, (1 — ∝) × 5—4, 1 — ∝.

Kelch gamosepal, auf fleischigem Discus mit Krone und Androceum vereinigt; Krone meist dialypetal*); Staubblätter 2 kammerig, nach innen aufspringend; Carpell monocarp, syncarp oder apocarp; Staubwege stets apocarp; Samenknospen einzeln, paarweise oder mehrzählig im inneren Fachwinkel an den eingerollten Carpellblatträndern befestigt, umgekehrt; Frucht eine 1 samige Schliessfrucht oder eine Schlauchkapsel mit 1- bis mehren Samen in jedem Fach, bisweilen eine 1- bis mehrsteinige Stein-frucht; Samen eiweisslos mit gradem Keim.

---

*) Bisweilen, so z. B. bei Cotoneaster, gamopetal.

Auch diese Familie gehört zu den grösseren des Pflanzenreichs; sie ist am reichsten in den wärmeren Theilen der nördlichen gemässigten und in der subtropischen Zone entwickelt. Sie zerfällt in 6 Tribus:

Trib. 1. Spiraeaceae. Discus flach oder tellerförmig; Carpellblätter 5 oder weniger, mehr oder weniger apocarp, auf dem ganz flachen Blüthenboden inserirt, mit 2- bis mehren Samenknospen in jedem Fach; Schläuche oder Schlauchkapseln 1- bis vielsamig.

Gatt. Spiraea L. Schlauchfrucht 1- bis mehrtheilig mit 2—4samigen Schläuchen; Blume 5zählig.

Früher galten als officinell die knolligen Wurzeln von Spiraea filipendula L.

Trib. 2. Pomaceae. Discus hohl, die Früchte meist vollständig umschliessend und fleischig auswachsend, so dass nur der obere Theil der Carpelle mit den Staubwegen hervorragt, die Blüthen daher scheinbar oberständig; Carpell syncarp, 5blättrig, mit 1- bis mehrknospigen Fächern mit apocarpen Staubwegen; fleischige Steinfrucht (Apfelfrucht)von dem saftig werdenden Discus gebildet, welcher den unteren Theil der Frucht völlig umhüllt; die eigentliche Frucht ist eine Schlauchkapsel mit

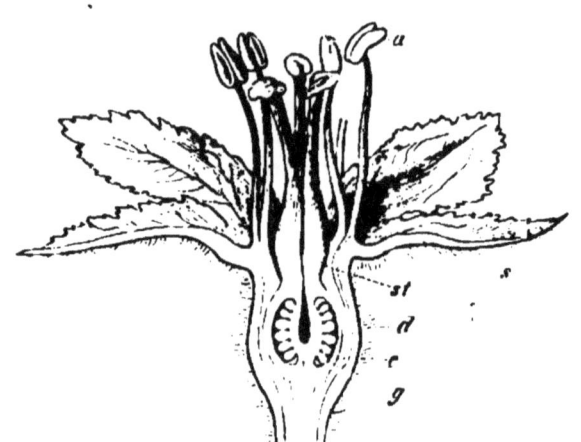

Figur 79. Längsschnitt durch die Blüthe von Cydonia. *d* = der mit den Carpellen (*c*) verwachsende Discus, *g* · · die zahlreichen Samenknospen, *st* = die Basen der apocarpen Griffel, *r* = der perigynische Kelch; *a* = die auf dem Kelch inserirten Antheren.

2- bis mehrsamigen Fächern oder eine Steinfrucht mit 1samigen Steinen; natürlich kann die Frucht niemals aufspringen, so lange sie von der Scheibe umschlossen ist.

Sämmtliche Pomaceen sind Holzpflanzen; sie sind auf die nördliche Hemisphäre beschränkt.

Gatt. Pirus L. Frucht 5blättrig, 5fächerig, lederig-knorpelig, mit 2samigen Fächern, schlauchkapselförmig.

Gatt. Cydonia Tourn. Fruchtfächer vielsamig, von den Samen fast ausgefüllt; sonst wie vor.

Gatt. Aronia Pers. Frucht schlauchkapselförmig; Fächer hautig, durch eine unvollständige Scheidewand 2 spaltig.

Gatt. Sorbus L. Fruchtfächer ohne Scheidewand; sonst wie Aronia

Gatt. Crataegus L. Fruchtknotenfächer 2 knospig; Frucht steinartig, mit enger Scheibenmündung, ganz vom Discus eingeschlossen, 1- bis 5 steinig; Steine 1—2 samig.

Gatt. Cotoneaster Med. Steine oben aus dem Discus frei hervorragend; Krone gamopetal, glockig; sonst wie vor.

Gatt. Mespilus L. Mündung des Discus sehr gross, offen; sonst wie Crataegus L.

Gatt. Punica L. Kelch und Discus holzig auswachsend; Scheinfrucht mit 2 über einander liegenden Gruppen von Fächern, die untere 3 zählig, die obere 6—9 zählig; Testa bei der Samenreife saftig; Cotyledonen aufgerollt.

Das einzig Essbare am Granatapfel ist die Testa der Samen. Die abweichende Bildung der Frucht ist als eine durch Cultur entstandene Monstrosität zu betrachten. Eine solche kann natürlich nicht die Aufstellung einer besonderen Familie der Granateen rechtfertigen, zu welcher nur eine Pflanze und obendrein eine Culturpflanze gehören würde.

Der Discus ist fast bei allen Pomaceen essbar. Man cultivirt besonders den Apfel: Pirus malus L. und die Birne: Pirus communis L. in zahllosen Formen, um die Früchte frisch oder in verschiedener Weise conservirt zu geniessen; ebenso die Quitte: Cydonia vulgaris L. zum Einmachen, und deren Samen benutzt man wegen der starken Quellbarkeit der Testa in den Officinen.

Trib. 3. Sanguisorbeae. Discus ringförmig, oben verengt, das Gynaeceum einschliessend, ohne mit demselben zu verwachsen; Blume meist 4 zählig; Krone bisweilen fehlschlagend; Carpellblätter 1—4, 1 samig, apocarp, zur Zeit der Reife vom Discus umhüllt.

Gatt. Sanguisorba L.
Typus: 4, 4, 4—15, 1.

Staubweg endständig, mit kopfig-pinseliger Mündung; Nuss 1 samig, von dem verholzten Discus umschlossen; Blust kopfig-ährig.

Gatt. Poterium L.
Typus: 4, 4, 20—30, 2—3.

Staubweg endständig mit fädig-pinseliger Mündung; sonst wie Sanguisorba.

Gatt. Alchemilla L.
Typus: 4, 4, 1—4, 1.

Staubweg seitenständig, mit kopfiger Mündung; einzelne 1samige Nuss, von der bleibenden Scheibe umwallt. Blust locker.

Trib. 4. Roseae. Discus hohl, krugförmig, oben verengt, 1 bis viele apocarpe 1knospige Carpidia einschliessend, ohne mit denselben zu verwachsen; die Staubwege aus der Scheibenmündung hervortretend.

Typus: 5—4, 5—4, ∞, 1—∞.

Figur 79. Blüthe von Hagenia im Längsschnitt. *h* = Bracteen; *d* = perigynischer, mit den Carpellen (*c*) nicht verwachsender Discus; *s* = Kelchblätter, auf dem Discus inserirt; *k* = Kronblätter; *st* = Staubblätter; *g* = Staubwege.

Kelch, Krone und Androeceum stehen auf der engen Scheibenmündung, so dass die Scheibe den Eindruck einer hypogynischen Frucht macht; Schliessfrüchte 1samig.

Gatt. Rosa L. Zwitterblüthen.

Typus: 5, 5, ∞. ∞.

Discus zur Zeit der Fruchtreife saftig-fleischig.

Gatt. Hagenia W. Blüthen monoecisch.

Typus: 2 × (4—5), 4—5, 15 s. 20, 2.

Discus nicht fleischig auswachsend.

Die Blüthen der Hagenia abyssinica W. sind unter dem Namen Kousso als Wurmmittel allgemein bekannt Gebräuchlich sind ausserdem zur Gewinnung des Rosenöls und des Rosenwassers die Blumenblätter der bekannten im Orient heimischen Gartenrose: Rosa centifolia L. sowie die dunkeln Blumenblätter von Rosa gallica L.

Trib. 5. Dryadeae. Discus flach, schüssel- oder tellerförmig; in der Mitte desselben erhebt sich als Fortsetzung des Blüthenstiels der Stempelträger, auf welchem, meist in grosser Anzahl, die 1knospigen Fruchtknoten inserirt sind; zahlreiche Nüsse oder Beeren, im letzten Fall zu einem hutförmigen Fruchtstand zusammenwachsend.

Gatt. Dryas L. Aussenkelch und Innenkelch mit gleichen Abschnitten, meist 8—9; Kronblätter meist 8—9; Blüthenboden kegelig,
haarig; Nüsschen vom fiederig behaarten Staubweg geschwänzt.

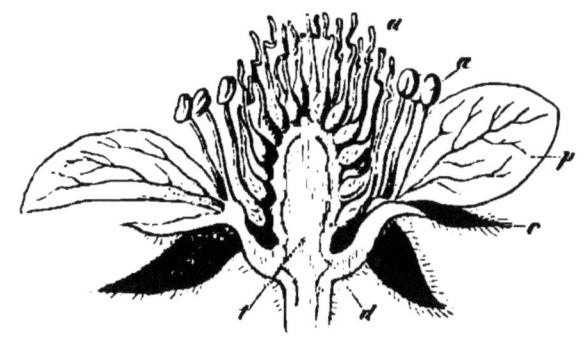

Figur 60. Blüthe von Geum urbanum L. im Längsschnitt. d = perigynischer Discus mit dem Kelch (c), der
Krone (p) und den Staubblättern (a), f = der gewölbte Stempelträger, mit den Carpellen, deren Griffel bei a
eine Gliederung zeigen.

Gatt Geum L. Aussenkelch 5theilig, kleinblättrig; Innenkelch
5theilig, mit grösseren Abschnitten: Blüthenboden kegelig; Staubweg
(meist) gegliedert, auswachsend.

Gatt. Rubus L. Kelch einfach, 5spaltig; Stempelträger kegelig;
Beeren zum hutförmigen Fruchtstand zusammenwachsend.

Gatt. Fragaria L. Aussenkelch 5theilig, klein, abstehend; Innenkelch 5theilig; Fruchtknoten zahlreich auf halbkugeligem oder kegel-
förmigem zuletzt saftigem Stempelträger; Staubweg durch Biegung des
Carpellblatts seitenständig, abfällig.

Gatt. Potentilla L. Stempelträger nicht auswachsend, trocken;
sonst wie Fragaria.

Gatt. Comarum L. Stempelträger auswachsend aber nicht saftig;
sonst wie Fragaria.

Gatt. Sibbaldia L. Staubblätter 5 oder 10; Fruchtknoten 5 oder 10,
eirund, klein, mit seitlichem Staubweg; Früchte 5 oder 10, vom Kelch
umgeben.

Gatt. Agrimonia L. Discus kreiselförmig, mit einfachem Kelch,
mit zahlreichen hakigen Stacheln besetzt; Fruchtknoten 2, mit endständigen Staubwegen.

Gatt. Aremonia Neck. Kelch 5spaltig, mit 5 erhärtenden Zähnchen
zwischen den Abschnitten, zur Fruchtzeit zusammenschliessend; Fruchtknoten wie bei Agrimonia.

Trib. 6. Amygdaleae. Discus becherförmig; in der Mitte desselben
steht auf dem flachen Blüthenboden ein einziges Carpell mit 2 hangenden

neben einander inserirten Samenknospen; Staubweg endständig und grade mit allseitiger kopfiger Mündung; Discus nach der Befruchtung abfällig; Frucht eine 1samige Steinbeere mit äusserem saftigem oder schwammigem, und innerem steinartigem oder holzigem Pericarp; Staubweg nach der Befruchtung abfällig.

Typus: 5, 5, 4 × 5, 1 *

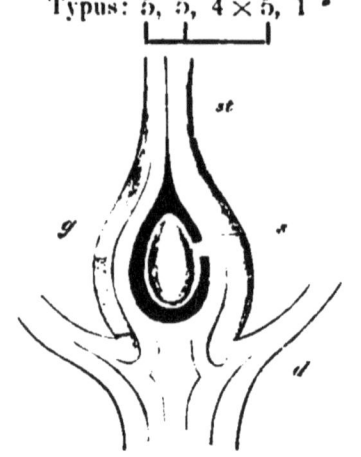

Der Tribus enthält nur Holzpflanzen mit einfachen ungetheilten Blättern und hinfälligen Nebenblättern sowie mit dornbildenden Zweigen.

Es gehören hierher die Kernobstsorten: Pflaumen, Zwetschen, Aprikosen, Pfirsiche, Mandeln.

Gatt. Amygdalus L. Inneres Pericarp (Stein) lederig - holzig, äusseres schwammig, unregelmässig zerreissend.

Gatt. Persica Tourn. Inneres Pericarp steinhart, löcherig, äusseres saftig, behaart.

Figur 81. Fruchtknoten von Prunus im Längsschnitt. d — unterer Theil des Discus, g — Fruchtknoten, st — unterer Theil des Griffels, s — eine der beiden Samenknospen.

Gatt. Prunus L. Inneres Pericarp steinhart, nicht löcherig, äusseres saftig, kahl.

Familie 159.   Mesembryanthemeae.

Saftige Holzpflanzen, seltner krautartig, mit fleischigen nebenblattlosen Blättern.

Halbepigynische Kelchpflanzen mit einfach symmetrischen Zwitterblüthen.

Typus: $\widehat{2—8}$, ∞, ∞, 4—20.

Kelch und Krone dachig; Staubblätter 2kammerig, nach innen aufspringend, mit der Krone und dem Kelch einem mehr oder weniger epigynischen flachen Discus eingefügt; Carpell 4—20blättrig, paracarp aber die eingerollten Blattränder bis fast in die Mitte vorspringend, also Scheinfächer bildend; Samenknospen campylotrop?, zahlreich im unteren Theil des Fruchtknotens an wandständigen Placenten befestigt, an langen Knospenträgern angeheftet; Kapselfrucht über der Scheibe mit Spalten aufspringend; Samen zahlreich mit mehligem Perisperm und campylotropem Keim. Der Staubweg fehlt ganz.

Die einzige Gattung Mesembryanthemum lebt in zahlreichen Arten im südlichen und östlichen Afrika, wenige finden sich in der Umgebung des Mittelmeers, in Australien und Amerika.

Familie 160. Crassulaceae.

Saftige 1- bis mehrjährige oft verholzende Pflanzen mit einfachen fleischigen nebenblattlosen Blättern

Schwach perigynische Kelchpflanzen mit einfach symmetrischen monoklinischen oder unächt diklinischen Blüthen.

Typus: $\widehat{3-2}0,\ \widehat{3-2}0,\ 3-20,\ 3-20.$

Blüthe meist 5zählig; Kelch und Krone schwach gamophyll und am Grunde zu einem unbedeutenden Discus vereinigt, meist fleischig, der Kelch bleibend; Staubblätter 2kammerig, nach innen aufspringend; Carpell apocarp, fast bis zur Basis getrennt, mit 2 Reihen von Samenknospen, an den schwach eingerollten Carpellblatträndern, also an der inneren oder Bauchseite befestigt, diese hängend oder aufsteigend, umgekehrt; Schlauchfrüchte; Samen mit gradem Keim und unbedeutendem Endosperm

Hauptsächlich auf dem südlich-östlichen Erdquadranten in alpinen und deserten Regionen verbreitet.

Beispiele:

Gatt. Crassula L. $\widehat{5},\ 5,\ 5,\ 5.$ Vor den Carpellblättern stehen 5 schuppige Anhängsel.

Gatt. Sedum L $\widehat{5},\ 5,\ 2\times 5,\ \widehat{5}.$ Sonst wie Crassula.

Gatt. Sempervivum L. $\widehat{6-2}0,\ 6-20,\ 6-20,\ 6-20$; sonst wie Crassula.

Gatt. Tillaea L $\widehat{3}-\widehat{4},\ 3-4,\ 3-4,\ 3-4$; Schläuche 2samig.

Gatt. Bulliarda DC. $\widehat{4},\ 4,\ 4,\ 4$; Schläuche mehrsamig.

Gatt. Rhodiola L. Blüthen 2häusig;

♂ $\widehat{4},\ 4,\ 2\times 4,\ 0,$ ♀ $4,\ 0,\ 0,\ 4.$

Gatt. Umbilicus DC. $\widehat{5},\ \widehat{5},\ 2\times 5,\ 5.$ Krone glockig; vor den Carpellblättern 5 schuppige Anhängsel.

Die Brexiaceen mit 5fächerigem Carpell und paracarpem 5lappigem Staubweg, auf Madagascar, Australien und Neukaledonien heimisch und ebenso die Frankoaceen mit 4fächerigem griffellosem Carpell sind den Saxifrageen nahe verwandt. Die Frankoaceen kommen in Chili vor.

In diese Familie gehört auch Cephalotus follicularis in Neuholland,
merkwürdig durch die kannenförmigen Schläuche, welche ein Theil der
Blattstiele am Ende zur Ausbildung bringt.

Familie 161.   Saxifrageae.

Ein- bis mehrjährige oft holzige Pflanzen.

Mehr oder weniger epigynische Kelchpflanzen mit meist einfach symmetrischen Zwitterblüthen.

Typus: $\underbrace{5,\ 5,\ (1-2)\times 5,\ 2.}$

Kelch meist gamosepal, wie die übrigen Wirtel bisweilen in der
Zahl abweichend; Krone dialypetal, mit Kelch und Androeceum auf
einem mehr oder weniger oberständigen Discus inserirt; Staubblätter
2 kammerig, nach innen aufspringend; Carpell meist 2 blättrig, selten
1 blättrig oder 3—5 blättrig; soweit es unterständig ist, syncarp aber
oberhalb des Discus apocarp mit apocarpen Staubwegen; Samenknospen
zahlreich, an den eingerollten Carpellblatträndern, also im inneren Fachwinkel angeheftet, anatrop; Schlauchkapsel mit zahlreichen Samen mit
fleischigem Endosperm und gradem Keim: seltner die Frucht nicht aufspringend.

Am häufigsten in alpinen Regionen in den verschiedensten Erdstrichen.

Beispiele:

Gatt. Saxifraga L. Schlauchkapsel am Grunde der Staubwege mit
einem Loch aufspringend.

Gatt. Chrysosplenium L. Schlauchkapsel von der Spitze der Staubwege an mit 2 nach innen gerichteten Spalten aufspringend, zuletzt
einen 4 lappigen Becher bildend.

Familie 162.   Hamamelideae.

Holzpflanzen mit wendelständigen mit hinfälligen Nebenblättern
versehenen fiedernervigen Blättern.

Epigynische Kelchpflanzen mit einfach symmetrischen monoklinischen oder unächt diklinischen Blüthen.

Typus: $\underbrace{4-7,\ \infty,\ \infty.\ 2.}$

Krone bisweilen fehlschlagend; meist vielblättrig, klappig, abfällig
von dem mehr oder weniger epigynischen Discus; Staubblätter 2 kammerig, häufig gekuppelt; Carpell 2 blättrig, syncarp, jedes Fach 1 knospig,
selten mehrknospig und dann nur die unterste Samenknospe fruchtbar,
im inneren Fachwinkel ganz oben am Carpellblattrand angeheftet, ana-

trop oder hemi-anatrop, hangend; Staubwege apocarp mit einfacher Mündung; Kapsel fachspaltig, an der Spitze zugleich scheidewandspaltig; Samen hangend mit gradem axilem Keim im fleischigen Albumen.

Sehr zerstreut über die wärmeren Erdstriche.

In Nordamerika sind die Blätter und die Rinde von Hamamelis virginiana officinell. Die Samen derselben sind sehr ölreich.

Familie 163. Araliaceae.

Meist Holzpflanzen mit nebenblattlosen Blättern.

Epigynische Kelchpflanzen mit einfach symmetrischen monoklinischen oder unächt diklinischen Blüthen.

Typus: $5 - \infty, 5 - \infty, (1-3) \times 5-8, 2-15.$

Kelch meist rudimentär oder gezähnt; Krone dialypetal, abfällig, bisweilen oben verbunden und kuppelförmig abfallend; Staubblätter 2kammerig, mit Spalten aufspringend; Carpell syncarp, mit 2 bis 15 einknospigen Fächern, mit apocarpen Staubwegen, welche sich auf einem Stempelpolster erhoben; Samenknospen im inneren Fachwinkel am eingerollten Carpellblattrand hangend, anatrop; trockene oder fleischige Steinbeere, vom Kelch gekrönt; Samen mit kleinem gradem Keim am oberen Ende des fleischigen Endosperms.

Gatt. Hedera L. Steinbeere 5samig, 5- oder 10fächerig.

Gatt. Adoxa L. Typus der Endblüthen: $\overset{\frown}{2}, \overset{\frown}{4}, 8, 4,$ der Seitenblüthen: $\overset{\frown}{3}, \overset{\frown}{5}, 10, 5.$

Die Familie bewohnt hauptsächlich Amerika, nur wenige Vertreter finden sich in der östlichen Hemisphäre, eine grössere Anzahl nur im nordöstlichen Asien.

Es gehört dahin die berühmte Ginseng-Pflanze: Panax Ginseng Nees der Chinesen.

Familie 164. Cornaceae.

Holzpflanzen mit meist opponirten nebenblattlosen einfachen ungetheilten Blättern.

Epigynische Kelchpflanzen mit einfach symmetrischen monoklinischen, seltner unächt diklinischen Blüthen.

Typus: $\overset{\frown}{4}, 4, 4, 2.$

Krone abfällig, dialypetal, bisweilen 5blättrig; Staubblätter 4, seltner 5, 2kammerig, nach innen aufspringend; Carpell syncarp, 2blättrig, selten 3blättrig, mit fleischigem Stempelträger; Samenknospen einzeln in jedem Fach, hangend, anatrop; Staubweg paracarp; Steinbeere 2—3steinig oder durch Fehlschlagen 1steinig; Samen mit fleischigem Endosperm und axilem gradem Keim in der ganzen Länge des Samens.

Centra: Nepal und Nordamerika.

Gatt. Cornus L. Steinbeere 2fächerig, 2samig.

Hierher gehören auch die Garryaceen. Sie haben den **Typus:** 4, 4, 4, 2, bisweilen mehr als 4 Staubblätter, 1—3 Carpellblätter, die Samenknospen 1—2 in den Fächern. Die Staubwege sind apocarp.

Familie 165. Umbelliferae.

Meist krautartige Pflanzen mit wendelständigen Blättern.

Epigynische Kelchpflanzen mit einfach oder schwach verwickelt symmetrischen monoklinischen, selten unächt diklinischen Blüthen.

Typus: 5, 5, 5, 2.

Kelch meist rudimentär; Krone dialypetal, Petala meist eingerollt. meist mit verschmälertem Endläppchen, kurz genagelt; Staubblätter 2kammerig, nach innen aufspringend, nach innen gerollt; Carpell 2blättrig. syncarp; mit 1knospigen Fächern, mit 2 apocarpen Staubwegen, welche sich auf einem wachsartig fleischigen Stempelpolster erheben; Samenknospen paarweis in den Fächern angelegt, aber nur eine zur Entwickelung gelangend, hangend, anatrop, am Carpellblattrand im inneren Fachwinkel befestigt; Frucht ein 2theiliges Schizocarpium mit je einem vom Carpell fest umschlossenen Samen mit grossem Eiweiss und kleinem gradem Keim am oberen Ende. Die äussere Fruchtwand besitzt 10 Bastbündel, welche häufig als Hauptrippen vorspringen; davon liegen je 2 an den Enden der Scheidewand als Seitenrippen, je 3 auf dem Rücken der beiden Carpidia als Rückenrippen. Fast immer besitzt die Fruchtwand Oelbehälter. Gewöhnlich befindet sich je 1 Oelbehälter zwischen zwei Hauptrippen, also im Ganzen 8, d. h. 4 auf jeder Theilfrucht. Bisweilen ist die Zahl weit grösser (Pimpinella, Archangelica) oder die

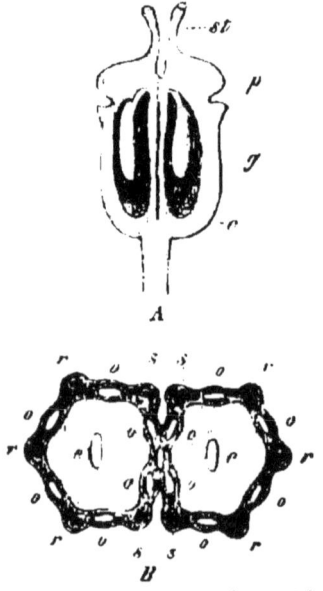

Figur 82. Frucht von Petroselinum, A im Längsschnitt; c = Fruchtknoten, = st die 2 apocarpen Griffel, p = Griffelpolster, g = die 2 Samenknospen; B im Querschnitt; r = Rückenrippen, s = Seitenrippen, o = Oelbehälter; e = Sameneiweiss.

Oelgänge fehlen ganz (Conium). Bei manchen Abtheilungen bilden auch die Oelgänge rippenförmige Vorsprünge. Diese heissen Nebenrippen. Der Blust der Umbelliferen ist eine einfache oder zusammengesetzte Dolde.

Sectio I. Orthospermeae.

Das Endosperm gegen die Scheidewand flach, eben oder sanft gewölbt, niemals hohl oder campylotrop.

Trib. 1. Hydrocotyleae. Dolden einfach, armblüthig; Frucht von den Seiten her zusammengedrückt; Kronblätter ganz, spitz, grade oder am Ende schwach eingerollt.

Gatt. Hydrocotyle L. Fruchtrücken durch Verkümmern der Mittelrippe meist nur 2rippig: Kelchrand verkümmert; Kronblätter ganz, grade, spitz.

Trib. 2. Saniculeae. Dolden einfach, kopfig oder schwach und unregelmässig büschelig zusammengesetzt; Frucht fast stielrund, Hauptrippen entwickelt, Nebenrippen 0; Kronblätter stark ausgerandet.

Gatt. Sanicula. L. Polygamisch; Kelchzähne blattartig; Frucht fast kugelig, dicht mit hakig gekrümmten Stacheln besetzt, zusammenhangend, rippenlos.

Gatt. Hacquetia Neck. Kelch blattig; Frucht zuletzt schwach seitlich zusammengedrückt, nach dem Trocknen mit vortretenden Hauptrippen, diese inwendig hohl; Zwitterblüthen mit männlichen gemischt.

Gatt. Astrantia L. Kelch blattig; Frucht fast stielrund; Hauptrippen mit aufgeblasener faltig gezähnter Haut.

Gatt. Eryngium L. Frucht eirund, schuppig oder knotig; Rippen nicht vorspringend; Kelch gross, blattig; Dolde kopfig, mit stacheligem Hüllkelch umgeben.

Trib. 3. Ammineae. Dolden zusammengesetzt; Früchte von der Seite zusammengedrückt; Hauptrippen ausgebildet; Nebenrippen fehlend.

Gatt. Ammi L. Frucht eirund-länglich; Rippen fädlich; Mittelsäulchen zuletzt gespalten, von den Früchten sich ablösend; Hülle und Hüllchen vielblättrig; Kelch undeutlich; Kronblätter ungleich; Stempelpolster mit gekerbtem Rand.

Gatt. Cicuta L. Frucht 2knöpfig; Rippen breit, flach; Kelch 5zähnig; Kronblätter gleich; sonst wie vor.

Gatt. Petroselinum Hoffm. Frucht von der Seite gesehen eirund herzförmig; Rippen abgerundet kielförmig mit deutlichen Zwischenräumen; Oelbehälter einer in jedem Zwischenraum.

Gatt. Apium L. Frucht 2 knöpfig; Hauptrippen fadenförmig; Mittelsäulchen ungetheilt; Kronblätter fast kreisrund.

Gatt. Trinia Hoffm. Frucht eirund; Kelch undeutlich; Blüthen polygamisch; Kronblätter der männlichen Blüthen lanzettlich, der übrigen eirund.

Gatt. Helosciadium K. Frucht eirund-länglich; Rippen kielförmig; Oelbehälter je 1 zwischen den Rippen; Mittelsäulchen ungetheilt.

Gatt. Ptychotis K. Mittelsäulchen gespalten; Kelch 5zähnig; Kronblätter tief ausgerandet, in der Mitte mit einer Querfalte, aus welcher das Läppchen hervortritt; sonst wie vor.

Gatt. Falcaria Host. Frucht länglich; Rippen kielförmig; Mittelsäulchen 2theilig; Kelch 5zähnig; Kronblätter gleich mit eingerolltem Lappen; Oelbehälter je 1 im Zwischenraum.

Gatt. Sison L. Kelchrand undeutlich; Rippen fädlich; Oelbehälter kurz, keilförmig; Mittelsäulchen 2theilig; sonst wie vor.

Gatt. Aegopodium L. Kelch undeutlich; Oelbehälter 0; Mittelsäulchen borstlich, gabelig gespalten; Hülle und Hüllchen fehlen.

Gatt. Carum L. Frucht von der Seite lanzettlich, zuletzt getrennt; Theile des Mittelsäulchens an der Frucht haftend; Rippen abgerundet, kielförmig; Zwischenräume dunkel, mit je 1 Oelbehälter.

Gatt. Pimpinella L. Oelbehälter zahlreich; Rippen fädlich; Zwischenräume breit; Mittelsäulchen gespalten, von den Früchten sich ablösend.

Gatt. Berula K. Oelbehälter zahlreich, aber von aussen nicht sichtbar; Mittelsäulchen zart, an der Frucht haftend.

Gatt. Sium L. Zwischenräume mit je 3 sichtbaren Oelbehältern; Rippen abgerundet; sonst wie vor.

Gatt. Bupleurum L. Hauptrippen sehr verschieden gestaltet; Oelbehälter je 1 im Zwischenraum; Mittelsäulchen von den Früchten sich trennend; Hüllchen blattartig; Krone gelb, stark eingerollt, aber ohne Ausrandung.

Trib. 4. Seselineae. Früchte stielrund; Hauptrippen fädlich oder schwach geflügelt, bisweilen kaum vortretend; Nebenrippen fehlen.

Gatt. Seseli L. Frucht eirund-länglich; Rippen vorspringend; Staubweg kurz; Kelchrand 5zähnig, anwelkend.

Gatt. Oenanthe L. Frucht länglich spindelig; Rippen breit und niedrig; Oelbehälter einzeln in jedem Zwischenraum; Kelch 5zähnig; Staubwege lang; Strahlblüthen männlich, länger gestielt.

Gatt. Aethusa L. Frucht eirund-kugelig; Rippen vorspringend, stumpf gekielt; Hülle 0; Hüllchen nur nach aussen entwickelt, herabhangend.

Gatt. Foeniculum Hoffm. Frucht länglich; Rippen vorspringend, stumpf gekielt; Oelbehälter je 1 in jedem Zwischenraum; Kronblätter ganz, gelb, eingerollt.

Gatt. Libanotis Crtz. Kelchzähne verlängert, pfriemlich, abfällig; sonst wie Seseli

Gatt. Cenolophium K. Rückenrippen scharf, schwach geflügelt, innen hohl; Kronblätter am Grund mit Anhängsel.

Gatt. Cnidium Cuss. Rippen hautig geflügelt; Oelbehälter je 1 im Zwischenraum; Hülle und Hüllchen vielblättrig.

Gatt. Silaus Bess. Kronblätter fast ganz, am Grund mit Anhängseln oder abgeschnitten; Kelchrand undeutlich; Rippen scharf vortretend; Oelbehälter zahlreich.

Gatt. Meum Tourn. Kronblätter ganz, breit lanzettlich; sonst wie vor.

Gatt. Conioselinum Fischer. Rippen geflügelt: die seitlichen doppelt so stark vortretend; Oelbehälter zahlreich.

Trib. 5. Angeliceae. Frucht vom Rücken her zusammengedrückt; Hauptrippen geflügelt; Nebenrippen 0; Flügel oder Kiele der Seitenrippen klaffend; Dolden zusammengesetzt.

Gatt. Angelica L. Rippen sämmtlich geflügelt, nicht hohl; Oelbehälter je 1 zwischen den Rippen; Hüllchen vielblättrig.

Gatt. Archangelica Hoffm. Oelbehälter zahlreich, mit dem Eiweiss von der Fruchtwand sich ablösend; Same zuletzt klappernd; sonst wie vor.

Gatt. Levisticum K. Frucht eirund; Oelbehälter je 1 zwischen den Rippen; Hülle mehrblättrig; Hüllchen 4blättrig; Kronblätter eingerollt, gelb, ganz.

Gatt. Ostericum Hoffm. Frucht schlauchartig gedunsen; Rückenrippen gekielt; Seitenrippen geflügelt, alle inwendig hohl; Oelbehälter je 1 zwischen den Rippen; Kelchzähne eiförmig.

Gatt. Selinum L. Frucht an den Seiten tief eingeschnitten; Flügel hautig.

Trib. 6. Peucedaneae. Frucht vom Rücken her zusammengedrückt, an den Seiten einfach gerandet, nicht klaffend, gekielt oder geflügelt; Hauptrippen meist schwach vortretend; Nebenrippen 0; Dolde zusammengesetzt.

Gatt. Peucedanum L. Frucht linsenförmig, breitrandig; Rückenrippen fädlich; Oelbehälter je 1—3 zwischen den Rippen.

Gatt. Thysselinum Hoffm. Oelbehälter von aussen nicht sichtbar; sonst wie vor.

Gatt. Imperatoria L. Kelchrand undeutlich; sonst wie Peucedanum.

Gatt. Anethum L. Frucht linsenförmig, flach, vom Rücken gesehen eirund.

Gatt. Pastinaca L. Hauptrippen sehr zart; Seitenrippen weiter entfernt; Oelbehälter je 1 zwischen den Rippen; sonst wie vor.

Gatt. Heracleum L. Oelbehälter kurz, keulig; Kronblätter mit eingebogenem Läppchen ausgerandet, weiss; sonst wie vor.

Gatt. Tordylium L. Fruchtrand verdickt, knotig-runzelig; Rippen sehr zart; Oelbehälter je 1—3 im Zwischenraum; sonst wie Heracleum.

Trib. 7. Silerineae. Frucht vom Rücken her linsenförmig zusammengedrückt; Hauptrippen ausgebildet, die seitlichen einen einfachen Rand bildend; Nebenrippen schwächer entwickelt; Dolden zusammengesetzt.

Gatt. Siler Scop. Oelbehälter in der Zahl der Nebenrippen.

Trib. 8. Thapsieae. Hauptrippen 5, die seitlichen klaffend; Nebenrippen 4, alle oder nur die 2 mittlen geflügelt. Dolden zusammengesetzt.

Gatt. Laserpitium L. Frucht 8flügelig, eirund-länglich; Hülle vielblättrig.

Trib. 9. Daucineae. Hauptrippen 5, mit Borstenreihen besetzt; Nebenrippen 4, stärker vortretend, mit Stachelreihen besetzt; Dolden zusammengesetzt.

Gatt. Daucus L. Nebenrippen geflügelt; Flügel in eine Stachelreihe gespalten; Oelbehälter je 1 unter den Nebenrippen.

Gatt. Orlaya Hoffm. Nebenrippen mit 2—3 Stachelreihen; äussere Kronblätter weit grösser, tief 2spaltig; sonst wie vor.

Sectio II.   Campylospermeae.

Endosperm auf dem Querschnitt um das weit vorspringende Mittelsäulchen herumgebogen.

Trib. 10. Caucalineae. Frucht von der Seite zusammengedrückt oder fast stielrund, kurz; Hauptrippen 5, borstig oder stachelig; Nebenrippen 4, stärker vorspringend, mit Stachelreihen besetzt; Dolden zusammengesetzt.

Gatt. Caucalis Hoffm. Hauptrippen borstig oder kleinstachelig; Oelbehälter in der Zahl der Nebenrippen; Hülle verkümmert; Hüllchen 3—8blättrig.

Gatt. Turgenia Hoffm. Frucht schwach 2knotig; Seitenrippen kurzstachelig, die 7 übrigen Rippen 2—3reihig gleichförmig gestachelt, sonst wie Caucalis.

Gatt. Torilis Hoffm. Frucht an der Seite eingezogen; Hauptrippen borstlich; Nebenrippen im ganzen Zwischenraume dicht mit Stacheln bedeckt; sonst wie Caucalis.

Trib. 11. Scandicineae. Frucht von der Seite zusammengedrückt, langgestreckt; Hauptrippen 5; Nebenrippen 0; Dolde zusammengesetzt.

Gatt. Scandix L. Frucht langgeschnäbelt; Hauptrippen stumpf; Oelbehälter je 1 zwischen den Rippen, von aussen kaum sichtbar.

Gatt. Anthriscus Hoffm. Frucht kurz geschnäbelt; Rippen nur am Schnabel ausgebildet; Theilfrucht fast stielrund; sonst wie Scandix.

Gatt. Chaerophyllum L. Rippen an der Fruchtwand hervortretend; Frucht schnabellos; Oelbehälter deutlich.

Trib. 12. Smyrneae. Frucht kurz, von der Seite zusammengedrückt; Hauptrippen 5; Nebenrippen fehlend; Dolden zusammengesetzt.

Gatt. Conium L. Hauptrippen vorspringend, buchtig gezähnt; Zwischenräume vielrillig; Oelbehälter 0.

Gatt. Pleurospermum Hoffm. Hauptrippen gedunsen, hohl; je 1—3 Oelbehälter im Zwischenraum.

Sectio III. Coelospermeae.

Endosperm auf Längs- und Querschnitt sanft ausgehöhlt; Früchte kugelig eiförmig oder doppelt kugelig.

Trib. 13. Coriandreae. Frucht kugelig oder 2 knöpfig; Hauptrippen furchenförmig, geschlängelt; Nebenrippen etwas stärker hervortretend.

Gatt. Coriandrum L. Frucht kugelig; Oelbehälter nur je 2 auf der Scheidewand; Hüllchen 3 blättrig.

Die Umbelliferen sind vorzugsweise auf der nördlichen Hemisphäre in gemässigten Klimaten zerstreut. Ihr Centrum liegt in einer Region vom Mittelmeer bis zum nordöstlichen Asien.

Als Küchenkräuter und Gewürzpflanzen sind geschätzt: Petroselinum sativum Hoffm., Apium graveolens L., Carum carvi L., Pimpinella anisum L., Sium sisarum L., Anethum graveolens L., Pastinaca sativa L., Daucus carota L., Anthriscus cerefolium L.

Officinell sind die Früchte von Foeniculum vulgare Gaertn., Anethum graveolens L., Coriandrum sativum L., Oenanthe phellandrium Lam.

Die Wurzeln von Pimpinella magna L. und P. saxifraga L., Levisticum officinale, Koch, Archangelica officinalis Hoffm., das Kraut von Conium maculatum L., die Weichharze von Galbanum officinale Don. (Gummi resina Galbanum), Dorema ammoniacum Don. (Gummi resina Ammoniacum), Ferula asa foetida (Gummi resina asa foetida), Opoponax chironium Koch (Gummi resina opoponax), Ferula persica W. u. a. A. (Gummi resina Sagapenum).

Nahe verwandt scheinen die Bruniaceen zu sein; sie unterscheiden sich durch den meist unvollkommen epigynischen Discus.

Typus: $\overset{\frown}{5-4}$, $\overset{\frown}{5-4}$, 5—4, 1—3.

Die Knospenlage der Blüthe ist dachig.

Familie 166. Rubiaceae.

Holzpflanzen oder Rhizompflanzen, selten mit einfacher Periode, mit einfachen opponirten mit Nebenblättern versehenen Blättern.

Epigynische Kelchpflanzen mit einfach symmetrischen Zwitterblüthen.

Typus: $\widehat{4-6}$, $\widehat{4-6}$, 4—6, 2.

Kelch sehr verschieden gestaltet, bisweilen verkümmert; Staubblätter 2 kammerig, nach innen aufspringend, mit den Kronblättern wechselnd; Carpell 2 blättrig, syncarp, 2 fächerig, selten mehrfächerig; Samenknospen einzeln, seltner paarweise, oft zahlreich in jedem Fach, in den inneren Fachwinkeln an den eingerollten Carpellblatträndern befestigt, anatrop oder campylotrop; Staubweg paracarp, mit meist 2 lappiger Mündung; Spaltfrucht, Beere oder Steinbeere 2 samig oder 2 theilige Spaltfrucht, welche nach innen aufreisst, um die zahlreichen Samen freizulassen; Samen mit gradem oder gekrümmten Keim am Grunde des Endosperms oder axil, bisweilen eiweisslos.

Die Familie ist in warmen Gegenden reicher entwickelt, übrigens über die ganze Erde verbreitet.

Sie zerfällt in 2 Tribus: Coffeaceen mit 1 samigen oder selten 2 samigen Fruchtfächern und Cinchonaceen mit vielsamigen Fruchtfächern.

Wichtig ist besonders die Gattung Cinchona Wedd. durch die Chinarinden. Das Rhizom von Rubia tinctorum L. liefert einen geschätzten Farbstoff.

Der Kafeh ist das von Frucht und Samenschale befreite Albumen des Kafehbaums (Coffea arabica L.), welcher in allen Tropengegenden cultivirt wird. Viele Wurzeln z. B. von Arten der Gattungen Richardsonia, Cephaelis und Ronabea in Südamerika, wirken brechenerregend.

Gatt. Rubia L. Frucht eine 2 samige Beere; Krone radförmig.

Gatt. Galium L. Spaltfrucht 2 samig; Kelchrand klein, 4 zähnig; Krone radförmig.

Gatt. Asperula L. Spaltfrucht 2 samig, fast kugelig; Krone trichterig-glockig; Kelchrand undeutlich 4 zähnig.

Gatt. Sherardia L. Kelchrand 6 zähnig; sonst wie Asperula.

Gatt. Crucianella L. Spaltfrucht 2 samig, länglich; Kronblätter mit verschmälertem nach innen gebrochenem Endläppchen; sonst wie Asperula.

Gatt Vaillantia DC. Blüthen zu dreien; Mittelblüthe zwitterig, seitliche männlich, mit jener verbunden.

Familie 167. Caprifoliaceae.

Meist Holzpflanzen mit opponirten Blättern, nebenblattlos oder mit verkümmerten Nebenblättern.

Epigynische Kelchpflanzen mit einfach oder verwickelt symmetrischen Zwitterblüthen.

Typus: $\overset{\frown}{5}$, $\overset{\frown}{5}$, 5, 2—5.

Kelch deutlich, 5zähnig-spaltig, bleibend; Krone abfällig; Staubblätter mit der Krone verbunden, alle 5 ausgebildet, gleichmässig oder ungleich, bisweilen nur 4 und didynamisch, 2kammerig, nach innen aufspringend; Carpell 2—5blättrig, 2—5fächerig, syncarp mit langem paracarpem oder sehr kurzen apocarpen Staubwegen; Samenknospen anatrop, einzeln oder mehre im inneren Fachwinkel an den eingerollten Carpellblatträndern hangend; Beere 2—5fächerig oder durch Zugrundegehen der Scheidewände 1fächerig, 1 bis mehrsamig; Same mit gradem Keim, axil im fleischigen Endosperm, antitrop.

Gemässigte Klimate der nördlichen Hemisphäre, weniger auf den Gebirgen warmer Gegenden, ganz vereinzelt auf der südlichen Hemisphäre.

Officinell sind nur die Beeren von Sambucus nigra L. (Baccae Sambuci).

Trib 1. Sambuceae. Blüthe einfach symmetrisch; Krone radförmig. Staubwege apocarp.

Gatt. Sambucus L. Blüthen in centrifugaler doldenförmiger oder rundlicher Rispe; Typus: $\overset{\frown}{5}$, $\overset{\frown}{5}$, 5, 3.

Gatt. Viburnum L. Beere 1samig; sonst wie Sambucus.

Trib. Lonicereae. Blume glockig oder röhrig; Staubweg paracarp.

Gatt. Lonicera L. Kelchsaum 5zähnig; Krone röhrig, mit 2lippigem Saum; Staubblätter 5; Beere 3fächerig; Fächer mehrsamig.

Gatt. Linnaea L. Kelchsaum 5theilig; Krone glockig, 5spaltig; Staubblätter 4, didynamisch; Fruchtknoten 3fächerig, 3knospig; Beere 1samig, mit den 2 auswachsenden Deckblättern verwachsen.

Familie 168. Valerianeae.

Einjährige Gewächse oder Rhizompflanzen mit einfachen opponirten nebenblattlosen Blättern.

Epigynische Kelchpflanzen mit mehr oder weniger verwickelt symmetrischen monoklinischen oder unächt diklinischen Blüthen.

Typus: 5, 5, 5, 3.

Kelch oft zur Blüthezeit unentwickelt, meist auswachsend, entweder
blattig und dann meist 3—4zähnig, bisweilen 1zähnig oder als gefiederter Pappus entwickelt; Krone stets verwickelt symmetrisch, 3- bis
5lappig mit meist langer, häufig unten ausgesackter oder gespornter
Röhre; die Staubblätter unten mit der Krone verbunden, auf langen
Filamenten hervortretend, 2kammerig, nach innen aufspringend, bisweilen alle 5 entwickelt, häufiger das oberste fehlschlagend, bisweilen
nur 3 oder nur 1 vorhanden; Carpell 3blättrig, syncarp mit paracarpem
oben meist 3lappigem Staubweg, aber von den 3 Fächern des Fruchtknotens nur eins mit einer Samenknospe versehen, die 2 anderen leer;
Samenknospe an der Ventralseite des fertilen Carpellblatts hangend;
anatrop; 1samige 1fächerige Schliessfrucht; Same eiweisslos mit gradem
antitropem Keim.

Hauptsächlich im Mittelmeergebiet und im südwestlichen Asien
heimisch, seltner in den übrigen Theilen der nördlichen gemässigten
Zone.

Officinell ist seit den ältesten Zeiten die Gattung Valeriana. Man
benutzt noch jetzt allgemein das Rhizom von Valeriana officinalis L.

Gatt. Valeriana L. Kelch zur Blüthezeit eingerollt, später als gefiederte Haarkrone auftretend; Blumenkrone oben trichterig, an der Basis
mit kleiner Aussackung.

Gatt. Valerianella Much. Kelch gezähnt, auswachsend; Krone fast
einfach symmetrisch, trichterig, 5spaltig, ohne Aussackung.

Gatt. Centranthus DC. Kronröhre unten gespornt; sonst wie
Valeriana.

Familie 169.   Dipsaceae.

Ein- bis mehrjährige Pflanzen mit wirtelständigen nebenblattlosen
Blättern.

Epigynische Kelchpflanzen mit verwickelt symmetrischen
Zwitterblüthen.

Typus: 5, 5, 5, 2.

Blüthen in Köpfchen, welche von einem aus zahlreichen Blättern
bestehenden Hüllkelch umgeben sind; die Blätter des Hüllkelchs gehen
allmählig in Spreublätter über, welche die einzelnen Blüthen stützen,
aber auch häufig fehlschlagen; jede Blüthe ist von einer besonderen
hypogynischen kreiselförmigen faltigen Hülle umschlossen; Kelch einen
sehr verschieden gestalteten Pappus bildend; Krone 4—5lappig, meist
2lippig oder ungleich gelappt; von den 5 Staubblättern, welche unter
red Kronröhre eingefügt sind, oben meist hoch aus der Krone hervor-

ragen, schlägt stets das oberste, bisweilen 2 oder 3 fehl; Antheren
2kammerig, nach innen aufspringend, versatil, niemals mit einander
verbunden; Carpell 2blättrig mit einfachem Staubweg, 1fächerig, mit
einer anatropen ganz oben herabhangenden Samenknospe; 1samige
Schliessfrucht, von der Hülle umschlossen, vom Pappus gekrönt; Same
mit axilem Keim im geringen Albumen, antitrop.

Gemässigte Gegenden der östlichen Hemisphäre.

Gatt. Dipsacus L. Hypogynische Hülle vielzähnig; Spreublätter
starr.

Gatt. Cephalaria Schrad. Hypogynische Hülle 4- bis mehrzähnig
oder mit kurzem vielzähnigem Krönchen; Pappus becherförmig, ganz
oder vielzähnig; Blüthenboden spreublättrig; Hülle dicht dachig, äussere
Blätter kürzer.

Gatt. Knautia Coult. Hypogynische Hülle kurz gestielt, nicht gefurcht, mit 4 oder mehren kurzen Zähnen; Pappus 8—16zähnig;
Zähne aus breitem Grund borstlich; Fruchtboden ohne Spreublätter,
rauhhaarig; Hülle reichblättrig.

Gatt. Succisa M. K. Hypogynische Hülle mit 8 tiefen Furchen
und 4lappigem krautigem Saum; Pappus schüsselförmig, mit 5 borstlichen rauhen Zähnen, oder ganzrandig.

Gatt. Scabiosa R. S. Hypogynische Hülle 8furchig oder 8rippig mit
glockig-radförmigem trockenhäutigem durchscheinendem Saum; Pappus
schüsselförmig mit 5 borstlichen Zähnen, selten ganzrandig; Blüthenboden spreublättrig.

Benutzt werden nur die mit gekrümmten derben Spreublättern be-
setzten Fruchtköpfe der Weberkarde: Dipsacus fullonum L.

Familie 170.   Calycereae.

Ein- bis mehrjährige Pflanzen mit wendelständigen nebenblattlosen
Blättern.

Epigynische Kelchpflanzen mit einfach symmetrischen polygamischen oder monoklinischen Blüthen.

Blüthen in Köpfchen, welche von einem Hüllkelch umgeben sind,
in den Achseln von Deckblättern.

Typus: $\widehat{5}, \widehat{5}, \widehat{5}, 2.$

Kelch bleibend; Krone einfach symmetrisch, röhrig, klappig;
Staubblätter mit der Krone in ihrer ganzen Länge verbunden mit meist
monadelphischen Filamenten; Antheren 2kammerig, nach innen aufspringend; Carpell 1fächerig, 1knospig, mit einfachem Staubweg;

Samenknospe hangend, anatrop; Schliessfrucht vom auswachsenden Kelch
und der anwelkenden Krone besetzt; Same mit gradem Keim, axil im
fleischigen Albumen.

Die kleine Familie ist fast nur in Südamerika verbreitet.

Familie 171. Compositae.

Sehr verschiedenartige Pflanzen.

Epigynische Kelchpflanzen.

Typus: $\widehat{5}$, $\widehat{5}$, 5, 2.

Blüthen in Köpfchen stehend, meist zahlreich, seltner einzeln oder
in geringer Anzahl von einem Hüllkelch umfasst.   Köpfchen gleich,
d. h. alle Blüthen Zwitter, oder ungleich, d. h. die Randblüthen (Strahl)
weiblich, die Mittelblüthen männlich oder Zwitter; Blüthen in den
Achseln von häufig verkümmernden oder fehlschlagenden Spreublättchen
stehend, welche die Fortsetzung der Hüllblätter bilden.   Kelch rudimentär oder nach dem Aufblühen einen sehr verschiedenartigen Pappus
bildend; Krone entweder einfach symmetrisch, röhrig, 5zähnig oder
1lippig, zungenförmig, oder 2lippig; die Blumen im Köpfchen gleichförmig, oder ungleichförmig, im letzten Fall die Strahlblüthen verschieden
von den Mittelblüthen, meist zungenförmig und strahlig abstehend;
Staubblätter 5, selten nur 4, die Antheren stets, seltner die Filamente,
röhrig verbunden, 2kammerig nach innen aufspringend; Carpell 2blättrig,
aber nur im paracarpen Staubweg mit 2lappiger Mündung beide Carpellblätter deutlich entwickelt; Fruchtknoten 1fächerig; die einzige
Samenknospe grundständig, d. h. etwas seitlich unter dem Ende der
Blüthenachse hervorkommend und daher von den Morphologen für ein
Blatt erklärt, aufrecht, anatrop; Schliessfrucht, oft vom Pappus gekrönt,
1samig; Same aufrecht, mit gradem Keim, eiweisslos, orthotrop.

Diese grösste aller thalamischen Gruppen verbreitet sich über die
ganze Erde; die Tubulifloren herrschen im Tropengürtel, die Labiati-
floren im tropischen Amerika, die Ligulifloren in der nördlichen gemässigten Zone.

Officinell sind: Folia und Flores Farfarae von Tussilago Farfara L.,
Rad. Enulae von Inula Helenium L., Rad. Artemisiae von Artemisia
vulgaris L., Sem. Cinae: die Blüthenköpfe mehrer südlicher Arten von
Artemisia, Rhizoma Arnicae von Arnica montana L.; Flores Calendulae
von Calendula officinalis L., Flores Chamomillae von Matricaria chamo-
milla L.. Fl. Chamomillae romanae von Anthemis nobilis L., Rad
Pyrethri von Anacyclus officinarum Hayne, Flores et Herba Achilleae
von Achillea millefolium L, Radix Carlinae von Carlina acaulis L., Rad.

Bardanae von den einheimischen Arten von Lappa, H. Lactucae virosae von Lactuca virosa L., Rad. Taraxaci von Taraxacum officinale Wigg. Ausserdem sind dem Menschen durch ihre bitteren Milchsäfte manche Cichoraceen als Salatpflanzen wichtig, besonders die Gattungen Lactuca und Cichorium.

Sectio I. Tubuliflorae.

Blüthen des Mittelfeldes röhrig, gleichmässig 5zähnig.

Trib. 1. Eupatoriaceae. Staubweg nicht verdickt; Mündungslappen halbstielrund-lineal oder allmählig keulig anschwellend, mit schmalen, durch eine breite Furche getrennten Warzenreihen, am Rücken und am Ende behaart.

Gatt. Eupatorium L. Hüllkelch cylindrisch, dachziegelig; Köpfchen armblüthig; Mündungslappen lineal; Blüthen alle röhrig, zwitterig.

Gatt. Adenostyles L. Hüllkelch einfach, nicht dachig, mit schwachem Aussenkelch; sonst wie Eupatorium.

Gatt. Homogyne Cass. Randblüthen weiblich, 1reihig; Scheibenblüthen zwitterig; Köpfchen reichblüthig; sonst wie Adenostyles.

Gatt. Petasites Gärtn. Köpfchen monoklinisch; in den weiblichen Köpfchen die Randblüthen mehrreihig, zungenförmig oder fadenförmig; sonst wie Homogyne.

Figur 83. Staubweg von Tussilago, oberer Theil.

Gatt. Tussilago Tourn. Köpfchen zwitterig; Randblüthen weiblich, mehrreihig, zungenförmig.

Trib. 2. Asteroideae. Staubweg nicht verdickt; Mündungslappen lineal oder allmählig breiter werdend, flach, mit schmalen durch eine breite Furche getrennten Warzenreihen, am Ende auf dem Rücken oder ringsum behaart.

1. Hüllkelch dachziegelig.

a. Strahl gelb.

Gatt. Solidago L. Strahl 1reihig, weiblich, zungenförmig; Staubbeutel ohne Anhängsel; Frucht fast stielrund, schnabellos; Pappus haarig; Haare gezähntborstig; Blüthenboden nackt, kahl, flach.

Gatt. Linosyris D. C. Alle Blüthen zwitterig, röhrig; Staubbeutel ohne Anhängsel; Frucht von der Seite zusammengedrückt, schnabellos; sonst wie Solidago.

Figur 84. Oberer Theil des Staubwegs von Inula.

Gatt. Telekia Baumg. Strahl weiblich, 1reihig; Staubbeutel geschwänzt; Mittelblüthen zwitterig; Fruchtknoten fast stielrund, gerillt; Pappus kronenförmig, gekerbt; Blüthenboden spreublättrig.

Gatt. Buphthalmum L. Fruchtknoten des Strahls 3 kantig, die der Mittelblüthen zusammengedrückt, fast 4 kantig; Pappus kronenförmig, schuppig gezähnelt; sonst wie Telekia.

Gatt. Asteriscus Tourn. Krone der Strahlblüthen an der Basis doppelt geöhrelt, die der Mittelblüthen stielrund mit unten verdickter Röhre; sonst wie Buphthalmum.

Gatt. Pallenis Cass. Strahl 2 reihig; Mittelblüthen mit nach innen geflügelter Röhre und aufgeblasenem Schlund; Pappus kurzschuppig kronenförmig; Strahlfruchtknoten flach, 2 flügelig, mit halb entwickeltem Pappus; sonst wie Buphthalmum.

Gatt. Inula L. Fruchtknoten kantig, mit haarigem Pappus; Blüthenboden nackt; sonst wie Buphthalmum.

Gatt. Pulicaria L. Pappus doppelt, der innere haarig, lang, der äussere kronenförmig kurz; sonst wie Inula.

b. Strahl blau oder weiss.

Gatt. Aster L. Randblüthen 1 reihig, weiblich, zungenförmig; Staubbeutel ungeschwänzt; Frucht von der Seite zusammengedrückt, schnabellos; Pappus haarig; Haare gezähnt, borstig; Blüthenboden nackt, kahl, flach.

Gatt. Erigeron L. Strahl mehrreihig, weiblich, zungenförmig oder die inneren fädlich; sonst wie Aster.

Gatt. Galatella Cass. Randblüthen geschlechtslos; Staubweg fehlend oder verkümmert; sonst wie Aster.

2. Hüllkelch 1—2 reihig.

Gatt. Bellidiastrum Cass. Pappus haarig; Randblüthen 1 reihig, weiblich, zungenförmig, weiss; Antheren ungeschwänzt; Frucht von der Seite zusammengedrückt, schnabellos; Blüthenboden nackt, kahl, flach.

Gatt. Bellis L. Pappus 0; sonst wie Bellidiastrum.

Gatt. Stenactis Cass. Pappus haarig, bei den Strahlblüthen kurzborstig, 1 reihig, bei den Scheibenblüthen 2 reihig, äussere Reihe kurzborstig, innere langhaarig; Strahl weiss.

Gatt. Micropus L. Hüllkelch 5—9 blättrig; Randblüthen 5—9, weiblich, mit 2 lappigem Staubweg; Mittelblüthen zwitterig mit einfachem Staubweg, steril; Strahl fehlt, Randblüthen röhrig; Früchte von den Blättern des Hüllkelchs eingerollt; Pappus 0; Blüthenboden nackt und kahl.

Gatt. Evax Gaertn. Strahl fehlend, alle Blüthen röhrig; Randblüthen weiblich, mehrreihig; Mittelblüthen männlich mit 4 spaltiger Krone; Blüthenboden spreublättrig.

Trib. 3. Senecionideae. Staubweg nicht verdickt; Mündungslappen lineal, lang, an der Spitze oder unmittelbar unterhalb derselben angeschwollen, am breiten Ende gestutzt oder kegelförmig angeschwollen, mit schmalen durch eine breite Furche getrennten Warzenreihen.

Subtrib. 1. Helenieae. Antheren ungeschwänzt; Pappus spreublattartig.

Gatt. Galinsoga R. P. Hüllkelch 1 reihig, 5 blättrig; Strahlblüthen meist 5, kurz zungenförmig, weiblich; Frucht kantig; Blüthenboden spreublätterig.

Figur 65. Oberer Theil des Staubwegs von Artemisia.

Subtrib. 2. Heliantheae. Antheren ungeschwänzt, dunkel gefärbt; Pappus fehlend, grannig oder kronenförmig.

Gatt. Bidens L. Hüllkelch 2 reihig, äussere Reihe abstehend; Strahl geschlechtslos oder fehlend; Blüthenboden spreublättrig; Frucht 4 kantig, mit 2—5 grannigem Pappus.

Gatt. Helianthus L. Hüllkelch dachig; Strahlblüthen geschlechtslos, zungenförmig; Blüthenboden spreublättrig; Pappus 2- bis mehrblättrig, abfällig; Früchte flachgedrückt, 4 kantig.

Subtrib. 3. Gnaphalieae. Antheren geschwänzt.

Gatt. Carpesium L. Hüllkelch dachig, die äusseren Blätter grösser, zurückgebogen; Randblüthen weiblich, röhrig; Frucht geschnäbelt, spindelig, ohne Pappus; Blüthenboden nackt.

Gatt. Filago L. Hüllkelch dachig, 5 kantig; Randblüthen weiblich, röhrig-fadenförmig, gezähnelt, mehrreihig, die äusseren zwischen Spreublättern oder Hüllkelchblättern stehend; Mittelblüthen 4 zähnig; Frucht schnabellos; Pappus haarfein, hinfällig, den äusseren Reihen oft fehlend.

Gatt. Gnaphalium L. Hüllkelch dachig, abgerundet, rauschend; Randblüthen mehrreihig, weiblich, röhrig-fädlich, gezähnelt; Mittelblüthen zwitterig oder männlich; Frucht schnabellos; Pappushaare fadenförmig-keulig; Blüthenboden völlig nackt.

Gatt. Helichrysum Gaertn. Strahlblüthen 1 reihig, weiblich; Mittelblüthen zwitterig; sonst wie Gnaphalium.

Subtrib. 4. Anthemideae. Antheren ungeschwänzt, gelb; Pappus fehlend oder kronenförmig.

Gatt. Artemisia L. Hüllkelch dachig, halbkugelig, kugelig oder eiförmig; Strahlblüthen 1 reihig, röhrig-fadenförmig, weiblich oder zwitterig; Kronenröhre stielrund; Frucht ungeflügelt; Blüthenboden nackt, kahl oder zottig; Pappus fehlend.

Gatt. Tanacetum L. Hüllkelch halbkugelig, dachig; Blüthen häufig alle zwitterig; Strahlblüthen 1 reihig, röhrig-fadenförmig; Kronröhre stiel-

rund; Frucht kantig, gefurcht, flügellos; Pappus fehlend oder verkümmert; Blüthenboden nackt und kahl.

Gatt. Cotula L. Strahlblüthen kronenlos, 1reihig, weiblich oder
steril; Mittelblüthen mit flacher 2flügeliger an der Basis 2sporniger
Kronröhre und 4zähnigem Saum; Randachenen flachgedrückt, gestielt;
Mittelachenen sitzend, breitrandig; Pappus fehlt; Blüthenboden nackt
und kahl.

Gatt. Santolina L. Blüthenboden spreublättrig; Blüthen sämmtlich zwitterig, röhrig; Kronenröhre flachgedrückt, 2flügelig, mit hautigem
Anhängsel an jeder Seite; Frucht länglich, 4kantig.

Gatt. Achillea L. Strahlblüthen 5 oder 10, zungenförmig, mit
rundlicher Zunge; Mittelblüthen zwitterig, mit flacher 2flügeliger Röhre;
Frucht flachgedrückt, am Ende nackt oder mit vorspringendem Rand,
Blüthenboden mit Spreublättern; Hüllkelch eirund-länglich, dachziegelig,
angedrückt.

Gatt. Anthemis L. Strahl mehrzählig, weiblich, die Kronen lang
zungenförmig; Blüthenboden gewölbt, solide, mit Spreublättern besetzt;
Mittelblüthen zwitterig, mit flacher 2flügeliger Röhre; Frucht flügellos
oder schwach geflügelt; Pappus 0.

Gatt. Anacyclus L. Frucht 2flügelig, herzförmig; sonst wie
Anthemis.

Gatt. Matricaria L. Blüthenboden nackt, hohl, kegelförmig; sonst
wie Anthemis.

Gatt. Chrysanthemum L. Blüthenboden nackt, flach oder halbkugelig, solide; Frucht flügellos, ohne Pappus, mit undeutlichem oder
kronenförmigem Rand; sonst wie Anthemis.

Gatt. Pinardia Cass. Randständige Früchte 2flügelig, innerer
Flügel grösser; mittelständige Früchte 1flügelig; alle Flügel an der
Spitze in einen Dorn auslaufend; sonst wie Chrysanthemum.

Subtrib. 5. Senecioneae. Pappus haarig; sonst wie die Anthe-
mideen.

Gatt. Doronicum L. Frucht flügellos, schnabellos, gefurcht; Randachenen ohne Pappus; Strahlblüthen weiblich, zungenförmig; Blüthenboden nackt.

Gatt. Aronicum Neck. Achenen alle mit Pappus; sonst wie
vorige.

Gatt. Arnica L. Strahlblüthen weiblich, zungenförmig, mit Nebenstaubfäden; Hüllkelch 2reihig; Frucht schnabellos, flügellos, gerillt;
Blüthenboden flach, nackt, behaart.

Gatt. Senecio L. Hüllkelch cylindrisch; innerste Blattreihe lang,
einfach, die äusseren sehr klein, dachziegelig, meist schwarzspitzig;

Strahl häufig fehlend; Blüthenboden nackt; Früchte fast stielrund, sanft gebogen, gefurcht, ungeschnäbelt.

Gatt. Cineraria L. Hüllkelch völlig 1 reihig; sonst wie Senecio.

Gatt. Ligularia L. Hüllkelch am Grunde mit 2 opponirten Blättchen, übrigens einfach; Strahlblüthen mit Nebenstaubfäden; Staubweg am Ende nebst den Mündungslappen flaumhaarig; sonst wie Senecio.

Trib. 4. *Cynareae.* Staubweg unter den Mündungslappen plötzlich angeschwollen und meist behaart.

Figur 34. Oberer Theil des Staubwegs von Lappa.

Subtrib. 1. *Calendulaceae.* Strahlblüthen zungenförmig, weiblich, mit 2 lappigem Staubweg; Mittelblüthen röhrig, männlich, mit am Ende ange schwollenem aber sterilem Staubweg.

Gatt. Calendula L. Hülle 2 reihig; Achenen nach innen gebogen, mehrreihig, geschnäbelt.

Subtrib. 2. *Echinopsideae.* Hülle 1 blüthig; die 1 blüthigen Köpfchen zu einem grossen Kopf vereinigt.

Gatt. Echinops L. Blüthen alle Zwitter, röhrig; Pappus kronenförmig.

Subtrib. 3. *Carduineae.* Pappus haarig oder gefiedert, am Grunde ringförmig, abfällig; Hülle vielblüthig; alle Blüthen röhrig und zwitterig, selten die Randblüthen steril.

Gatt. Cirsium Tourn. Pappus federig; Blüthenboden borstig spreublättrig; Frucht glatt, eirund; Hüllkelch dachig, mit pfriemlichen stacheligen Blättchen.

Gatt. Carduus L. Pappus gezähnelt haarig, nicht federig; sonst wie Cirsium.

Gatt. Cynara L. Blättchen des Hüllkelchs am Grund fleischig, an der Spitze ausgerandet, mit Stachelspitze; sonst wie Cirsium.

Gatt. Silybum Gärtn. Pappus federig; Staubblätter mit den Filamenten vereinigt; sonst wie Carduus.

Gatt. Tyrimnus Cass. Pappus haarig; sonst wie Silybum.

Gatt. Onopordon L. Fruchtboden wabig ausgehöhlt; sonst wie Carduus.

Gatt. Lappa Tourn. Blättchen des dachigen Hüllkelchs mit hakiger feiner Stachelspitze; Spreublätter stachelig, grade oder hakig; Pappus haarig, kurz, vielreihig.

Subtrib. 4. *Carlineae.* Pappus einreihig, ästig, abfällig; Hülle vielblüthig; alle Blüthen röhrig und zwitterig.

Gatt. Carlina L. Blüthenboden spreublättrig; Spreublätter an der Spitze gespalten; Hüllkelch dachziegelig vielreihig, die innersten Blättchen strahlförmig, trockenhäutig, die äusseren fiederspaltig, dornig.

Subtrib. 5. Serratuleae. Pappus vielreihig, fiederig oder haarig, bleibend, die innerste Reihe grösser als die übrigen; Hüllkelch vielblüthig.

Gatt. Saussurea D. C. Blüthenboden borstlich spreublättrig; Pappus fiederig, einzelne der äusseren Strahlen kurz und gezähnelt.

Gatt. Serratula L. Pappus haarig; sonst wie Saussurea.

Gatt. Jurinea Cass. Pappus einem kurz cylindrischen Knötchen aufgewachsen und mit demselben abfällig; sonst wie Serratula.

Subtrib. 6. Centauricae. Pappus mehrreihig, fiederig oder haarig, bleibend, vorletzte Reihe grösser als die übrigen, bisweilen ganz fehlend; Hülle vielblüthig.

Gatt. Carthamus L. Blüthenboden borstig spreublätterig; Pappus 0; Frucht 4rippig; Hüllkelch dachziegelig mit etwas stacheligen Blättchen.

Gatt. Kentrophyllum Neck. Pappus borstlich; innerste Reihe sehr kurz, zusammenschliessend; sonst wie Carthamus.

Gatt. Centaurea L. Pappus mit borstlich linealen Strahlen, bisweilen ganz fehlend; Blüthenboden borstig spreublättrig; Hüllkelch dachziegelig; Strahl aus grösseren geschlechtslosen Scheinblüthen bestehend; Frucht flachgedrückt, mit seitlichem Anheftungspunkt.

Gatt. Crupina Pers. Frucht stielrund, mit centralem Anheftungspunkt; sonst wie Centaurea.

Subtrib. 7. Xeranthemeae. Hüllkelch vielblüthig; Randblüthen weiblich; Mittelblüthen zwitterig.

Gatt. Xeranthemum L. Hüllkelch dachziegelig; die inneren Blättchen farbig, strahlig; Randblüthen wenige, weiblich, aber steril, 2lippig; Pappus an den Randblüthen fehlend, an den Mittelblüthen spreublattartig; Blüthenboden spreublättrig.

Sectio II. Liguliflorae.

Blüthen alle zungenförmig, zwitterig.

Trib. 5. Cichoraceae. Mündungslappen fädlich, kurzflaumig.

Subtrib. 1. Scolymeae. Blüthenboden spreublättrig; Spreublätter am Rand faltig, das ganze Achaenium einhüllend und mit ihm verwachsen.

Gatt. Scolymus L. Pappus ein gekerbter Rand, oder aus 2 spreuartigen Blättchen und einem kurzen gezähnelten Krönchen bestehend; Hüllkelch dachziegelig.

Subtrib. 2. Lapsaneae. Pappus fehlt, bisweilen statt desselben ein schwach kronenförmig vorspringender Rand.

Gatt. Lapsana L. Frucht flachgedrückt, gerieft, mit verwischtem Rand, abfällig; Blüthenboden nackt; Hüllkelch 1reihig, 8—10blättrig, mit Aussenkelch, nach dem Verblühen aufrecht.

Gatt. Aposeris Neck. Frucht flachgedrückt, 5rillig, unter der Spitze etwas eingezogen; sonst wie Lapsana.

Gatt. Arnoseris Gärtn. Frucht kantig gefurcht mit 5kantigem Rand, abfällig; Blüthenboden nackt; Hüllkelch 1reihig, vielblättrig, mit kurzem Aussenkelch, nach dem Verblühen kugelig zusammenschliessend, wulstig gekerbt.

Gatt. Rhagadiolus Tourn. Früchte gekrümmt, die äusseren 5--8 von je einem Hüllkelchblättchen eingehüllt, mit demselben stehen bleibend; die 2—3 inneren frei und abfällig; Hüllkelch 1reihig, 5- bis 8blättrig, zuletzt abstehend.

Subtrib. 3. Cichorieae. Pappus kurz, aus flachen stumpfen bisweilen am Grunde zu einem Krönchen verbundenen Borsten bestehend.

Gatt. Cichorium L. Hüllkelch doppelt, der äussere 5blättrig, der innere 8blättrig; Blättchen am Grund verwachsen; Pappus kronenförmig, vielblättrig, kürzer als die Frucht.

Subtrib. 4. Hyoscrideae. Pappus spreublattartig, bisweilen mit haarfeinen Enden.

Gatt. Hyoseris L. Aeussere und innerste Früchte stielrund, mittle flachgedrückt, geflügelt; Pappus der äusseren borstig, kurz, kronenförmig, der inneren aus 3—5 lanzettlichen Spreublättern und kurzen Borsten bestehend; Hüllkelch 1reihig, 8—10blättrig, mit Aussenkelch; Randachenen von den Blättchen umhüllt.

Gatt. Hedypnois Tourn. Achenen gleichgestaltet, fast stielrund; Pappus der äusseren Früchte kurz, kronenförmig, grannig-vielspaltig, derjenige der inneren Früchte aus 3—5 lanzettlichen Spreublättern und dazwischen kürzeren Borsten bestehend.

Subtrib. 5. Leontodonteae. Pappus aller Achaenen fiederig mit freien Fiedern oder nur der Pappus der Randachenen kronenförmig; Blüthenboden nackt.

Gatt. Thrincia Rth. Frucht allmählig in einen Schnabel verschmälert; Pappus der Randachenen kurz, kronenförmig, gezähnt, der Mittelachenen fiederig mit am Grunde breiteren trockenhäutigen Strahlen, deren Fiederhaare zuletzt abfallen; Blüthenboden zellig; Hüllkelch dachziegelig, 6--12blättrig.

Gatt. Leontodon L. Pappus gleichgestaltet, gefiedert, bleibend; sonst wie Thrincia.

Gatt. Picris L. Frucht allmählig in den Schnabel verschmälert oder unter dem Pappus eingeschnürt und kurzgeschnäbelt, gebogen, netzig gefurcht; Pappus abfällig; Blüthenboden nackt, zellig; Hülle vielblättrig, dachziegelig.

Gatt. Helminthia Juss. Frucht am Ende abgerundet stumpf, mit haarfeinem langem aufgesetztem Schnabel; Pappus fiederig, bleibend; Blüthenboden nackt; innerer Hüllkelch 8blättrig, äusserer 5blättrig.

Gatt. Urospermum Juss. Frucht mit an der Basis gegliedertem Schnabel; Pappus fiederig mit freien Fiedern; Hüllkelch 8blättrig, Blättchen an der Basis verbunden; Blüthenboden nackt.

Subtrib. 6. Scorzonereae. Alle Achenen mit fiederigem Pappus; Fiedern verwebt, höchstens die Randachenen mit spreuigem Pappus.

Gatt. Tragopogon L. Frucht in den Schnabel verschmälert, kantig rauh; Hüllkelch einfach, 8—12blättrig, am Grund verwachsen; Blüthenboden nackt.

Gatt. Scorzonera L. Frucht an der Basis mit kurzer Schwiele, gestreift; Hüllkelch dachig, zuletzt zurückgeschlagen; sonst wie Tragopogon.

Gatt. Podospermum D. C. Frucht nicht verschmälert, mit verlängerter etwas aufgeblasener Schwiele am Grunde; sonst wie Scorzonera.

Gatt. Galasia Cass. Frucht schnabellos; Pappus mehrreihig, mit rauhen Strahlen, die äusseren haarförmig, die inneren am Grund breiter und nach innen zottig spinnewebig; sonst wie Scorzonera.

Subtrib. 7. Hypochoerideae. Pappus fiederig; Blüthenboden mit abfälligen Spreublättern besetzt.

Gatt. Hypochoeris L. Frucht kürzer oder länger geschnäbelt; Blüthenboden mit langen lanzettlichen Spreublättern; Hüllkelch dachig mit ungleichen Blättern.

Subtrib. 8. Chondrilleae. Pappus haarig mit am Grunde nicht breiteren Haaren; Achenium geschnäbelt; Schnabel am Grunde mit vorspringenden Krönchen oder schuppigen Spitzen versehen.

Gatt. Taraxacum Juss. Frucht etwas zusammengedrückt, nach oben schuppig-weichstachelig, plötzlich in einen fädlichen Schnabel zusammengezogen; sonst wie Willemetia.

Gatt. Chondrilla L. Frucht am Ende weichstachelig und mit einem den Grund des Schnabels umgebenden Krönchen versehen; Hüllkelch meist 8blätterig, am Grunde mit einigen kurzen Blättchen; Staubblätter und Staubweg kurz, gleich lang; Blüthen 2reihig.

Subtrib. 9. Lactuceae. Pappus haarig; Haare an der Basis nicht breiter; Blüthenboden nackt; Achenium flachgedrückt, schnabellos oder mit einem am Grunde nicht gekrönten Schnabel.

Gatt. Prenanthes L. Frucht schnabellos; Hüllkelch meist 8blättrig, mit kurzem Aussenkelch; Blüthen 5, 1reihig.

Gatt. Lactuca L. Frucht mit fädlichem Schnabel; Hüllkelch dachig; Blüthen 2—3reihig; sonst wie Prenanthes.

Gatt. Sonchus L. Frucht ohne deutlichen Schnabel; Blüthen zahlreich, vielreihig; sonst wie Lactuca.

Gatt. Mulgedium Cass. Frucht schnabellos, an der Spitze verschmälert; Pappus zerbrechlich, am Grunde mit borstlichem Krönchen umgeben; Hüllkelch dachig, die äusseren Blättchen weit kürzer.

Subtrib. 10. Crepideae. Pappus einfach haarig; Achenium rund oder kantig.

Gatt. Picridium Desf. Hüllkelch dachig; Achenen gleichgestaltet, 4kantig, 4furchig, an den Kanten tief kerbzähnig, an der Spitze etwas eingezogen; Blüthenboden nackt.

Gatt. Zacyntha Tourn. Früchte des Mittelfeldes lineal-länglich, fast stielrund; die randständigen auf dem Rücken sehr höckerig, mit seitlichem Pappus; Hüllkelch mit Aussenkelch, zur Fruchtzeit wulstig, die inneren Blätter fleischig und die randständigen Früchte fest umschliessend.

Gatt. Pterotheca Cass. Achenen der Mittelblüthen lineal-stielrund, geschnäbelt, randständige mit gewölbter oder schwach gekielter Dorsalseite und 3—5kieliger Ventralseite; Pappus der Randachenen hinfällig; Blüthenboden mit haarförmigen Spreublättern.

Gatt. Crepis L. Früchte gleichgestaltet, stielrund, 10—30riefig, am Ende undeutlich geschnäbelt; Hüllkelch mit Aussenkelch, undeutlich dachig; Blüthenboden nackt.

Gatt. Hieracium L. Hüllkelch dachig; Früchte 10riefig, bis zur Spitze gleich dick, am Ende mit kleingekerbtem Ring; Pappus haarig, gelblich, zerbrechlich.

Gatt. Soyeria Monn. Haare des Pappus pfriemlich, am Grund ein wenig dicker; sonst wie Crepis.

Gatt. Willemetia Neck. Hüllkelch dachziegelig mit schwachem Aussenkelch; Blüthen vielreihig; Blüthenboden nackt.

I. Alphabetisches Sachregister.

II. Alphabetisches Namenregister.

19*